UEBERREUTER
WIRTSCHAFT

W0337317

Peter Kralicek

Kursbuch Betriebswirtschaft

praktisch
kompakt
lösungsorientiert

- Fallbeispiele
- Checklisten
- Schaubilder

UEBERREUTER
WIRTSCHAFT

Die Deutsche Bibliothek – CIP-Einheitsaufnahme

Kralicek, Peter
Kursbuch Betriebswirtschaft : praktisch, kompakt, lösungsorientiert / Peter Kralicek. —
Frankfurt/Wien : Wirtschaftsverlag Ueberreuter, 2001
ISBN 3-7064-0826-0

Unsere Web-Adressen:

http://www.ueberreuter.at
http://www.ueberreuter.de

1 2 3 / 2003 2002 2001

Alle Rechte vorbehalten
Umschlag: INIT, Büro für Gestaltung, Bielefeld
Copyright © 2001 by Wirtschaftsverlag Carl Ueberreuter, Frankfurt/Wien
Druck: Druckerei Theiss, Wolfsberg
Printed in Austria

INHALTSVERZEICHNIS

VERZEICHNIS DER FALLBEISPIELE

Kapitel 1: Kennzahlen und Frühwarnindikatoren

Kapitel 2: Moderne Unternehmensbewertung

Kapitel 3: Finanz- und Cash-Management

Kapitel 4: Planbilanzen

Kapitel 5: Investitionsentscheidungen vorbereiten und treffen

Kapitel 6: Wirtschaftlich Disponieren in Einkauf, Produktion und Lagerung

Kapitel 7: Statistische Methoden für noch bessere Entscheidungen

VERZEICHNIS DER CHECKLISTEN

Kapitel 1: Kennzahlen und Frühwarnindikatoren

Kapitel 2: Moderne Unternehmensbewertung

Kapitel 3: Finanz- und Cash-Management

Kapitel 5: Investitionsentscheidungen vorbereiten und treffen

Kapitel 6: Wirtschaftlich Disponieren in Einkauf, Produktion und Lagerung

VERZEICHNIS DER SCHAUBILDER

Kapitel 1: Kennzahlen und Frühwarnindikatoren

Kapitel 2: Moderne Unternehmensbewertung

Kapitel 3: Finanz- und Cash-Management

Kapitel 5: Investitionsentscheidungen vorbereiten und treffen

Kapitel 6: Wirtschaftlich Disponieren in Einkauf, Produktion und Lagerung

Kapitel 7: Statistische Methoden für noch bessere Entscheidungen

VERZEICHNIS DER ARBEITSTABELLEN UND FORMULARE

Kapitel 6: Wirtschaftlich Disponieren in Einkauf, Produktion und Lagerung

Kapitel 7: Statistische Methoden für noch bessere Entscheidungen

Kapitel 8: Zinstabellen, Tilgungspläne, Leibrenten, Indextabellen

Kapitel 9: Ausgewählte Controlling-Module

VORWORT ZUM MBA POCKET-GUIDE (1996)

Dieses Buch soll dem Leser helfen, betriebs- und finanzwirtschaftliche Probleme, wie sie täglich auftreten, schnell und sicher zu lösen.

Das kleine Format wurde gewählt, damit es bei Bedarf jederzeit zur Verfügung steht.

Zahlreiche Fallbeispiele aus den Gebieten

- Kennzahlen und Frühwarnsysteme
- Cash Management und Finanzmanagement
- Einkauf – Lager – Logistik (Lagerreduktion)
- Richtige Investitionsentscheidungen
- Moderne Unternehmensbewertung
- Entscheidungsrelevante Kosten und Deckungsbeiträge
- Statistik als Grundlage vieler Entscheidungen im Wirtschaftsalltag
- Zeit- und Leibrenten, Tilgungspläne, Indextabellen
- Einfach zu realisierendes Operations Research für optimale Entscheidungen in komplexen Situationen
- Ausgewählte Controllingmodule

ermöglichen ein gutes Nachvollziehen.

Der Umfang des zu verarbeitenden Datenmaterials ist manchmal so groß, daß die Rechenprozeduren nur PC-gestützt erfolgen können. Deshalb wird ein Teil der Fallbeispiel-Lösungen mit bewährten Programmen durchgeführt. Die verwendeten Excel-Programme werden zu Beginn des Buches vorgestellt, sodaß sich der Leser bei Bedarf informieren kann.

Viele Tips, Durchführungsempfehlungen und Lösungshinweise garantieren ein ganzheitliches Durchdringen jedes Falles und eine sichere Adaptierung auf ähnlich gelagerte Fälle.

Es wird erklärt, wann man welche Kennzahlen, Formeln, Algorithmen, Verfahren, Tabellen und Diagramme wie verwendet, und wo deren Grenzen liegen.

Neun Checklisten und 19 Schaubilder helfen

- Wichtiges bewußt zu machen
- Fehler zu vermeiden
- Wesentliches übersichtlich darzustellen

Die insgesamt 56 Arbeitstabellen und Formulare erleichtern die praktische Arbeit sehr.

Konkrete Literaturhinweise zeigen dem Anwender, wo er sich zusätzliche Spitzeninformationen zum jeweiligen Themenkreis holen kann. Mit wenigen Ausnahmen werden nur Bücher empfohlen, deren Letztauflage nicht älter als zehn Jahre ist. Die meisten vorgestellten Werke sind praxisbezogen, aber mit fundiertem theoretischen Hintergrund geschrieben.

Zum Schluß will ich meinen langjährigen Mitarbeitern danken, ohne deren Engagement das vorliegende Anwenderbüchlein nicht hätte entstehen können. Die Herren Florian Böhmdorfer, Günther und Peter Kralicek haben viele Beispiele der Kapitel 7 bis 10 durchgerechnet. Meiner Frau Herdis danke ich für die mühevollen Korrektur- und Abstimmungsarbeiten. Nicht zuletzt danke ich den Managern des Ueberreuter Verlages, insbesondere Herrn Bauer, für die – wie immer – angenehme und konstruktive Zusammenarbeit.

Wien, im August 1996 Peter Kralicek

VORWORT ZUM KURSBUCH BETRIEBSWIRTSCHAFT (2001)

Gegenüber dem MBA Pocket-Guide wurden folgende Änderungen bzw. Erweiterungen durchgeführt:

- **Kapitel 1: Kennzahlen und Frühwarnindikatoren**
  - Balanced Scorecard neu
  - CFROI (Cash-Flow Return on Investment) neu

- EVA (Economic Value Added) neu
- ROCE (Return on Capital Employed) neu

❍ **Kapitel 2: Moderne Unternehmensbewertung**

Neu geschrieben und aktualisiert, umfangreiches Glossar, berufsständische Empfehlungen

❍ **Kapitel 3: Finanz- und Cash-Management**

Fallbeispiel Factoring, Übersichtstabelle Leasing und Factoring

❍ **Kapitel 11: Literaturverzeichnis**

Neu geschrieben, aktualisiert

ZUR VERWENDUNG DIESES BUCHES

Dem Leser wird empfohlen, zuallererst mit dem Studium des Verzeichnisses der Fallbeispiele ab Seite 10 zu beginnen. Hier sind alle Fallbeispiele – getrennt nach den zehn Hauptkapiteln – übersichtlich zusammengestellt. Auf diese Weise erhält er rasch einen Überblick darüber, zu welchen Problemkreisen Lösungshilfen angeboten werden und wie diese aussehen. Danach sollten die Checklisten, Schaubilder sowie Arbeitstabellen und Formulare überfolgen werden.
Sind die vorgeschlagenen Eingangs-Checks abgeschlossen, kann sofort mit dem gezielten Lesen begonnen werden.
Ein detailliertes Stichwortverzeichnis (Kapitel 12) ermöglicht das rasche Auffinden des gewünschten Spezialgebietes. Weiterführende Literatur zu jedem der zehn Hauptkapitel wird im Kapitel 11 geboten.

EXCEL-PROBLEMLÖSER (PROGRAMMÜBERSICHT)

Die meisten Fallbeispiele, die in diesem Buch vorgestellt werden, können mit Excel-Tools einfach und rasch gelöst werden. Diese Tools, die von meiner Kanzlei entwickelt worden sind, bewähren sich seit Jahren in der Praxis – bei Geschäftsführern, Controllern, Steuerberatern und Unternehmensberatern im gesamten deutschsprachigen Raum.

Die Highlights aus unserer Programmpalette:

QuickTest
Bonitätsbewertung für Eilige

QuickReport
Der Quicktest mit verbaler Interpretation. 14-seitiger Analysebericht auf Knopfdruck.

BigKenn
Das dicke Kennzahlen paket mit 34 Kennzahlen aus 5 Analysebereichen inkl. Benotung

PlanB
Der Was-Wäre-Wenn-Planer zur Budgetierung von Jahresabschlüssen

HistUB
Unternehmensbewertung auf historischer Basis, alle gängigen Methoden

PlanUB
Zukunftsorientierte Unternehmensbewertung, Ertragswertmethode (FGA Nr. 74) und Free-Cash-Flow-Methode

Investitions Rechnung
Kapitalwert, Int. Zinsfuß, Modifiz. int. Zinsfuß (Bald-win), Amortisationsdauer, Sensibilitätsanalyse, Zielwertsimulation

Feasibility Manager
Machbarkeit auf den Punkt gebracht. Checkt, ob gewisse Zielkennzahlen erreicht werden können oder nicht.

Zinsen
Zinsberechnungen mit vielen Features, individuelle Gestaltung von Zinstafeln

Break'97
Break Even-Analyse und Gewinnschwellen diagramm

RisikoUW
Risikoanalyse für Unternehmenswert
Erstellung eines Risikoprofils durch Monte-Carlo-Simulation

RisikoIR
Risikoanalyse für Investitionsrechnung
Erstellung eines Risikoprofils durch Monte-Carlo-Simulation

VarFix'97
Kostentrennung in fix und variabel

Skonto'97
Die Vorteilhaftigkeit der Skontoausnutzung auf einen Blick

Annu'97
Annuitätenberechnung
Tilgungspläne dekursiv, antizipativ; auch unterjährig

Iso'97
Isogewinnkurven-Graphik,
Hilfsmittel zur Preisfestlegung wichtiger Produkte

Fordern Sie unsere **kostenlose** Präsentationsmappe an!

Praktische Excel-Softwaretools – Eine Übersicht

QuickTest
Bonitätsbeurteilung für Eilige
• Vier Kennzahlen aus vier Analysebereichen • Benotung nach Schulnotensystem und Interpretation • Analysezeitraum bis zu 3 Jahren

QuickReport
Der Quicktest mit verbaler Interpretation
• Mit nur acht Eingaben pro Jahr wird ein bis zu 14 Seiten starker Report automatisch ausgedruckt • Analysezeitraum bis zu 3 Jahren • Zahlreiche Graphiken und Tabellen, wahlweise in drei Ausprägungsformen: Classic, Black & White, Smiley • URG-Warnung für Österreich • Gewinnschwellendiagramm

BigKenn
Das dicke Kennzahlenpaket
• 34 Kennzahlen inkl. Benotung • 5 Analysebereiche • Kennzahlenvergleich mit Branchengruppen • 2 Frühwarnsysteme • Kapitalflußrechnung • Quicktest • 15 Graphiken • URG-Warnung für Österreich • Analysezeitraum bis zu 5 Jahren

PlanB
Der Was-Wäre-Wenn-Planer zur Budgetierung von Jahresabschlüssen
• Praktische Tools unterstützen bei der Eingabe • Planbilanzen • Plan-G&V • Plankapitalflußrechnung • Planliquidität • Planungshorizont bis zu 10 Jahren • Umfangreiche Kennzahlenanalyse mit Trend und Branchengruppen-Vergleich • Viele Graphiken • 2 Multiple Diskriminanzanalysen • Quicktest • u.v.m.

FeasibilityManager
Machbarkeit rasch auf den Punkt gebracht
• Checkt, ob gewisse Ziele (Zielkennzahlen) erreicht werden können oder nicht • Erspart stundenlange Szenarienplanungen • 15 mögliche Zielkennzahlen • Eine oder zwei Kennzahlen

als Zielwert definierbar • Variable Festsetzung der Grenzen des Lösungsraums (max. Veränderung von Umsatz, DBU, Personalkosten bzw. sonst. Kosten), damit die vorgeschlagenen Lösungen realistisch sind • Rechnet innerhalb von 10 bis 70 Minuten alle relevanten Lösungsszenarien • Nur in Kombination mit PlanB lauffähig!

PlanUB
Zukunftsorientierte Unternehmensbewertung
• Ertragswertmethode (FGA Nr. 74 in Österreich, HFA 2/1983 in Deutschland) • Free-Cash-Flow-Methode • 80-Punkte-Due-Diligence-Checkliste • Mit PlanB kombinierbar, die Eingabewerte werden automatisch übernommen (Plan-EGT, Plan-FCF, Investitionen, Veränderung Working Capital, flüssige Mittel)

HistUB
Unternehmensbewertung auf historischer Basis
• Methode der temporären Übergewinnkapitalisierung (FGA Nr. 45) • Mittelwertmethode • Schweizer Verfahren • Methode Schnettler • Liquidationswert • 80-Punkte-Due-Diligence-Checkliste

InvestitionsRechnung
Alle Methoden mit vielen Features
• Kapitalwert • Interner Zinsfuß • Modifizierter interner Zinsfuß (Baldwin) • Amortisationsdauer statisch und dynamisch • Sensibilitätsanalyse • Zielwertsimulation • Übersichtliche Tabellen und Graphiken • u.v.a.

Zinsen
Zinsberechnungen mit vielen Features
• Individuelle Gestaltung von Zinstafeln • Relevant für alle Wirtschaftlichkeitsrechnungen wie Investitionsrechnung, "Leasing versus Kredit"-Barwertvergleich usw. • Zinstabellen monatlich, quartalsmäßig, semestral, jährlich • Alle vier Zinsfaktoren: Aufzinsungsfaktoren (AUF), Abzinsungsfaktor (AB), Diskontierungssummenfaktor (DSF), Kapitalwiedergewinnungsfaktor (KWG)

RisikoUW
Risikoanalyse für Unternehmenswert
• Erstellung eines Risikoprofils durch Monte-Carlo-Simulation • Macht die Unsicherheit transparenter und erleichtert dadurch die Entscheidung • Alle Simulationsergebnisse werden übersichtlich (tabellarisch und graphisch) dargestellt

RisikoIR
Risikoanalyse für Investitionsrechnung
• Erstellung eines Risikoprofils durch Monte-Carlo-Simulation • Macht die Unsicherheit transparenter und erleichtert dadurch die Entscheidung • Alle Simulationsergebnisse werden übersichtlich (tabellarisch und graphisch) dargestellt, z.B.: Instandhaltungsverläufe, Liquidationswert Gebäude

VarFix'97
Kostentrennung in fix und variabel
• Ermittlung des Reagibilitätsgrades und des Korrelationskoeffizienten für die wichtigsten Kostenarten

Iso'97
Isogewinnkurven-Graphik
• Hilfsmittel zur Preisfestlegung wichtiger Produkte

Break'97
Break Even-Analyse und Gewinnschwellendiagramm
• Übersichtliche Excel-Graphiken

Annu'97
Annuitätenberechnung
• Tilgungspläne dekursiv oder antizipativ • Zinsfälligkeit jährlich, halbjährlich, vierteljährlich oder monatlich

Skonto'97
Die Vorteilhaftigkeit der Skontoausnutzung
• Auf einen Blick: notwendiger Kapitalbedarf, Jahresvorteil, Erfolgs- und Liquiditätsveränderung

FAXFORMULAR

Wenn Sie unsere Programme bestellen wollen oder einfach nur weitere Informationen wünschen, kreuzen Sie bitte die entsprechenden Kästchen an und faxen Sie dieses Formular an uns! *(Vergrößerungsfaktor bei Kopie: ca. 190%)*

Unsere Faxnummer: **+43.1.8770451.30**

QuickTest	€ 65,-	❑ Ja, ich bestelle!	❑ Bitte nur Info
Bonitätsbewertung für Eilige			
QuickReport	€ 574,-	❑ Ja, ich bestelle!	❑ Bitte nur Info
Der QuickTest mit verbaler Interpretation: 14-seitiger Analysebericht auf Knopfdruck!			
BigKenn	€ 356,-	❑ Ja, ich bestelle!	❑ Bitte nur Info
Das große Kennzahlenpaket mit 34 Kennzahlen aus 5 Analysebereichen inkl. Benotung			
PlanB	€ 712,-	❑ Ja, ich bestelle!	❑ Bitte nur Info
Der Was-Wäre-Wenn-Planer zur Budgetierung von Jahresabschlüssen			
FeasibilityManager	€ 726,-	❑ Ja, ich bestelle!	❑ Bitte nur Info
Checkt, ob gewisse Zielkennzahlen mittelfristig erreicht werden können oder nicht			
PlanUB	€ 181,-	❑ Ja, ich bestelle!	❑ Bitte nur Info
Zukunftsorientierte Unternehmensbewertung, Ertragswertmethode (FGA 74), FCF-Methode			
HistUB	€ 181,-	❑ Ja, ich bestelle!	❑ Bitte nur Info
Unternehmensbewertung auf historischer Basis; alle gängigen Methoden			
InvestitionsRechnung	€ 356,-	❑ Ja, ich bestelle!	❑ Bitte nur Info
Kapitalwert, Interner Zinsfuß, Baldwin, Amortisationsdauer, Zielwertsimulation u.a.			
Zinsen	€ 65,-	❑ Ja, ich bestelle!	❑ Bitte nur Info
Zinsberechnungen mit vielen Features			
RisikoUW	€ 261,-	❑ Ja, ich bestelle!	❑ Bitte nur Info
Risikoanalyse für Unternehmenswert durch Monte-Carlo-Simulation			
RisikoIR	€ 261,-	❑ Ja, ich bestelle!	❑ Bitte nur Info
Risikoanalyse für Investitionsrechnung durch Monte-Carlo-Simulation			
VarFix'97	€ 65,-	❑ Ja, ich bestelle!	❑ Bitte nur Info
Kostentrennung in fix und variabel.			
Iso'97	€ 65,-	❑ Ja, ich bestelle!	❑ Bitte nur Info
Isogewinnkurven-Graphik zur Preisfestlegung wichtiger Produkte			
Break'97	€ 65,-	❑ Ja, ich bestelle!	❑ Bitte nur Info
Break-Even-Analyse mit Gewinnschwellendiagramm			
Annu'97	€ 65,-	❑ Ja, ich bestelle!	❑ Bitte nur Info
Annuitätenberechnung, Tilgungspläne			
Skonto'97	€ 109,-	❑ Ja, ich bestelle!	❑ Bitte nur Info
Vorteile der Skontoausnutzung auf einen Blick			

Unternehmensberatung
Peter Kralicek
Mantlergasse 26
A-1130 Wien
Tel: +43.1.8770451
e-mail: hotline@krali.at

Ihr Stempel / Ihre Unterschrift

1. KENNZAHLEN UND FRÜHWARN-INDIKATOREN

Kennzahlen sind als Träger

- betriebswirtschaftlicher
- finanzwirtschaftlicher
- marktwirtschaftlicher
- technischer und
- ökologischer

Informationsinhalte schon immer von großer Bedeutung gewesen. Die Quellen für die Kennzahlenermittlung sind

- einerseits **externe Jahresabschlüsse** und
- andererseits **(betriebs-) interne Informationen**.

1.1. ZUALLERERST: BILANZDATEN-CHECK

Jede Kennzahlenanalyse beginnt mit einer Aufbereitung des Zahlenmaterials. Bilanz- und G&V-Daten müssen unter Berücksichtigung der Informationen im Anhang untergliedert bzw. zusammengefaßt, abgegrenzt, ergänzt und schließlich so strukturiert werden, daß möglichst viele, aussagefähige und sinnvoll verwertbare Kennzahlen gebildet werden können.

Der 13 Punkte umfassende Bilanzdaten-Check ist auf der nächsten Seite abgebildet. Zu einigen Punkten sind noch kurze Erläuterungen notwendig.

ad Pkt. 1: Die stillen Reserven des Anlagevermögens beinhalten ausschließlich die Differenz aus einer zu kurzen steuerlichen Abschreibungsdauer gegenüber einer richtigen. Differenzen zwischen Anschaffungs- und Wiederbeschaffungswerten dürfen bei einer Kennzahlenanalyse **nie** in den stillen Reserven Berücksichtigung finden (Nominalwertprinzip). Anders bei der Kostenrechnung und Unternehmensbewertung: hier ist es Pflicht, die Anschaffungswerte in Wiederbeschaffungswerte umzuwandeln.

CHECKLISTE

❍ Bilanzdaten-Check für Kennzahlenanalyse

1. Auflösung stiller Reserven im Anlagevermögen.
2. Auflösung stiller Reserven im Umlaufvermögen.
3. Auflösung von Rücklagen (Eigenkapitalcharakter).
4. Auflösung von Rückstellungen mit Eigenkapitalcharakter
5. Die G&V als **stufenweise Deckungsbeitragsrechnung** aufbauen, damit **Break-Even-Informationen** nicht verloren gehen.
6. **Die betrieblichen Erlöse** (Betriebsleistung) **sind immer 100%.**
7. Mindestgliederung der variablen Kosten beachten!
8. Mindestgliederung der fixen Kosten beachten!
9. Die außerordentlichen Aufwendungen und Erträge müssen eliminiert (ausgeschieden) werden (außerordentliches Ergebnis).
10. Der Finanzerfolg muß separiert ausgewiesen werden.
11. **Für** die **Kennzahlenanalyse** sollte als **Saldo der G&V immer** das **Ergebnis der gewöhnlichen Geschäftstätigkeit** herangezogen werden. Dieses Ergebnis beinhaltet den Betriebserfolg und den Finanzerfolg, berücksichtigt aber nicht das außerordentliche Ergebnis und die Ertragsteuern.
12. **Bei unterjähriger Kennzahlenermittlung** dürfen die sogenannten **Jahresanpassungsfaktoren nicht vergessen** werden, wenn Bilanz- und Erfolgspositionen zuammentreffen.
    Beispiel:
    Für kumulierte Perioden von eins, zwei, sechs bzw. zwölf Monaten betragen die entsprechenden Jahresanpassungsfaktoren 12, 6, 2 bzw. 1. Mit diesen Faktoren sind die Erfolgspositionen zu multiplizieren.
13. Wurden **stille Reserven aufgelöst**, darf auf die **Bildung latenter Ertragsteuerrückstellungen nicht vergessen** werden.

ad Pkt.2: Wenn die stillen Reserven in den Vorratsbeständen und Halbfabrikaten zu Beginn und am Ende einer Periode unterschiedlich hoch sind, hat das auch Auswirkungen auf die G&V-Positionen "Materialeinsatz" bzw. "Bestandsveränderung Halbfabrikate" und damit auf den Jahreserfolg.

ad Pkt.4: Jener Teil der Rückstellungen, der eventuell überhöht angesetzt worden ist.

ad Pkt.5: siehe Seiten 64–70, 77, 194, 195

ad Pkt.13: Ein approximativer Ertragsteuersatz von 40% ist in praxi weit verbreitet.

FB

FB 1.1.

DEMO Bilanzverkürzung

Würde man die Punkte 1 bis 4 des Bilanzdaten-Checks nicht durchführen, kann das zu einer krassen Fehlinterpretation der wichtigen Kennzahl "Eigenkapitalquote" aber auch anderer Kennzahlen führen.

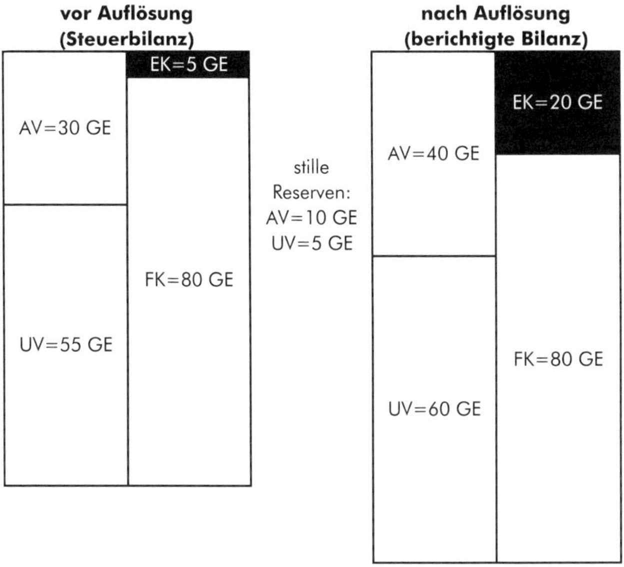

Die Eigenkapitalquote **vor Auflösung der stillen Reserven** im Anlage- und Umlaufvermögen beträgt knapp 6%, was als "zu wenig" interpretiert werden müßte, **nach Auflösung** 20%, was als befriedigend angesehen werden kann.

In obiger Tabelle wurden latente Ertragsteuern nicht berücksichtigt. Gemäß den Empfehlungen in Punkt 13 betrüge das Eigenkapital (EK) dann nicht 20 GE, sondern nur 14 GE (5+9) und das Fremdkapital (FK) nicht 80 GE, sondern 86 GE (80+6).

1.2. FÜR EILIGE: DER QUICKTEST

❍ Was ist der Quicktest?

Der Quicktest ist ein **Schnelltest**. **Obwohl nur vier Kennzahlen** herangezogen werden, ist die **Aussage** bereits **grundsätzlich richtig**. Würde man dreißig oder mehr Kennzahlen verwenden, ändert sich am Ergebnis kaum etwas. Mehr Kennzahlen haben allerdings den Vorteil, daß etwaige Fehlerquellen oder Ursachen für besonders günstige Entwicklungen rascher erkannt werden.

❍ Welche Kennzahlen?

Die vier Quicktestkennzahlen sind:

- ❍ **Eigenkapitalquote**
- ❍ **Gesamtkapitalrentabilität**
- ❍ **Schuldtilgungsdauer**
- ❍ **Cash-Flow-Leistungsrate**

❍ Warum gerade diese Kennzahlen?

Wenn nur vier Kennzahlen verwendet werden, **dürfen diese nicht störanfällig sein** und **müssen darüber hinaus das gesamte Informationspotential der Bilanz und G&V** weitgehendst **ausschöpfen**. Das geschieht dadurch, daß **aus jedem der vier Analysebereiche**

- ❍ **Finanzierung**
- ❍ **Rentabilität**
- ❍ **Liquidität**
- ❍ **Aufwandstruktur/Erfolg**

eine Kennzahl ausgewählt wird.

Eigenkapitalquote und Schuldtilgungsdauer zeigen eindeutig auf, ob das Unternehmen absolut (gemessen an der Bilanzsumme) bzw. relativ (gemessen am Cash-Flow) zu viel Fremdkapital hat oder nicht.

Die Gesamtkapitalrentabilität ist ebenfalls nicht störanfällig. Bei dieser Kennzahl kann es keine prozentualen Eskapaden geben, wie etwa bei der Eigenkapitalrentabilität. Ist die wichtige Eigenkapitalrentabilität sehr hoch (z.B. 60%), dann ist das nicht immer positiv interpretierbar, dann nämlich, wenn die Eigenkapitalquote extrem niedrig ist. Bei der Gesamtkapitalrentabilität ist ein solcher "Ausreißer" nicht denkbar, weil es beim "Gesamtkapital" (Eigen- und Fremdkapital zusammen) keine Hebelwirkungen gibt.

Die Cash-Flow-Leistungsrate ist durch das Eliminieren der Abschreibungen weniger störanfällig als etwa die Umsatzrendite. Die Höhe der Abschreibungen hängt nämlich manchmal von steuer- und/oder finanztaktischen Maßnahmen ab, was die Aussagefähigkeit des Gewinnes beeinträchtigen kann.

❍ Was sagen die vier Quicktest-Kennzahlen eigentlich aus?

Analysebereich		Kennzahl	Formel	Aussage über die .....
finanzielle Stabilität	Finanzierung	Eigenkapitalquote	$\frac{\text{Eigenkapital}}{\text{Gesamtkapital}} \times 100$	Kapitalkraft
	Liquidität	Schuldtilgungsdauer in Jahren	$\frac{\text{Fremdkapital} - \text{flüssige Mittel}}{\text{Jahres-Cash-Flow}} \times 100$	Verschuldung
Ertragskraft	Rentabilität	Gesamtkapitalrentabilität	$\frac{\text{Betriebsergebnis} + \text{Fremdkapitalzinsen}}{\text{Bilanzsumme}} \times 100$	Rendite
	Erfolg	Cash-Flow-Leistungsrate	$\frac{\text{Cash-Flow}}{\text{Betriebsleistung}} \times 100$	finanzielle Leistungsfähigkeit

❍ Beurteilungsskala und Note

Für eine treffsichere Beurteilung empfiehlt sich die Verwendung der umseitigen Beurteilungsskala. **Die fünfteilige Notenskala ermöglicht es, für jede Kennzahl eine Note zwischen 1 (sehr gut) und 5 (insolvenzgefährdet) zu vergeben.** Die **Gesamtnote** erhält man durch **Addition** der **vier Einzelnoten und Division der Gesamtsumme durch vier. Zusätzlich** sollte **noch je eine Durchschnittsnote** für die

- **finanzielle Stabilität** und
- für die **Ertragskraft**

gebildet werden, weil dann ein drohendes Problem früher erkannt wird und rascher mit dem Gegensteuern begonnen werden kann.

❍ Quicktest-Beurteilungsskala

Kennzahl	Beurteilungsskala (Note) sehr gut (1)	gut (2)	mittel (3)	schlecht (4)	insolvenzgefährdet (5)
Eigenkapitalquote	> 30%	> 20%	> 10%	< 10%	neg.
Schuldtilgungsdauer in Jahren	< 3 J.	< 5 J.	< 12 J.	> 12 J.	> 30 J.
Zwischennote 1: FINANZIELLE STABILITÄT	**arithmetischer Notendurchschnitt aus Eigenkapitalquote und Schuldtilgungsdauer**				
Gesamtkapitalrentabilität	> 12%	> 10%	> 7%	< 7%	neg.
Cash-Flow-Leistungsrate	> 10%	> 8%	> 5%	< 5%	neg.
Zwischennote 2: ERTRAGSLAGE	**arithmetischer Notendurchschnitt aus Gesamtkapitalrentabilität und Cash-Flow-Leistungsrate**				
GESAMTNOTE	**arithmetischer Notendurchschnitt aus allen vier Kennzahlen**				

❍ Welche Informationen sind für die Quicktestermittlung notwendig?

Für die Ermittlung der vier Quicktest-Kennzahlen benötigt man folgende Informationen:

1. Aus der Bilanz
- ❍ Eigenkapital
- ❍ Gesamtkapital (= Bilanzsumme)
- ❍ flüssige Mittel
- ❍ Fremdkapital

2. Aus der G&V
- ❍ Betriebsleistung
- ❍ Fremdkapitalzinsen
- ❍ Ergebnis der gewöhnlichen Geschäftstätigkeit (= EGT)
- ❍ Cash-Flow

❍ Wie wird das Quicktest-Ergebnis übersichtlich präsentiert?

Analysebereich	**gecheckt durch Kennzahl**	**Note**
Finanzierung	Eigenkapitalquote	
Liquidität	Schuldtilgungsdauer	
finanzielle Stabilität		
Rentabilität	Gesamtkapitalrentabilität	
Erfolg	Cash-Flow-Leistungsrate	
Ertragslage		
Gesamtbeurteilung		

1.3. ZUR URSACHENANALYSE UND ABRUNDUNG: 24 WEITERE KENNZAHLEN

Weitere 24 Kennzahlen, die in der Praxis häufig Verwendung finden und anschließend näher vorgestellt werden, lassen sich folgenden fünf Analyseschwerpunkt-Bereichen zuordnen:

KENNZAHLENÜBERSICHT
(die vier Quicktest-Kennzahlen sind invers dargestellt)

FINANZIELLE STABILITÄT	INVESTITION	Anlagenintensität	Seite 34
		Investitionsquote	Seite 35
		Investitionsdeckung	Seite 36
		Abschreibungsquote	Seite 37
	FINANZIERUNG	**Eigenkapitalquote**	**Seite 38**
		Anlagendeckung A	Seite 39
		Anlagendeckung B	Seite 40
		Working Capital Ratio	Seite 41
		Debitorenziel in Tagen	Seite 42
		Kreditorenziel in Tagen	Seite 43
		Lagerdauer in Tagen	Seite 44
	LIQUIDITÄT	Liquidität 1. Grades	Seite 46
		Liquidität 2. Grades	Seite 47
		Liquidität 3. Grades	Seite 48
		Schuldtilgungsdauer in Jahren	**Seite 49**
ERTRAGSLAGE	RENTABILITÄT	Eigenkapitalrentabilität	Seite 50
		Gesamtkapitalrentabilität	**Seite 51**
		Return on Stock Investment	Seite 53
		Return on Investment	Seite 54
	AUFWANDSSTRUKTUR & ERFOLG	Material- bzw. Warenintensität	Seite 57
		Personalintensität	Seite 60
		Fremdkapitalzinsen in % der BL	Seite 61
		Abschreibungen in % der BL	Seite 62
		Cash-Flow-Leistungsrate	**Seite 63**
		Deckungsbeitragsrate (DBU)	Seite 64
		Break-Even-Point in % der BL	Seite 67
		Cash-Flow-Point in % der BL	Seite 69
		Zielumsatz in % der BL	Seite 70

Hier werden auch die Ursachen hinterfragt, also das "Warum?" festgestellt.

Kennzahl: ANLAGENINTENSITÄT

Analysebereich

finanzielle Stabilität	
Investition	✔
Finanzierung	
Liquidität	

Ertragslage	
Rentabilität	
Aufwandstruktur/ Erfolg	

synonyme Bezeichnung:

- Anlagevermögen in % des Gesamtvermögens

Formel:

$$\frac{\text{Anlagevermögen x 100}}{\text{Bilanzsumme}}$$

Wie hoch ist sie in den Hauptbranchen? (Richtwerte von erfolgreichen Unternehmungen)

- Industrie (Erzeugung) .... ≥ 35%
- Gewerbe (Handwerk) .... ≤ 25%
- Großhandel .... ≤ 15%
- Einzelhandel .... ≤ 18%

Was bedeutet niedrige und hohe Anlagenintensität?

- Je niedriger das Anlagevermögen, desto flexibler ist das Unternehmen bei Anpassungen an unterschiedliche Beschäftigungsgrade. Bei Unterbeschäftigung schlägt das Problem der Leerkosten nicht so stark auf den Erfolg durch wie bei anlagenintensiven Betrieben.
- Niedriges Anlagevermögen kann dann unvorteilhaft sein, wenn durch jahrelange Investitionsstopps das Anlagevermögen ausgezehrt wird, dadurch der technische Fortschritt (Rationalisierung) abnimmt und in Zukunft Ertragseinbußen nur mit hohen Investitionsausgaben verhindert werden können.
- Niedriges Anlagevermögen ist manchmal auch ein Signal für größere Leasingengagements.
- Hohes Anlagevermögen kann durch Fehlinvestitionen entstanden sein; die Umsatzrendite ist dann meist schlecht. Andererseits kann eine hohe Anlagenintensität auch durch erfolgreiche Rationalisierungsinvestitionen begründet sein, was fast immer mit einer guten Umsatzrendite – eventuell um ein Jahr phasenverschoben – einhergeht.

Kennzahl: INVESTITIONSQUOTE

Analysebereich

finanzielle Stabilität		Ertragslage	
Investition	✔	Rentabilität	
Finanzierung		Aufwandstruktur/	
Liquidität		Erfolg	

Formel:

$$\frac{\text{Nettoinvestitionen im Sachanlagevermögen}}{\text{Buchwert der Sachanlagen am Jahresanfang}}$$

Wie hoch ist sie in den Hauptbranchen?

Für diese Kennzahl gibt es **keine Branchenvergleichswerte**. Sie kann nur intern über mehrere Jahre beobachtet werden.

Was sagt die Investitionsquote aus?

Die Investitionsquote zeigt auf, **wie stark** die **Investitionsaktivitäten** der Unternehmung sind. Man wird sie also vor allem in Unternehmungen verwenden, bei denen eine permanente Überwachung der Investitionsaktivitäten dringend notwendig ist: Anlagenintensive Unternehmungen und solche, die schon einige Investitionsflops hinter sich haben.

Grundsätzlich gilt:

Je höher die Investitionsquote, desto mehr wurde investiert.

Kennzahl: NETTOINVESTITIONSDECKUNG

Analysebereich

finanzielle Stabilität		Ertragslage	
Investition	✔	Rentabilität	
Finanzierung		Aufwandstruktur/	
Liquidität		Erfolg	

Formel:

$$\frac{\text{Abschreibung auf Sachanlagevermögen}}{\text{Nettoinvestition (= Sachanlagezugang)}}$$

Wie hoch ist sie in den Hauptbranchen?

Für diese Kennzahl gibt es keine Branchenvergleichswerte. Sie kann und sollte aber intern beobachtet werden.

Was sagt die Nettoinvestitionsdeckung aus?

Die Nettoinvestitionsdeckung drückt aus, in welchem Ausmaß die Investitionen aus Abschreibungen finanziert werden konnten. Weiters wird signalisiert, ob neben den notwendigen Ersatzinvestitionen echte Neuinvestitionen getätigt worden sind. Diese Kennzahl beurteilt also die Investitionen unter dem Aspekt der Substanzerhaltung. Die Erhaltung und Verbesserung des betrieblichen Leistungspotentials ist nur gegeben, wenn mittel- und langfristig über die Abschreibungen hinaus investiert wird.

Grundsätzlich gilt:

- Wenn **Nettoinvestitionsdeckung < 1**,
  dann echter Anlagenzuwachs **(Substanz wird erhalten)**
- Wenn **Nettoinvestitionsdeckung > 1**,
  dann nur Ersatzinvestition **(Substanz wird nicht erhalten)**

Kennzahl: ABSCHREIBUNGSQUOTE

Analysebereich

finanzielle Stabilität		Ertragslage	
Investition	✔	Rentabilität	
Finanzierung		Aufwandstruktur/	
Liquidität		Erfolg	

Formel:

$$\frac{\text{Abschreibungen auf Sachanlagevermögen}}{\text{Buchwert der Sachanlagen am Jahresende}}$$

Wie hoch ist sie in den Hauptbranchen?
Auch für diese Kennzahl gibt es keine direkten Branchenvergleichswerte. Man kann aber indirekt Richtwerte für die Abschreibungsquote festlegen, wenn die beiden bekannten Kennzahlen

- Abschreibung in % der Betriebsleistung und
- Kapitalumschlag

miteinander multipliziert werden und man dieses Produkt anschließend durch die bekannte Kennzahl "Anlagenintensität" dividiert, wobei sich letztere selbstverständlich nur auf das Sachanlagevermögen bezieht.

	gute Durchschnittswerte			
	Industrie	**Gewerbe**	**Groß-handel**	**Einzel-handel**
Abschreibung in % der BL (bekannt)	4,5	3,0	1,3	1,6
x Kapitalumschlag (bekannt)	1,6	2,0	2,5	2,5
= Zwischensumme (AfA auf Bilanzniveau)	7,2	6,0	3,3	4,0
: Anlagenintensität (bekannt)	33,0	25,0	15,0	18,0
= Abschreibungsquote (Richtwerte)	**0,22**	**0,24**	**0,22**	**0,22**

Was sagt die Abschreibungsquote aus?
Mit dieser Kennzahl kann festgestellt werden, ob die Abschreibung in einem guten Verhältnis zum Sachanlagevermögen steht oder nicht.

Achtung: Abschreibungsquote und tatsächliche Gewinnsituation
Manchmal weist die Abschreibungsquote auch auf die **tatsächliche Gewinnsituation** hin. Eine **extrem niedrige Abschreibungsquote kann einen zu hohen Gewinn bedeuten und umgekehrt**.

Kennzahl: EIGENKAPITALQUOTE

Analysebereich

finanzielle Stabilität		Ertragslage	
Investition		Rentabilität	
Finanzierung	✔	Aufwandstruktur/ Erfolg	
Liquidität			

synonyme Bezeichnungen:

- ❍ Eigenkapitalintensität
- ❍ Eigenkapitalausstattung

Formel:

$$\frac{\text{berichtigtes Eigenkapital} \times 100}{\text{Gesamtkapital}}$$

Berichtigtes Eigenkapital heißt: inklusive stiller Reserven

Wie hoch ist sie in den Hauptbranchen?
(Richtwerte von erfolgreichen Unternehmungen)

- ❍ Industrie (Erzeugung) .... ≥ 20%
- ❍ Gewerbe (Handwerk) .... ≥ 15%
- ❍ Großhandel .... ≥ 15%
- ❍ Einzelhandel .... ≥ 10%

Wieso sollte die Eigenkapitalquote mindestens 20% betragen?

Wird unterstellt, daß sich das Gesamtkapital jährlich zweimal umschlägt, dann können bei einer 20%igen Eigenkapitalquote drei Verlustjahre mit einem Verlust von je 3,3% vom Umsatz abgedeckt werden, bei einer 30%igen Eigenkapitalquote vier Verlustjahre mit einem Verlust von je 3,75% vom Umsatz usw. Allgemein gilt:

   Anzahl der Verlustjahre
x Ø Jahresverlust in % vom Umsatz
= aufgelaufener Verlust in % vom Umsatz
x Kapitalumschlag
= notwendige Eigenkapitalquote

Kennzahl: ANLAGENDECKUNG A

Analysebereich

finanzielle Stabilität	
Investition	
Finanzierung	✔
Liquidität	

Ertragslage	
Rentabilität	
Aufwandstruktur/ Erfolg	

synonyme Bezeichnungen:

- ❍ Anlagendeckung 1
- ❍ Anlagendeckungsgrad A oder 1
- ❍ Anlagendeckung mit Eigenkapital

Formel:

$$\frac{\text{Eigenkapital} \times 100}{\text{Anlagevermögen}}$$

Wie hoch ist sie in den Hauptbranchen? (Richtwerte von erfolgreichen Unternehmungen)

- ❍ Industrie (Erzeugung) .... ≥ 60%
- ❍ Gewerbe (Handwerk) .... ≥ 50%
- ❍ Großhandel .... ≥ 100%
- ❍ Einzelhandel .... ≥ 80%

Was sagt die Anlagendeckung A aus?

Die Anlagendeckung A drückt aus, zu wieviel Prozent das Anlagevermögen durch Eigenkapital abgedeckt (finanziert) wird.

Graphische Darstellung bei gut finanzierten Erzeugungs- und Handwerksbetrieben:

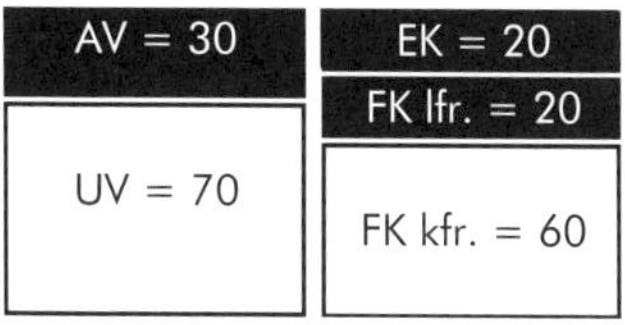

Anlagendeckung A: 66%
(20 : 30 x 100)
Anlagendeckung B: 133%
(40 : 30 x 100)

Kennzahl: ANLAGENDECKUNG B

Analysebereich

finanzielle Stabilität	
Investition	
Finanzierung	✔
Liquidität	

Ertragslage	
Rentabilität	
Aufwandstruktur/ Erfolg	

synonyme Bezeichnungen:

- Anlagendeckung 2
- Anlagendeckungsgrad B oder 2
- Anlagendeckung mit EK und langfr. FK

Formel:

$$\frac{(\text{Eigenkapital} + \text{langfristiges Fremdkapital}) \times 100}{\text{Anlagevermögen}}$$

oder bei Überschuldung

$$\frac{\text{langfristiges Fremdkapital}}{\text{Anlagevermögen} + \text{nicht durch Eigenkapital gedeckter Fehlbetrag}}$$

Wie hoch ist sie in den Hauptbranchen? (Richtwerte von erfolgreichen Unternehmungen)

- Industrie (Erzeugung) .... ≥ 130%
- Gewerbe (Handwerk) ...... ≥ 120%
- Großhandel .... ≥ 200%
- Einzelhandel .... ≥ 150%

Was sagt die Anlagendeckung B aus?

Die Anlagendeckung B drückt aus, zu wieviel Prozent das Anlagevermögen durch Eigenkapital und langfristiges Fremdkapital abgedeckt (finanziert) wird. Weil das gesamte Anlagevermögen und ein Teil des Umlaufvermögens unbedingt langfristig finanziert sein sollte, muß die Anlagendeckung B > 110% sein. Bei den gut finanzierten Unternehmungen ist sie es auch.

Kennzahl: WORKING CAPITAL RATIO

Analysebereich

finanzielle Stabilität	
Investition	
Finanzierung	✔
Liquidität	

Ertragslage	
Rentabilität	
Aufwandstruktur/ Erfolg	

Formeln:

❍ **Working Capital (WC)**

  (kurzfristiges) Umlaufvermögen (innerhalb eines Jahres liquidier- bzw. abbaubar)
– (kurzfristiges) Fremdkapital (innerhalb eines Jahres rückzahlbar)
= **Working Capital**

❍ **Working Capital Ratio (WCR)**

$$\frac{\text{Working Capital} \times 100}{\text{kurzfristiges Umlaufvermögen}}$$

Wie hoch ist sie in den Hauptbranchen?
In gut finanzierten Unternehmungen beträgt die Working Capital Ratio zwischen 30% und 50%.

Was sagt die Working Capital Ratio aus?
Die Working Capital Ratio zeigt auf, wieviel Prozent des Umlaufvermögens langfristig und damit günstiger finanziert sind. Die Aussage des Working Capital in bezug auf das langfristig zur Verfügung stehende Finanzierungspotential ist verbesserungsfähig, wenn

❍ nicht ausgenutzte langfristige Kreditmöglichkeiten und
❍ ausstehende Einlagen und Nachschüsse, die kurzfristig eingefordert werden können

dem Working Capital hinzugerechnet werden.

Graphische Darstellung (WCR zu niedrig):

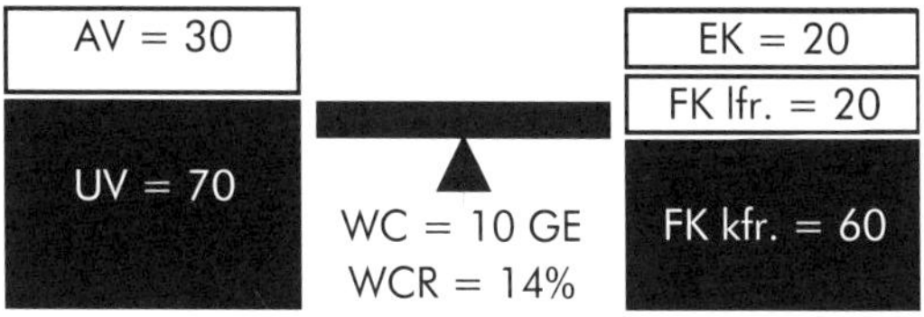

Kennzahl: DEBITORENZIEL IN TAGEN

Analysebereich

finanzielle Stabilität		Ertragslage	
Investition		Rentabilität	
Finanzierung	✔	Aufwandstruktur/ Erfolg	
Liquidität			

synonyme Bezeichnungen:

- Verweildauer Debitoren
- Geldeingangsdauer

Formel:

$$\frac{\text{Kundenforderungen} \times 365}{\text{Umsatz}}$$

Wie hoch ist sie in den Hauptbranchen? (Richtwerte von erfolgreichen Unternehmungen)

- Industrie (Erzeugung) ..... ≤ 45 Tage
- Gewerbe (Handwerk) ... ≤ 40 Tage
- Großhandel .... ≤ 40 Tage
- Einzelhandel .... ≤ 10 Tage

Was sagt das Debitorenziel in Tagen aus?

Diese Kennzahl zeigt auf, nach wieviel Tagen die Kunden ihre Rechnungen bezahlen. Die Höhe dieser Kennzahl hängt sehr davon ab, wie straff das Mahnwesen organisiert ist.

Achtung: Überhöhte Kundenskonti sollten nicht als Anreiz für ein niedriges Debitorenziel gewährt werden, weil das **unwirtschaftlich** ist. **Zinskosten für Bankkredite** sind **meist** um **ein Mehrfaches günstiger als überhöhte Kundenskonti**. Das Berechnungsinstrumentarium ist grundsätzlich ident mit jenem für "Skontoertrag versus Bankkredit" (siehe Kap. 3.3.).

Kennzahl: KREDITORENZIEL IN TAGEN

Analysebereich

finanzielle Stabilität	
Investition	
Finanzierung	✔
Liquidität	

Ertragslage	
Rentabilität	
Aufwandstruktur/ Erfolg	

synonyme Bezeichnung:

- Verweildauer Kreditoren

Formel:

$$\frac{\text{Lieferantenverbindlichkeiten x 365}}{\text{Wareneinsatz + Materialeinsatz + Fremdleistung}}$$

Wie hoch ist sie in den Hauptbranchen?
(Richtwerte von erfolgreichen Unternehmungen)

- Industrie (Erzeugung) ..... ≤ 80 Tage
- Gewerbe (Handwerk) ... ≤ 70 Tage
- Großhandel .... ≤ 50 Tage
- Einzelhandel .... ≤ 50 Tage

Was sagt das Kreditorenziel in Tagen aus?

Diese Kennzahl zeigt auf, nach wieviel Tagen die Lieferantenverbindlichkeiten bezahlt werden.

Das Kreditorenziel wird bzw. sollte dann niedrig sein, wenn die Lieferanten attraktive Skontoerträge gewähren. Attraktiv sind die Skontoerträge dann, wenn

- die Skontobezugsspanne nur wenige Tage beträgt und
- der gewährte Skontoertrag sehr hoch ist.

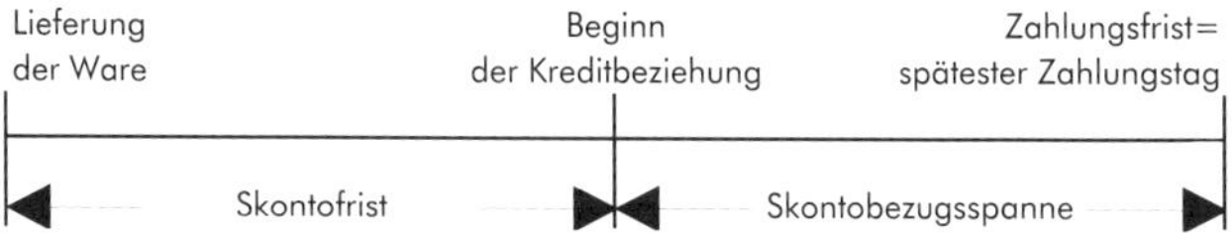

Weitere Informationen siehe Kap. 3.3.

Kennzahl: LAGERDAUER IN TAGEN

Analysebereich

finanzielle Stabilität	
Investition	
Finanzierung	✔
Liquidität	

Ertragslage	
Rentabilität	
Aufwandstruktur/ Erfolg	

synonyme Bezeichnung:

- Verweildauer Vorräte

Formel:

in Industrie und Handwerk:

$$\frac{\text{Vorräte x 365}}{\text{Materialeinsatz}}$$

im Handel:

$$\frac{\text{Vorräte x 365}}{\text{Wareneinsatz}}$$

Wie hoch ist sie in den Hauptbranchen? (Richtwerte von erfolgreichen Unternehmungen)

- Industrie (Erzeugung) ... ≤ 100 Tage
- Gewerbe (Handwerk) ... ≤ 40 Tage
- Großhandel .... ≤ 60 Tage
- Einzelhandel .... ≤ 110 Tage

Obige Richtwerte können in praxi stark schwanken.

Achtung: Probleme bei der Ø Lagerdauer in Industrie- und Handwerksbetrieben

Die Kennzahl "Lagerdauer in Tagen" ist bei Industrie- und Handwerksbetrieben meist nicht richtig, weil sich hier der Lagerbestand wie folgt zusammensetzt:

1. Roh-, Hilfs- und Betriebsstoffe
2. Unfertige Erzeugnisse
3. Fertigerzeugnisse
4. Handelsware

Dieser heterogene Lagerbestand wird dem Materialeinsatz gegenübergestellt, obwohl der Lagerbestand zu Einstandspreisen (Rohstoffe) und Herstellungskosten (unfertige und fertige Erzeugnisse) bewertet ist, während der Materialeinsatz immer nur zu Einstandspreisen angesetzt wird.

Anders ausgedrückt:
Die Lagerdauer kann nur getrennt nach den oben angeführten vier Lagerkategorien ermittelt werden, wenn sie aussagefähig sein soll. Dem Materialeinsatz dürfen nur die Bestände aus Roh-, Hilfs- und Betriebsstoffen gegenübergestellt werden, keineswegs aber die Bestände aus unfertigen Erzeugnissen und Fertigerzeugnissen. Sollte auch ein Handelswarenbestand vorrätig sein, müßte der Einsatz in "Rohstoffe" sowie "Handelsware" untergliedert und anschließend den beiden entsprechenden Vorratspositionen gegenübergestellt werden.

Eigentlich hängt die Lagerdauer von folgenden Faktoren ab:

- **Länge der Wiederbeschaffungszeit**
- **Schwankung der Nachfrage**
- **Gewünschter Servicegrad**

Aufgrund dieser betriebsindividuellen Informationen kann **für jedes Unternehmen eine individuelle Soll-Lagerdauer auf statistischer Basis** errechnet werden. Das sieht dann so aus:

Tabelle: Planumschlagshäufigkeit bzw. [Soll-Lagerdauer],
wenn der Sicherheitsgrad 95% betragen soll und die Bestellmenge ident mit der durchschnittlichen Nachfrage während der Wiederbeschaffungszeit ist.

Schwankung der (Kunden) Nachfrage	Wiederbeschaffungszeit (Bestellmenge)		
	1 Woche (1Wochenbedarf)	1 Monat (1 Monatsbedarf)	2 Monate (2 Monatsbedarf)
niedrig (V=0,4)	**26 x [14 Tage]**	**10 x [36 Tage]**	**6 x [61 Tage]**
mittel (V=1)	**13 x [28 Tage]**	**6 x [61 Tage]**	**4 x [91 Tage]**
hoch (V=1,6)	**8 x [46 Tage]**	**4 x [91 Tage]**	**3 x [122 Tage]**

V= Variationskoeffizient (=Standardabweichung/Ø Monatsnachfrage)

Die Soll-Lagerdauer ergibt sich als Quotient aus 365/Planumschlagshäufigkeit.
Die statistischen Grundlagen zu dieser Tabelle und viele weitere Informationen finden sich im Kapitel 6.4.1.

Kennzahl: LIQUIDITÄT 1. GRADES

Analysebereich

finanzielle Stabilität	
Investition	
Finanzierung	
Liquidität	✔

Ertragslage	
Rentabilität	
Aufwandstruktur/ Erfolg	

synonyme Bezeichnungen:

- Kassaliquidität
- Barliquidität
- Absolute Liquidity Ratio

Formel:

$$\frac{\text{flüssige Mittel} \times 100}{\text{kurzfristiges Fremdkapital}}$$

Wie hoch ist sie in den Hauptbranchen?

Für die Liquidität 1. Grades gibt es keinen repräsentativen Branchenvergleich, weil es sich um eine extrem stichtagsbezogene Kennzahl handelt, die stark beeinflußt (manipuliert) werden kann; schon wenige Tage vor oder nach dem Stichtag kann eine ganz andere Situation vorherrschen. Für den Bilanzanalytiker ist also bei der Liquidität 1. Grades größte Vorsicht geboten. In Verbindung mit anderen Kennzahlen (z.B. Kreditorenziel, Debitorenziel usw.) kommt ihr jedoch eine gewisse Bedeutung zu.

Sinnvoll ist es, diese Kennzahl monatlich zu erheben und über Jahre hindurch die Entwicklungstendenz zu beobachten (Ist-Ist-Vergleich).

Kennzahl: LIQUIDITÄT 2. GRADES

Analysebereich

finanzielle Stabilität	
Investition	
Finanzierung	
Liquidität	✔

Ertragslage	
Rentabilität	
Aufwandstruktur/ Erfolg	

synonyme Bezeichnungen:

- ❍ Net Quick Ratio
- ❍ Acid Test

Formel:

$$\frac{(\text{kurzfr. UV} - \text{Vorräte} - \text{geleistete Anzahlungen}) \times 100}{\text{kurzfristiges Fremdkapital}}$$

Wie hoch ist sie in den Hauptbranchen?

Auch für die Liquidität 2. Grades gibt es keine repräsentativen Branchenvergleichswerte. Grundsätzlich gilt: Ist der Kennzahlenwert größer als 100, kann die Liquidität als ausreichend angesehen werden, ist der Kennzahlenwert kleiner als 100, dann ist die Liquidität als knapp zu interpretieren.

Was sagt die Liquidität 2. Grades aus?
Diese Kennzahl dient zur Beurteilung, in welchem Umfang das kurzfristige Fremdkapital durch flüssige Mittel und Forderungen gedeckt ist. Weiters wird die Frage beantwortet, wie groß die Zahlungsbereitschaft des Unternehmens ist.

Graphische Darstellung des Acid Test:

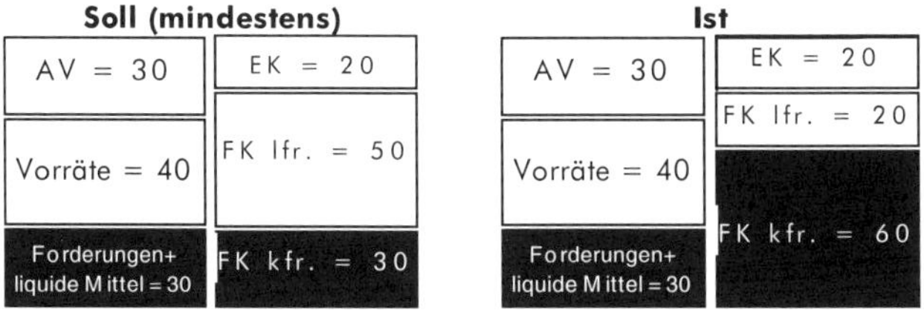

Die Liquidität 2. Grades ist hier im Ist-Zustand mit 50% nicht ausreichend.

Kennzahl: LIQUIDITÄT 3. GRADES

Analysebereich

finanzielle Stabilität	
Investition	
Finanzierung	
Liquidität	✔

Ertragslage	
Rentabilität	
Aufwandstruktur/ Erfolg	

synonyme Bezeichnungen:

- Gesamtliquidität
- Mobilität
- Current Ratio

Formel:

$$\frac{\text{kurzfristiges Umlaufvermögen} \times 100}{\text{kurzfristiges Fremdkapital}}$$

Wie hoch sollte die Liquidität 3. Grades sein?

Ist der Kennzahlenwert **größer als 150%**, kann die **Mobilität** als **ausreichend** bezeichnet werden, ist sie **kleiner als 150%**, dann ist die **Mobilität knapp**.

Graphische Darstellung der Mobilität:

Soll (233%, sehr gut) **Ist (117%, nicht ausreichend**

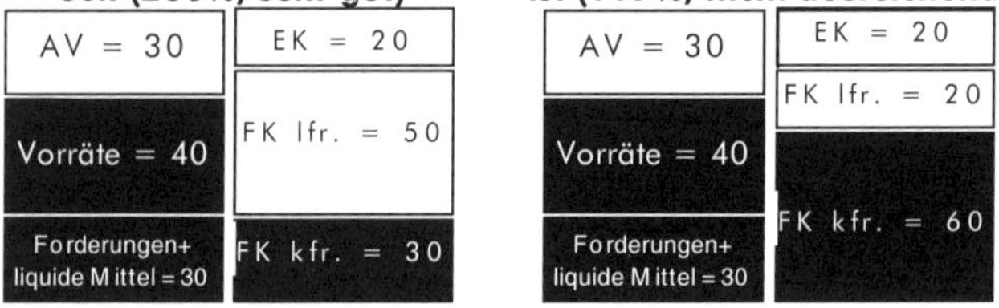

Kennzahl: SCHULDTILGUNGSDAUER IN JAHREN

Analysebereich

finanzielle Stabilität		Ertragslage	
Investition		Rentabilität	
Finanzierung		Aufwandstruktur/ Erfolg	
Liquidität	✔		

synonyme Bezeichnungen:
- Fiktive Fremdkapitalrückzahlung in Jahren
- Dynamischer Verschuldungsgrad
- Entschuldungsdauer
- Effektiv-Verschuldungsgrad

Formel:

$$\frac{\text{Fremdkapital} - \text{flüssige Mittel}}{\text{Cash-Flow}}$$

Wie hoch ist sie in den Hauptbranchen? (Richtwerte von erfolgreichen Unternehmungen)
- Industrie (Erzeugung) ...... ≤ 5 Jahre
- Gewerbe (Handwerk) .... ≤ 5 Jahre
- Großhandel .... ≤ 6 Jahre
- Einzelhandel .... ≤ 7 Jahre

Finanziell besonders gut ausgestatte Betriebe mit einer hohen Cash-Flow-Leistungsrate erzielen eine Schuldtilgungsdauer zwischen ein und drei Jahren, manchmal eine noch niedrigere. Ist **die Schuldtilgungsdauer größer als zwölf Jahre**, dann ist
- eine **Verstärkung der Eigenkapitalbasis** und/oder
- eine **Verbesserung der Ertragslage**

anzustreben.

Bei einer Schuldtilgungsdauer von mehr als 30 Jahren ist rasches Handeln geboten.

Was sagt die Schuldtilgungsdauer in Jahren aus?

Die Schuldtilgungsdauer ist weltweit als eine besonders aussagefähige Kennzahl anerkannt. Sie sagt (fiktiv) aus, nach wievielen Jahren das Unternehmen aus eigener Kraft imstande wäre, seine Schulden zu bezahlen. Es wird also aufgezeigt, wie stark das Unternehmen von seinen Kreditgebern abhängig ist.

Kennzahl: EIGENKAPITALRENTABILITÄT

Analysebereich

finanzielle Stabilität		Ertragslage	
Investition		Rentabilität	✔
Finanzierung		Aufwandstruktur/	
Liquidität		Erfolg	

Formel:

$$\frac{EGT \times 100}{Eigenkapital}$$

EGT = Ergebnis der gewöhnlichen Geschäftstätigkeit

Wie hoch ist sie in den Hauptbranchen? (Richtwerte von erfolgreichen Unternehmungen)

- Industrie (Erzeugung) .... ≥ 25%
- Gewerbe (Handwerk) .... ≥ 30%
- Großhandel .... ≥ 35%
- Einzelhandel .... ≥ 18%

Was sagt die Eigenkapitalrentabilität aus?

Diese Kennzahl zeigt die Verzinsung des Eigenkapitals auf. Die Höhe der Eigenkapitalrentabilität hängt stark vom Verhältnis der Gesamtkapitalrentabilität zum Fremdkapital-Zinssatz ab (Leverage-Effekt).

Ein Ansteigen (Sinken) der Eigenkapitalrentabilität kann bedeuten:

- Sinken (Anstieg) der Fremdkapitalverzinsung
- Verbesserung (Verschlechterung) des Betriebsergebnisses
- Geringere (höhere) Eigenkapitalquote
- Kombination aus zwei oder allen drei Faktoren

Kennzahl: GESAMTKAPITALRENTABILITÄT

Analysebereich

finanzielle Stabilität	
Investition	
Finanzierung	
Liquidität	

Ertragslage	
Rentabilität	✔
Aufwandstruktur/ Erfolg	

Formel:

$$\frac{(\text{EGT} + \text{Zinsaufwand}) \times 100}{\text{Eigenkapital} + \text{Fremdkapital}}$$

EGT = Ergebnis der gewöhnlichen Geschäftstätigkeit

Wie hoch ist sie in den Hauptbranchen?
(Richtwerte von erfolgreichen Unternehmungen)

- Industrie (Erzeugung) .... ≥ 12%
- Gewerbe (Handwerk) .... ≥ 15%
- Großhandel .... ≥ 12%
- Einzelhandel .... ≥ 14%

Was sagt die Gesamtkapitalrentabilität aus?

Die Gesamtkapitalrentabilität spiegelt wider, mit welcher Effizienz das im Unternehmen eingesetzte Gesamtkapital, unabhängig von seiner Finanzierung, arbeitet. Je höher der Prozentsatz, desto günstiger.

Leverage-Effekt

Das Verhältnis von Eigenkapitalrendite zu Gesamtkapitalrendite wird als Leverage-Faktor bezeichnet. Der Leverage-Effekt besagt, daß zwischen Eigenkapital- und Gesamtkapitalrentabilität eine Hebelwirkung besteht. Solange der Fremdkapitalzinssatz niedriger ist als die Gesamtkapitalrentabilität, steigt die Eigenkapitalrentabilität bei Zuführung von Fremdkapital (positiver Leverage-Effekt). Ist hingegen die Gesamtkapitalrentabilität niedriger als der Fremdkapitalzinssatz, dann sinkt die Eigenkapitalrendite mit zunehmender Verschuldung (negativer Leverage-Effekt).

Fortsetzung mit Fallbeispiel auf der nächsten Seite.

FB

Leverage-Effekt

FB 1.2.

Ziel dieses Fallbeispieles ist es, – von einem Ist-Zustand ausgehend – den **positiven und negativen Leverage-Effekt aufzuzeigen**.

Ist-Zustand

(Gesamtkapitalrentabilität=17%, Fremdkapitalzinsen=3,3%)

Bilanzsumme	100	Fremdkapital	60	Eigenkapital	40
Gesamtertrag *)	17	Fremdkapitalzinsen	2	Gewinn	15
Gesamtkapital-rentabilität	**17%**	**Zinssatz**	**3,3%**	**Eigenkapital-rentabilität**	**37,5%**
*) Fremkapitalzinsen + Gewinn					

positiver Leverage-Effekt

(Erhöhung des Fremdkapitalanteils bei unverändert günstigem Durchschnitts-Zinssatz)

Bilanzsumme	100	Fremdkapital	70	Eigenkapital	30
Gesamtertrag *)	17	Fremdkapitalzinsen	2,3	Gewinn	14,7
Gesamtkapital-rentabilität	**17%**	**Zinssatz**	**3,3%**	**Eigenkapital-rentabilität**	**49%**
*) Fremkapitalzinsen + Gewinn					

Die Eigenkapitalrendite steigt von 37,5% auf 49%.

negativer Leverage-Effekt

(Rückgang der Gesamtkapitalrentabilität auf 8%, Anstieg des durchschnittlichen Zinssatzes auf 10%)

Bilanzsumme	100	Fremdkapital	70	Eigenkapital	30
Gesamtertrag *)	8	Fremdkapitalzinsen	7	Gewinn	1
Gesamtkapital-rentabilität	**8%**	**Zinssatz**	**10%**	**Eigenkapital-rentabilität**	**3,33%**
*) Fremkapitalzinsen + Gewinn					

Die Eigenkapitalrendite sinkt von 37,5% auf 3,33%.

Erkenntnis:

Durch Erhöhung des Fremdkapitalanteils von 60% auf 70% verbessert sich die Eigenkapitalrentabilität von 37,5% auf 49%, weil der Zinsfuß für das Fremdkapital mit 3,3% sehr günstig ist. Kostet hingegen das Fremdkapital 10%, dann verschlechtert sich die Eigenkapitalrendite von 37,5% auf 3,33%, wenn der Fremdkapitalanteil von 60% auf 70% erhöht wird.

Kennzahl: RETURN ON STOCK INVESTMENT (ROSTI)

Analysebereich

finanzielle Stabilität		Ertragslage	
Investition		Rentabilität	✔
Finanzierung		Aufwandstruktur/ Erfolg	
Liquidität			

Formel:

Rohgewinn in % vom WES x Umschlagshäufigkeit des Lagers

Was sagt der ROSTI aus?

Der ROSTI drückt die Rentabilität des Lagerbestandes (Stock) aus. Der ROSTI sagt aus, wieviel Pfennig, Rappen bzw. Groschen Rohgewinn pro DM, sfr bzw. Schilling Lagerwert in einem Jahr erwirtschaftet wurden.

Achtung: Das Arbeiten mit dem **ROSTI** ist **nur in Einzelhandels- und Großhandelsunternehmungen zweckmäßig**. Bei Dienstleistungs- und Produktionsbetrieben ist die "ROSTI-Philosophie" nicht sinnvoll anwendbar.

FB

Return On Stock Investment (ROSTI)

FB 1.3.

Dieses Fallbeispiel zeigt, wie der ROSTI ermittelt wird. Bei Artikelgruppe A wird je Ø GE Lagerbestand ein Rohgewinn von 1,7 GE p.a. (34% x 5U) erwirtschaftet, bei Artikelgruppe C nur ein Rohgewinn von 0,8 GE p.a. (80% x 1U). Die beste Kombination aus Aufschlag und Lagerumschlag wird bei Artikelgruppe B erziel (60% x 3U = 1,8 GE ROSTI p.a.).

Artikelgruppe	Betriebsleistung	Wareneinsatz	Rohgewinn bzw. Spanne	Aufschlag in % vom WES	Ø Bestand	Lagerumschlag	ROSTI
A	134	100	34	34%	20	5 x	170
B	48	30	18	60%	10	3 x	180
C	18	10	8	80%	10	1 x	80
Gesamt	200	140	60		40		
Ø				43%		3,50 x	150
Rohgewinn	+	–	=				
Lagerumschlag		+			:	=	
ROSTI (Return on Stock Investment)				+		x	=

Merke: Je höher der ROSTI, desto besser!

Kennzahl: RETURN ON INVESTMENT

Analysebereich

finanzielle Stabilität		Ertragslage	
Investition		Rentabilität	✔
Finanzierung		Aufwandstruktur/	
Liquidität		Erfolg	

synonyme Bezeichnung:

- ROI

Formel:

$$\text{Umsatzrendite} \times \text{Kapitalumschlag} = \\ = \frac{\text{EGT} \times 100}{\text{Betriebsleistung}} \times \frac{\text{Betriebsleistung}}{\text{Bilanzsumme}}$$

EGT = Ergebnis der gewöhnlichen Geschäftstätigkeit

Wie hoch ist sie in den Hauptbranchen? (Richtwerte von erfolgreichen Unternehmungen)

	ROI=	Umsatz- x Rendite	Kapital-Umschlag
❍ Industrie (Erzeugung)	≥ **8%**	5%	1,6 x
❍ Gewerbe (Handwerk)	≥ **12%**	6%	2,0 x
❍ Großhandel	≥ **7,5%**	3%	2,5 x
❍ Einzelhandel	≥ **10%**	4%	2,5 x

Achtung: Wenn der Kapitalumschlag bei Produktionsbetrieben kleiner als 1,2 ist, dann ist unbedingt zu prüfen, ob bereitgestelltes Vermögen abgebaut werden kann. Folgende Kontrollkennzahlen können dabei hilfreich sein:

	gute Durchschnittswerte			
	Industrie	**Gewerbe**	**Großhandel**	**Einzelhandel**
Anlagenintensität	35%	25%	15%	18%
Debitorenziel	45 Tg.	40 Tg.	40 Tg.	10 Tg.
Lagerdauer	100 Tg.	40 Tg.	60 Tg.	110 Tg.

Wichtige historische ROI-Information

Eigentlich ist die klassische ROI-Formel falsch. Es ist trotzdem zweckmäßig mit dieser klassischen Formel zu rechnen, weil alle mit ihr in dieser Form rechnen. Der externe Vergleich wäre sonst gestört.

Richtig heißt die Formel aber:

ROI (richtig) =
=((EGT+Fremdkapitalzinsen)/Gesamtkapital) x 100

EGT = Ergebnis der gewöhnlichen Geschäftstätigkeit

Es handelt sich hier um einen Übernahmefehler aus dem angelsächsischen Anwenderbereich, der dadurch entstanden ist, daß vor Jahrzehnten im Du-Pont-Schema die einzelnen Divisionen kein Fremdkapital aufnehmen durften; daher sind damals auch keine Fremdkapitalzinsen angefallen.

Bekanntlich ist der ROI die Spitzenkennzahl der Du-Pont-Kennzahlenpyramide.

Graphische Darstellung des ROI

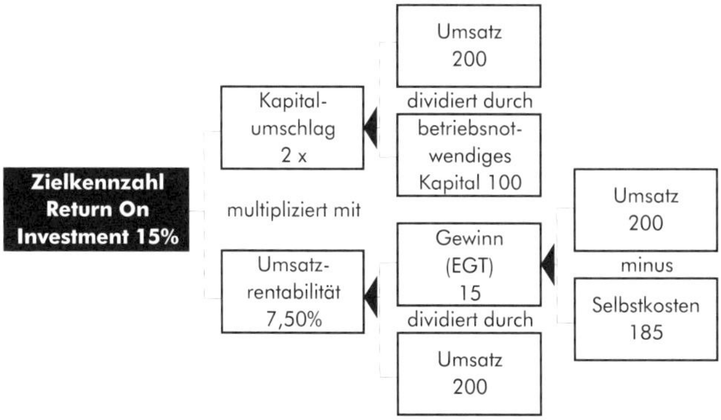

Für den Soll-Ist-Vergleich des ROI eignet sich umseitiges Schema besonders gut.

Schema: Formular auf der nächsten Seite.

ROI-KENNZAHLENBAUM
(Ursachenanalyse für die ROI-Veränderung)

ROI			
	2001	3,5%	☹
	Vorjahr	(8,1%)	

=

KAPITAL-UMSCHLAG			
	2001	1,3x	☹
	Vorjahr	(1,4x)	

=

UMSATZ			
	2001	220,0	☹
	Vorjahr	(225,0)	

:

GESAMT-KAPITAL			
	2001	163,0	☹
	Vorjahr	(158,0)	

=

AV	2001	Vorjahr	
Σ Sach AV	23,0	(25,0)	☺
Σ Finanz AV	32,0	(31,0)	☹
Σ AV	55,0	(56,0)	☺

+

UV	2001	Vorjahr	
LIQUIDE MITTEL	6,0	(10,0)	☹
VORRÄTE	59,0	(48,0)	☹
KUFO	35,0	(32,0)	☹
SONST. UV	8,0	(12,0)	
Σ UV	108,0	(102,0)	☹

x

UMSATZ-RENTABILITÄT			
	2001	2,7%	☹
	Vorjahr	(5,8%)	

=

EGT			
	2001	6,0	☹
	Vorjahr	(13,0)	

:

UMSATZ			
	2001	220,0	☹
	Vorjahr	(225,0)	

=

DB	2001	Vorjahr	
UMSATZ	220,0	(225,0)	☹
– MES bzw. WES	-60,0	-(68,0)	☺
+ Skontoerträge	0,0	(0,0)	😐
= DB 1	160,0	(157,0)	☺

–

FIXKOSTEN	2001	Vorjahr	
PERS.KOSTEN	110,0	(102,0)	☹
+/- FIN. ERGEBNIS	-4,0	-(7,0)	☹
+ SO AW KOST.	40,0	(41,0)	☺
+ ABSCHREIBG. SV	8,0	(8,0)	😐
= FIXKOSTEN	154,0	(144,0)	☹

EGT = Ergebnis der gewöhnlichen Geschäftstätigkeit

Kennzahl: MATERIAL- bzw. WARENINTENSITÄT

Analysebereich

finanzielle Stabilität	
Investition	
Finanzierung	
Liquidität	

Ertragslage	
Rentabilität	
Aufwandstruktur/ Erfolg	✔

Formel:

$$\frac{(\text{Material - bzw. Wareneinsatz}) \times 100}{\text{Betriebsleistung}}$$

Wie hoch ist sie in den Hauptbranchen?

Die Material- bzw. Warenintensität ist eine der wenigen Kennzahlen, die stark branchenabhängig ist. Selbst in der Branche schwankt sie noch immer stark, weil die Fertigungstiefe (Eigenfertigung/Fremdbezug) unterschiedlich sein kann und bei Handelsbetrieben der Standort (exklusives Innenstadtgeschäft/normales Geschäft am Stadtrand oder in der Provinz) eine wesentliche Rolle spielen kann.

Was sagt die Waren- bzw. Materialintensität aus?

Die Material- bzw. Warenintensität drückt die Material- bzw. Warenkosten (Einsatz) in % zur Betriebsleistung aus.

Achtung, wichtiger Check: Wie entwickelte sich die Material- bzw. Warenintensität während der letzten Jahre?

Die **Materialkosten** (der Materialeinsatz) bzw. der **Wareneinsatz** sollten **bei jeder Bilanzanalyse besonders beachtet** werden, weil

- der Material- bzw. Wareneinsatz die größte oder zweitgrößte Aufwandsposition ist und
- die Richtigkeit des Material- bzw. Warenwertes sehr von der Genauigkeit der körperlichen Bestandsaufnahmen am Anfang und am Ende des Berichtsjahres abhängt.

Daher ist hier eine **Plausibilitätskontrolle zwingend** durchzuführen. Konkret wird empfohlen, **kontinuierliche Ab- oder Zunahmen der Material- bzw. Warenintensität ab +/- zwei Pro-**

zentpunkten jährlich kritisch zu analysieren. Eventuell wurden unterschiedliche Bewertungsansätze bei den einzelnen Bestandsaufnahmen vorgenommen oder andere Fehler haben sich eingeschlichen.

Merke:
Kontinuierlich fallende Material- und Warenintensitäten lassen auf eine **Verlustverdeckung** schließen. Der tatsächlich erwirtschaftete Gewinn ist niedriger als der ausgewiesene; es werden stille Reserven bei den Vorräten aufgelöst bzw. es erfolgt eine Überbewertung der Vorratsbestände.

Kontinuierlich steigende Material- und Warenintensitäten lassen auf eine **Gewinnverdeckung** schließen. Der tatsächlich erwirtschaftete Gewinn ist höher als der ausgewiesene. Es werden stille Reserven bei den Vorräten gebildet bzw. es erfolgt eine Unterbewertung der Vorräte.

Besondere Vorsicht bei Unternehmensbewertungen:

Bei allen Unternehmensbewertungen, gleichgültig ob auf historischen Werten basierend oder zukunftsorientiert, ist eine strenge Beobachtung der Waren- bzw. Materialintensität im Zeitverlauf ein absolutes MUSS. **Kann für eine höhere, kontinuierlich stattfindende Reduktion der Materialintensität kein plausibler Grund gefunden werden, dann sind die Erfolge,** die Hauptbasis für den Unternehmenswert, **inakzeptabel. Würde man diese Tatsache ignorieren, wäre eine ungerechtfertigte Überbewertung die Folge.**

FB **Materialintensität: Entwicklung beobachten!**

FB 1.4.

Die umseitigen Tabellen zeigen, welche Fehleinschätzung der Ertragslage möglich ist, wenn der Beobachtung der Materialintensität im Zeitverlauf keine Bedeutung beigemessen wird. Statt der in der Bilanz ausgewiesenen Gewinne müßten eventuell schon Verluste in Kauf genommen werden.

FB 1.4.

Verdächtige Entwicklung der Materialintensität

Jahr	Betriebsleistung in GE (=100%)	Materialintensität im Zeitverlauf	Materialeinsatz in GE	Gewinn in GE
1997	1.000	50%	500	48
1998	1.100	48%	528	52
1999	1.050	46%	483	52
2000	1.120	44%	493	55
2001	1.150	41%	472	57

Normale Entwicklung der Materialintensität

Jahr	Betriebsleistung in GE (=100%)	Materialintensität im Zeitverlauf	Materialeinsatz in GE	Gewinn in GE	Verlust in GE
1997	1.000	50%	500	48	
1998	1.100	49%	539	41	
1999	1.050	48%	504	31	
2000	1.120	50%	560		12
2001	1.150	48%	552		23

Achtung: Es ist nicht unmöglich, aber eher unwahrscheinlich, daß sich die Materialintensität eines Produktionsbetriebes innerhalb von fünf Jahren von 50% auf 41% reduziert.

Plausible Gründe für eine starke Reduktion der Material- bzw. Warenintensität sind:

- Wesentliche Veränderung des Produktionsprogrammes bzw. des Sales Mix etwa mit dem Ziel, deckungsbeitragsstarke Produkte bzw. Warengruppen zu forcieren. Meist gilt der Grundsatz: Je höher der Stückdeckungsbeitrag, desto niedriger die Material- bzw. Warenkosten.
- Erfolgreich durchgeführte Wertanalysen.
- Günstigere Einkaufsquellen, ohne den Einkaufsvorteil an die Kunden weitergeben zu müssen.
- Teile der Produkte, die man bisher fremd zugekauft hat, werden nun selbst erzeugt.

Kennzahl: PERSONALINTENSITÄT

Analysebereich

finanzielle Stabilität	
Investition	
Finanzierung	
Liquidität	

Ertragslage	
Rentabilität	
Aufwandstruktur/ Erfolg	✔

synonyme Bezeichnung:

- Personalkosten in % der Betriebsleistung

Formel:

$$\frac{\text{Personalkosten x 100}}{\text{Betriebsleistung}}$$

Wie hoch ist sie in den Hauptbranchen?

Auch die Personalintensität ist – wie auch die Waren- bzw. Materialintensität – sehr stark branchenabhängig. Als grobe Richtlinie können folgende Prozentsätze – bezogen auf die Betriebsleistung – herangezogen werden.

	niedrigst	höchst
Industrie (Erzeugung)	20%	40%
Gewerbe (Handwerk)	25%	48%
Großhandel	6%	18%
Einzelhandel	10%	21%

Was sagt die Personalintensität aus?

Die Personalintensität drückt die Personalkosten in % zur Betriebsleistung aus.

Achtung: Entwicklung der Personalintensität beobachten!

Die Entwicklung der Personalintensität sollte unbedingt über einen längeren Zeitraum beobachtet werden. Die Personalkosten sind nämlich bei den meisten Unternehmen neben den Material- bzw. Warenkosten die größte Kostenart, die obendrein relativ rasch beeinflußbar (z.B. abbaufähig) ist.

Kennzahl: FREMDKAPITALZINSEN IN % DER BL

Analysebereich

finanzielle Stabilität	
Investition	
Finanzierung	
Liquidität	

Ertragslage	
Rentabilität	
Aufwandstruktur/	✔
Erfolg	

Formel:

$$\frac{\text{Fremdkapitalzinsen x 100}}{\text{Betriebsleistung}}$$

Wie hoch ist sie in den Hauptbranchen?
(Richtwerte von erfolgreichen Unternehmungen)

- Industrie (Erzeugung) .... ≤ 2,4%
- Gewerbe (Handwerk) .... ≤ 2,2%
- Großhandel .... ≤ 2,0%
- Einzelhandel .... ≤ 2,2%

Wenn die Fremdkapitalzinsen mehr als 3% der Betriebsleistung betragen, sollte nach den Ursachen geforscht werden, **Fremdkapitalzinsen von mehr als 4% sind ein Alarmzeichen**. Es sind dann Kredithöhe und Kreditkonditionen zu überprüfen. Eventuell sollten mehr Wechselkredite und begünstigte Investitionskredite in Anspruch genommen werden.

Mit Hilfe der Kennzahl "Eigenkapitalquote" und "Schuldtilgungsdauer" kann meistens eindeutig festgestellt werden, ob die Kredite zu hoch oder die Konditionen schlecht sind bzw. ob beide Faktoren verbessert werden müssen. Wenn die "Eigenkapitalquote" kleiner 10% oder gar negativ ist bzw. die "Schuldtilgungsdauer" 20 Jahre oder mehr beträgt, dann sind hohe Fremdkapitalzinsen die logische Folge. Bei einer "Eigenkapitalquote von 20% oder mehr bzw. bei einer "Schuldtilgungsdauer" von weniger als fünf Jahren müßten die Fremdkapitalzinsen eigentlich deutlich unter 3% (0,5% bis 2,5%) liegen; wenn nicht, sind wahrscheinlich die Kreditkonditionen ungünstig bzw. überprüfungsbedürftig.

Kennzahl: ABSCHREIBUNGEN IN % DER BL

Analysebereich

finanzielle Stabilität	
Investition	
Finanzierung	
Liquidität	

Ertragslage	
Rentabilität	
Aufwandstruktur/ Erfolg	✔

Formel:

$$\frac{\text{Abschreibungen x 100}}{\text{Betriebsleistung}}$$

Wie hoch ist sie in den Hauptbranchen? (Richtwerte von erfolgreichen Unternehmungen)

- Industrie (Erzeugung) 4,5%
- Gewerbe (Handwerk) 3,0%
- Großhandel 1,3%
- Einzelhandel 1,6%

Sollten obige Richtprozentsätze stark unterschritten werden oder im Zeitverlauf stark rückgängig sein, dann besteht die Gefahr, daß das Unternehmen investitionsmäßig ausgezehrt wird und die Substanzerhaltung gefährdet ist.

Eine andere Erklärung für niedrige Abschreibungen könnte durch verstärktes Leasing gegeben sein.

Zu hohe Abschreibungen können durch schlechte Auslastung, zu hohe Anlagenintensität oder durch Fehlinvestitionen verursacht werden. In diesem Fall ist zu prüfen, ob alle Anlagengüter betriebsnotwendig sind und ob etwaige nicht betriebsnotwendige Anlagen veräußert werden können.

Kennzahl: CASH-FLOW-LEISTUNGSRATE

Analysebereich

finanzielle Stabilität	
Investition	
Finanzierung	
Liquidität	

Ertragslage	
Rentabilität	
Aufwandstruktur/ Erfolg	✔

synonyme Bezeichnung

- Cash-Flow in % der Betriebsleistung

Formel:

$$\frac{(\text{EGT} + \text{nichtausgabenwirksame Fixkosten}) \times 100}{\text{Betriebsleistung}}$$

EGT = Ergebnis der gewöhnlichen Geschäftstätigkeit

Nichtausgabenwirksame Fixkosten sind Abschreibungen und gegebenenfalls die langfristigen Teile von Rückstellungsdotierungen.

Wie hoch ist sie in den Hauptbranchen?
(Richtwerte von erfolgreichen Unternehmungen)

- Industrie (Erzeugung) .... ≥ 9%
- Gewerbe (Handwerk) .... ≥ 9%
- Großhandel .... ≥ 5%
- Einzelhandel .... ≥ 6%

Was sagt die Cash-Flow-Leistungsrate aus?

Die Cash-Flow-Leistungsrate zeigt auf, wieviel Prozent der Betriebsleistung für

- Investitionen
- Schuldtilgung und
- Gewinnausschüttung

zur Verfügung stehen. Mit ihr kann die **finanzielle Leistungsfähigkeit** des Unternehmens **festgestellt** werden.

Kennzahl: DECKUNGSBEITRAGSRATE

Analysebereich

finanzielle Stabilität		Ertragslage	
Investition		Rentabilität	
Finanzierung		Aufwandstruktur/	
Liquidität		Erfolg	✔

synonyme Bezeichnungen:

- DB in % der Betriebsleistung (BL)
- DBU-Faktor
- DBU (Deckungsbeitrag in % vom Umsatz)

Formeln:

- DBU= $\frac{\text{Deckungsbeitrag}}{\text{Betriebsleistung}} \times 100$
- DBU-Faktor= $\frac{\text{Deckungsbeitrag}}{\text{Betriebsleistung}}$

Wie hoch ist sie in den Hauptbranchen?

Für diese wichtige Kennzahl gibt es keine direkten Branchenvergleichswerte. Es ist aber notwendig die Deckungsbeitragsrate intern permanent zu beobachten. Sie signalisiert Veränderungen in der "Qualität" der Erlöse und der variablen Kosten, insbesondere der Material- und Fremdbezugskosten bzw. der Warenkosten.

Was sagt die Deckungsbeitragsrate aus?

Die Deckungsbeitragsrate drückt den Deckungsbeitrag in einem Prozentsatz zum Umsatz (daher auch DBU) aus. Ein DBU von 41% bedeutet, daß je Euro Umsatz durchschnittlich 41 Cent Deckungsbeitrag erwirtschaftet werden.

Deckungsbeitragsrate und Break-Even-Analyse

Ohne Deckungsbeitragsrate kann **keine Break-Even-Analyse** durchgeführt werden.

Merke: Das Arbeiten mit DBU-Faktoren macht die Interpretation jeder G&V dynamisch. Daher soll die G&V für die Kennzahlenermittlung immer als stufenweise DB-Rechnung aufbereitet werden.

Wichtige Zusatzfunktion des DBU-Faktors in Handwerks-, Gewerbe- und Dienstleistungsbetrieben

Der DBU-Faktor ist bei Handwerks-, Gewerbe- und Dienstleistungsbetrieben eine wichtige Kennzahl zur Eingrenzung eventueller Verlustpotentiale. Bei diesen Betrieben ist es in der Praxis üblich, die direkten Lohnkosten (=Lohnkosten für direkte Kundenauftragsstunden) als variabel anzusehen.

Interpretationsempfehlung:

Ist die Umsatzrendite niedrig oder gar negativ und der DBU-Faktor ≥ 27%, dann liegt die Ursache für die schlechte Ertragslage mit hoher Wahrscheinlichkeit in **zu hohen Fixkosten**.

Wenn der DBU-Faktor bei unbefriedigender Umsatzrendite ≤ 25% beträgt, dann heißt die Diagnose fast immer

- zu schlechte Preise
- zu hohe Materialkosten
- zu hohe direkte Lohnkosten

Wenn ein Handwerksbetrieb Verluste ausweist obwohl sein DBU-Faktor 35% beträgt, muß die Fehlerursache bei den Fixkosten liegen, weil der Deckungsbeitrag zufriedenstellend ist.

Beträgt der DBU-Faktor hingegen nur 23%, dann ist eine Verlusterzielung fast immer die logische Folge. Als Verlustursachen sind dann vor allem zu hohe Materialkosten (schlechter Einkauf), zu hohe Lohnkosten (überhöhte Stundenlöhne, niedrige Arbeitsintensität oder beides) oder zu niedrige Preise zu nennen.

FB DBU-Faktor als Indikator zum Eingrenzen der Verlustpotentiale in Handwerksbetrieben

FB 1.5.

Das folgende Fallbeispiel zeigt eine gesunde und zwei kranke Ertragsstrukturen bei Handwerksbetrieben auf. **Durch das Wissen um die Höhe des DBU-Faktors kann man den Suchbereich zum Auffinden der Verlustursache eingrenzen.**

Achtung: Weil bei Industriebetrieben die Lohnkosten im Fertigungsbereich meist Bereitschaftscharakter haben, also zeitabhängig bzw. fix sind, gilt die hier gegebene **DBU-27%-Empfehlung** bei diesen Unternehmungen ebensowenig wie bei Einzelhandels- und Großhandelsbetrieben.

	GESUND		KRANK, WEIL			
			Fixkosten zu hoch		DB zu niedrig	
	GE 1.000	%	GE 1.000	%	GE 1.000	%
Betriebsleistung	1.000	100%	1.000	100%	1.000	100%
– Materialkosten						
– Fremdleistungen						
– direkte Lohnkosten	670	67%	650	65%	770	77%
– Sondereinzelkosten						
– variable Gemeinkosten						
= Deckungsbeitrag [DBU]	330	[33%]	350	[35%]	230!	[23%]
– Fixkosten	280	28%	400!	40%	280	28%
= Gewinn [Umsatzrendite]	50	[5%]				
= Verlust [negative UR]			–50	-[5%]	–50	-[5%]

❍ Interpretation

Der gesunde Handwerksbetrieb ist deshalb O.K., weil der DBU mit 33% größer 27% ist und die Fixkosten mit 28% normal sind.

Beim ersten kranken Handwerksbetrieb ist der DBU mit 35% noch besser als beim gesunden Konkurrenten, aber die Fixkosten sind viel zu hoch. Die Fehlerursache sollte daher hier bei den Fixkosten beginnen, weil ein DBU von 35% kaum verbesserungsfähig sein wird.

Anders beim zweiten kranken Handwerksbetrieb: Bei einem DBU von nur 23% kann kaum ein Gewinn erzielt werden, auch wenn die Fixkosten "normal" sind. Die Verlustpotentiale schlummern in diesem Fall eindeutig in der Betriebsleistung (zaghafte Vorkalkulation wegen starker Konkurrenz) und /oder den Materialkosten (schlechter Einkauf) bzw. in den Personalkosten (zu hohe Lohnkosten und/oder schlechte Arbeitsintensität.

Kennzahl: BREAK-EVEN-POINT IN % DER BL

Analysebereich

finanzielle Stabilität	
Investition	
Finanzierung	
Liquidität	

Ertragslage	
Rentabilität	
Aufwandstruktur/ Erfolg	✔

synonyme Bezeichnung:

- ❍ Mindestumsatz in % der Betriebsleistung

Formeln:

$$BEP = \frac{\text{gesamte Jahresfixkosten}}{\text{DBU - Faktor}}$$

$$\text{BEP in \% d. BL} = \frac{\text{BEP x 100}}{\text{BL}}$$

Wie hoch ist er in den Hauptbranchen?

Für diese Kennzahl stehen **keine direkten Branchenvergleichswerte** zur Verfügung. Grundsätzlich sollte der Break-Even-Point in % der Betriebsleistung jedoch kleiner als 100% sein, sonst wurde der Mindestumsatz nicht erreicht.

Für erfolgreiche Unternehmungen gibt es eine Empfehlung für den Break-Even-Point in % der Betriebsleistung und zwar die Kennzahl **Sicherheitsgrad**.

Der **Sicherheitsgrad** gibt an, um wieviel Prozent der Umsatz zurückgehen kann, bevor der Break-Even-Point erreicht ist. **Der Sicherheitsgrad soll mehr als 10% betragen**. Das ist der Fall, wenn die Fixkosten höchstens 90% des Deckungsbeitrages betragen oder – anders ausgedrückt – wenn 10% vom Dekkungsbeitrag nach Abzug der Fixkosten für den Gewinn übrigbleiben.

Ein Sicherheitsgrad von weniger als 3% ist alarmierend, weil bereits kleine Umsatzrückgänge das Unternehmen in die Verlustzone schlittern lassen.

So hoch sollte der Sicherheitsgrad mindestens sein:

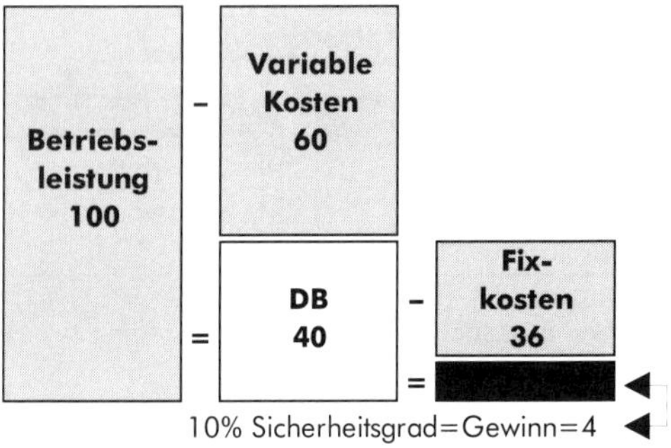

Formel:

$$\text{Sicherheitsgrad} = 100 - \frac{\text{Break-Even-Point} \times 100}{\text{Betriebsleistung}}$$

Merke: Der Sicherheitsgrad sollte permanent beobachtet werden, weil es nicht nur auf die Höhe des Gewinnes ankommt, sondern auch darauf, mit welcher Sicherheit dieser erzielt wird.

Break-Even-Point-Erreichung
Eine vernünftige Ergänzung findet die Sicherheitsgrad-Philosophie durch eine laufende Kontrolle des kumulativen Ist-Umsatzes am Break-Even-Point. Durch die **Break-Even-Point-Erreichungsformel**

$$\frac{\text{kumulierter Ist-Umsatz}}{\text{Break-Even-Point}} \times 100$$

wird der bisher erzielte Ist-Umsatz in Prozent des Mindestumsatzes ausgedrückt. Diese permanente (monatliche) Erfolgskontrolle eignet sich sehr gut für eine graphische Darstellung.

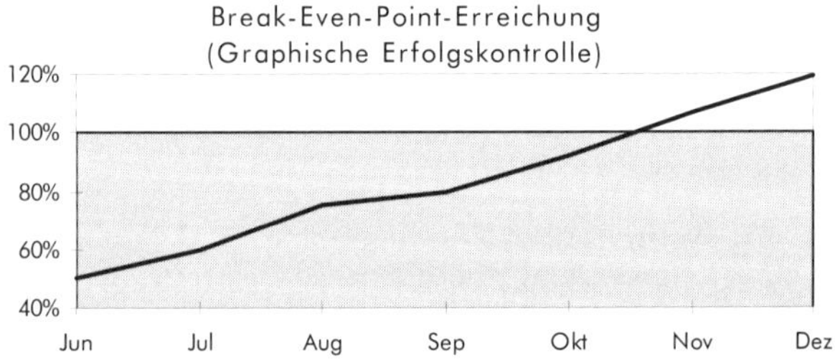

Kennzahl: CASH-FLOW-POINT IN % DER BL

Analysebereich

finanzielle Stabilität	
Investition	
Finanzierung	
Liquidität	

Ertragslage	
Rentabilität	
Aufwandstruktur/ Erfolg	✔

Formeln:

$$CFP = \frac{\text{ausgabenwirksame Jahresfixkosten}}{\text{DBU - Faktor}}$$

$$\text{CFP in \% d. BL} = \frac{\text{CFP} \times 100}{\text{BL}}$$

Wie hoch ist er in den Hauptbranchen?

Für diese Kennzahl gibt es **keine direkten Branchenvergleichswerte**. Der Cash-Flow-Point in % der Betriebsleistung sollte jedenfalls kleiner 100% sein, sonst wurde der Cash-Flow-Point nicht erreicht.

Was sagt der Cash-Flow-Point aus?

Der Cash-Flow-Point zeigt auf, wie hoch der Umsatz sein müßte, um nur die ausgabenwirksamen Kosten zu erwirtschaften. Nicht ausgabenwirksam sind die Abschreibungen und jener Teil von Rückstellungsdotierungen, die langfristig sind.

Der Cash-Flow-Point ist eine Art Untergrenze für kurzfristige Betrachtungen. Ist die Betriebsleistung niedriger als der Cash-Flow-Point, dann fließt Geld aus dem Betrieb ab, was durch Einlagen bzw. Kredite wieder aufgefüllt werden muß. Hierbei wird unterstellt, daß sämtliche Vermögensbestandteile und das Fremdkapital unverändert bleiben; diese Unterstellung ist ein wenig praxisfremd.

Merke: **Der Cash-Flow-Point ist eine sehr aussagefähige Kennzahl; er kann aber keinen Finanzplan ersetzen, weil er nur eine finanzwirtschaftliche Durchschnittsbetrachtung darstellt**.

Kennzahl: ZIELUMSATZ IN % DER BL

Analysebereich

finanzielle Stabilität	
Investition	
Finanzierung	
Liquidität	

Ertragslage	
Rentabilität	
Aufwandstruktur/ Erfolg	✔

Formeln:

❍ **Zielumsatz, wenn Planumsatzrendite vorgegeben ist**

$$\text{Zielumsatz} = \frac{\text{gesamte Jahresfixkosten}}{\frac{\text{DBU}}{100} - \frac{\text{Umsatzrendite (UR)}}{100}}$$

❍ **Zielumsatz, wenn Plangewinn vorgegeben ist**

$$\text{Zielumsatz} = \frac{\text{gesamte Jahresfixkosten} + \text{Plangewinn}}{\text{DBU-Faktor}}$$

❍ **Zielumsatz in % der BL**

$$\frac{\text{Zielumsatz} \times 100}{\text{BL}}$$

Wie hoch ist er in den Hauptbranchen?

Für den **Zielumsatz** gibt es **keine repräsentative Branchenvergleichswerte**. Der Zielumsatz in % der Betriebsleistung sollte jedenfalls kleiner 100% sein, sonst ist das Unternehmensziel nicht erreicht worden.

Was sagt der Zielumsatz aus?

Langfristiges Ziel eines gesunden Unternehmens kann es nicht sein, den Break-Even-Point oder gar nur den Cash-Flow-Point anzupeilen. Es gilt vielmehr Gewinne zu erwirtschaften.

Als Zielumsatz wird jener Umsatz (Betriebsleistung) verstanden, der einen bestimmten Gewinn inkludiert. Dieser (Plan-) Gewinn kann entweder als absoluter Wert oder in einem Prozentsatz zum Umsatz (Planumsatzrendite) angegeben sein.

FB

Kennzahlenanalyse bei Produktions-Aktiengesellschaft

❍ Ausgangsituation

Auf den **Seiten 72 bis 75** sind die Bilanz und die verdichtete Gewinn- und Verlustrechnung einer **Produktions-Aktiengesellschaft** RLG-konform abgebildet.

Gemäß den Empfehlungen des Kapitel 1.1. wird **zuerst** der **Bilanzdaten-Check** durchgeführt. **Anschließend** werden die originären Bilanz- und G&V Daten zusammen mit den Veränderungen aufgrund des Bilanzdaten-Checks in eine **verdichtete und gecheckte Bilanz und G&V** eingebracht. Der **Detaillierungsgrad** der verdichteten Bilanz ist **gerade so hoch**, **wie** er **für** die **Kennzahlenanalyse notwendig** ist.

❍ Bilanzdaten-Check

1. Die stillen Reserven im Sachanlagevermögen betragen in beiden Jahren je 5 Mio GE; sie werden zur Gänze aufgelöst.

2. Die stillen Reserven bei den Rohstoffen betragen zum

   31.12.2001 .... 3 Mio GE
   31.12.2000 .... 2 Mio GE
   31.12.1999 .... 1 Mio GE

   Sie werden ebenfalls zur Gänze aufgelöst.

3. Auflösung aller unversteuerter Rücklagen (Annahme: Es müssen hier keine latenten Ertragsteuern berücksichtigt werden, weil die steuerrechtlichen Bestimmungen für die Überleitung in die versteuerten Rücklagen eingehalten werden).

4. Bei den "sonstigen Rückstellungen" haben 2 Mio GE in beiden Jahren Eigenkapitalcharakter.

5. Die jährlichen Abschreibungen erhöhen sich durch die Auflösung der stillen Reserven um 0,75 Mio GE.

6. Der Rohstoffeinsatz wird durch die Auflösung der stillen Reserven bei den Rohstoffen in beiden Jahren um je 1 Mio GE niedriger.

FB 1.6.

D E M O -

Diese Bilanz einer Produktions-AG ist die Grundlage für folgende Fallbeispiele:

AKTIVA

	Stand 31.12.2001 Mio GE	Stand Vorjahr Mio GE
A. ANLAGEVERMÖGEN		
I. Immaterielle Vermögensgegenstände		
1. Rechte	-	-
2. Geleistete Anzahlungen	-	-
	-	**-**
II. Sachanlagen		
1. Investitionen in fremden Gebäuden	3	3
2. Maschinen und maschinelle Anlagen	1	2
3. Werkzeuge, Betriebs- und Geschäftsaustattung	13	14
4. Anlagen in Bau	1	1
	18	**20**
III. Finanzanlagen		
1. Beteiligungen	14	15
2. Wertpapiere des Anlagevermögens	18	16
	32	**31**
	50	**51**
B. UMLAUFVERMÖGEN		
I. Vorräte		
1. Roh-, Hilfs- und Betriebsstoffe	23	22
2. Unfertige Erzeugnisse	16	15
3. Fertige Erzeugnisse und Waren	17	9
	56	**46**
II Forderungen und sonstige Vermögensgegenstände		
1. Forderungen aus Lieferungen und Leistungen	35	32
2. Forderungen gegen verbundene Unternehmungen	2	3
3. Forderungen gegen Unternehmen, mit denen ein Beteiligungsverhältnis besteht	2	2
4. Sonstige Forderungen und Vermögensgegenstände	5	6
	44	**43**
III. Sonstige Wertpapiere		
IV. Kassabestand, Guthaben bei Banken	**6**	**10**
	106	**99**
C. RECHNUNGSABGRENZUNGSPOSTEN	**1**	**1**
	157	**151**

B I L A N Z

- Kennzahlen und Frühwarnindikatoren (FB 1.6. bis 1.8.)
- Kapitalflußrechnung (FB 3.1.)
- Planbilanzen für Unternehmensbewertung nach der Free Cash-Flow-Methode und Auswirkungen Abbau Überlager (FB 4.4. und 2.5.)

PASSIVA

	Stand 31.12.2001 Mio GE	Stand Vorjahr Mio GE
A. EIGENKAPITAL		
I. Grundkapital	8	8
II. Gewinnrücklagen	7	6
III. Bilanzgewinn	8	7
	23	**21**
B. UNVERSTEUERTE RÜCKLAGEN		
Bewertungsreserve auf Grund von Sonderabschreibungen	-	-
Sonstige unversteuerte Rücklagen	4	7
	4	**7**
C. RÜCKSTELLUNGEN		
1. Rückstellungen für Pensionen	35	29
2. Steuerrückstellungen	2	5
3. Sonstige Rückstellungen	23	21
	60	**55**
D. VERBINDLICHKEITEN		
1. Verbindlichkeiten gegenüber Banken	11	21
2. Verbindlichkeiten aus Lieferungen und Leistungen	25	20
3. Verbindlichkeiten gegenüber verbundenen Unternehmen	2	-
4. Verbindlichkeiten gegen Unternehmen, mit denen ein Beteiligungsverhältnis besteht	-	-
5. Sonstige Verbindlichkeiten	31	26
	69	**67**
E. RECHNUNGSABGRENZUNGSPOSTEN	**1**	**1**
	157	**151**

FB 1.6.

7. Die latenten Ertragsteuern für die ertragsrelevanten Korrekturpositionen betragen in beiden Jahren je 0,1 Mio GE, das sind 40% (Approximativ-ESt-Satz) von 0,25 Mio GE.

Die notwendigen Bilanz- und Erfolgskorrekturen lassen sich übersichtlich zusammenfassen.

bilanzrelevante Korrekturpositionen	Bilanzauswirkung in Mio GE	
	2001	Vorjahr
Sachanlagevermögen (stille Reserve)	+ 5,0	+ 5,0
Rohstoffbestand (stille Reserve)	+ 3,0	+ 2,0
Sonstige Rückstellungen	- 2,0	- 2,0
Eigenkapital	+ 10,0	+ 9,0

ertragsrelevante Korrekturpositionen	Erfolgsauswirkung in Mio GE	
	2001	Vorjahr
Abschreibung	- 0,75	- 0,75
Rohstoffeinsatz	+ 1,00	+ 1,00
Steuerrelevantes Korrekturpotential	+ 0,25	+ 0,25
latente Ertragsteuer (40% Approximativsatz)	+ 0,10	+ 0,10

❍ Die Bilanzen als Basis mehrerer Fallbeispiele

Auf diese Bilanz wird nicht nur für die hier durchgeführte Kennzahlenanalyse, sondern auch bei anderen Fallbeispielen zugegriffen, und zwar bei:

- ❍ Unternehmensbewertung
- ❍ Kapitalflußrechnung
- ❍ relevantem Überlagerpotential
- ❍ Planbilanzen

❍ Verdichtete G&V

Durch Zusammenfassungen und Saldierungen konnte **aus** den **Gewinn- und Verlustrechnungen (G&V)** der letzten beiden Geschäftsjahre **folgende Umsatz-Ertragsübersicht abgeleitet** werden:

FB 1.6.

DEMO-G&V

Erfolgspositionen	2001		Vorjahr	
	Mio GE	%	Mio GE	%
Umsatzerlöse	202,00	91,8%	219,00	97,3%
Bestandsveränderung	6,00	2,7%	-2,00	-0,9%
Eigenleistungen	3,00	1,4%	3,00	1,3%
Sonstige betriebliche Erträge	9,00	4,1%	5,00	2,2%
BETRIEBSLEISTUNG	220,00	100,0%	225,00	100,0%
Materialeinsatz	-59,00	-26,8%	-67,00	-29,8%
Personalaufwand	-110,00	-50,0%	-102,00	-45,3%
Abschreibungen	-9,00	-4,1%	-9,00	-4,0%
Steuern (ohne Ertragsteuern)		0,0%	-1,00	-0,4%
Sonstiger betrieblicher Aufwand	-40,00	-18,2%	-40,00	-17,8%
BETRIEBSERFOLG	2,00	0,9%	6,00	2,7%
Erträge aus Beteiligungen	3,00	1,4%	4,00	1,8%
Zinserträge, Wertpapiererträge	2,00	0,9%	5,00	2,2%
Zinsen und ähnliche Aufwendungen	-1,00	-0,5%	-2,00	-0,9%
FINANZERGEBNIS	4,00	1,8%	7,00	3,1%
ERGEBNIS DER GEWÖHNLICHEN GESCHÄFTSTÄTIGKEIT (EGT)	6,00	2,7%	13,00	5,8%
Steuern vom Einkommen und Ertrag	-2,00	-0,9%	-5,00	-2,2%
JAHRESÜBERSCHUSS	4,00	1,8%	8,00	3,6%
Auflösung unversteuerter Rücklagen	5,00	2,3%	6,00	2,7%
Zuweisung zu unversteuerten Rücklagen	-2,00	-0,9%	-8,00	-3,6%
Zuweisung zu Gewinnrücklagen	-1,00	-0,5%	-1,00	-0,4%
JAHRESGEWINN	6,00	2,7%	5,00	2,2%
Gewinnvortrag aus dem Vorjahr	2,00	0,9%	2,00	0,9%
BILANZGEWINN	8,00	3,6%	7,00	3,1%

❍ Die G&V als Basis mehrerer Fallbeispiele

Auf diese G&V wird nicht nur für die hier durchgeführte Kennzahlenanalyse, sondern auch bei anderen Fallbeispielen zugegriffen, und zwar bei:

- ❍ Unternehmensbewertung
- ❍ Kapitalflußrechnung
- ❍ relevantem Überlagerpotential
- ❍ Planbilanzen

❍ Gecheckte und verdichtete Bilanzen für die Kennzahlenanalyse

Die originäre Bilanz (Seite 72 und 73) sowie die originäre G&V (siehe oben) werden nach dem Bilanzdatencheck (Seite 71 und 74) so verdichtet, daß die anschließend durchzuführende Kennzahlenanalyse problemlos und leicht nachvollziehbar erstellt werden kann.

FB 1.6.

GECHECKTE UND VERDICHTETE BILANZ

Analysejahr	Ist-Werte			
	2001		Vorjahr	
	Mio GE	%	Mio GE	%
Sachanlagevermögen	23		25	
Finanzanlagevermögen	32		31	
ANLAGEVERMÖGEN	55	33,7%	56	35,4%
Roh-, Hilfs-, und Betriebsstoffe	26		24	
Unfertige Erzeugnisse	16		15	
Fertige Erzeugnisse und Waren	17		9	
Forderunden aus L. + L.	35		32	
Liquide Mittel	6		10	
Sonst. Forderungen kurzfr.	8		12	
Sonst. Forderungen langfr.	0		0	
UMLAUFVERMÖGEN	108	66,3%	102	64,6%
AKTIVA	**163**	**100%**	**158**	**100%**
EIGENKAPITAL	37	22,7%	37	23,4%
Bankverbindlichkeiten langfr.	2		7	
Sonst. Verbind. (Sozialkapital) langfr.	35		29	
FREMDKAPITAL langfr.	37	22,7%	36	22,8%
Bankverbindlichkeiten kurzfr.	9		14	
Lieferantenverbindlichkeiten kurzfr.	25		20	
Sonst. Verbindlichkeiten kurzfr.	55		51	
FREMDKAPITAL kurzfr.	89	54,6%	85	53,8%
FREMDKAPITAL GESAMT	126	77,3%	121	76,6%
PASSIVA	**163**	**100%**	**158**	**100%**

Die Bilanzsummen haben sich durch den Check um 6 bzw. 7 Mio GE erhöht. Durch das Auflösen der stillen Reserven im Sachanlagevermögen, Umlaufvermögen und bei den Rückstellungen erhöhte sich das Eigenkapital 2001 um 10 Mio GE und im Vorjahr um 9 Mio GE.

FB 1.6.

❍ Gecheckte, verdichtete und als stufenweise DB-Rechnung ausgeprägte G&V für die Kennzahlenanalyse

Analysejahr	Ist-Werte			
	2001		Vorjahr	
	Mio GE	%	Mio GE	%
Umsatzerlöse	202	91,8%	219	97,4%
+/– Bestandsveränderung	6	2,7%	-2	-0,9%
+ Eigenleistungen	3	1,4%	3	1,3%
+ Sonstige Erträge	9	4,1%	5	2,2%
BETRIEBSLEISTUNG	220	100%	225	100%
– MES bzw. WES	-58	-26,4%	-66	-29,3%
– Personalkosten, variabel	0	0,0%	0	0,0%
– Sonst. variable Kosten	0	0,0%	0	0,0%
=DECKUNGSBEITRAG I "DBU"	162	73,6%	159	70,7%
– Personalkosten fix	-104	-47,3%	-102	-45,3%
– Sonst Fixkosten, ausgabenwirksam	-40	-18,2%	-41	-18,2%
+ Erträge aus Beteiligungen	3	1,4%	4	1,8%
+ Zinsen- u. Wertpapiererträge	2	0,9%	5	2,2%
– Zinsen und ähnliche Aufwendungen	-1	-0,5%	-2	-0,9%
= FINANZERGEBNIS	4	1,8%	7	3,1%
= DB 2 ("CASH-FLOW")	22	10,0%	23	10,2%
– Abschreibung	-10	-4,5%	-10	-4,4%
– Sonst. nichtausgabenw. Fixkosten	-6	-2,7%		0,0%
= ERGEBNIS DER GEWÖHNLICHEN GESCHÄFTSTÄTIGKEIT (EGT) für Kennzahlen	6	2,7%	13	5,8%

❍ Quicktestergebnis

Analyse-bereich	**gecheckt durch Kennzahl**	**Note**	
		2001	**Vorjahr**
Finanzierung	Eigenkapitalquote	2,0	2,0
Liquidität	Schuldtilgungsdauer	3,0	2,0
finanzielle Stabilität		**2,5**	**2,0**
Rentabilität	Gesamtkapitalrentabilität	4,0	3,0
Erfolg	Cash-Flow-Leistungsrate	1,0	1,0
Ertragslage		**2,5**	**2,0**
Gesamtbeurteilung		**2,5**	**2,0**

Interpretation Quicktest

- ❍ Das Kennzahlenbild hat sich gegenüber dem Vorjahr geringfügig verschlechtert.
- ❍ Die finanzielle Stabilität und die Ertragslage sind – seperat betrachtet – günstig zu beurteilen.
- ❍ Die Ertragslage sollte permanent überwacht und analysiert werden, damit sie sich nicht verschlechtert. Kalkulationen überprüfen! Rationalisierungsmaßnahmen einleiten!
- ❍ Volle Kennzahlenanalyse durchführen!

FB 1.6.

Achtung: Beachten Sie die Hinweise im Kapitel 1.2.

❍ Volle Kennzahlenanalyse

KENNZAHLENAUSWERTUNG
(die vier Quicktest-Kennzahlen sind invers dargestellt)

	Analysebereich	2001			Vorjahr		
		G	M	S	G	M	S
FINANZIELLE STABILITÄT	Analysebereich **INVESTITION**						
	Anlagenintensität	34%			35%		
	Investitionsquote	0,32			0,46		
	Investitionsdeckung	1,25			0,91		
	Abschreibungsquote	0,43			0,40		
	Analysebereich **FINANZIERUNG**						
	Eigenkapitalquote	23%			23%		
	Anlagendeckung A	67%			66%		
	Anlagendeckung B	135%			130%		
	Working Capital Ratio			18%			17%
	Debitorenziel in Tagen		63T			53T	
	Kreditorenziel in Tagen			157T		111T	
	Lagerdauer in Tagen		164T			133T	
	Analysebereich **LIQUIDITÄT**						
	Liquidität 1. Grades	7%	!		12%	!	
	Liquidität 2. Grades			55%			64%
	Liquidität 3. Grades			121%			120%
	Schuldtilgungsdauer in Jahren		5,4J		4,8J		
ERTRAGSLAGE	Analysebereich **RENTABILITÄT**						
	Eigenkapitalrentabilität		16%		35%		
	Gesamtkapitalrentabilität			4,3%	9,5%		
	Return On Stock Investment						
	Return On Investment		3,7%		8,2%		
	Analysebereich **AUFWANDSSTRUKTUR & ERFOLG**						
	Material- bzw. Warenintensität	26,4%	!		29,3%	!	
	Personalintensität			47,3%			45,3%
	Fremdkapitalzinsen in % der BL	0,5%			0,9%		
	Abschreibungen in % der BL	4,6%			4,4%		
	Cash-Flow-Leistungsrate	10,0%			10,2%		
	Deckungsbeitragsrate (DBU)	73,6%	!		70,7%	!	
	Cash-Flow-Point in % der BL		86%		85%		
	Break-Even-Point in % der BL		96%		92%		
	Zielumsatz in % der BL			103%	99%		

❍ Ergebniszusammenfassung

	2001			Vorjahr		
	G	M	S	G	M	S
Σ Kennzahlen G(ut), M(ittel), S(chlecht)	13	7	7	20	3	4
davon entfallen auf						
❍ finanzielle Stabilität	8	3	4	9	3	3
❍ Ertragslage	5	4	3	11	0	1

Interpretation volle Kennzahlenanalyse:
Das Ergebnis der vollen Kennzahlenanalyse korreliert mit jenem des Quicktests ausgezeichnet.

- ❍ 2001 schlechter als das Vorjahr.
- ❍ Finanzielle Stabilität 2001 besser als Ertragslage.

Darüber hinaus gibt es folgende Zusatzinformationen:

- ❍ Analysebereich INVESTITIONEN: alles O.K., 2001 wurde weniger investiert als im Vorjahr.
- ❍ In den Analysebereichen FINANZIERUNG und LIQUIDITÄT leicht ungünstiger Trend, der aber die Gut-, Mittel- und Schlechtpunkte (G,M,S) kaum verändert.
- ❍ Die Lagerdauer war schon 2000 zu hoch, hat sich aber 2001 noch zusätzlich verschlechtert. Eine Lageranalyse sollte unbedingt durchgeführt werden, um das Überlagerpotential auszuloten und abzubauen (siehe FB 4.4).
- ❍ Die Materialintensität hat sich um drei Prozentpunkte reduziert. Um den gleichen Prozentsatz erhöhte sich die Deckungsbeitragsrate.
  Die Ursachen für die starke Reduktion der Materialintensität sind genau zu prüfen. Kann kein plausibler Grund gefunden werden, dann ist gegebenenfalls auch der Gewinn 2001 niedriger als in der G&V ausgewiesen.
- ❍ Cash-Flow- und Break-Even-Ziel (CFP und BEP in % der BL) konnten 2000 voll, 2001 gerade noch erreicht werden. Das Unternehmensziel (Erwirtschaftung einer 5%igen Umsatzrendite) wurde 2000 knapp, 2001 nicht erreicht.

Achtung: Beachten Sie die Hinweise auf den Seiten 33 bis 70!

FB 1.6.

❍ Wachstumsanalyse Bilanz

Abschließend wird noch aufgezeigt, **welche Positionen** der Bilanz und G&V 2001 **gegenüber dem Vorjahr die stärksten Veränderungen** aufweisen.

Analysejahr	2001	Vorjahr
Sachanlagevermögen	92%	100%
Finanzanlagevermögen	103%	100%
ANLAGEVERMÖGEN	98%	100%
Roh-, Hilfs-, und Betriebsstoffe	108%	100%
Unfertige Erzeugnisse	107%	100%
Fertige Erzeugnisse und Waren	189%	100%
Forderungen aus L. + L.	109%	100%
Liquide Mittel	60%	100%
Sonst. Forderungen kurzfristig	67%	100%
UMLAUFVERMÖGEN	106%	100%
AKTIVA	**103%**	**100%**

Analysejahr	2001	Vorjahr
EIGENKAPITAL	100%	100%
Bankverbindlichkeiten langfristig	29%	100%
Sonst. Verbind. (Sozialkapital) langfr.	121%	100%
FREMDKAPITAL langfristig	103%	100%
Bankverbindlichkeiten kurzfristig	64%	100%
Lieferantenverbindlichkeiten kurzfr.	125%	100%
Sonst. Verbindlichkeiten kurzfristig	108%	100%
FREMDKAPITAL kurzfristig	105%	100%
FREMDKAPITAL GESAMT	104%	100%
PASSIVA	**103%**	**100%**

FB 1.6.

❍ Wachstumsanalyse G&V

Analysejahr	2001	Vorjahr
Umsatzerlöse +/- Bestandsveränderung	96%	100%
+ Eigenleistungen	100%	100%
+ Sonstige Erträge	180%	100%
BETRIEBSLEISTUNG	98%	100%
– MES bzw. WES	88%	100%
=DECKUNGSBEITRAG I "DBU"	102%	100%
– Personalkosten fix	102%	100%
– Sonst. Fixkosten, ausgabenwirksam	98%	100%
+ Erträge aus Beteiligungen	75%	100%
+ Zinsen- u. Wertpapiererträge	40%	100%
– Zinsen und ähnliche Aufwendungen	50%	100%
= FINANZERGEBNIS	57%	100%
= DB 2 ("CASH-FLOW")	96%	100%
– Nichtausgabenwirksame Fixkosten	160%	100%
= EGT	46%	100%

❍ Interpretation Wachstumsanalyse

negativ:

- ❍ Umsatzrückgang
- ❍ Lageranstieg trotz U-Rückgang
- ❍ Personalkostenerhöhung
- ❍ Ergebnisrückgang (logische Folge)
- ❍ Schlechteres Finanzergebnis

positiv:

- ❍ Reduktion MES (wenn Plausibilitätsprüfung O.K.)
- ❍ DBU-Erhöhung (tatsächlich oder nur durch falsche Lagerbewertung?) Prüfen!
- ❍ Sonstige Ertäge höher

1.4. FÜR BESONDERS VORSICHTIGE: FRÜHWARNINDIKATOREN

❍ **Was sind Frühwarnindikatoren?**
Seit vielen Jahrzehnten sind Wirtschaftswissenschaftler auf der ganzen Welt bemüht, aus externen Jahresabschlüssen den Niedergang eines Unternehmens vorhersagen zu können. Seit über 30 Jahren (1968: Altmann) werden dafür überwiegend **Multiple Diskriminanzanalysen** und später auch **Faktorenanalysen** verwendet. Die Erfolge sind teilweise recht beachtlich.

❍ **Welche Methoden sind für Westeuropa relevant?**
In Deutschland, der Schweiz und Österreich haben sich drei verschiedene **multiple Diskriminanzsysteme (MDA)** und ein **Faktorenanalysesystem (FA)** praktisch gut bewährt. Es sind dies:

- ❍ Multiple Diskriminanzanalyse, vereinfachte Methode
- ❍ Multiple Diskriminanzanalyse nach BEERMANN
- ❍ Multiple Diskriminanzanalyse nach BLEIER
- ❍ Faktorenanalyse nach WEINRICH

Die beiden ersten Methoden lassen sich einfach (mit geringem Zeitaufwand) umsetzen. Die beiden letzten sind etwas zeitaufwendiger, weil die Datenerfassung relativ anspruchsvoll ist.

Seit einigen Jahren gibt es eine neue Frühwarnmethode (RISK), die am Institut für Revisionswesen der Universität Münster (Vorstand: Prof. Baetge) in Zusammenarbeit mit der Bayerischen Vereinsbank entwickelt und in der BRD an bisher ca. 50.000 Unternehmen getestet worden ist. RISK gelingt es mit nur **drei Kennzahlen** eine ziemlich **gute Trennung** in "nicht gefährdet" und "gefährdet" zu erreichen.

❍ **Welche Ziele werden angestrebt?**
Gemeinsames Ziel aller einschlägigen Untersuchungen der Insolvenzforschung ist, eine mehr oder weniger große Anzahl aussagefähiger Kennzahlen für eine möglichst treffsichere Zukunftsbeurteilung zu finden. Hierbei hat sich das statistische Trennverfahren "Multiple Diskriminanzanalyse" besonders gut bewährt.

❍ Wie funktioniert die Multiple Diskriminanzanalyse?

1. Aus einer Vielzahl bekannter Kennzahlen werden diejenigen ausgewählt, die in die Rechnung einbezogen werden sollen.
2. Danach werden die Gewichte der einzelnen Kennzahlen unter der Bedingung bestimmt, daß die Schnittfläche zwischen den beiden Verteilungskurven für solvente und insolvente Unternehmungen minimiert wird.

Graphische Ermittlung der bivariaten Diskriminanzfunktion

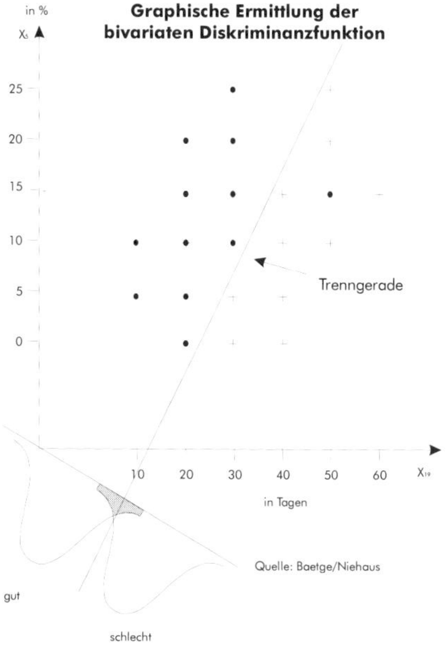

3. Nun wird jene Kennzahlenkombination ausgewählt, bei der eine Trennung in "voraussichtlich nicht scheiternde" und "voraussichtlich scheiternde" Unternehmungen möglich ist. Die Trennung ist umso besser möglich, je größer die Abstände zwischen den zwei Gruppenmittelwerten sind und umso geringer die Streuung der Klassifikationselemente innerhalb einer Unternehmergruppe ist.
4. Abschließend werden die Grenzen für mehrere verschiedene Bonitätsklassen festgelegt. Während die gesunden Unternehmungen der ersten Bonitätsklasse zugeordnet wer-

den, erfolgt die Zuordnung mittelguter, schlechter bzw. insolvenzgefährdeter Unternehmungen in höheren Bonitätsklassen.

Weil die empirischen Daten nicht genau getrennt werden können, müssen zwangsweise geringe Fehlklassifikationen in Kauf genommen werden.

1.4.1. Übersicht Frühwarnsysteme

Das folgende Schaubild zeigt auf, welche Frühwarnsysteme in Westeuropa (speziell in Deutschland, Schweiz und Österreich) verbreitet sind.

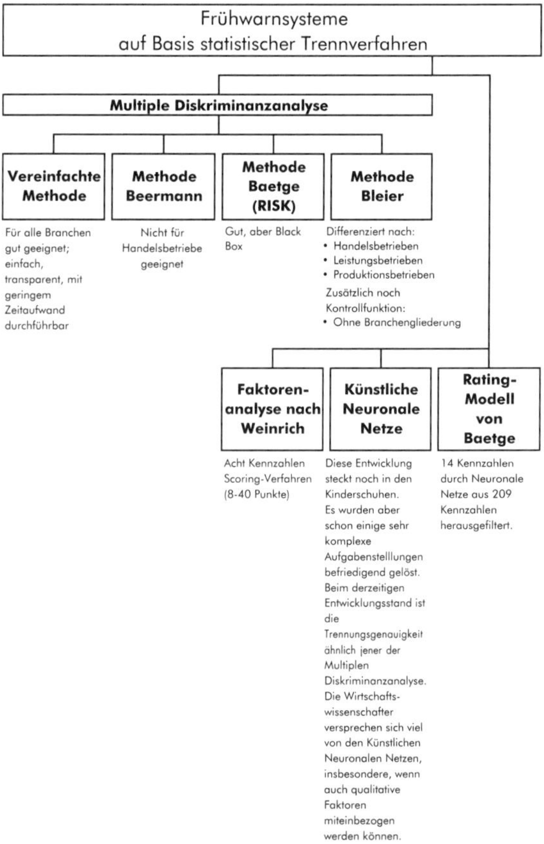

1.4.2. Einfach anwendbare Frühwarnsysteme

FB

Diskriminanzanalysen (vereinfacht und Beermann) für Produktions-Aktiengesellschaften

❍ **Ausgangsituation**

Die Bilanzen der Demonstrations-Aktiengesellschaft, die auf den Seiten 72 bis 77 abgebildet sind, sollen durch **zwei einfach anwendbare Frühwarnsysteme** klassifiziert werden. Dazu werden folgende Bilanz- und Erfolgspositionen benötigt.

	notwendige Position (aus den Jahresüberschüssen der DEMO AG hergeleitet)	Werte in Mio GE MDA vereinfacht 2001	vereinfacht 2000	Beermann 2001	Beermann 2000
Bilanzpositionen	Sachanlagevermögen - AB			25	24
	Zugang zum Sachanlagevermögen			8	11
	Vorräte	59	48	59	48
	Verbindlichkeiten	126	121	126	121
	Bankverbindlichkeiten			11	21
	Bilanzsumme	163	158	163	158
Erfolgspositionen	Umsatz			202	219
	Betriebsleistung	220	225	220	225
	Cash-Flow	22	23	22	23
	Abschreibung			10	10
	EGT	6	13	6	13

AB = Anfangsbestand; MDA = Multiple Diskriminanzanalyse
EGT = Ergebnis der gewöhnlichen Geschäftstätigkeit

❍ **Multiple Diskriminanzanalyse, vereinfachte Methode**

Dieses Frühwarnsystem verwendet sechs Kennzahlen, die – gewichtet und anschließend addiert – die Diskriminanzfunktion ergeben.

Um die Diskriminanzfunktion errechnen zu können, bedarf es

bei der vereinfachten Methode nur des Wissens von drei Bilanz- und drei Erfolgspositionen, die obendrein einfach (und damit schnell) erhoben werden können. Das ist nicht bei allen Frühwarnsystemen so problemlos.

❍ Berechnung der Diskriminanzfunktion (MDA, vereinfachte Methode)

Kennzahl-Formel	Kennzahlenwerte 2001	Kennzahlenwerte Vorjahr	Gewichtungsfaktor	Scores 2001	Scores Vorjahr
Cash-Flow p.a. / Verbindlichkeiten	0,175	0,190	x 1,5	0,263	0,285
Bilanzsumme / Verbindlichkeiten	1,294	1,306	x 0,08	0,104	0,104
Ergebnis vor Est. p.a. / Bilanzsumme	0,037	0,082	x 10	0,368	0,823
Ergebnis vor Est. / Betriebsleistung	0,027	0,058	x 5	0,136	0,289
Vorräte / Betriebsleistung p.a.	0,268	0,213	x 0,3	0,080	0,064
Betriebsleistung p.a. / Bilanzsumme	1,350	1,424	x 0,1	0,135	0,142
Diskriminanzfunktion				**1,084**	**1,707**

❍ Beurteilungsskala

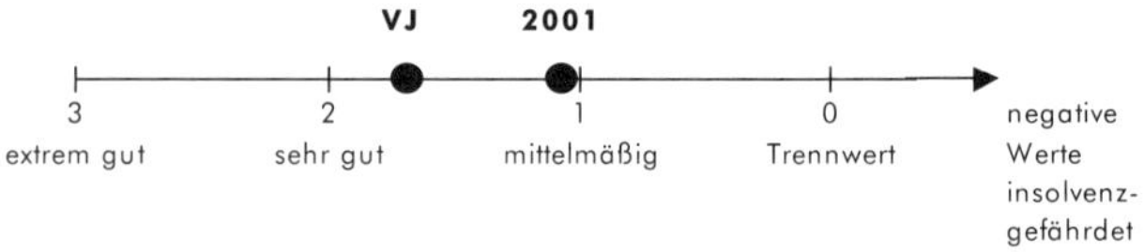

❍ MDA, Methode BEERMANN

Dieses Frühwarnsystem verwendet zehn Kennzahlen, die – gewichtet und anschließend addiert – die Diskriminanzfunktion ergeben.

Um die Diskriminanzfunktion nach Beermann ermitteln zu können, sind schon mehr Informationen notwendig als bei der vereinfachten Methode, nämlich sechs Bilanz- und fünf Erfolgspositionen. Allerdings lassen sich sämtliche elf Positionen problemlos (und damit schnell) erheben.

Merke: Die Methode BEERMANN kann nur für Industrie-, Handwerks-, Gewerbe- und Dienstleistungsbetriebe, nicht aber bei Handelsunternehmungen verwendet werden.

❍ Berechnung der Diskriminanzfunktion (MDA, Methode Beermann)

Kennzahl-Formel	Kennzahlenwerte 2001	Kennzahlenwerte Vorjahr	Gewichtungsfaktor	Scores 2001	Scores Vorjahr
AfA auf Sachanlageverm. / Sachanlage AB+Zugang	0,303	0,286	x 0,217	0,066	0,062
Cash-Flow p.a. / Verbindlichkeiten	0,175	0,190	-x 0,063	-0,011	-0,012
Zugang Sachanlageverm. / AfA auf Sachanlageverm.	0,800	1,100	x 0,012	0,010	0,013
Verbindlichkeiten / Bilanzsumme	0,773	0,766	x 0,077	0,060	0,059
Ergebnis vor Est. / Umsatz	0,029	0,059	-x 0,105	-0,003	-0,006
Ergebnis vor Est. p.a. / Bilanzsumme	0,037	0,082	-x 0,813	-0,030	-0,067
Bankverbindlichkeiten / Verbindlichkeiten	0,087	0,174	x 0,165	0,014	0,029
Umsatz p.a. / Bilanzsumme	1,239	1,386	x 0,061	0,076	0,085
Vorräte / Umsatz p.a.	0,292	0,219	x 0,268	0,078	0,059
Ergebnis vor Est. p.a. / Verbindlichkeiten	0,048	0,107	x 0,124	0,006	0,013
Diskriminanzfunktion				**0,266**	**0,235**

❍ Beurteilungsskala

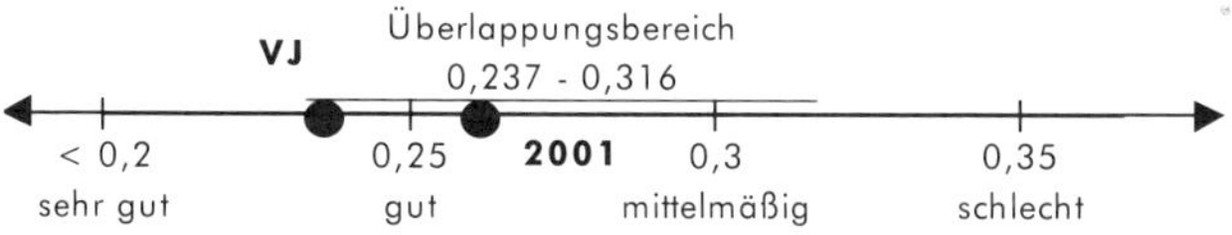

❍ Erkenntnisse aus den beiden einfach anwendbaren Frühwarnsystemen

Die Diskriminanzfunktionen nach der vereinfachten Methode und nach Beermann korrelieren sowohl untereinander als auch mit den Quicktestnoten sehr gut.

1.4.3. Erhebungsintensive Frühwarnsysteme

Die Methoden Weinrich und Bleier

❍ Berechnung der Scores nach Weinrich

Kenn-zahl	Formel (alle Quotienten x 100)	Kennzahlenwerte 2001	Kennzahlenwerte Vorjahr	Scores 2001	Scores Vorjahr
1	Eigenkapital / Fremdkapital	29,4	30,6	2	2
2	Liquide Mittel / Gesamtkapital	3,7	6,3	2	2
3	Bald verf. Geldm.*)–kurzfr. FK / Betriebsaufw. vor Abschreib.	-23,6	-20,4	2	2
4	Untern. Gewinn + FKZ / Gesamtkapital	4,3	9,5	3	2
5	Umsatz / Gesamtkapital	123,9	138,6	3	3
6	Fremdkapital / Cash-Flow	572,7	526,1	2	2
7	FK – bald. verf. Geldmittel / Betriebl. Nettoeinnahmen **)	500,0	415,8	2	2
8	Verbindl. L+L + Wechselverb. / Wareneinkauf ***)	41,7	30,8	3	3
Bonitätsindikator				**19**	**18**

❍ Beurteilungsskala

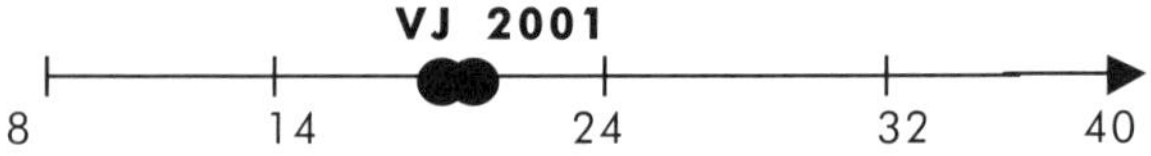

sehr gut	gut	gefährdet	stark gefährdet

❍ Bewertungstabelle

Durch Vergleich der Unternehmens-Kennzahlen mit jenen dieser Vorgabe-Matrix ist eine eindeutige Klassifikation möglich. Im günstigsten Fall wird je Kennzahl ein Punkt vergeben im schlechtesten Fall fünf Punkte. Ein mustergültig geführter Betrieb kann also acht Punkte, ein extrem schlechter 40 Punkte erreichen.

Kennzahl	Punkte - Bewertungsschema				
	1	2	3	4	5
1	> 43,3	43,3 bis 12,1	12,0 bis 8,5	8,5 bis -4,7	< -4,7
2	> 7,5	7,5 bis 2,0	1,9 bis 0,9	0,9 bis 0,2	< 0,2
3	> -8,8	-8,8 bis -29,3	-29,3 bis -46,2	-46,2 bis -89,9	< -89,9
4	> 21,3	21,3 bis 7,2	7,2 bis 4,3	4,3 bis 0,9	< 0,9
5	> 257,4	257,4 bis 200,7	200,7 bis 90,7	90,7 bis 62,1	< 62,1
6	< 284,9	284,9 bis 1.210,3	1.210,3 bis 1.451,7	1.451,7 bis 9.989,9	> 9.989,9
7	< 165,3	165,3 bis 1.168,3	1.168,3 bis 1.231,2	1.231,2 bis 9.989,9	> 9.989,9
8	< 9,7	9,7 bis 27,8	27,8 bis 47,9	47,9 bis 79,9	> 79,9

❍ Risikoklassen

Weinrich bildet folgende vier Risikoklassen:

1. Risikoklasse: 8 bis 14 Punkte = sehr gutes Unternehmen
2. Risikoklasse: 15 bis 24 Punkte = gutes Unternehmen
3. Risikoklasse: 25 bis 32 Punkte = gefährdetes Unternehmen
4. Risikoklasse: 33 bis 40 Punkte = stark gefährdetes Unternehmen

❍ Berechnungshinweise zu drei Kennzahlen

Zu den Weinrich-Kennzahlen 3, 7 und 8 sind noch kurze Erläuterungen notwendig:

*) Bald verfügbare Geldmittel

		2001	Vorjahr
	Kassa, Bankguthaben	6	10
+	WP des Umlaufvermögens	-	-
+	Forderungen aus L+L	35	32
=	Bald verfügbare Geldmittel	41	42

**) Betriebliche Nettoeinnahmen

		2001	Vorjahr
	Cash-Flow	22	23
–	Bestanderhöhung an Vorräten	-2	-
+	Bestandsminderung an Vorräten	-	1
–	Aktivierte Eigenleistungen (selbst erstellte Anlagen)	-3	-3
–	Zahlungen von in Vorjahren zurückgestellten Beträgen (z.B. Pensionszahlungen, wenn Pensionsrückstellung gebildet wurde)	-	-2
+	Erhöhung erhaltener Anzahlungen	-	-
–	Verminderung erhaltener Anzahlungen	-	-
–	Erhöhung eigener Anzahlungen	-	-
+	Verminderung eigener Anzahlungen	-	-
=	Betriebliche Nettoeinnahmen	17	19

FB 1.8.

***) **Wareneinkauf**

		1995	Vorjahr
	Einsatz	58	66
+	Roh-, Hilfs- und Betriebsstoffe	26	24
–	Roh-, Hilfs- und Betriebsstoffe VJ	-24	-25
=	Wareneinkauf	60	65

❍ **Diskriminanzanalyse nach Bleier**

Aus Platzgründen kann diese sehr gute, aber etwas aufwendige Methode hier nicht demonstriert werden.
Es wird auf

- Bleier, Unternehmensanalyse aus dem Jahresabschluß
- Kralicek, Kennzahlen für Geschäftsführer

verwiesen (siehe Literaturverzeichnis Kap. 11.1.).

1.5. KENNZAHLEN, DIE SICH NICHT AUS DEN JAHRESABSCHLÜSSEN ABLEITEN LASSEN

CHECKLISTE

❍ **Kennzahlencheckliste UMSATZ, VERKAUF**

❍ Auftragseingang lfd. und kumulativ
❍ Umsatz nach Artikeln, Profitcenters, Kunden, Ländern
❍ Marktanteile nach Ländern
❍ Kundenbesuche nach Ländern
❍ Reklamationen nach Ländern
❍ Analyse neuer Kunden nach Ländern
❍ Erfolgskontrolle von Maßnahmen
❍ Gewinn nach Profitcenters

❍ **Kennzahlencheckliste PRODUKTION**

❍ Auftragsbestand
❍ Verbrauch von Rohstoffen
❍ Maschinenauslastung
❍ Beschäftigung
❍ Ausschuß in Mengen (oder komplementär: gute Stück, erzeugt)
❍ Beschäftigung
❍ Terminüberschreitungen

CHECKLISTE

❍ Kennzahlencheckliste PERSONAL

- ❍ Mitarbeiter nach Kostenstellen
- ❍ Überstunden nach Kostenstellen
- ❍ Krankenstände nach Kostenstellen
- ❍ Karenzen nach Kostenstellen
- ❍ Urlaub nach Kostenstellen
- ❍ Mietpersonal nach Kostenstellen

❍ Kennzahlencheckliste LAGER, EINKAUF

- ❍ Materialeinkaufsvolumen
  - Anzahl der Bestellungen (nach A-, B-, C- Artikel)
  - Gesamtwert der Bestellungen (nach A-, B-, C- Artikel)
  - durchschnittlicher Wert je Bestellung (nach A-, B-, C- Artikel)
- ❍ Bestellobligo (Bestellausstand)
- ❍ Lagerbestand
  (wert- und eventuell mengenmäßig)
  (getrennt nach A-, B-, C- Artikel)
- ❍ Lagerreichweite
  (in Wochen oder Monaten)
  (getrennt nach A-, B-, C- Artikel)

Achtung: Umschlagshäufigkeit = $\frac{52}{\text{Lagerreichweite in Wochen}}$ oder $\frac{12}{\text{Lagerreichweite in Monaten}}$

- ❍ Lieferantenstruktur
- ❍ Beanstandungsquote
  (getrennt nach A-, B-, C- Artikel)
- ❍ Preisnachlaßquote
  (getrennt nach A-, B-, C- Artikel)
- ❍ Rabattquote
  (getrennt nach A-, B-, C- Artikel)
- ❍ Preisabweichungen
  (getrennt nach A-, B-, C- Artikel)
- ❍ Mengenabweichungen
- ❍ Kosten je Bestellakt *)
  (davon relevant)

CHECKLISTE

- ❍ durchschnittliche Wiederbeschaffungszeit in Tagen *) (getrennt nach A-, B-, C- Artikel)
- ❍ Nachfrageschwankung (Variationskoeffizient) *) (getrennt nach ABC/XYZ – Artikel)
- ❍ Lieferbereitschaft (Servicegrad) *) (getrennt nach ABC/XYZ – Artikel)
- ❍ Über- bzw. Unterlager *) (getrennt nach A-, B-, C- Artikel)

*) Nähere Informationen können dem Kapitel 6 entnommen werden.

❍ Kennzahlencheckliste KOSTEN

- ❍ Materialeinzelkosten
  - Verbrauchsmenge
  - Verbrauchswert
  - Mengenabweichung
  - Preisabweichung
  - Gesamtabweichung
- ❍ SOEK der Fertigung
  - planmäßig (=kalkuliert)
  - außerplanmäßig (=nicht kalkuliert)
- ❍ SOEK des Vertriebes
  - Provisionskosten in % des Verkaufserlöses
    - eigene Vertreter (einzeln und Gesamtdurchschnitt)
    - fremde Vertreter (einzeln und Gesamtdurchschnitt)
  - Sonstige SOEK des Vertriebes
- ❍ Hilfs- und Betriebsstoffe
  - Verbrauch
  - Abweichung
- ❍ Personalkosten
  - nach Bereichen getrennt
  - davon Überstunden
- ❍ Instandhaltungskosten
  - eigen, Materialkosten
  - eigen, Personalkosten
  - fremd
  - Abweichung

1.6. VISIONEN, STRATEGIEN, BALANCED SCORECARD (BSC)

1.6.1. Einleitung

- Grundlage jeder Strategie ist die Vision des Unternehmers.
- Die Vision beschreibt, wie das Unternehmen in Zukunft aussehen müßte bzw. sollte. Die Vision ist der Antrieb für das Erreichen größerer Veränderungen.

Beispiel – Vision eines Unternehmens für Antriebstechnik:

Als führendes Unternehmen für Antriebstechnik in Deutschland schaffen wir die Voraussetzungen für signifikante Wettbewerbsvorteile unserer Kunden.
Wir sind ihr kompetentester und daher unverzichtbarer Partner. Der Maßstab unseres Handelns ist

"allerhöchste Kundenzufriedenheit".

Für Kundenzufriedenheit reicht reines Erfüllen der Kundenerwartungen nicht (mehr) aus. Viele Mitbewerber erfüllen die Erwartungen ebenso. Die Kundenerwartungen müssen daher übertroffen werden, wenn echte Kundentreue oder Kundenloyalität angestrebt wird.

- Die Strategie ist die Planung und Durchführung eines Gesamtkonzeptes, nach dem das Unternehmen im Wettstreit mit anderen ein bestimmtes Ziel zu erreichen sucht.
- Nur wenige haben analytisch nachvollziehbare Strategien. Viele Unternehmen geben vor, über eine hervorragende Strategie zu verfügen. Geschäftsberichte zeigen jedoch, daß bei den Konzepten der meisten Unternehmen nicht von einer wirklichen Strategie gesprochen werden kann. Das echt strategische Denken ist im mittelständischen Betrieben noch nicht stark ausgeprägt. Eine effiziente Strategieentwicklung läßt sich auch nicht so einfach realisieren wie die Einführung einer operativen Maßnahme. Trotzdem: Starten Sie einen neuen Versuch zu einer durchdachten Strategieentwicklung. Der Einsatz lohnt sich nicht nur, er ist auf Sicht fürs Überleben notwendig!

- Optimierung des Unternehmensportfolios.
  Aufgabe des Managements ist die Maximierung des Shareholder Value. Dazu gilt es, das eingesetzte Kapital optimal zu steuern. Die Unternehmensleitung muß entscheiden, in welche Geschäfte investiert wird, welche "gemolken" und welche verkauft werden; das sind wichtige strategische Entscheidungen.
- Fehlende Strategien bei Unternehmenszusammenschlüssen.
  In Zeiten der Globalisierung schließen sich viele Unternehmungen in der Hoffnung zusammen, dass sie nach der Fusion gestärkt und somit konkurrenzfähiger dastehen als zuvor. Die Praxis zeigt aber ein anderes Bild: 60% von Unternehmensakquisitionen machen sich nicht bezahlt, und 80% der Akquisitionen erreichen das angestrebte Ziel nicht. Im wesentlichen werden in diesen Fällen die "strategischen Spielregeln" nicht oder nicht ernsthaft genug beachtet. Zwei Hauptgründe sind die Ursache für das Porzellan, das hier – meist unnötig – zerschlagen wird:

  1. Das Potential des Akquisitionspartners wurde zu positiv eingeschätzt.
  2. Die erwarteten Synergien sind niedriger als vorhergesagt oder bestehen überhaupt nicht.

- Langfristige Wettbewerbsvorteile durch die richtigen Strategien.
  In Zeiten von weitgehend gesättigten Märkten und steigenden Standards der Serviceleistungen zwischen den Wettbewerbern suchen Unternehmen vermehrt nach langfristigen Wettbewerbsvorteilen. Diejenigen Bereiche entlang der Wertschöpfungskette müssen herausgefiltert werden, wo Verbesserungsmaßnahmen die stärksten Auswirkungen auf die Kosten- und Leistungsposition haben.

1.6.2. Strategische Modelle

Strategische Modelle gibt es bereits seit mehr als 50 Jahren.

Die drei bekanntesten strategischen Kennzahlenmodelle bzw. -systeme werden hier kurz vorgestellt:

- PIMS-Kennzahlensystem (Profit-Impact of Marketing Strategies)
- Benchmarking
- Balanced Scorecard

1.6.2.1 Benchmarking

Benchmarking-Arten

Die folgende Tabelle zeigt die verschiedenen Benchmarking-Arten mit ihren Vor- und Nachteilen:

Typ	Definition	Vorteile	Nachteile
Internes Benchmarking	Vergleich und Analyse ähnlicher Tätigkeiten oder Funktionen innerhalb eines Unternehmens mit assoziierten Unternehmen	• Datenerfassung relativ einfach • Gute Ergebnisse für diversifizierte, herausragende Unternehmen	• Begrenzter Blickwinkel • Interne Vorurteile
Wettbewerbsorientiertes Benchmarking	Vergleich und Analyse von Produkten, Dienstleistungen, Prozessen und Methoden bei direkten Konkurrenten	• Geschäftsrelevante Informationen • Vergleichbare Produkte, Prozesse • Eigene Positionierung im Wettbewerb	• Schwierige Datenerfassung • Branchenorientierte Sichtweise • Gefahr der Adaption nicht optimaler Praktiken
Funktionales Benchmarking	Vergleich und Analyse von Arbeitsabläufen, Prozessen und Funktionsrealisierungen von Unternehmen und Organisationen, die in keinem Wettbewerbsverhältnis stehen	• Höchstes Potential zum Finden innovativer Lösungen • Erweiterung des Ideenspektrums • Bereitwilligere Akzeptanz von Lösungsmöglichkeiten • Zugang zu entsprechenden Datenbanken	• Zeitaufwendige Analyse • Eventuell schwierige Transformation der Praktiken auf die eigene Funktion

Gründe für das oftmalige Scheitern von Benchmarking-Projekten

Viele, mit großer Motivation gestartete Benchmarking-Projekte enden aus den folgenden Gründen unbefriedigend:

- Zu viele Informationen werden gesammelt, ihre Aussagen sind zu allgemein und eine Konzentration auf das Wesentliche gelingt nicht.
- Auswahl der falschen Benchmarks (= Leistungsziffern für den Vergleich mit den Klassenbesten).
- Die Dynamik der Märkte wird zu wenig berücksichtigt.
- Die Verhaltensweisen der nicht ausdrücklich einbezogenen Konkurrenten werden vernachläßigt.
- Fehlbesetzung des Benchmarking-Teams, vor allem im Hinblick auf Praxisnähe.

Sinnhaftigkeit von Benchmarking

In einer Umfrage des International Benchmarking Clearinghouse (IBC), an der Vertreter von Unternehmen unterschiedlichster Branchen und Größenordnungen teilnahmen, wird die Sinnhaftigkeit von Benchmarking wie folgt eingeschätzt:

	Ja	Nein
Benchmarking ist für Unternehmen eine Überlebensfrage	79%	8%
Die meisten Unternehmen wissen nicht, wie Benchmarking gemacht werden soll	95%	2%
Benchmarking ist nur mit Unterstützung des Top-Managements erfolgreich	89%	6%
Kleine Unternehmen können sich Benchmarking nicht leisten	**8%**	**79%**

1.6.2.2. Balanced Scorecard (BSC)

Es ist unbestritten, dass es einseitig wäre, eine Unternehmung alleine durch finanzielle Steuerungsgrößen zu führen. Mißt man Strategien nur an ihren finanziellen Wirkungen, dann kommt die Steuerungsinformation viel zu spät. Mißt man andererseits Strategien nur an weichen, strategischen Kriterien, dann bleibt die Steuerungsinformation zu unverbindlich. Deshalb wurde in Amerika vor einigen Jahren von den beiden Harvard-Professoren Kaplan und Norton ein strategisches Managementinstrument namens "Balanced Scorecard" entwikkelt, das sich bei sehr großen Unternehmungen zunehmender Beliebtheit erfreut und allmählich auch die mittelständische Wirtschaft erfaßt.

Kaplan und Norton beschreiben ihre praktischen Erfahrungen mit ihrem System sehr ausführlich in ihrem gleichnamigen Buch (siehe Kapitel 11.1.).

Das Balanced-Scorecard-System ist eine sinnvolle Ergänzung der monetären Kennzahlensysteme. Es schließt nämlich eine bisher große Lücke in der Anwendung des strategischen Managements.

Bekanntlich ist jede Planung ohne kurzfristige Kontrolle wenig effizient. Balanced Scorecard kontrolliert die Strategie kurzfristig und vermag es daher, rechtzeitig Abweichungen von der geplanten Strategie aufzuzeigen. Wenn monetäre Kennzahlensysteme das erkennen, ist es für wichtige Handlungsaktivitäten manchmal schon zu spät. Deshalb nennt man die monetären Kennzahlen auch Spätindikatoren und die strategischen BSC-Kennzahlen Frühindikatoren.

Zwei Leitsätze der BSC

1. **WHAT YOU MEASURE IS WHAT YOU GET!**
2. **IF YOU CAN'T MEASURE IT, YOU CAN'T MANAGE IT.**

Anders ausgedrückt: Sollen Strategien nicht im amorphen Raum dahingleiten, sondern effizient und greifbar sein, dann muß man sie meßbar machen.

CHECKLISTE

Die vier Perspektiven der BSC

1. **Finanzziele:**
   Was soll den Kapitalgebern (Aktionäre, Eigentümer) geboten werden? Zielt auf zukunftsgerichtete, finanzwirtschaftliche, wertorientierte Steuergrößen, z.B.:

CHECKLISTE

- Umsatzziele
- DB-Ziele
- Umsatzrendite (ROS)
- Cash-Flow
- Cash-Flow-Leistungsrate
- CFROI
- Kapitalrendite (ROI, ROCE)
- EVA usw.

2. Kundenziele:
Wie sollen uns unsere Kunden wahrnehmen? Zielt auf kundenspezifische Leistungstreiber am Markt, z.B. pünktliche Lieferung (On Time Delivery), innovative Produkte, kurze Durchlaufzeiten usw.

3. Geschäftsprozesse und Ressourcen:
Bei welchen internen Prozessen müssen wir uns erheblich verbessern bzw. die Besten sein, um die Finanz- und Kundenziele zu erreichen? Zielt auf Erfüllung der Erwartungen der Ansprechgruppen.

4. Lernen, Wachstum, Innovation:
Welche internen Kompetenzen müssen wir aufbauen, um die anderen drei Ziele sicher zu erreichen? Zielt auf Umsetzung des Lern- und Entwicklungspotentials.

Es müssen gleichzeitig alle vier Perspektiven wahrgenommen werden, weil zwischen den einzelnen Zielen starke Interdependenzen bestehen.

1.6.2.3. Wertorientierte Steuergrößen zur Kontrolle der Finanzziele

Die Umstellung des externen Rechnungswesens auf die US-amerikanischen Vorschriften (IAS oder GAAP) hat viele Konzerne (z.B. Daimler-Benz) und Großfirmen dazu veranlaßt, gleichzeitig neue Kennzahlen für die Steuerung des operativen Geschäftes einzuführen. Die neuen Steuerungskennzahlen haben sich sowohl im strategischen als auch im operativen Controlling gut bewährt. Es sind dies die Kennzahlen:

- Return On Capital Employed (ROCE)
- Cash-Flow Return On Investment (CFROI)
- Economic Value Added (EVA)

Es wurde besonders beachtet, daß alle Kenngrößen aus dem Jahresabschluß des Konzerns und seiner Geschäftsbereiche entnommen werden können.

1.6.2.3.1. Return On Capital Employed (ROCE)

Diese Kennzahl drückt die Rendite des eingesetzten Kapitals aus.

Formel:

$$\text{ROCE} = \frac{\text{Operating Profit}}{\text{Capital Employed}}$$

Es ist darauf zu achten, daß die Kennzahlenwerte exakt nach den US-amerikanischen Bewertungsprinzipien ermittelt werden, da sonst Aussagefähigkeit und Vergleichbarkeit leiden.

Neue Steuerungsgröße: Operating Profit

	Umsatzerlöse
-	Unkosten
-	Vertriebskosten
-	Allgemeine Verwaltungskosten
-	Forschungs- und Entwicklungskosten
-	Strukturaufwand
+/-	Sonstige Erträge/Aufwendungen
=	**Operating Profit US-GAAP**

Neue Steuerungsgröße: Capital Employed
Ermittlung aus der Bilanzsumme

Pos.		
1		Total Assets
2	-	Zahlungsmittel
3	-	Wertpapiere
4	-	Finanzforderungen
5	-	Finanzanlagen
6	=	Financial Assets (Pos. 2 bis 5)
7	-	Kurz- und langfristige Deferred Tax Assets
8	-	Forderungen aus Absatzfinanzierung
9	-	Vermietete Gegenstände
10	=	Assets der Finanz- u. Leasingaktivität (Pos. 8 + 9)
11	-	Verbindlichkeiten aus Lieferungen u. Leistungen
12	-	Erhaltene Anzahlungen
13	-	Passivierte Verpflichtungen laufendes Geschäft
14	-	Wertberichtigungspositionen zu betrieblichen Aktiva
15	=	Abzugskapital (Pos. 11 bis 14)
16	**=**	**Capital Employed (Pos. 1 - 6 - 7 - 10 -15)**

1.6.2.3.2. Cash-Flow Return On Investment (CFROI)

Der CFROI dient als Maßstab zur Beurteilung eines Unternehmens, das die Rentabilität des eingesetzten Kapitals messen will. Der CFROI hat also Ähnlichkeit mit einer Investitionsrechnung.

Formel:

$$\text{CFROI} = \frac{\text{Cash-Flow}}{\text{Investiertes Kapital}} \times 100$$

Jedes Geschäft soll langfristig einen Cash-Flow erwirtschaften, der höher ist als die Kapitalkosten. Wie beim ROCE sind auch hier beide Kennzahlenwerte durch die US-amerikanische Bewertungsrichtlinien genau definiert.

Neue Steuerungsgröße: Cash-Flow US-GAAP

	Operating Profit US-GAAP
+	Abschreibungen auf Anlagevermögen (nach US-GAAP)
-/+	Ergebnis auf Anlagenabgang
+/-	Veränderungen Rückstellungen
-	Erhöhung (+ Verringerung) Working Capital
-/+	Zug./Abg. Anlagevermögen (ohne Beteiligungen) brutto
-/+	Zugang/Abgang Beteiligungen brutto
-/+	Veränderungen Forderungen aus Absatzfinanzierung
=	Free Cash-Flow (vor Ertragsteuern u. Finanzergebnis)
+/-	Finanzergebnis (sofern zahlungswirksam)
-	Ertragsteuern (sofern zahlungswirksam)
=	Free Cash-Flow (nach Ertragsteuern u. Finanzergebnis)
+/-	Zugang/Abgang Anlagevermögen (ohne Beteiligungen)
+/-	Zugang/Abgang Anlagevermögen Beteiligungen
+/-	Veränderungen Forderungen aus Absatzfinanzierung
+/-	Sonstiges
=	**Cash-Flow aus der Geschäftstätigkeit**
+	Ertragsteuern
+	Rückstellungsverbrauch
+	Erhöhung (- Verringerung) Working Capital
=	**Brutto-Cash-Flow US-GAAP**
-	Ertragsteuern
-	Rückstellungsverbrauch
-	Abschreibungen auf Anlagevermögen (nach US-GAAP)
-/+	Veränderungen Rückstellungen
+/-	Ergebnis aus dem Verkauf von Anlagevermögen
-/+	Fremden Gesellschaftern zustehendes Ergebnis
+/-	Sonstiges
=	Jahresüberschuss/Net Income US-GAAP

1.6.2.3.3. Economic Value Added (EVA)

Mit dem EVA wird jener Wert gemessen, den eine Unternehmung in einer Periode zusätzlich geschaffen hat.

Formel: EVA = NOPAT - NOA x C

NOPAT *(Net Operating Profit After Tax) = betrieblicher Gewinn nach Steuern zuzüglich in der NOA enthaltene Aufwands- und Ertragsbestandteile (z.B. Aufwendungen für Leasingraten)*

NOA *(Net Operating Assets) = Vermögen, das zur Durchführung der betrieblichen Tätigkeit notwendig ist. Das entspricht dem betriebsnotwendigen Kapital zuzüglich dem Barwert der nicht rückgestellten Leasingraten für betrieblich notwendige Leasinggüter.*

C *= Kapitalkosten (Fremdkapitalzinsen + Eigenkapitalzinsen).*

Ist der EVA positiv (> 0), dann ist der Unternehmenserfolg größer als die mit dem eingesetzten Kapital alternativ erzielbare Kapitalmarktverzinsung.
Beim EVA-Modell wird die Fähigkeit des Unternehmens, mit Investitionen einen echten Mehrwert zu schaffen, in den Mittelpunkt der Analyse gerückt. Unter EVA wird der Übergewinn verstanden, den ein Unternehmen nach Abzug der Eigen- und Fremdkapitalzinsen in einer Periode erwirtschaftet.
Helbling zeigt in seinem Buch "Unternehmensbewertung und Steuern", 9. Auflage 1998 (siehe Literaturverzeichnis, Kapitel 11.2.) auf Seite 144 unter Berufung auf die ALUSUISSE LONZA, die seit 1998 täglich (!) ihren EVA errechnet, ein sehr anschauliches Beispiel, das nachfolgend wiedergegeben wird.

FB **EVA-Beispiel**

FB 1.9.

	Beispiel A	**Beispiel B**
Sachanlagevermögen (Buchwert)	140	60
Nettoumlaufvermögen (Buchwert)	60	30
Good Will (Differenz zwischen Markt- und Buchwert)	100	10
Investiertes Kapital (adjustiert)	300	100
EBDIT (= Earnings Before Depreciation Interest and Tax)	40	18
Erhaltungsinvestitionen	-5	-2
Nettoumlaufvermögen (ohne Wachstum)	-5	-1
Steuern	-7	-2
Net Free Cash-Flow	23	13
Kapitalkosten (12%)	-36	-12
EVA	**-13**	**1**

FB 1.9.

Beispiel A zeigt, daß der EVA-Wert trotz des hohen Net Free Cash-Flow negativ ist, Shareholder Value also vernichtet wird. Würden im Beispiel A die Kapitalkosten anstatt 12% nur 7% betragen, wäre der EVA-Wert mit +2 leicht positiv. Beispiel B weist einen positiven EVA aus.
Die Hauptkennzahlen der Finanzperspektive hängen stark vom eingesetzten Vermögen und vom erzielten Profit ab. Beim eingesetzten Vermögen spielt das Nettoumlaufvermögen (= Working Capital) eine wesentliche Rolle. Kaplan/Norton schlagen daher zur Messung der Entwicklung des Working Capital die Kennzahl "Cash-to-Cash-Zyklus" vor:

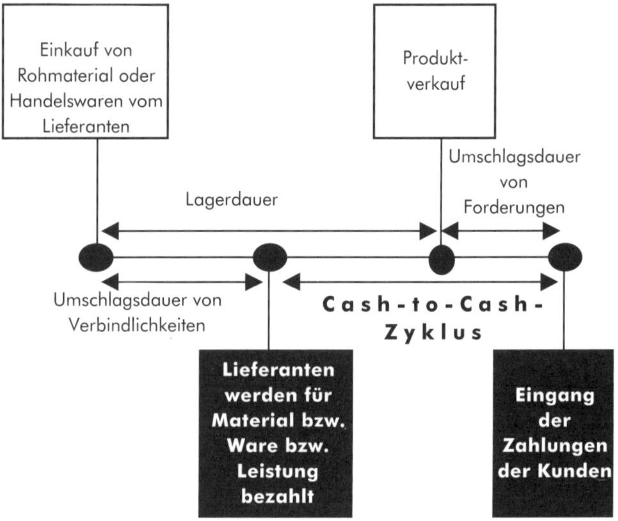

1.6.2.3.4. Steuergrößen der Kundenziele

Die Bedeutung der Kennzahl "Kundenzufriedenheit" kann nicht genug hervorgehoben werden. Für Kundenzufriedenheit reicht reines Erfüllen der Kundenerwartungen nicht aus. Viele Mitbewerber erfüllen die Erwartungen ebenso. Die Kundenerwar-

tungen müssen daher übertroffen werden, wenn echte Kundentreue oder Kundenloyalität und damit Kundenzufriedenheit angestrebt wird.

Im BSC sollen Ergebnis- bzw. Kernkennzahlen und Leistungstreiber ausgewogen nebeneinander stehen. Leistungstreiber beantworten die Frage, was ein Unternehmen tun muß, um die geplanten Ergebniskennzahlen nachhaltig zu erreichen.

Markt- und Kundenziele

Ergebnis- bzw. Kernkennzahlen	Leistungstreiber	
• Kundenzufriedenheit • Kundentreue • Marktanteil • Kundenakquisition	• **Kurze Durchlaufzeiten (Manufacturing Cycle Effectiveness, MCE)**	• Anzahl der Neukunden • Kundenkontakte • Auftragsstand (Menge und Wert) • Anzahl Garantieaufträge • Anzahl Reparaturen
	• **Pünktliche Lieferung (On Time Delivery, OTD)**	• Debitorenausfälle • Wie lange dauert die Garantie- und Reklamationsbearbeitung
	• Innovative Produkte	• Anzahl der verlorenen Kunden
	• Serviceeigenschaften	• Anzahl Reklamationen • Beurteilung Neuprodukte
	• Imagekomponenten	• Preisdifferenz zur Konkurrenz
	• Mitarbeiterverhalten im Kundenkontakt	
	• Bestelleingänge • Verteilerbereiche	

Die Kundenperspektive zeigt auf, wie der Kunde die Unternehmensleistungen beurteilt. Typische Kennzahlen sind die aus der Sicht des Kunden bewertete Lieferpünktlichkeit und der sogenannte Kundenzufriedenheits-Index.

Die Kernkennzahlen der Markt- und Kundenperspektive lassen sich sehr anschaulich und verständlich in einer Kausalkette anordnen:

höhere Kundenzufriedenheit

↓ führt zu

mehr Kundentreue

↓ dadurch

höherer Marktanteil

↓ dadurch

steigende Kundenrentabilität*)

↓ schließlich

bessere FINANZKENNZAHLEN, z.B. ROCE, CFROI, EVA

*) *Dieser Aspekt darf mittelfristig nicht vernachläßigt werden, denn zufriedene Kunden sind nicht unbedingt auch rentable Kunden.*

Für die Kundenzufriedenheit wird häufig der Leistungstreiber OTD (= On Time Delivery, pünktliche Lieferung) herangezogen. Sie sollte auf Kundenauswertungen basieren bzw. zugeschnitten sein.
Grundsätzlich sind hohe OTD-Werte gut bzw. positiv zu werten. Hohe OTD-Werte können aus folgenden Gründen entstehen:

1. Kürzere Durchlaufzeiten (dann ist die OTD wirklich gut)
2. Höhere Lagerbestände (dann ist eine hohe OTD nur bedingt gut)

Die Ursache für die höhere und damit bessere OTD-Kennzahl ist also durch die operative Kennzahl "Umschlagshäufigkeit" (UH) festzustellen.

Daher Interpretationsempfehlung für OTD:

- Wenn OTD größer und UH gleich hoch oder ebenfalls höher: sehr gut, weil offenbar Prozeßdurchlauf kürzer
- Wenn OTD größer, aber UH niedriger: weniger gut, weil besseres OTD-Ergebnis auf Kosten eines höheren Lagers erzielt worden ist

1.6.2.3.5. Steuergrößen der Geschäftsprozesse und Ressourcen

Kennzahlen aus der Prozeßperspektive zeigen, wie effizient die Unternehmensprozesse ablaufen. Zur Anwendung gelangen vorrangig Kennzahlen bezüglich Produktivität, Qualität und Durchlaufzeiten.

Geschäftsprozesse und Ressourcen

Ergebnis- bzw. Kernkennzahlen	Leistungstreiber
• Produkt- bzw. leistungsbezogenes Image (Index lt. Befragung) • Durchlaufzeit der Auftragsabwicklung • Abgewickelte Aufträge	• **Maschinenauslastung (First Pass Yields, FPY)** • **Fehlerquotenminimierung** • **Lieferbereitschaft in Tagen** • **Anzahl der Verbesserungsvorschläge** • Ausschußmenge • Durchlaufzeit im Vergleich zur Konkurrenz • Pünktlichkeit der Bereitstellung • Stillstands- und Rüstzeiten • Gefahrene Leerkilometer • Energieverbrauch/Produktionseinheit • Anzahl der Terminreklamationen • Anzahl erfüllte Sonderwünsche • Anzahl der Kundenbestellungen pro Produkt

Im BSC sollen Ergebnis- bzw. Kernkennzahlen und Leistungstreiber ausgewogen nebeneinander stehen. Leistungstreiber beantworten die Frage, was ein Unternehmen tun muß, um die geplanten Ergebniskennzahlen nachhaltig zu erreichen.
Für die Prozeßperspektive bieten sich zur Messung der Effektivität und Qualität drei neue, typische BSC-Kennzahlen an: MCE, FPY und BET.

Messung der Produktionszyklus-Effektivität durch MCE
Viele Kunden schätzen kurze Lieferzeiten hoch ein (Kundenzufriedenheit). Dieses Ziel der kurzen Verlaufzeit kann ein Unternehmen durch zwei Aktivitäten erreichen:

1. Entweder hohe Lagerhaltung, damit jede Bestellung sofort durch die Lieferung fertiger Produkte erfüllt werden kann, oder
2. Fertigung kleiner Just-In-Time-Lose in Verbindung mit zuverlässiger, fehlerfreier und rascher Auftragsabwicklung.

Weil der Trend eindeutig in Richtung der zweiten Aktivität geht, ist die Senkung der Zyklus- und Durchlaufzeiten ein wichtiges Ziel in der Prozeßperspektive. Häufig wird dazu die Kennzahl MCE (= Manufacturing Cycle Effectiveness) verwendet, welche die Produktionszyklus-Effektivität mißt.

Formel: $$MCE = \frac{\text{Be- oder Verarbeitungszeit}}{\text{Durchlaufzeit}}$$

Durchlaufzeit = Be- oder Verarbeitungszeit + Prüfzeit + Transportzeit + Warte- und Lagerungszeit

Je näher MCE bei 1 liegt, umso besser.

Messung der Prozeßqualität durch FPY
Die Prozeßqualität kann durch die Kennzahl FPY (= First Pass Yields), also Ausbeute beim ersten Durchlauf, gemessen werden. Der Gedanke bei dieser Qualitätskennzahl ist, daß der echte Grad an Prozeßqualität bereits beim ersten Durchlauf gemessen werden muß und nicht erst nach zahlreichen Nachbesserungen. Es versteht sich von selbst, daß die Ausbeute nur gute (= fehlerfreie) Stück beinhalten darf.

Messung der Produktentwicklungszeit durch BET
Die Kennzahl Break-Even-Time (BET) mißt die Effektivität eines Produktentwicklungszyklus. Dabei wird die Zeit zwischen dem Beginn der Produktentwicklungsarbeit und dem Zeitpunkt, zu dem der Gewinn aus dem Produkt die gesamten aufgelaufenen Produktentwicklungskosten abgedeckt hat, gemessen.

BET= Summe aufgelaufene Produktentwicklungskosten abzüglich Perioden-DB aus obigem Produkt
Wenn DB = Produktionsentwicklungskosten, ist BET erreicht; man muß dann nur mehr die Anzahl der Perioden (Monate) zusammenzählen (BET = z.B. 17 Monate oder 28 Monate usw.)

1.6.2.3.6.Steuergrößen für Lernen, Wachstum und Innovation

Die Innovations- und Mitarbeiterperspektive informiert über die (technischen) Kernkompetenzen des Unternehmens, über das Know-How seiner Mitarbeiter und über den Innovationsgehalt der organisatorischen Konzepte. Besonders wichtige Kennzahlen sind die Entwicklungszeit bis zur Produktreife, der Umsatzanteil der Neuprodukte, das Durchschnittsalter der Produkte usw.

Innovation, Lernen, Wachstum

Ergebnis- bzw.	Leistungstreiber
• Entwicklungszeit bis zur Produktreife • Umsatzanteil der Neuprodukte	• Entwicklungserfolg u. -geschwindigkeit (Break-Even-Time, BET)
• Durchschnittsalter der Produkte • Mitarbeiterzufriedenheit (Messung einmal p.a. durch Mitarbeiterbefragung) • Personaltreue und -loyalität • Mitarbeiterproduktivität	• Anzahl neuer reifer Produkte • Anzahl neuer Testprodukte • Anzahl neuer Patente • Umsatz aus Neuprodukten • Verhältnis F&E zu Produktion • Nutzung intelligenter Kompetenzen • Anzahl neuer Produkte/Periode im Vergleich zur Konkurrenz • Produktentwicklungsdauer im Vergleich zur Konkurrenz • Imagegrad im Vergleich zur Konkurrenz • Seminartage/Periode/Abteilung • Fluktuationsrate Stamm-Mitarbeiter • Ungewollte Kündigungen

Im BSC sollen Ergebnis- bzw. Kernkennzahlen und Leistungstreiber ausgewogen nebeneinander stehen. Leistungstreiber beantworten die Frage, was ein Unternehmen tun muß, um die geplanten Ergebniskennzahlen nachhaltig zu erreichen.

Gut ausgebildete Mitarbeiter können viel bewirken
Wie wichtig die gezielte Aus- und Weiterbildung der Mitarbeiter ist, wird durch die nachstehende Ursachen-Wirkungs-Kette auf BSC-Ebene demonstriert:

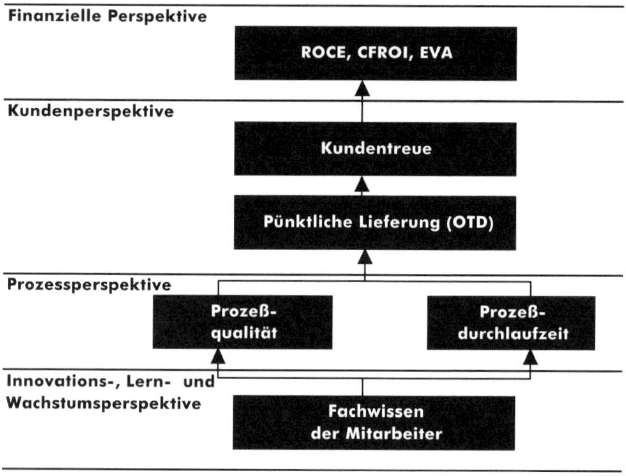

1.6.2.3.7. Kleines Fallbeispiel: Ergebnispräsentation mit BSC

FB 1.10.

FB **Ergebnispräsentation mit BSC**

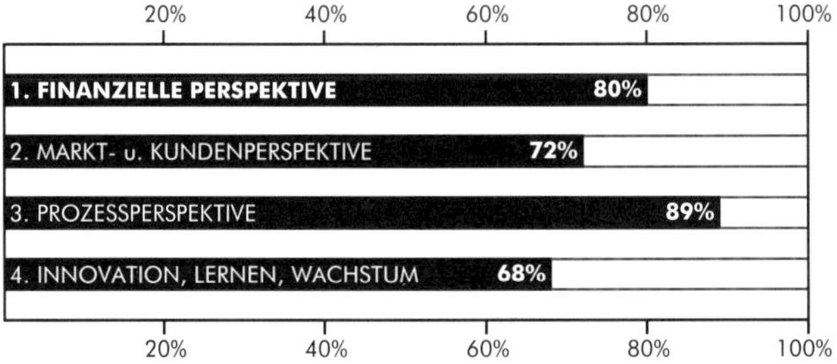

Die Skalen (0 bis 100) drücken den Zielerreichungsgrad in % zum Plan (= 100%) aus.
Um die Einzelkennzahlen und Leistungstreiber additiv zu machen, muß für jede Kennzahl und jeden Leistungstreiber eine Scoring-Umrechnung erfolgen.

Beispielhafte Festlegung der Scores (Zielerreichungs-Prozentsätze) für die Kernkennzahlen der Finanzperspektive

z.B. ROCE		oder Umsatzwachstum		usw.
> 20%	100 Pkt.	> 15%	100 Pkt.	
> 16%	90 Pkt.	> 12%	90 Pkt.	
> 13%	80 Pkt.	> 10%	80 Pkt.	
> 10%	70 Pkt.	> 8%	70 Pkt.	
> 8%	60 Pkt.	> 6%	60 Pkt.	
< 8%	45 Pkt.	< 6%	50 Pkt.	

Ist-Kennzahlen der Finanzperspektive

• ROCE	11%	d.s.	70 Pkt.
• Umsatzwachstum	13%	d.s.	90 Pkt.
		S	160 Pkt.
Ø Zielerreichungsgrad		**Ø**	**80 Pkt.**

In derselben Art ist grundsätzlich mit den drei anderen Perspektiven zu verfahren. Voraussetzung ist, daß die signifikantesten Kennzahlen ausgewählt und durch eine möglichst objektive Scoring-Zuordnung additiv gemacht werden. Die Festlegung der Scores für jede Kernkennzahl ist die schwierigste Aufgabe, alles andere ist einfach. Viele Dutzend Kernkennzahlen und Leistungstreiber sind für BSC grundsätzlich relevant. Aus diesem Pool sollten nur 15, allerhöchstens 20 ausgewählt werden. Motto: Weniger ist mehr!

Wem die Balkendarstellung für die BSC nicht gefällt, kann selbstverständlich auch andere Darstellungsformen wählen, z.B.:

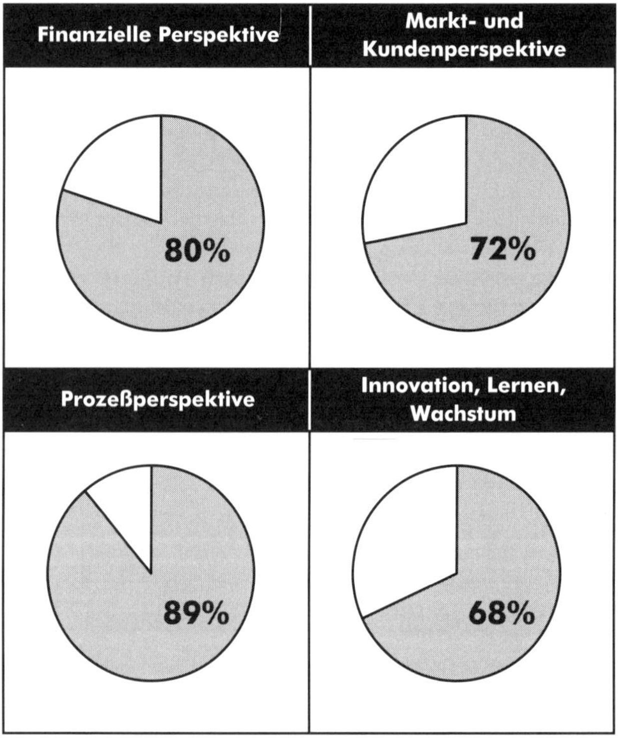

1.6.2.3.8. Vergleich zwischen Du Pont (ROI) und BSC

Wird das seit mehr als 80 Jahren in Verwendung stehende Du-Pont-System (ROI) dem kaum zehn Jahre alten Balanced-Scorecard-System (BSC) gegenübergestellt, dann sieht man deutlich, welche Quantensprünge in 70 Jahren Weiterentwicklung gemacht wurden.

Die zehn Anforderungskriterien wurden mit je 0 bis 2 Punkten gewichtet. Es können also bei voller Erfüllung aller Anforderungen maximal 20 Punkte erreicht werden. Das klassische Du-Pont-Schema schneidet mit 8 Punkten – das entspricht einem Erfüllungsgrad von 40% – relativ schlecht ab, das moderne BSC-System mit 15 Punkten (= 75% Erfüllungsgrad) vergleichsweise recht gut.

	Anforderungskriterien an ein Kennzahlensystem / Im Vergleich stehende Kennzahlensysteme	Du-Pont-Schema (ROI)	Balanced Scorecard (BSC)
1	Einfacher Aufbau	2	1
2	Verständlichkeit	2	2
3	Genauigkeit	2	1
4	Anpassungsfähigkeit	0	2
5	Benchmarking-Fähigkeit	2	0
6	Mehrdimensionalität	0	2
7	Kundenorientierung	0	2
8	Mitarbeiterorientierung	0	2
9	Prozeßorientierung	0	2
10	Allg. und indiv. Kennzahlente	0	1
	Gesamtpunkte	**8**	**15**

Legende:
2 Punkte: voll erfüllt
1 Punkt: teilweise erfüllt
0 Punkte: nicht erfüllt

2. MODERNE UNTERNEHMENSBEWERTUNG

2.1. ANLÄSSE FÜR UNTERNEHMENSBEWERTUNGEN

- Kauf und Verkauf von Unternehmen oder Beteiligungen
- Zuführung von Eigen- oder Fremdkapital
- Fusionen
- Entflechtung von Unternehmen
- Börseneinführung
- Privatisierung von verstaatlichten Unternehmen
- Ausscheiden von Gesellschaftern aus einer Personengesellschaft
- Erbauseinandersetzungen, Erbteilungen
- Kreditwürdigkeitsprüfung
- Beurteilung des Managements am Unternehmensmehr- bzw. Unternehmensminderwert als Differenz zwischen den Unternehmenswerten am Tag des Eintritts und am Tag des Ausscheidens.

2.2. ABLAUF EINES UNTERNEHMENSVERKAUFES

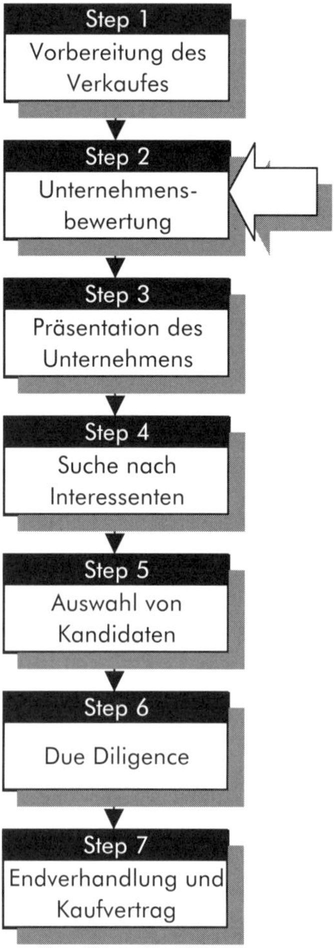

Bei der Unternehmensbewertung ist es wie bei der Investitionsrechnung. Gemessen an der Gesamtzeit, die für einen Unternehmenskauf oder die Beurteilung eines Investitionsprojektes erforderlich ist, nimmt das eigentliche Rechnen nur wenig Zeit in Anspruch (etwa 1% bis 5%). Das muß deshalb festgehalten werden, weil man beim Durcharbeiten der entsprechenden Kapitel leicht den Eindruck gewinnen könnte, daß sich alles ausschließlich ums Rechnen dreht.

Letter Of Intent

Sorgfältige Prüfung aller relevanten Daten und Fakten in allen Unternehmensbereichen. Die Ergebnisse der Due-Diligence-Prüfung haben Einfluss auf die Höhe des Verkaufspreises bei den Endverhandlungen.

2.3. HÄUFIG VERWENDETE METHODEN IN DEUTSCHLAND, ÖSTERREICH UND DER SCHWEIZ

❍ **Auslaufende Methoden (Trend rückläufig)**

lfd. Nr.	Methode	Kurzbemerkung
1	**Mittelwertmethode**	(E + S) / 2
2	**Schweizer Verfahren**	(2E + S) / 3
3	**Methode der temporären Übergewinnkapitalisierung** (alte UEC-Methode)	in Deutschland HFA 2/83; in Österreich: Fachgutachten Nr. 45
4	**Methode Schnettler**	für unrentable Unternehmen begrenzt einsetzbar

❍ **Aktuelle Methoden (Trend steigend)**

lfd. Nr.	Methode	Kurzbemerkung
1	**Prognoseorientiertes Ertragswertverfahren (neue UEC-Methode)**	in Österreich: Fachgutachten Nr. 74
2	**Free Cash-Flow-Methode (Shareholder-Value-Konzept)**	kommt aus USA, sehr effizientes Verfahren
3	**Liquidationswert**	Keine Going-Concern-Unterstellung. Fast immer Bewertungsuntergrenze

2.3.1. Mittelwertmethode, Schweizer Verfahren

Dieses Verfahren darf **nur angewendet** werden, **wenn** der **Ertragsbarwert (E)** größer ist als der **Substanzwert**, also bei sogenannten **rentablen Unternehmen**.

Weil der **Trend** eindeutig **zu** den **Ertragswertmethoden geht**, gibt es für die klassische Mittelwertmethode seit einigen Jahren eine **modifizierte Variante**, oft "**Schweizer-Verfahren**" **genannt**.

❍ **Formel:**

	Mittelwertmethode		**Schweizer Verfahren**
U =	$\frac{S + E}{2}$	bzw. modifiziert	$\frac{S + 2E}{3}$

Nur gültig, wenn S < E. **Wenn S > E, dann U = E**

wobei:
E = e/i (Ertragsbarwert)
S = Substanzwert (Überschuß des betriebsnotwendigen Vermögens über die Verbindlichkeiten; Going-Concern-Unterstellung)
e = nachhaltiger Zukunftserfolg p.a.
i = Kapitalisierungszinssatz = p/100

FB **Mittelwertmethode, Schweizer Verfahren**

FB 2.1.

❍ **Ausgangssituation:**

S = 0,5 Mio GE	e = 0,1 Mio
E = 1,0 Mio GE	i = 0,1

❍ **Ergebnisse:**

$$U = \frac{500.000 + 1,000.000}{2} = \mathbf{750.000}$$ (Mittelwert - methode)

bzw. modifiziert

$$U = \frac{500.000 + 2,000.000}{3} = \mathbf{833.000}$$ (Schweizer Verfahren)

Achtung: Ist S > E, dann darf nur E angesetzt werden!

Würde S 2 Mio GE betragen, ergäbe sich ein Unternehmenswert von 1 Mio GE (U=E) und nicht von 1,5 Mio GE bzw. 1,33 Mio GE.

2.3.2. Methode der temporären Übergewinnkapitalisierung (alte UEC-Methode)

Der Gesamtwert der Unternehmung (U) setzt sich bei dieser Methode aus dem Substanzwert (S) und dem Firmenwert (Good Will) zusammen.

U = Substanzwert + Good Will

❍ **Formel für temporäre Übergewinnkapitalisierung:**

$$U = S + \left[\left(e - \frac{S \times p}{100}\right) \times \begin{matrix}\text{Diskontierungssummenfaktor} \\ \text{abhängig von n und p}\end{matrix}\right]$$

- S: Substanzwert
- e: nachhaltiger Zukunftserfolg p.a.
- $\frac{S \times p}{100}$: Verzinsung des Substanzwertes (Übergewinn)
- n: Nachhaltigkeitsdauer der Gewinnerzielung in Jahren
- p: Zinsfuß p.a.

[Good Will]

Achtung:
Die einschlägigen Tabellen mit Diskontierungssummenfaktoren **DSF** finden sich im Kapitel 8.

❍ **Good Will:**
Barwert des mit n Jahren temporär begrenzten Übergewinnes. Der Good-will muß positiv sein. Er wird dem Substanzwert hinzugerechnet.

❍ **Bad Will oder Ill Will:**
Negativer Barwert des mit n Jahren temporär begrenzten "Untergewinnes". Bad Will tritt ein, wenn der nachhaltige Zukunftserfolg p.a. (e) nicht mehr ausreicht, eine angemessene Verzinsung des Substanzwertes (S) zu gewährleisten.

Die **Methode der temporären Übergewinnkapitalisierung ist nur anwendbar, wenn** ein **Good Will erzielt** wird; man spricht dann von einem **rentablen Unternehmen**. Muß ein **Bad Will (Ill Will)** in Kauf genommen werden (man spricht von einem **unrentablen Unternehmen**), und ist dieser nicht allzuhoch, dann bietet sich oft die Methode **Schnettler** als **alternatives Bewertungsverfahren** an.

Ist das Unternehmen stark unrentabel, so daß auch die Methode Schnettler nicht mehr eingesetzt werden kann, bleibt als Untergrenze der Bewertung nur mehr der Liquidationswert.

Beim Liquidationswert handelt es sich um den Substanzwert unter der Annahme der Nichtweiterführung des Betriebes; hier wird also für die Bewertung kein Going-Concern-Prinzip unterstellt.

Achtung:
Bei unrentablen Unternehmungen darf der Substanzwert nie um den Bad Will vermindert werden! Eine solche Vorgangsweise wäre von der "Philosophie" her unrichtig.

U = S + Good Will	richtig
U = S – Bad Will	unzulässig
wenn "Bad Will", dann zuerst:	
Methode Schnettler	kann richtig (zulässig) sein
oder (wenn nötig):	
Liquidationswert	als Bewertungsuntergrenze fast immer richtig

FB

Methode der temporären Übergewinnkapitalisierung

FB 2.2.

❍ **Ausgangssituation**

Der Substanzwert (S) beträgt 0,5 Mio GE, der nachhaltige Zukunftserfolg (e) 0,1 Mio GE p.a. Die Nachhaltigkeitsdauer des Zukunftserfolges (n) kann mit fünf Jahren angesetzt werden, weil ein objektbedingter Good Will (z.B. langjährige Marktpräsenz, guter Standort usw.) angenommen werden kann. Der Zinsfuß beträgt 10%.

❍ **Ergebnis:**

$$U = S + \left[\left(e - \frac{S \times p}{100}\right) \times \text{DSF 10\%, 5J.}\right]$$

U = 500.000 + [(100.000 - 50.000) x 3,791] = **690.000**

Der Diskontierungssummenfaktor 3,791 (n=5 Jahre, p=10%) wurde der Tabelle **DSF10%** im Kapitel 8 entnommen. Der Unternehmenswert beträgt 690.000.

Achtung:
Unternehmungen, die ihren Gewinn primär durch die **überragende Persönlichkeit des Unternehmers erzielen**, fallen in die Gruppe des **subjektbedingten Good Will**. Die **Nachhaltigkeitsdauer der Gewinnerzielung** ist dann **niedriger anzusetzen als beim objektbedingten Good Will** (z.B. zwei bis vier Jahre).

2.3.3. Methode Schnettler für unrentable Unternehmen

Die Methode Schnettler dient zur **Bewertung ertragsschwacher bzw. sogenannter "unrentabler" Unternehmen**, also jener Betriebe, deren künftige Gewinne keine angemessene Verzinsung des Substanzwertes erwarten lassen. Manchmal sind Unternehmungen nur deshalb unrentabel, weil bei der Ermittlung des abschreibungsbedürftigen Sachanlagevermögens etwas zu hoch bewertet wurde, um den Substanzwert zu vergrößern. Es wird dabei allerdings nicht bedacht, daß auch die kalkulatorischen Abschreibungen ansteigen und der nachhaltige Zukunftserfolg p.a. sinkt. Andererseits erhöhen sich die Zinsen für den Substanzwert. Durch diesen Doppeleffekt werden sie unrentabel, weil der nachhaltige Zukunftserfolg nicht ausreicht, die gesamte Substanzwertverzinsung abzudecken. Hier kann die Methode von Prof. Schnettler oft helfen, einen gerade noch akzeptablen Wert zu erhalten. Setzt man in seine Formel ein, dann reduziert sich das abschreibungsbedürftige Anlagevermögen und damit der ursprüngliche Substanzwert bei gleichzeitiger linearen Reduktion der kalkulatorischen Abschreibungen solange, bis der Übergewinn (nachhaltiger Zukunftserfolg p.a. minus Verzinsung des Substanzwertes) null ergibt.

❍ **Wichtiger Hinweis:**

Von der Höhe der prozentualen Senkung des abschreibungsbedürftigen Anlagevermögens hängt es in der Praxis ab, ob der nach Schnettler ermittelte Unternehmenswert akzeptiert werden kann oder nicht. Keineswegs darf nämlich der Grundsatz der Substanzerhaltung verletzt werden.

❍ **Formel nach Prof. Schnettler:**

$$U = \frac{r \times 100 + k \times d}{p + d}$$

wobei:
r = nachhaltiger Zukunftserfolg vor Abschreibungen p.a.
k = Substanzwert ohne abschreibungsbedürftige Anlagen
d = Abschreibungssatz
p = Kapitalisierungszinssatz

FB

Methode Schnettler

FB 2.3.

❍ Ausgangssituation

Es wird vom Fallbeispiel 2.2. "Temporäre Übergewinnkapitalisierung" ausgegangen. Der Substanzwert ist um 1,7 Mio GE auf 2,2 Mio GE erhöht worden, um ein unrentables Unternehmen zu simulieren.

❍ Ergebnisermittlung

$$U = S + \left[\left(e - \frac{S \times p}{100}\right) \times \begin{matrix}\text{Diskontierungssummenfaktor (DSF)} \\ \text{abhängig von n und p}\end{matrix}\right]$$

$$U = 2{,}200.000 + \underbrace{[(100{,}000 - 220.000)]}_{\mathbf{\ldots\, e < \frac{S \times p}{100},}}$$

unrentabel

daher Methode Schnettler.

❍ Schnettler-Formel:

$$U = \frac{r \times 100 + k \times d}{p + d}$$

Bezeichnung	Symbol	Betrag
Nachhaltiger Zukunftserfolg	e	100.000
darin sind abgezogen: 16% Abschreibungen auf GE 5.000.000 abschreibungsbedürftiger Anlagen		800.000
nachhaltiger Zukunftserfolg vor Abschreibung	r	900.000
Substanzwert ohne abschreibungsbed. Anlagen	K	-2.800.000
Substanzwert inkl. abschreibungsbed. Anlagen	S	2.200.000
Abschreibungsprozentsatz	d	16,0%
Kapitalisierungszinssatz	p	10,0%

Setzt man in die Formel ein, dann ergibt sich:

$$U = \frac{90{,}000.000 - 44{,}800.000}{26} = \mathbf{1{,}738.000}$$

❍ **Verprobung:**

U = 462.000 weniger als Substanzwert

Das abschreibungsbed. Anlagevermögen beträgt daher:

nicht	5.000.000	=	100%
	-462.000		
sondern	4.538.000	=	**90,8%**

die Abschreibung			
beträgt nicht	800.000		
sondern	726.000	=	**90,8%**

daher:

U =	2,200.000	originärer Substanzwert (vor Schnettler-Reduktion)
–	462.000	Reduktion durch Methode Schnettler
	1,738.000	neuer, reduzierter Substanzwert

Der reduzierte Substanzwert von 1,738.000 GE ist exakt jener Grenzwert, bei dem die Methode der temporären Übergewinnkapitalisierung gerade noch angewendet werden kann;

der nachhaltige Zukunftserfolg ist gleich groß wie die Verzinsung des reduzierten Substanzwertes. Es liegt daher weder ein Good-will noch ein Bad-will vor. Der reduzierte Substanzwert ist der Unternehmenswert.

Der Unternehmenswert nach Prof. Schnettler beträgt **1,738.000 GE. Dieser Wert ist akzeptabel, weil das zu Tageswerten angesetzte Anlagevermögen nur um 9,2% gesenkt werden mußte und daher der Grundsatz der Substanzerhaltung nicht verletzt worden ist**. Die Schwankungen in der Schätzpraxis bei Sachanlagen sind nämlich wesentlich größer als 9%. Betrüge die notwendige Anlagenreduktion 30% oder 40%, dann wäre das Schnettler-Ergebnis nicht mehr akzeptabel. In diesem Fall würde der Liquidationswert zu berechnen sein.

2.3.4. Liquidationswert

Beim Liquidationswert handelt es sich um jenen Wert, der bei Auflösung des Unternehmens und Einzelveräußerung der vorhandenen Substanz erzielt werden kann. Anders ausgedrückt: es handelt sich um den **Substanzwert unter der Annahme der Nichtweiterführung des Betriebes**. Dieser unterscheidet sich vom Substanzwert bei Weiterführung (Going Concern-Prinzip) des Unternehmens in der Praxis meist wesentlich. Wird ein Betrieb nicht weitergeführt, dann sind bei der Bewertung der Aktiven in der Regel wesentliche Abschläge und bei der Bewertung der Passiven Zuschläge vorzunehmen (z.B. 100% der Abfertigungsrückstellung statt 50%, Bildung einer fiktiven Rückstellung für die Liquidationskosten usw.).

Achtung:
Der Liquidationswert ist fast immer die absolute Untergrenze der Unternehmensbewertung, gleichgültig welche Werte bei anderen Methoden errechnet werden. **Ausnahme:** Als Wertuntergrenze kann der Liquidationswert nur gelten, wenn das Unternehmen im Sinne des Gewinnmaximierungsprinzips rational geführt wird. **Wird es weitergeführt, obwohl der zu erwartende Zukunftserfolg dadurch unter den gegenwärtigen Liquidationswert sinkt, dann ist dieser Liquidationswert nicht mehr die Untergrenze des Gesamtwertes der Unternehmung.**

Der Liquidationsanteil kann also nicht generell als Untergrenze für den Unternehmenswert angesehen werden.

Wenn ein mit Verlust arbeitendes Unternehmen tatsächlich fortgeführt wird, kann der Minderheitsbeteiligte für seinen Anteil nicht mit dem Liquidationswert rechnen, sondern mit weniger. **Die allgemeine Aussage, der tiefste Wert sei stets der Liquidationswert, gilt im Falle von Minderheitsanteilen nicht.**

FB

Liquidationswert

Die folgende Darstellung zeigt, wie sich der Liquidationswert von den Buchwerten der Steuerbilanz unterscheidet und wie man ihn ermittelt:

FB 2.4.

lfd. Nr.	Bilanzposition	Werte in 1.000 GE	
		Steuer-bilanz	Liquid. Bilanz
1	Sachanlagevermögen	1.000	500
2	Finanzanlagevermögen	100	100
3	Vorräte	3.000	2.500
4	Halb- und Fertigerzeugnisse	500	100
5	Debitoren	1.500	1.400
6	Liquide Mittel	100	100
7	Sonstige Forderungen	300	300
8	**Summe (1-7) AKTIVA**	**6.500**	**5.000**
9	Bankverbindlichkeiten, langfr.	2.000	2.000
10	Lieferantenverbindlichkeiten	1.000	1.000
11	Vorsorge für Abfertigungen	500	1.000
12	Sonstige Verbindlichkeiten	500	500
13	**Summe (9-12) PASSIVA**	**4.000**	**4.500**
14	**Überschuß (vorläufig)**	**2.500**	**(500)**

Der Liquidationswert errechnet sich nach diesen Annahmen wie folgt:

FB 2.4.

	1.000 GE
Vorläufiger Überschuß	**500**
hiervon sind zu kürzen:	
– Kosten des Sozialplanes	140
– Kosten der Liquidation	160
= verbleibt Liquidationswert	**200**

2.3.5. Zukunftsorientierte Bewertungsmethoden

2.3.5.1. Die Philosophie der modernen Unternehmensbewertung

Unter der Voraussetzung ausschließlich finanzieller Ziele leitet sich der Wert eines Unternehmens aus seinen nachhaltig erzielbaren Zukunftserfolgen ab. Er ergibt sich grundsätzlich als Barwert dieser Zukunftserfolge (Ertragswert). Verfügt das Unternehmen über nicht betriebsnotwendige Vermögensgegenstände, müssen diese unter Beachtung der damit zusammenhängenden Schulden einer gesonderten Bewertung unterzogen werden. Der resultierende Wert ist dem Ertragswert hinzuzufügen.

Der Ertragswertermittlung kann
- ein zahlungsstromorientiertes oder
- ein periodenerfolgsorientiertes Verfahren

zugrunde gelegt werden.

Bei Anwendung des zahlungsstromorientierten Verfahrens ergibt sich der Wert des Unternehmens aus dem Barwert der zukünftigen Geldüberschüsse (Differenz aus Einnahmen und Ausgaben).
Ein Unternehmen ist jedoch im Gegensatz zu einem einzelnen Investitionsobjekt eine komplexe Gesamtheit, deren künftige Zahlungsströme nur für einen kurzen Zeitraum genau geplant werden können. Da sich im Hinblick auf die Vielzahl der auf die Zahlungsströme einwirkenden Einflußgrößen häufig kompensatorische Effekte ergeben, so daß Periodenerfolge und Geldüberschüsse weitgehend übereinstimmen, bilden die aus den künftigen Erträgen und Aufwendungen abgeleiteten Periodenerfolge in der Regel eine geeignete Grundlage der Ertragswertermittlung. Erkennbare Unterschiede zwischen Ein-

nahmen und Erträgen bzw. zwischen Ausgaben und Aufwendungen in den einzelnen Perioden können zu einer Kombination des periodenerfolgsorientierten mit dem zahlungsstromorientierten Verfahren führen (z.B. Ersatz von Abschreibungen durch Investitionsausgaben für Großanlagen).

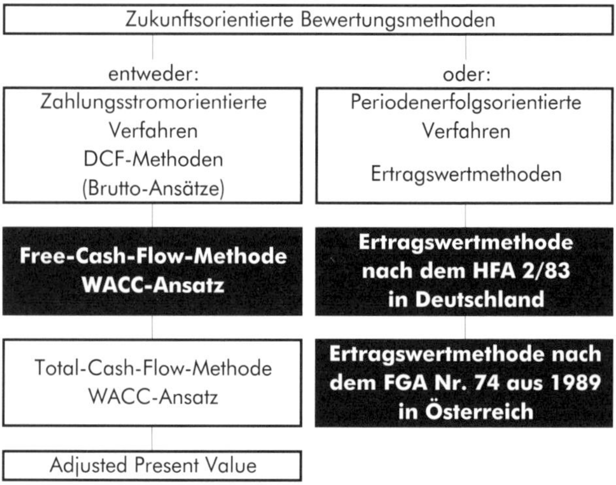

Die invers dargestellten Methoden sind in Deutschland und Österreich am häufigsten anzutreffen. Die Free-Cash-Flow-Methode wird später in einem eigenen Fallbeispiel erläutert.

Zu einigen Stichwörtern der obigen Abbildung sind noch kurze Erläuterungen notwendig.

Netto- und Bruttoansatz
Der Discounted Cash-Flow (DCF) kann als Netto- oder Brutto-Cash-Flow ausgeprägt sein.
Beim Nettoansatz werden Zahlungen an die Eigentümer mit dem risikoangepaßten sogenannten CAPM-Zinsfuß diskontiert; das entspricht in etwa dem Ertragswertverfahren.
Beim Bruttoansatz wird zunächst der Wert des gesamten Kapitals (Eigen- und Fremdkapital) ermittelt. Anschließend wird von diesem Gesamtwert der Marktwert des Fremdkapitals in Abzug gebracht, um den Unternehmenswert der Eigentümer zu erhalten.

Der Bruttoansatz hat drei verschiedene Ausprägungsformen, von denen der in der Bewertungspraxis am häufigsten anzutreffende

Free Cash-Flow

näher beschrieben werden soll.

Adjusted Present Value ist ein neuer, vielversprechender Ansatz, aber derzeit ebenso wenig gebräuchlich wie der Total-Cash-Flow-Ansatz; das kann sich allerdings bei der rapiden Entwicklung dieser Methoden rasch ändern.

WACC (Weighted Average Cost of Capital)
Der gewogene Kapitalkostensatz entspricht hier den gewichteten Durchschnittskosten von Eigen- und Fremdkapital nach Berücksichtigung einer entsprechenden Ertragsteuerersparnis.

❍ Kapitalisierungszinsfuß, Multiplikator

Für die Ermittlung eines realistischen Unternehmenswertes (Ertragsbarwert) ist die Wahl des richtigen Kapitalisierungszinsfußes von großer Bedeutung. Das soll durch die folgende Tabelle veranschaulicht werden, wo der angenommene nachhaltig erzielbare Jahresgewinn einer Unternehmung in der Höhe von 9 Mio GE durch unterschiedliche Jahreszinsfüße in Ertragswerte umgewandelt wird. Beim ebenfalls ermittelten Multiplikator (Price Earnig Ratio [PER] bzw. Kurs-Gewinn-Verhältnis [KGV]) handelt es sich um den reziproken Wert des Zinsfußes, der ausdrückt, mit dem Wievielfachen der nachhaltig erzielbare Jahresgewinn multipliziert werden muß, um den Ertragsbarwert zu erhalten.

Nachhaltig erzielbarer Jahresgewinn in Mio GE (e)	Kapitalisierungszinssatz (p)	Ertragsbarwert in Mio GE (E)	Multiplikator (Price-Earning-Ratio bzw. Kurs-Gewinn-Verhältnis [KGV])
9	8%	112,5	12,5
9	9%	100,0	11,1
9	10%	90,0	10,0
9	11%	81,8	9,1
9	12%	75,0	8,3
9	13%	69,2	7,7
9	14%	64,3	7,1
9	15%	60,0	6,7
9	20%	45,0	5,0
9	25%	36,0	4,0

$E = \frac{e}{i}$; $i = \frac{p}{100}$; $KGV = \frac{1}{i}$

Interpretation:
Ein nachhaltig erzielbarer Jahresgewinn (e) von 9 Mio GE, kapitalisiert mit 10% ergibt einen Ertragsbarwert von 90 Mio GE. Dieser Ertragsbarwert (E) entspricht dem 10fachen nachhaltig erzielbaren Jahresgewinn (e). Dieser Multiplikator wird auch Kurs-Gewinn-Verhältnis (KGV) bzw. Price Earnig Ratio (PER) genannt.

Die folgende Tabelle zeigt die branchenindividuellen Gewinnmultiplikatoren zur Ermittlung eines marktgerechten Unternehmenswertes auf. **Da diese Faktoren schon mindestens sieben Jahre alt sind, müssen sie bei einer heutigen Anwendung etwas reduziert werden;** damit wird der stagnierenden bzw. rezessiven Wirtschaftsentwicklung der letzten Jahre Rechnung getragen.

❍ **Tabelle mit branchenindividuellen Gewinnmultiplikatoren zur Ermittlung eines marktgerechten Unternehmenswertes (Price-Earning-Ratio)**

Branche	Unternehmenswert= =Jahresgewinn(e) x Faktor
Produktion	
Chemie	7 - 10 mal
Elektronik	10 - 12 mal
Feinmechanik	4 - 6 mal
Kunststoffverarbeitung	6 - 8 mal
Maschinenbau	4 - 8 mal
Nahrung	5 - 7 mal
Pharma	10 - 12 mal
Werkzeugbau	6 - 8 mal
Handel	
Bürofachhandel	4 - 6 mal
Computerhandel	4 - 9 mal
Krankenhausbedarf	5 - 7 mal
Lebensmittelhandel	4 - 6 mal
Möbelhandel	4 - 6 mal
Technischer Handel	5 - 7 mal
Versandhandel	4 - 7 mal
Dienstleistung	
Handwerk	3 - 5 mal
Software-Haus	7 - 9 mal
Spedition	4 - 6 mal
Wartungsdienst	3 - 5 mal

Quelle: Gösche, Mergers & Acquisitions
im Mittelstand (1991)

Hinweis
Die Verwendung obiger Multiplikatoren ersetzt das detaillierte Procedere der Unternehmensbewertung nicht. Anders ausgedrückt: Nach Erstellung einer individuellen Bewertung mit einem angemessenen Detaillierungsgrad, kann das Ergebnis durch den Ø Jahresgewinn dividiert und der Quotient mit dem entsprechenden Faktor verglichen werden (Plausibilitätskontrolle). **Bei großen Abweichungen: Ursachenanalyse.**

❍ Die fünf Komponenten des Kapitalisierungszinssatzes

Der Kapitalisierungsfaktor, der die Höhe des Unternehmenswertes wesentlich beeinflußt, muß bei jeder Bewertung neu ermittelt werden. Ein modularer Aufbau ist in der Praxis üblich. Die einzelnen Zinsprozentsätze weisen eine gewisse Schwankungsbreite auf.

		z.B.
	Realzinssatz (Sekundärmarktrendite)	6%
–	Geldentwertungsrate Ende 2001	2,5%
=	Nomineller Kapitalmarktzinssatz	3,5%
+	50% allgemeine Risikoprämie auf die als risikolos geltende Sekundärmarktrendite	3%
+	Zuschlag für unternehmensspezifisches Risiko	1,5%
+	Zuschlag für Immobilität	1%
=	Kapitalisierungszinssatz für Unternehmensbewertung	9%
	(Multiplikator, KGV bzw. Price-Earning-Ratio [PER])	(=11,1x)

In Abhängigkeit davon, ob geldwertbereinigte oder nominelle Zukunftserträge zu kapitalisieren sind, ist auch ein geldwertbereinigter bzw. "realer" Kapitalisierungszinssatz zu verwenden. Durch dieses Prozedere wird eine ausgleichende Wirkung erreicht, wodurch sich die Ertragswerte in etwa gleicher Höhe darstellen.

2.3.6. Free-Cash-Flow-Methode (Shareholder Value Concept)

❍ Grundsätzliches

In der westeuropäischen Bewertungspraxis setzt sich immer mehr die rein zukunftsorientierte Free Cash-Flow-Methode durch, die auf einer Reihe logischer und praxisnaher Annahmen basiert, und daher dem wahren Wert eines Unternehmens ziemlich nahe kommt.

Der Grundgedanke dieses, vom amerikanischen Wirtschaftsprofessor Rappaport 1986 in seinem Buch "Shareholder Value" vorgestellten Konzeptes ist es, daß der Unternehmenserfolg am ökonomischen Wert gemessen werden soll, der für die

Eigentümer geschaffen wird. Anders ausgedrückt: Das Management sollte einzig und allein danach trachten, den Unternehmenswert und damit den Aktienkurs zu steigern, um so das Vermögen der Aktionäre zu mehren.

Shareholder Value bedeutet aber auch eine Änderung in der Kultur eines Unternehmens in Richtung mehr Transparenz, einer gewissen Offenheit und einer gewissen Kommunikationsfreudigkeit.

FB

Berechnung des Unternehmenswertes nach der Free-Cash-Flow-Methode

FB 2.5.

❍ Ausgangssituation

Die Grundlagen für dieses Fallbeispiel stammen aus der Produktions-AG (siehe Kapitel 4). Es soll der Unternehmenswert nach der Free-Cash-Flow-Methode ermittelt werden.

❍ Free Cash-Flow für das erste Planjahr

		Werte in Mio GE
	Operatives Ergebnis vor Zinsaufwand und Ertragsteuer	+ 11,4
–	fiktive Ertragsteuer (je nach Rechtsform und Land: (Körperschaftsteuer, Gewerbeertragsteuer, Einkommensteuer)	– 2,8
=	**Operatives Ergebnis nach fiktiven Ertragsteuern (EBIAT) ......** EBIAT=Earnings before interest after tax	**= 8,6**
+	Abschreibungen	+ 8,0
+/-	Veränderungen bei Rückstellungen	+ 1,6
+/-	Veränderungen bei Rücklagen	-
=	**Brutto-Cash-Flow ....**	= 18,2
–	Investtionen	- 6,0
+	Desinvestitionen	-
–	Erhöhung Working Capital (ohne liquide Mittel)	- 0,6
+	Reduzierung Working Capital (ohne liquide Mittel)	-
=	**Free Cash-Flow ....**	**= 11,6**

Die detaillierte Erfolgsprognose erfolgt für fünf Jahre (2002 bis 2006). Die Strukturierung des Zahlenmaterials muß so wie oben gewählt werden, daß sich der Free Cash-Flow für jedes Jahr einfach und übersichtlich ableiten läßt.

Am Ende der Betrachtungsdauer muß ein angemessener Fortführungsbarwert angesetzt werden.

❍ Der Fortführungsbarwert

Der erwartete Free Cash-Flow eines Unternehmens läßt sich auf zwei Perioden (Phasen) verteilen:

	Barwert der Free Cash-Flows während der Detailprognoseperiode (Phase 1)
+	Barwert der Free Cash-Flows nach der Detailprognoseperiode (Phase 2)
=	**Barwert der zukünftigen Free Cash-Flows**

Der erste Barwert wird aus detaillierten Jahres-Cash-Flows ermittelt.
Der zweite Barwert bestimmt den Fortführungswert, entweder legt man den FCF des letzten Jahres der Phase 1 zugrunde und ermittelt den Barwert einer ewigen Rente gemäß der Formel

$$\frac{\text{FCF p.a.}}{i},$$

wobei: $i = \frac{p}{100}$ und p = WACC-Prozentsatz

oder man berücksichtigt auch das Wachstum der Cash-Flows; die Berücksichtigung der wachsenden Cash-Flows ist realistischer als das Ignorieren derselben. Die Formel hat dann folgendes Aussehen:

$$\text{Fortführungs(bar)wert} = \frac{\text{FCF p.a.} \times (1 + WR)}{i - WR}$$

wobei: ❍ FCF p.a. = Free-Cash-Flow im ersten Jahr nach der Phase 1 (= Detailprognose)

FB 2.5.

- WACC = gewichteter Kapitalkostensatz (weighted average cost of capital)
- WR = die erwartete ewige Wachstumsrate der freien Cash-Flows

Setzt man in obige Formel ein, dann ergibt sich:

Barwert der ewigen Rente:	
Ø FCF (2004-2006) nach KöSt. =	12,4
Wachstumsrate p.a.:	0,5%
Zinsfuß für ewige Rente:	9,5%

$$\frac{\text{Ø FCF} \times (1 + \text{Wachstumsrate})}{\text{Zinsfuß der ewigen Rente} - \text{Wachstumsrate p.a.}}$$

$$\frac{12{,}4 \times 1{,}005}{0{,}095 - 0{,}005}$$

138,5

- **Angemessener Kapitalkostensatz**

Die Höhe des Kapitalisierungszinsfußes hängt stark von der Zusammensetzung der Kapitalstruktur, also vom Verhältnis zwischen Eigen- und Fremdkapital ab. Deshalb empfehlen die Amerikaner **bei der Ermittlung des Shareholder Value, die künftigen Free Cash-Flows mit einem gewogenen Kapitalkostensatz (Weighted Average Cost of Capital, abgekürzt WACC) abzuzinsen**. Die Kosten des Fremdkapitals müssen bei der Free-Cash-Flow-Methode nach Steuern errechnet werden. Der Eigenkapitalkostensatz setzt sich aus mehreren Komponenten zusammen, und zwar:

	Basiszinssatz (Sekundärmarktrendite)	6,0%
–	Geldentwertungsrate Ende 2001	2,5%
+	75% allgemeine Risikoprämie auf die als risikolos geltende Sekundärmarktrendite	4,5%
+	Zuschlag auf unternehmensspezifisches Risiko (bei börsennotierender AG durch Beta-Faktoren)	1,5%
+	Zuschlag für Immobilität	1,0%
=	**Eigenkapitalkostensatz**	**10,5%**

FB 2.5.

Der Beta-Faktor mißt die Sensitivität einer Aktie an Kursveränderungen des Gesamtmarktes. Der Beta-Faktor gibt die Beziehung der Kursentwicklung zwischen einer Aktie und dem Aktienindex an. **Er ist eine wichtige Kennzahl über die Sensibilität des Aktienkurses auf eine Veränderung des Indexkurses.**

Aufgrund des Beta-Faktors lassen sich folgende drei Gruppen von Aktien bilden:

Beta-Faktor:

>1 bedeutet: die Aktie bewegt sich in größeren Schwankungen als der gesamte Aktienmarkt

=1 bedeutet: die Aktie bewegt sich gleich dem Gesamtmarkt

<1 bedeutet: die Aktie bewegt sich geringer als der gesamte Aktienmarkt

Weist eine Aktie den Beta-Faktor von 1,5 auf, dann bedeutet das, daß die Aktie bei einem Anstieg bzw. Rückgang 1,5 mal so stark steigt bzw. fällt wie der gesamte Aktienmarkt. Steigt der Gesamtmarkt um 10%, so wird die Aktie um 15% steigen. Durch den Beta-Faktor erhält man auch gute Hinweise für ein Risiko-Ertrags-Mix-Portefolio. Wird eine Hausse erwartet, so nimmt man Aktien mit hohen Beta-Werten in das Depot, in ungewissen Zeiten setzt man den Mischwert der Aktien so an, daß das Portefolio einen Beta-Faktor von zirka eins erhält. Müssen Kursrückgänge befürchtet werden, dann verkauft man entweder die Aktien oder versucht Aktien ins Depot zu bekommen, deren Beta-Faktor weit unter eins liegt.

Für nicht börsennotierte Aktiengesellschaften gibt es keine Beta-Faktoren. Deshalb ist es bei diesen Betrieben schwierig, einen Zuschlagsatz für das unternehmensspezifische Risiko festzulegen.

Der **durchschnittliche Kapitalkostensatz** (gewogenes Mittel bzw. **WACC**) wird dann wie folgt ermittelt:

FB 2.5.

Finanzierungs-quellen	Gewichtung (Anteil an der BilanzΣ)	Kosten vor. KÖSt	Kosten nach KÖSt	Ø Kapital-Kostensatz
Eigenkapital	77,1%	10,5%	10,50%	8,10%
Bankkredite x)	22,9%	9,5%	6,175%	1,41%
Gesamt/ Durchschnitt	100%			9,51%

x) Für diese Position wird in der Praxis eine Tabelle mit den einzelnen Bankkrediten bzw. verzinslichen Fremdkapitalarten erstellt; hier steht nur das Ergebnis (Durchschnitt).

Im Sinne des Shareholder-Value-Konzeptes beträgt der durchschnittliche Kapitalkostensatz nach Ertragsteuer (WACC) 9,5%.

❍ Der Unternehmenswert (Shareholder Value)

(Werte in Mio GE) Jahr	Phase	FCF nach KÖSt lt.FB 4.4.	-/+ Zinsen	-/+ KöSt. auf Zinsen 35%	=FCF nach KÖSt vor Zinsen	x Kapital-kostensatz **WACC= 9,5%**	**Barwert Free Cash-Flow (FCF)**
2002	1	11,1	0,8	-0,3	11,6	0,530	**6,1**
2003	1	15,4	0,1	0,0	15,5	0,484	**7,5**
2004	1	6,8	0,0	0,0	6,8	0,442	**5,2**
2005	1	16,7	0,1	0,0	16,7	0,404	**6,7**
2006	1	13,9	-0,2	0,1	13,7	0,369	**5,1**
Σ	1	63,8	0,7	-0,2	64,2		**30,6**
Fort-füh-rungs-wert	2	138,5			138,5	0,369	**51,0**

Gesamtbarwert FCF aus Phase 1 und 2	***81,6***
-verzinsliches Fremdkapital (1. Jahr, 1. Tag)	**-5,0**
UNTERNEHMENSWERT (Shareholder Value)	***76,6***

Der durchschnittliche geplante Free Cash-Flow aus den letzten drei Jahren der Planphase 1 (2004 bis 2006) ist die Basis für die Ermittlung des Fortführungsbarwertes. Beim Fortführungsbarwert wurde nicht der Barwert einer ewigen Rente unterstellt, sondern eine jährliche Wachstumsrate von 0,5% angenommen. Der Zinsfuß für den Fortführungsbarwert ist mit 9,5% gleich hoch wie jener für die Detaillierungsperiode.

FB 2.5.

Der Fortführungsbarwert zum Stichtag Ende 2006 muß auf den Zeitpunkt Anfang 2002 abgezinst werden.

Schließlich ist der Barwert der Cash-Flows um die verzinslichen Schulden am Beginn der Planungsperiode zu vermindern bzw. um etwaige verzinsliche Guthaben zu erhöhen.

Das Ergebnis ist der Unternehmenswert (Shareholder Value) nach der Free-Cash-Flow-Methode.

2.4. BEWERTUNG VON UNTERNEHMENSANTEILEN

Gilt es **Unternehmensanteile zu bewerten**, dann gibt es dafür ein eigenes Procedere. Die Basis ist immer der Wert des Unternehmens als Ganzes.

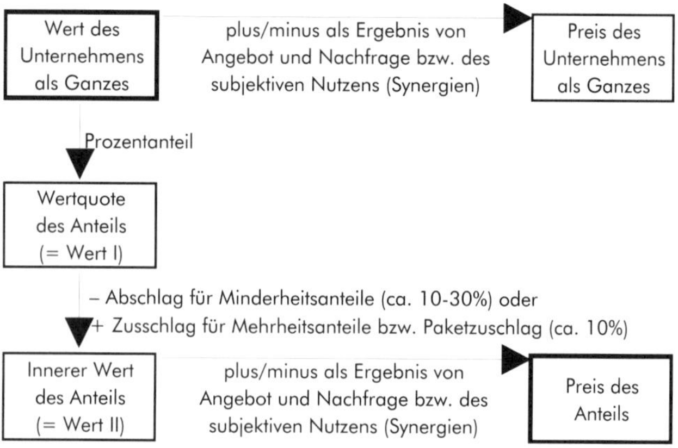

Bei Unternehmensanteilen sind in bezug auf die Beteiligungsverhältnisse folgende fünf Stufen zu unterscheiden:

- einfache Minderheit
- qualifizierte Minderheit (Sperrminorität)
- einfache Mehrheit
- qualifizierte Mehrheit
- Alleinbeteiligter

Von Stufe zu Stufe steigt in der Regel die subjektive Einschätzung der Anteile. Der prozentuale Zuschlag oder Abzug vom aliquoten Wert kann nicht grundsätzlich fix bestimmt werden, sondern richtet sich im Einzelfall an folgenden Faktoren:

- Größe des Unternehmens
- Anzahl und Streuung der Aktien
- Verkäuflichkeit der Aktien
- Branche
- Mitbestimmungsrecht des Minderheitsbeteiligten

Minderheitsanteile werden in der Regel weniger Wert sein als die entsprechende Prozentquote am Gesamtwert, Mehrheitsanteile oft mehr als eine entsprechende Quote. Der Verkehrswert eines Anteils von 75% liegt sicher höher als 75% des Gesamtwertes der Unternehmung.

Manchmal kann es **auch** zu **Minderheitszuschlägen** kommen, etwa **bei der Abfindung "lästiger" Gesellschafter** oder **wenn jemand durch** den **Kauf einer Minderheit eine Mehrheit** erhält. Der Erwerber dieser Minderheit zeigt somit Bereitschaft, mit einem Paketzuschlag auf das Minderheitspaket einen Mehrpreis zur Erreichung einer bestimmten Beteiligungsquote zu bezahlen.

2.5. BERÜCKSICHTIGUNG VON SYNERGIEN

Besonders für den Kaufinteressenten ist die Frage nach eventuellen Synergiepotentialen, die sich durch Zusammenlegung bzw. Integration ergeben (können), von großer Bedeutung. Bei hohen Synergien wird der Käufer besonderes Interesse am Kaufobjekt haben und gegebenenfalls einen höheren Kaufpreis zahlen als den objektivierten Wert. Der interne Zinsfuß ist schließlich ausschlaggebend dafür, wieviel bezahlt werden kann, so daß es für den Käufer noch wirtschaftlich ist.
Bei der Quantifizierung der Synergiepotentiale ist grundsätzlich folgende Strukturierung empfehlenswert:

Synergieeffekte aus Kostensenkungspotentialen (Personal- und Sachkosteneinsparungen durch Zusammenlegungen, Dezentralisierungen, Rationalisierungen, Know-How-Transfer)
+ Synergieeffekte aus Umsatzpotentialen (Zusatz-DB durch Neukunden und neue Absatzkanäle, Know-How-Transfer)
- Negative Synergieeffekte (z.B. Abfindung freigesetzter Mitarbeiter, Kosten eines eventuellen Sozialplanes, Abwanderung unzufriedener Kunden)
= **Zwischensumme**
- Umzugs- und Aufbaukosten
- Kosten, die durch Umsetzung der Synergien entstehen (Integrationskosten)
= **Gesamte Nettosynergie**

Manchmal sind die Integrationskosten höher als die Zwischensumme aus den einzelnen Synergiepotentialen abzüglich etwaiger negativer Synergieeffekte. Dann ist die gesamte Nettosynergie negativ (= Dyssynergie).
Bei der Quantifizierung der Synergiepotentiale sollte man große Vorsicht walten lassen. Da Synergieeffekte normalerweise erst als Ergebnis einer erfolgreichen Unternehmensintegration entstehen, ergibt sich ein erhebliches Risiko, das unbedingt berücksichtigt werden muss. Bei sehr vielen Unternehmungen, die zu euphorisch an die Aufdeckung vermeintlicher Synergieeffekte herangegangen sind, gab es danach Ernüchterung und ein böses Erwachen. Also: Synergieeffekte ja, aber mit großer Vor- und Umsicht.

2.6. RISIKOBEURTEILUNG

Das Risiko in der Unternehmensbewertung, das je nach Sachlage niedrig oder hoch ist, kann durch

- ❍ die **Höhe des Abzinsungsprozentsatzes** (z.B. CAPM-Methode) oder
- ❍ durch eine **Risikoanalyse** (z.B. Monte-Carlo-Simulation)

berücksichtigt werden.

Grundsätzlich gilt:

je höher das Risiko, desto höher der Abzinsungsfaktor

Es gilt weiter:

je oberflächlicher die Planung vorgenommen wird, desto höher das Risiko

Und vice versa:

je genauer die Planung, desto niedriger das Risiko

Merke:
Es ist besser, genau zu planen, um die eher gefühlsmäßig festgelegten Risikoprozentaufschläge kleinhalten zu können.

Manchmal kann eine Risikoanalyse, die durch Computersimulation durchgeführt wird, helfen, das Risiko transparenter zu machen. Es wird auf das Kapitel 10.5.3. verwiesen, wo die Risikoanalyse bei der Beurteilung eines Investitionsprojektes vorgestellt wird. Weil man die Unternehmensbewertung auf Basis von Zukunftserfolgen als Sonderfall einer Investitionsrechnung sehen kann, ist auch für sie die Risikoanalyse anwendbar. Lediglich einige Termini technici sind gegenüber der Investitionsrechnung anders.

Die Eingabeabfrage des PC-Programmes hat folgendes Aussehen:

UNTERNEHMENSWERT	
Variante 1	**Variante 2**
Zu zahlender Unternehmenswert	
bekannt	unbekannt
Umsatz im ersten Jahr	
Marktsteigerungsrate in Prozent p.a. (wahlweise für jedes Jahr unterschiedlich)	
Fortführungswert	
Variable Kosten je GE Umsatz	
Fixe Kosten p.a. (wahlweise für jedes Jahr unterschiedlich)	
Betrachtungsdauer in Jahren	
Zinsfuß für dynamischen Kapitalrückfluß	
Interner Zinsfuß bei vorgegebener Eintrittswahrscheinlichkeit	
unbekannt	bekannt

Ist der Unternehmenswert bekannt (Variante1), werden die internen Zinsfüße bei unterschiedlichen Eintrittswahrscheinlichkeiten simuliert. Oft ist der Unternehmenswert vor Start einer Risikoanalyse bekannt; man will ja nur das Risiko ermitteln, das sich ergibt, wenn man den bekannten (z.B. durch eine andere Methode errechneten) Unternehmenswert tatsächlich bezahlt.

Soll jedoch ein bestimmter, festgelegter interner Zinsfuß bei einer vorgegebenen Eintrittswahrscheinlichkeit erreicht werden, ist die Variante 2 zu wählen. Es wird dann der zu zahlende Unternehmenswert berechnet, der diesen gewünschten Vorgaben entspricht.

2.7. CHECKLISTE FÜR UNTERNEHMENS-BEWERTUNG (DUE DILIGENCE)

Weil das Informationsmaterial, das für eine seriöse Unternehmensbewertung notwendig ist, vielschichtig und voluminös ist, empfiehlt es sich, Checklisten zu verwenden. Auf umfangreiche und gute Checklisten wird im Literaturverzeichnis (Kap. 11) verwiesen.

Der Detaillierungsgrad der hier abgebildeten Checkliste ist eher gering und auf einen mittelständischen Erzeugungsbetrieb abgestimmt.

CHECKLISTE FÜR UNTERNEHMENSBEWERTUNG (DUE DILIGENCE)

CHECKLISTE

A VORFRAGEN

1. Was ist das Ziel der Unternehmensbewertung aus der Sicht des Auftraggebers?
2. Auf welchen Stichtag soll bewertet werden?
3. Müssen für die Bewertung einzelner Bereiche oder für Sonderfragen Fachexperten beigezogen werden?
   z.B.: ❍ Branchenspezialist
   ❍ Marketing Analyst
4. Kurze Geschichte mit den wichtigsten Entwicklungsdaten der Unternehmung. Jubiläumsschrift? Prospektmaterial? Vorstellungsfolder?

B ORGANISATORISCHER AUFBAU

1. Welche internen Führungsmittel bestehen?
2. Gibt es ein Organigramm?
3. Bestehen schriftliche geschäftspolitische Zielsetzungen, Verhaltensgrundsätze, Funktionsdiagramme usw. (evtl. zusammengefaßt in einem Organisationshandbuch?)
4. Wirken Synergieeffekte von verwandten Gesellschaften auf die Unternehmung ein ? Wenn ja, welche und in welchem Ausmaß ? Welche diesbezüglichen Folgen hat ein Verkauf der Gesellschaft durch den bisherigen Eigentümer?
5. Ist das Unternehmen ISO-zertifiziert?

C WICHTIGE VERTRÄGE, BESONDERE CHANCEN UND RISIKEN

1. Welche Verträge bestehen ?
   - ❍ Mietverträge
   - ❍ Pachtverträge
   - ❍ Serviceverträge (EDV)
   - ❍ Leasingverträge/Abzahlungsverträge
   - ❍ Abnahmeverträge (z.B. mit Unterlieferanten)
   - ❍ Lieferverträge
   - ❍ Gewährleistungsverträge
   - ❍ Lizenzverträge
   - ❍ Kooperationsverträge mit anderen Unternehmungen
   - ❍ Generalvertretungsverträge
   - ❍ Darlehensverträge, Kreditabmachungen
   - ❍ Zession und Pfandstellungen
   - ❍ Eigentumsvorbehalte
2. Wie sind diese Verträge im Hinblick auf die Zukunft der Unternehmung zu beurteilen (positiv oder negativ, wenn möglich mit quantifizierter Würdigung)?
3. Welche Patente, Warenmarken usw. bestehen?
4. Laufen Prozesse ? Wenn ja, wie sind diese zu beurteilen?
5. Werden Geschäfte getätigt (oder sind solche im Gang), die besonders hohe Risiken bringen?
6. Ist der Erfolg der Unternehmung (Umsatz, Gewinn usw.) stark von einer bestimmten Person abhängig?

D PERSONAL

1. Ist die Unternehmung von bestimmten Personen abhängig oder auf solche angewiesen?
2. Wie wird die Tätigkeit des Managements in den letzten drei bis fünf Jahren beurteilt?
3. Bestehen im Bereich der Geschäftsleitung besondere Risiken für die Zukunft (z.B. aus Altersstruktur, aus zu erwartenden Austritten)?
4. Werden externe Unternehmensberater zugezogen? Wenn ja, für welche Bereiche der Unternehmung und wofür?
5. Wie hat sich die Personalstruktur in den letzten fünf Jahren entwickelt (Mitarbeiter je Abteilung, Frauen, Ausländer bzw. Gastarbeiter, Lehrlinge; Altersstruktur usw.)?

CHECKLISTE

6. Welche besonderen Verpflichtungen bestehen gegenüber dem Personal (z.B. vertraglich zugesagte Gewinnbeteiligungen, Provisionszusagen)?
7. Wie ist das Klima in der Unternehmung zu beurteilen?
8. Wie ist das Lohn- und Gehaltsniveau im Vergleich zu Konkurrenzbetrieben und zu anderen ortsansässigen Unternehmungen zu beurteilen?
9. Besteht Mangel an besonderen Fachkräften, der zu Engpässen führen kann?
10. Wie viele Überstunden fallen in welchen Abteilungen an?
11. Wurden von der Unternehmung Pensionszusagen abgegeben (z.B. Zusatzleistungen usw.)?

E PRODUKTION

1. Welche Produkte werden hergestellt bzw. welche Dienstleistungen werden erbracht (Entwicklung der einzelnen Sparten)?
2. Welches Image haben die hergestellten Produkte (altmodisch, umweltbelastend, gesundheitsschädlich usw.)?
3. Wird das Sortiment als ausgewogen beurteilt?
4. Produktionsverfahren?
5. Wird auf Lager oder direkt für Kundenaufträge produziert?
6. Ist der Produktionsapparat grundsätzlich zweckmäßig?
7. Welche neuen Produktionstechniken werden auf dem Markt angeboten?
8. Wo bestehen im Produktionsapparat Nachholbedürfnisse?
9. Bestehen kurz-, mittel- und langfristige Investitionspläne (für Erweiterungs- und Erneuerungsinvestitionen)?
10. Welche Änderungen im Bereich der Produktion sind kurz, mittel- und langfristig zu erwarten bzw. notwendig (z.B. Verlagerung auf Zulieferbetriebe, Verlagerung auf Betriebsstätten im Ausland)?
11. Bestehen Auflagen von Amtsstellen (z.B. Arbeitsinspektorat)?
12. Bestehen unausgenützte Kapazitäten? Bestanden solche in den letzten fünf Jahren?
13. Wie ist der Beschäftigungsgrad der letzten Jahre?
14. Bestehen Abhängigkeiten in der Produktion von Lieferanten, Zulieferbetrieben, Flaschenhälsen in der Fabrikation, Spezialisten?
15. Welche Lieferanten sind am wichtigsten?

CHECKLISTE

16. Wie hat sich der Auftragsstand in den letzten fünf Jahren entwickelt?
17. Was geschieht im Bereich Forschung und Entwicklung? Wo steht man im Vergleich mit der Konkurrenz? Welche F&E-Ziele werden verfolgt?
18. Welche offensichtlichen Schwachstellen und Risiken, aber auch welche Chancen bestehen im Produktionsbereich?

F MARKETING UND ABSATZ

1. Welche Verkaufsstatistiken bestehen (artikelweise, geographisch, Kundengruppen)?
2. Auf wie viele Kunden entfallen 50% (evtl. 30%) des Umsatzes?
3. Sind die Umsätze der z.B. letzten fünf Jahre durch einmalige Großgeschäfte beeinflußt?
4. Welches sind die wichtigsten Kunden? (Aufstellung mit Umsatz- und DB-Angaben, eventuell ABC-Analyse)
5. Wie stark sind die Kunden mit dem derzeitigen Unternehmenseigner verbunden?
6. Bestehen im Verkauf größere Saisonschwankungen; Abhängigkeiten von Witterung, Modetendenzen und dergleichen?
7. Wie ist der Verkauf organisiert?
8. Wie ist der Kundendienst organisiert?
9. Werden Garantien gewährt? Besteht eine Produkthaftpflichtversicherung?
10. Bestehen Marktanalysen, Prognosestudien oder dergleichen?
11. Wie wird die Zukunft der wichtigsten heute vertriebenen Artikel beurteilt?
12. Können neue Absatzmärkte für die bestehende Produktpalette erschlossen werden?
13. Welche Konkurrenz- und Substitutionsartikel bestehen? Wie sind diese zu beurteilen?
14. Kommt die Konkurrenz hauptsächlich von inländischen oder ausländischen Unternehmungen?
15. Ist sichergestellt, daß in den nächsten Jahren aus dem Markt gedrängte Artikel rechtzeitig durch neue Produkte (bei gleicher Marge) ersetzt werden können (Innovationsproblem)?
16. Dominiert der Verkauf oder die Produktion? Sind beide genügend aufeinander abgestimmt?

CHECKLISTE

17. Wie wird der Kundenkreis durch die vorgesehene Veräußerung der Unternehmung beeinflußt (z.B. Verlust einzelner Kunden)?
18. Welche hauptsächlichen Werbemittel werden verwendet?
19. Wie liegt der Werbeaufwand im Vergleich zum Branchendurchschnitt (z.B. die letzten fünf Jahre)?

G ERTRAGSERWARTUNGEN

1. Waren bereinigte Vergangenheitsergebnisse Grundlage für die Beurteilung der Zukunftsergebnisse?
2. Wurden bei der Beurteilung der Zukunftsergebnisse auch die wirtschaftlichen Aussichten für den Geschäftszweig und die Planungen des Unternehmens berücksichtigt?
3. Wurde nur die vorhandene Ertragskraft bewertet und blieben zukünftige Änderungen der Unternehmensstruktur oder des Unternehmensumfanges außer Betracht?
4. Blieben die Folgen einer möglichen Änderung der Rechtsform des Unternehmens unberücksichtigt?
5. Wurde bei allen Überlegungen zur Wertfindung die wirtschaftlich vernünftigste Handlungsweise unterstellt?
6. Wurde bei der Ableitung der Zukunftsergebnisse aus der Vergangenheit berücksichtigt, daß die besondere Leistung des mitarbeitenden Eigentümers unverkäuflich ist?

H SYNERGIEN

1. Wo dürfen **positive Synergie-Effekte** erwartet werden?
   - ❍ Produktion (Know-how, bessere Auslastung, Investitionen)
   - ❍ F&E (höhere Forschungseffizienz)
   - ❍ Absatz
   - ❍ Beschaffung, Lager (bessere Einkaufskonditionen, höherer Lagerumschlag durch Zentrallager)
   - ❍ Finanzen (bessere Kreditkonditionen)
   - ❍ Management (mehr Erfahrung und Beziehungen, Austausch unfähiger Manager durch fähige)
   - ❍ Organisation, Verwaltung (Rationalisierung)
2. Wo müssen **negative Synergie-Effekte** erwartet werden?
   - ❍ Absatz
   - ❍ Personal (Finanzierung von Sozialplänen, Zahlungen von Abfertigungen)

CHECKLISTE

I KOOPERATIONEN

1. Kooperationen als Alternative zu Akquisitation und Fusion?
2. Können externe Synergien lukriert werden?

J ZUSAMMENFASSENDE FESTSTELLUNGEN

1. Gehörte die Unternehmung in den letzten Jahren eher zu den konservativ-traditionellen oder zu den fortschrittlich-dynamischen Gesellschaften?
2. Welche offensichtlichen externen und/oder internen Schwachstellen, Schwierigkeiten und Risiken bestehen bei der Unternehmung?
3. Welche offensichtlichen externen und/oder internen Chancen hat die Unternehmung?
4. Welche Vorteile und Nachteile ergeben sich bei einem Erwerb der Unternehmung für den Verkäufer?
5. Welche Vorteile und Nachteile ergeben sich bei einem Erwerb der Unternehmung für den Käufer?
6. Ist der Käufer bereit, gewisse Bedingungen einzuhalten (gegenüber dem Personal, gegenüber der Öffentlichkeit hinsichtlich Betriebsfortführung)?
7. Wie ist der Kaufpreis zu entrichten (z.B. bar, Staffelung)? Wer arbeitet den evtl. Kaufvertrag aus?

2.8. GLOSSAR ZUR UNTERNEHMENSBEWERTUNG

Kein Bereich der Betriebswirtschaftslehre hat sich während der letzten Jahre so dynamisch entwickelt wie die Unternehmensbewertung. Durch diese rasante Entwicklung haben sich viele neue Termini technici etabliert. Das folgende Glossar soll dem Leser einen groben Überblick verschaffen.

Terminus technicus	Erläuterung
Asset Deal	Verkauf von Aktiva und Passiva.
Bad Will, Ill Will	Reicht der nachhaltige Zukunftserfolg nicht aus, eine angemessene Verzinsung des Substanzwertes sicherzustellen, dann spricht man von einem unrentablen Unternehmen. Ein unrentables Unternehmen erzielt keinen Good Will, sondern einen Bad Will. Es ist unzulässig, den Bad Will vom Substanzwert zu subtrahieren, um zu einem Unternehmenswert zu gelangen. Eventuell kann die Methode Schnettler angewendet werden.
Berufsständische Bewertungs-empfehlungen	Für Europa, Deutschland, Österreich und die Schweiz gibt es zur Unternehmensbewertung Fachgutachten und Empfehlungen, die von den einschlägigen Spezialisten (Wirtschaftsprüfer, Steuerberater, Fachsenate) gegeben werden.
Beta-Faktor	Dieser Ausdruck kommt aus der Aktienbewertungspraxis und bestimmt die Höhe des risikobehafteten sogenannten CAPM-Marktzinsfußes.
CAPM, Capital Asset Pricing Model	Dieser Zinssatz drückt die Renditeforderung der Eigenkapitalgeber aus und baut auf kapitalmarkttheoretischen Modellen auf.
Deal Breaker	Die Hauptgefahrenpotentiale (Deal Breaker), die den Aquisitionsauftrag gefährden können, sind stichwortartig - in Anlehnung an Gomez/Weber 1989 - zusammengestellt worden: • Fehlende strategische Analyse • Mangelhafte Due Diligence • Überschätzung von Synergiepotentialen • Widerstand der Mitarbeiter • Mangelnde Informationspolitik

Terminus technicus	Erläuterung
	• Verbürokratisierung mittelständischer Unternehmen nach Übernahme durch einen Konzern • Inkompatible Organisations- und Unternehmenskulturen • Sprachbarrieren • Feindliche Übernahmen
Discounted Cash-Flow-Methoden (DCF)	Diese zahlungsstromorientierten Methoden sind derzeit stark im Trend. Die Free-Cash-Flow-Methode ist die verbreitetste.
Due Diligence	Rechtliche Sorgfaltsprüfung im Rahmen des Unternehmenskaufes.
Dyssynergie	Manchmal sind die Integrationskosten höher als die Zwischensumme aus den einzelnen Synergiepotentialen abzüglich etwaiger negativer Synergieeffekte. Dann ist die gesamte Nettosynergie negativ (= Dyssynergie).
Earn Out	Variable Gestaltung der Kaufpreismodalitäten, um das Käufer- bzw. Verkäuferrisiko zu senken. Dieses Nachbesserungsmodell macht einen Teil (meist den kleineren Teil) des Kaufpreises von der künftigen Entwicklung des Unternehmens abhängig. Dem Autor sind einige Earn Outs bekannt; der variable Teil schwankte dort zwischen 10% und 25%, die Entwicklungsdauer zwischen 0,5 und 2 Jahren.
Ertragswert	Barwert der nachhaltig erzielbaren Jahresgewinne.
Fortführungswert, Continuing Value, Terminal Value, Residual Value	Kann bei einer Unternehmung unendliche Lebensdauer unterstellt werden, dann ist bei den zukunftsorientierten Bewertungsmethoden nach der sogenannten Detailprognoseperiode (fünf bis zehn Jahre) ein Fortführungswert anzusetzen. Sollte das Unternehmen nach der Detailprognose-Periode nicht fortführungswürdig sein, weil z.B. unrentabel, ist statt des Fortführungswertes der Liquidationswert anzusetzen.
Free Cash-Flow	Ist eine der zahlreichen Discounted-Cash-Flow-Methoden (DCF). Geht vom Cash-Flow aus der laufenden Geschäftstätigkeit vor Ertragsteuern aus,

Terminus technicus	Erläuterung
	berücksichtigt weiters das a.o. Ergebnis, die Investitionen und Fremdkapitalzinsen sowie die Ertragsteuern. Die Abzinsung der Free Cash-Flows erfolgt mit dem WACC-Zinssatz. Weil fiktiv Schuldenfreiheit des Unternehmens unterstellt wird, sind die Barwerte der Free Cash-Flows durch das Hinzuzählen der Fremdkapitalzinsen zunächst etwas höher, werden aber abschließend um die Bankverbindlichkeiten abzüglich liquide Mittel (zum Bewertungsstichtag) reduziert.
Good Will	Siehe Übergewinn.
Letter Of Intent	Rechtlich unverbindliche Vereinbarung zwischen Käufer und Verkäufer einer Unternehmung.
Leveraged Buy-Out (LBO)	Hier handelt es sich um eine Sonderform des MBO, die dadurch gekennzeichnet ist, daß der Unternehmenskauf mit sehr hohem Fremdkapitaleinsatz und nur geringer Eigenkapitalquote finanziert wird. Liegt die Gesamtkapitalrentabilität über dem Fremdkapitalzins, so hat der hohe Fremdkapitalanteil eine positive Wirkung auf die Eigenkapitalrentabilität (positiver Leverage-Effekt).
Liquidationswert	Der Liquidationswert wird bei den zukunftsorientierten Bewertungsmethoden am Ende der Detailprognose-Periode angesetzt, wenn nur endliche Lebensdauer unterstellt werden kann (z.B. weil die Bonität des Unternehmens sehr schlecht ist). Liquidationswert ist aber auch jener Wert, der als Untergrenze einer Bewertung anzusetzen ist, wenn eine Fortführung des Unternehmens - aus welchen Gründen auch immer - nicht zweckmäßig ist. Man könnte den Liquidationswert auch als Substanzwert bei aufgehobener Going-Concern-Prämisse definieren. Manchmal kann der Unternehmenswert auch niedriger sein als der Liquidationswert.
Management Buy-In (MBI)	Darunter versteht man den Kauf eines Unternehmens durch fremde (von anderen Betrieben kommende) Top-Manager.

Terminus technicus	Erläuterung
Management Buy-Out (MBO)	Darunter versteht man den Kauf eines Unternehmens durch jene Top-Manager, die schon bisher in diesem Unternehmen tätig waren. Charakteristisch für ein MBO sind: • Ein großer Finanzierungsbedarf mit einem hohen Fremdfinanzierungsanteil für die Übernahme der Geschäftsanteile. • Weil die Fremdfinanzierung des Kaufpreises gegenüber dem Kreditgeber nicht durch persönliche Sicherheiten der zukünftigen Eigentümer, sondern durch die Substanz und die Ertragskraft des erworbenen Unternehmens gedeckt ist, spielt die Einschätzung der Leistungsfähigkeit des Managements eine bedeutende Rolle; eine lange Nachhaltigkeit der Gewinnerzielung ist nämlich für eine positive Abwicklung von fundamentaler Bedeutung. • Die zukünftigen Eigentümer leisten auf den Gesamtkaufpreis aus eigener Kraft meist nur einen Anteil von 5% bis 10%. • Die Kreditlaufzeit für die Fremdfinanzierung des Kaufpreises beträgt mindestens fünf Jahre und ist auf die geplanten (freien) Cash-Flows des Unternehmens abgestimmt. • Der Kredit wird aus dem Cash-Flow sowie aus freigesetzten Reserven des Umlauf- und Anlagevermögens getilgt.
Nachhaltigkeitsdauer der Gewinnerzielung	Bei den Bewertungsmethoden, die den Übergewinn berücksichtigen, wird die Erzielung des Übergewinnes nur auf eine gewisse Anzahl von Jahren unterstellt. Je nachdem, ob subjektbedingter oder objektbedingter Good Will vorherrscht, wird die Nachhaltigkeitsdauer der Gewinnerzielung in der Praxis zwischen drei und acht Jahren angenommen. Subjektbedingter Good Will bedeutet, daß die Gewinnerzielung sehr von der Persönlichkeit des Unternehmers abhängt, beim objektbedingten Good Will stehen Standort, Marktpräsenz usw. im Vordergrund.
Risikoberücksichtigung	Das Risiko kann durch • besonders vorsichtige Planung,

Terminus technicus	Erläuterung
	• Wahl eines erhöhten Zinsfußes, der auch das Risiko abdeckt (CAPM), • Risikoanalyse durch Monte-Carlo-Simulation vermindert (nicht ausgeschaltet) werden.
Share Deal	Verkauf von Beteiligungsrechten.
Spin-Off	Wenn sich ein Konzern von Randbereichen seiner Hauptaktivitäten trennt, spricht man von einem Spin-Off. Unternehmensteile bzw. Tochtergesellschaften werden aus dem Konzern eliminiert und als selbständige Unternehmen weitergeführt. Die Weiterführung erfolgt manchmal mit dem eigenen Management; dann handelt es sich wieder um eine Sonderform des MBO. Ein Spin-Off wird meist dann durchgeführt, wenn ein bestimmter Nebengeschäftsbereich für sich gesehen profitabel ist, aber im Firmenverbund nicht die geforderten Mindest-Margen erreicht.
Start-Up	Unternehmensgründung auf der "grünen Wiese".
Substanzwert	Unterschiedswert zwischen betrieblich notwendigen Aktiva und Passiva. Bei der Bewertung ist das Going-Concern-Prinzip (Betrieb wird weitergeführt) anzuwenden. Nicht betriebsnotwendige Vermögensbestandteile dürfen nicht im Substanzwert enthalten sein, sondern sind separiert anzusetzen.
Takeover	Mehrheitserwerb börsennotierter Publikumsgesellschaften durch andere Unternehmungen oder Investoren. Bei einem sogenannten "Friendly Takeover" billigt das Management der Zielgesellschaft - im Gegensatz zu einem so genannten "Hostile Takeover" - die Übernahme.
Übergewinn	Wird auch Good Will genannt. Es ist jener Teil des nachhaltigen Zukunftserfolges, der nach einer angemessenen Verzinsung des Substanzwertes übrig bleibt, daher: Übergewinn.
Vertraulichkeitserklärung	Verpflichtung des Kaufinteressenten, die präsentierten Daten vertraulich (geheim) zu behandeln.

Terminus technicus	Erläuterung
WACC-Zinsfuß, Weighted Average Cost of Capital	Gewogener Kapitalisierungszinsfuß aus Eigen- und Fremdkapital für die Abzinsung der Free Cash-Flows.

2.9. BERUFSTÄNDISCHE BEWERTUNGSEMPFEHLUNGEN

Land	Kommision, Fachsenat, Institiut	Empfehlung Fachgutacht en Nr.	aus dem Jahr
Europa	UEC (wurde 1986 aufgelöst) FEE (Nachfolgeorganisation von UEC)		1980
Deutschland	Institut der Wirtschaftsprüfer (IdW)	HFA 2	1983
Österreich	Fachsenat der Wirtschaftstreuhänder, Wien	KFS 1 FGA 74	1989
Schweiz	Schweizerische Treuhandkammer	Fachmitteilung zur Unternehmens-bewertung	1994

3. FINANZ- UND CASH-MANAGEMENT

3.1. GRUNDSÄTZLICHES

Da die Erhaltung und Sicherung der Liquidität eine der Hauptaufgaben jeder Unternehmensführung ist, nimmt das Finanz- und Cash-Management praktisch eine besonders wichtige Stellung ein.
Liquidität und Erfolg laufen manchmal entgegengesetzt. Betriebe mit hohen Gewinnen können eine schlechte Liquidität haben, Unternehmen mit hohen Verlusten überleben, weil die Liquidität gesichert ist (z.B. Deutsche Bahn).
In diesem Kapitel werden einige Praxismodule der Finanzwirtschaft und des Cash-Managements vorgestellt, die für jeden Geschäftsführer von Interesse sein dürften. Es sind dies:

- Kapitalflußrechnung (aus den Jahresabschlüssen)
- Leasing versus Kreditkauf
- Factoring
- Skontoertrag versus Fremdkapitalzinsen oder Lieferantenkredit versus Bankkredit
- Rabattausnutzung - Wie verändern sich Liquidität und Rentabilität?

FB

Die Finanzflußrechnung (Kapitalflußrechnung) als dritte Jahresabschlußrechnung, dargestellt an den Bilanzen der Produktions-AG

FB 3.1.

❍ **Ausgangssituation**

Die folgenden Berechnungen beziehen sich auf die Ist-Bilanzen 2000 und 2001 der Produktions-AG (Seiten 72, 73, 75).

FB 3.1.

❍ Berechnung Kapitalfluß

Jahr: 2001	Mittelverwendung =Aktivazunahme =Passivaabnahme	Mittelaufbringung =Passivazunahme =Aktivaabnahme
Jahresüberschuß		4
Abschreibung		9
Buchwert abgegangener Anlagen		-
Erhöhung langfristiger Rückstellungen		6
=CASH-FLOW AUS DEM ERGEBNIS		**19**
Zunahme der Vorräte	-10	
Zunahme der Forderungen a. L.+L.	-3	
Abnahme der Forderungen gegen verbundene Unternehmen		1
Abnahme der sonstigen Forderungen		1
Abnahme der kurzfristigen Rückstellungen	-1	
Zunahme der Lieferverbindlichkeiten		5
Zunahme der Verbindlichkeiten gegen verbundene Unternehmen		2
Zunahme der sonstigen Verbindlichkeiten		5
Σ	-(14)	(14)
CASH-FLOW AUS DEM OPERATIVEN BEREICH		**0**
Anschaffung von Anlagevermögen		
CASH-FLOW AUS INVESTITIONSTÄTIGKEIT	**-8**	
Gewinnausschüttung	-5	
Abnahme der Verbindlichkeiten gegenüber Banken	-10	
CASH-FLOW AUS FINANZIERUNGSAKTIVITÄTEN	**-15**	
CASH-FLOW GESAMT (= ABNAHME DER LIQUIDEN MITTEL)		**-4**

❍ Interpretation

Der relativ hohe Cash-Flow aus dem Ergebnis (19 Mio GE) wurde für Investitionstätigkeiten (8 Mio GE) und Finanzierungsaktivitäten (15 Mio GE) verwendet. Der Cash-Flow aus dem operativen Bereich war ausgeglichen.

Die Tatsache, daß der Cash-Flow aus Investitionstätigkeiten mit 8 Mio negativ ist kann als normal bezeichnet werden, weil die Auszahlungen für Investitionen die Einzahlungen aus Anlageverkäufen fast immer übersteigen.

Insgesamt hat sich die Liquidität im Jahr 2001 um 4 Mio GE verschlechtert.

3.2. SONDERFORMEN DER FREMDFINANZIERUNG

Neben den Bank-, Lieferanten- und Wechselkrediten gibt es auch Sonderformen der Finanzierung. Zu diesen Sonderformen gehören vor allem Leasing und Factoring.

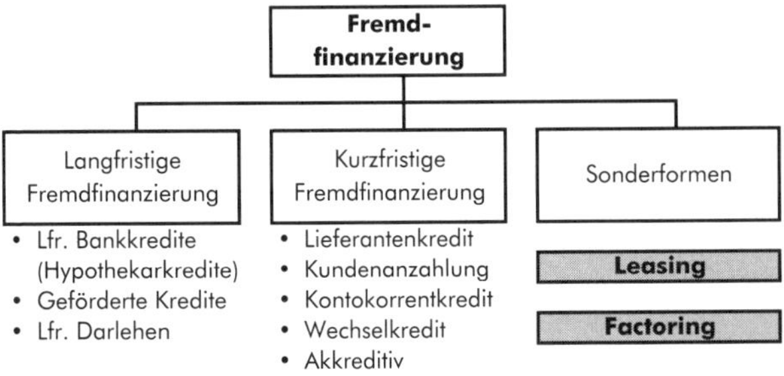

3.2.1. Leasing

Was ist Leasing?
Unter Leasing wird die Vermietung oder Verpachtung von beweglichen oder unbeweglichen Wirtschaftsgütern durch eine Leasinggesellschaft verstanden. Wegen der leichteren Refinanzierung sind die Leasinggesellschaften meist Tochtergesellschaften von Banken oder von großen Herstellerfirmen.

CHECKLISTE

Ablaufprocedere eines Leasinggeschäftes
Ein Leasinggeschäft (Vertrag) wird grundsätzlich wie folgt abgewickelt:

1. Der Leasingnehmer verhandelt direkt mit dem Hersteller.
2. Die Rechnung für das Leasingobjekt geht direkt an den Leasinggeber.
3. Der Leasingnehmer sendet nach Erhalt des Leasingobjektes die Übernahmebestätigung (z.B. Lieferschein) an den Leasinggeber, der die Rechnung dann bezahlt.
4. Der Leasingnehmer zahlt die vereinbarten Leasingraten monatlich (meist am Beginn des Monats im voraus).
5. Für das Leasingobjekt muß eine Vollkaskoversicherung abgeschlossen werden.

Leasingarten

Es gibt viele Gesichtspunkte, nach denen Leasingverträge untergliedert werden können:

Vergleich der verschiedenen Leasingarten

Gliederungskriterium	Gliederung	Erläuterungen
Nach Stellung des Leasinggebers	• Direktes Leasing	Herstellerleasing (oft ein absatzpolitisches Instrumentarium; daher günstig).
	• Indirektes Leasing	Finanzierungsgesellschaften (häufig Bankentöchter).
Nach der Kündbarkeit der Verträge	• Operating Leasing	Jederzeit kündbar. Investitionsrisiko (durch technischen Fortschritt) trägt Leasinggeber.
	• Financial Leasing	Während der so genannten Grundmietzeit grundsätzlich unkündbar. Das Investitionsrisiko liegt beim Leasingnehmer.
Nach vereinbarten Dienstleistungen (DL)	• Leasing ohne DL	Wartung, Instandhaltung und meist auch Versicherung ist vom Leasingnehmer zu bezahlen.
	• Leasing mit DL	Hier trägt der Leasinggeber die Kosten für Wartung, Instandhaltung und Versicherung. Die Leasingrate ist natürlich höher als bei Leasing ohne DL.
Nach Art des Leasingobjektes	• Mobilienleasing	Leasing von beweglichen Wirtschaftsgütern (EDV, Maschinen, PKW usw.). Die Verträge laufen meist zwischen drei und sieben Jahren.
	• Immobilienleasing	Leasing von unbeweglichen Wirtschaftsgütern (Lager- und Produktionshallen, Bürogebäude usw.). Die Verträge werden meist auf 15 oder 18 Jahre abgeschlossen.

Gliederungs-kriterium	Gliederung	Erläuterungen
Nach Anzahlungshöhe	• Voll-amortisation	Die (höheren) Leasingraten inkludieren alle Kosten (Investitionen, Verwaltungskosten, Gewinn usw.), die während der Grundmietzeit bezahlt werden müssen.
	• Teil-amortisation	Die Leasingraten sind hier etwas niedriger, weil nach Ende der Laufzeit noch ein Restbetrag übrig bleibt, der durch den Verkauf des Objektes hereinkommt. Ist der erzielte Liquidationserlös niedriger als der "kalkulierte" Restwert, muss die Differenz vom Leasingnehmer aufgebracht werden.

Sale-Lease-Back-Verfahren (SLBV)

Beim SLBV wird ein bereits bestehendes Objekt (z.B. eine Halle) an eine Leasinggesellschaft verkauft. Gleichzeitig wird auch ein Leasingvertrag abgeschlossen. Der Verkäufer kann nach Ablauf des Vertrages das Objekt wieder zurückerwerben. Für Unternehmungen mit einem ausreichenden Verlustvortrag und gleichzeitigem Liquiditätsbedarf ist SLBV besonders relevant. Barwertvergleiche mit alternativen Finanzierungsmöglichkeiten und Planbilanzen liefern fast immer eine solide Entscheidungsgrundlage.

Vorteile und Nachteile des Leasing

Vorteile	Nachteile
• Realisierung der Investition ohne Eigenkapital und Fremdkapitalaufnahme Es ist nur die Finanzierung der ersten Leasingrate erforderlich. • Steuerersparnis Leasingraten sind Betriebsausgaben und daher sofort absetzbar. Durch den Leasing-vertrag werden in der Unternehmung folgende Steuern vermindert: • Körperschaftsteuer bzw. Einkommensteuer • Gewerbeertragsteuer (nicht in Österreich) • Gewerbekapitalsteuer (nicht in Österreich) • Vermögensteuer (nicht in Österreich) • Keine Liquiditäts-verschlechterung Die Kreditlinien werden nicht zusätzlich belastet. • Unveränderter Verschuldungsgrad Das Verhältnis zwischen Eigen- und Fremdkapital bleibt gleich. Leasing ist also bilanzneutral und ermöglicht eine günstigere Bilanzoptik (window dressing). Im Anhang der Bilanz sind allerdings alle Eventualverbindlich-keiten, wie Wechselobligo, Garantien, Leasing und Factoring, anzuführen. • Keine Kreditsicherheiten notwendig • Schnellere technische Anpassung Nach Ablauf der Grundmietzeit können wieder neue Anlagengegenstände geleast werden. Es wird also die permanente Modernisierung und Rationalisierung gefördert. • Eindeutige Kalkulationsgrundlagen Die Kosten- und Leistungsrechnung ist bei den Leasingaufwendungen ganz exakt.	• Höhere Kosten Leasingraten belasten die Erfolgsrechnung in der Regel stärker als Fremdkapitalzinsen. Durch die steuerlichen Auswirkungen kann allerdings Leasing günstiger sein als Fremd-kapital (Kredit). • Starre Bindung des Leasingnehmers bei Financial Leasing während der Grundmietzeit • Keine Investitionsbegünstigung Für geleaste Investitionsobjekte gibt es für den Leasingnehmer keine Investitionsprämien oder andere Investitionsbegünstigungen; diese erhält der Leasinggeber.

❍ **Wie wird die Entscheidungsrechnung durchgeführt?**

Die Entscheidungsrechnung zwischen Kreditkauf und Leasingfinanzierung wird von mehreren Einflußfaktoren bestimmt, nämlich von Rentabilität, Liquidität, Risiko und Flexibilität. **Das Rentabilitätskriterium ist für die Entscheidungsrechnung der Haupteinflußfaktor.**
Die **Entscheidungsregel** für die Ermittlung der wirtschaftlichsten Finanzierung lautet: **Es ist jener Alternative der Vorzug zu geben, bei der die Summe der abgezinsten Ausgaben (nach Saldierung mit den abgezinsten Einnahmen) am kleinsten ist.** Für diese Wirtschaftlichkeitsrechnung ist es notwendig, alle Ausgabenströme und Einnahmenströme (vor allem Ertragsteuerersparnis), die bei Kreditkauf und Leasingfinanzierung entstehen, detailliert - getrennt nach den einzelnen Jahren, in denen die Ströme anfallen - einzutragen. Die Gesamtausgabenströme beider Varianten sind schließlich abzuzinsen. **Die Entscheidung wird durch den Barwertvergleich getroffen: Die rentabelste Variante ist jene mit dem kleineren Barwert.**

❍ **Gibt es Faustregeln für die Beurteilung der Vorzugswürdigkeit von Leasing?**

Generell kann gesagt werden, daß es **keine Faustregel für die Beurteilung der Vorzugswürdigkeit von Leasing gegenüber Kreditkauf** gibt. **Die Entscheidung muß betriebsindividuell und objektbezogen gefällt werden.**

FB

Mobilienleasing versus Kreditkauf

❍ **Ausgangssituation**

FB 3.2.

Es soll eine Maschine angeschafft werden. Die Investitionsrechnung weist befriedigende Renditen auf. Nun ist noch zu klären, welche Finanzierungsform gewählt werden soll: Kreditfinanzierung oder Finanzierungsleasing?

Folgende Basisdaten sind bekannt:

Anschaffungswert bei Kauf	1.000 GE
Kreditaufnahme	1.000 GE
Laufzeit des Kredites in Jahren (Tilgung semestral nachschüssig)	5
Jahreszinssatz für Kredit (vor ESt.)	10%
Abschreibungsdauer in Monaten	60
Anzahl der Leasingraten	60
Höhe der Leasingrate/Monat	21 GE
Restwert (1 Monatsrate)	21 GE
Investitionsbegünstigung	10% v. AW
Kalkulationszinsfuß (vor ESt.)	10%
Phasenverschiebung bei ESt. (in Jahren)	1
Ertragsteuer-Prozentsatz	40%

Weil die steuerliche Behandlung von Leasing in Deutschland, Österreich und der Schweiz unterschiedlich ist und sich auch kurzfristig immer wieder ändert, sind die Ertragsteuern in diesem Modell nur oberflächlich behandelt worden. Außerdem wurden Berechnungsfeinheiten (wie Darlehensgebühren usw.), die das Ergebnis nur marginal verändern, nicht berücksichtigt.

❍ Barwert der Ausgaben bei Kreditfinanzierung

Die folgende Tabelle zeigt die Ausgabenströme, die bei Kreditfinanzierung anfallen würden. Kredittilgung (Zahlungen) und Fremdkapitalzinsen sind jährlich ein gleicher Betrag (Annuität). Die Annuitätentilgung ist im Kapitel 8 (siehe Fallbeispiel 8.7.) mit den hier relevanten Zahlen durchgeführt worden.

Die Basis für die Steuerersparnis setzt sich aus AfA, einer einmaligen Investitionsbegünstigung im ersten Jahr und den Fremdkapitalzinsen laut Annuitätentilgung zusammen. Die Steuerersparnis selbst wurde mit 40% des Basisbetrages, mit einjähriger Phasenverschiebung, angesetzt.

FB 3.2.

Nebenrechnung: Steuerersparnis

	2002	2003	2004	2005	2006
AfA	200,0	200,0	200,0	200,0	200,0
10% Investitions-begünstigung	100,0				
Zinsen lt.Annuitäten-tilgung	93,7	77,3	59,3	39,5	17,7
= Betriebsausgaben	393,7	277,3	259,3	239,5	217,7
40% Steuerersparnis	157,5	110,9	103,7	95,8	87,1

Der versteuerte Kalkulationszinsfuß beträgt bei Unterstellung eines 40%-igen Ertragsteuersatzes 6% (10% mal [100% minus 40%]).

Der Gesamtbarwert bei Kreditfinanzierung stellt sich wie folgt dar:

Zahlungsreihe: bei Kreditfinanzierung

	2002	2003	2004	2005	2006	2007
Zahlungen	-257,5	-257,5	-257,5	-257,5	-257,5	
Steuerersparnis (mit einjähriger Verschiebung)		157,5	110,9	103,7	95,8	87,1
=Zahlung nach Steuer	-257,5	-100,0	-146,6	-153,8	-161,7	87,1
*Abzinsungsfaktor (6%)	0,943	0,890	0,840	0,792	0,747	0,705
=Barwert, versteuert	**-242,9**	**-89,0**	**-123,1**	**-121,8**	**-120,8**	**61,4**
			-636,3			

Die Abzinsungsfaktoren bei 6% sind aus den Tabellen **AB 6%** aus Kapital 8 übernommen worden.

Der Barwert der Ausgaben bei Kreditfinanzierung beträgt nach Ertragsteuern 636,3 GE.

❍ Barwert der Ausgaben bei Leasingfinanzierung

Hier sind die Zahlungsströme, die bei Leasingfinanzierung anfallen würden, zusammengestellt worden.

Die Jahres-Leasingrate resultiert aus zwölf Monatsraten à 21 GE inklusive der einfachen Zinsen auf das durchschnittlich gebundene Kapital. Auf Grund der vorschüssigen Zahlungsweise sind durchschnittlich 6,5 Monatsraten gebunden ((12+1)/2). Die Leasing-Jahresrate beträgt daher 260,19 GE (21 * (12+(6,5*6%))).

Der gesamte Barwert der Ausgaben bei Leasingfinanzierung stellt sich wie folgt dar:

Zahlungsreihe: bei Leasing

	2002	2003	2004	2005	2006	2007
Leasingrate, aufgezinst	-260,2	-260,2	-260,2	-260,2	-260,2	-21,0
Steuerersparnis (mit einjähriger Verschiebung)		104,1	104,1	104,1	104,1	112,5
= Zahlung nach Steuer	-260,2	-156,1	-156,1	-156,1	-156,1	91,5
* Abzinsungsfaktor (6%)	0,943	0,890	0,840	0,792	0,747	0,705
= Barwert, versteuert	-245,5	-138,9	-131,1	-123,7	-116,7	64,5
				-691,3		

Die Steuerersparnis für die Restrate wurde vereinfachend im selben Jahr berücksichtigt.

Der Barwert der Ausgaben bei Leasingfinanzierung beträgt nach Ertragsteuern 691,3 GE.

❍ **Was ist die günstigste Finanzierungsvariante?**

Weil der Barwert bei Kreditfinanzierung niedriger ist als bei Leasingfinanzierung, ist in diesem Fallbeispiel der Kreditfinanzierung der Vorzug einzuräumen.

3.2.2. Factoring

Was ist Factoring?

Beim Factoring werden die Kundenforderungen einer Unternehmung an eine Factoring-Bank verkauft. Häufig ist der Factor eine Tochtergesellschaft von größeren Bankinstituten. Zusätzlich zum Verkauf der Kundenforderungen wird auch eine sogenannte offene Globalzession vereinbart. Das Unternehmen und die Factoring-Bank informieren unabhängig voneinander die Kunden der Unternehmung über die Forderungsabtretung, so daß die Kunden nur noch mit schuldbefreiender Wirkung direkt an die Factoring-Bank bezahlen können.

CHECKLISTE

Die wichtigsten Voraussetzungen für Factoring

Damit ein Factor die Kundenforderungen eines Unternehmens ankauft, müssen einige Voraussetzungen erfüllt sein, und zwar:

1. Es können nur Forderungen aufgrund von Warenlieferungen und Leistungen (Dienstleistungen) angekauft werden.
2. Üblicherweise liegt das Jahresumsatzvolumen zwischen 5 und 50 Mio DM. Manchmal akzeptiert die Factor-Bank auch geringere Jahresumsätze. Liegt das Jahresumsatzvolumen deutlich unter 5 Mio DM, rentiert sich das Geschäft für den Factor meistens nicht. Andererseits ist eine Factoring-Entscheidung für eine Unternehmung in der Regel unrentabel, wenn das Jahresumsatzvolumen deutlich über 50 Mio DM liegt. Ausnahmen bestätigen immer die Regel, so daß in jedem Fall eine Wirtschaftlichkeitsrechnung empfehlenswert ist. Solche Ausnahmen können in besonders günstigen oder ungünstigen Factor-Konditionen, in einer besonders niedrigen oder hohen Materialintensität und in einer besonders niedrigen oder hohen Skontierungsmöglichkeit liegen.
3. Die vorwiegend aus Stammkunden bestehende Klientel muß eine gute Bonität haben und sollte ein Zahlungsziel von 120 Tagen nicht überschreiten.
4. Die durchschnittliche Höhe der Ausgangsrechnungen sollte zwischen 500 und 10.000 DM liegen.

Vor- und Nachteile des Factoring

Vorteile	Nachteile
• **Verbesserung der Liquidität** Die Forderungen aus Lieferungen u. Leistungen reduzieren sich erheblich, weil die Factoring-Bank die angekauften Forderungen mit 80 bis 90% bevorschußt. Erfahrungsgemäß zahlen die Kunden bei Factoring schneller, wodurch sich auch die Fremdkapitalzinsen reduzieren. • **Verbesserung der Rentabilität** • **Geringere Fremdkapitalzinsen** durch raschere Bezahlung der Kundenforderungen Wenn mit den frei werdenden Mitteln Skontoerträge aus Lieferantenverbindlichkeiten lukriert werden können, verbessert das die Ertragslage erheblich. • Durch Bonitätsprüfung der Kunden **reduziert** sich das Ausfallrisiko • **Eventualeinsparungen bei Übernahme gewisser Dienstleistungsfunktionen durch den Factor** Hier müssen individuelle Wirtschaftlichkeitsrechnungen durchgeführt werden, weil ein mögliches Einsparungspotential aus diesem Titel von Fall zu Fall ganz anders sein kann.	• **Relativ teuer** Abhängig von der Höhe des Umsatzes betragen die Factoring-Gebühren zwischen 0,7 und 3%. Übernimmt der Factor auch das Delkredere, verlangt er dafür eine Gebühr zwischen 0,2 und 0,4% vom ' Umsatz. Die Service- bzw. Dienstleistungsgebühren hängen vom Umfang der in Anspruch genommenen Leistungen ab. • **Offene Forderungsabtretung** Viele Unternehmungen haben eine Aversion gegenüber offenen Forderungsabtretungen, denn viele Kunden assoziieren Factoring mit Liquiditätsschwierigkeiten. Die Einstellung der Geschäftsleute zu Sonderformen der Finanzierung hat sich zwar in den letzten Jahren gebessert, doch gibt es auch heute noch immer Unternehmer, die sowohl dem Leasing als auch dem Factoring skeptisch gegenüberstehen. Factoring als Instrument zur Absatzfinanzierung wird von der genannten Gruppe als negativ empfunden.

Das Ablaufprocedere von Factoring

Ein Unternehmen, das Factoring einsetzt, nimmt zunächst einmal einen Aktivtausch vor, und zwar: Forderungen gegen flüssige Mittel. Durch diese Transaktion erhöht sich zwar die Liquidität, doch am Bilanzbild selbst ändert sich nichts. Der bilanzverkürzende und damit wirtschaftliche Effekt entsteht erst durch die Mittelverwendung. Nur eine genaue Wirtschaftlichkeitsberechnung zeigt auf, ob ein sogenannter positiver Factoring-Effekt eintritt. Ein positiver Factoring-Effekt ist dann gegeben, wenn der Nutzen aus Factoring größer ist als dessen Kosten. Für einen positiven (günstigen) Factoring-Effekt sind in der Regel einige grundsätzliche Faktoren notwendig:

1. Mindestens mittlere, besser jedoch hohe Waren- bzw. Materialintensität
2. Hohe Skontierungsmöglichkeiten bei Lieferanten
3. Manchmal kann die Auslagerung von Dienstleistungen oder des Delkredererisikos die Rentabilität des Factoring in Anspruch nehmenden Betriebes steigern, aber nicht immer

FB

Wirtschaftlichkeitsanalyse von Factoring (Kosten-Nutzen-Rechnung)

FB 3.3.

Für die Kosten-Nutzen-Rechnung eines eventuellen Factoring-Engagements werden die Zahlen eines Großhandelsbetriebes herangezogen. Die für das Factoring relevanten Basisdaten werden anschließend übersichtlich zusammengestellt:

Umsatzerlöse	52 Mio GE
Kundenforderungen, durchschnittlich	10 Mio GE
Anzahl der Kunden	1.000
Zahl der Ausgangsrechnungen p.a.	12.000
Warenintensität	69,6%
Einkaufsvolumen p.a.	36,2 Mio GE
Lieferantenkredit, durchschnittlich (das entspricht einer Verweildauer von 101 Tagen)	10 Mio GE
Skontoertrag, durchschn. 15 Tage, 2,25% bezogen auf das Jahreseinkaufsvolumen	ca. 0,8 Mio GE
Debitorenwagnis (Kundenausfälle)	3‰ d. Ums.Erl.
Factor-Gebühr	1% d. Ums.Erl.
Zinsen (auf angekaufte Forderungen)	7%
Habenzinsen (auf Bardepot)	3%
Bardepot in % d. angekauften Ford.Bestandes	10%

FB 3.3.

Ermittlung der Mittelfreisetzung:

	Aus Bonitätsgründen werden nur 80% der Kundenforderungen angekauft	10 Mio x 0,8	8,0 Mio GE
-	Bardepot (für Skonto und Nachlässe), 10%	8 Mio x 0,1	0,8 Mio GE
=	**Gesamte Mittelfreisetzung**		**7,2 Mio GE**

Kosten-Nutzen-Rechnung Factoring

Factoring-Kosten

1% Factor-Gebühr von 52 Mio GE	0,520 Mio GE
7% Zinsen auf 8 Mio GE	0,560 Mio GE
Habenzinsen auf Bardepot	-0,024 Mio GE
Gesamt	**1,056 Mio GE**

Factoring-Nutzen

$$\text{Skontounschädlicher Lieferantenkredit} = \frac{15 \text{ Tg.} \times 36{,}2 \text{ Mio GE}}{365} = 1{,}488 \text{ Mio GE}$$

	Ø Lieferantenkredit, bisher	10,000 Mio GE
-	Lieferantenkredit, neu, bei voller Skontoausnutzung	-1,488 Mio GE
=	Lieferantenreduktionspotential	8,512 Mio GE

Weil die gesamte Mittelfreisetzung aus Factoring nur 7,2 Mio GE beträgt, das sind 85% der notwendigen Mittel, können auch nur 85% der Gesamtskontoerträge lukriert werden. Etwaige Forderungsausfälle würde die Factoring-Bank übernehmen.

Zusammenfassung

Relevanter Nutzen:	
• 85% der max. Skontoerträge	0,680 Mio GE
• Verringerung der Forderungsausfälle um zwei Drittel (3‰ v. 52 Mio) x 0,67	0,104 Mio GE
(Annahme: Ein Drittel der Forderungsausfälle entfällt auf jene KUFO, die der Factor aus Bonitätsgründen nicht ankauft.)	
Abzüglich relevante Kosten:	
• Factor-Gebühr	0,520 Mio GE
• Zinsen	0,536 Mio GE
Hier: negativer Nutzen bzw. Nachteil aus Factor	**-0,272 Mio GE**

In diesem Fallbeispiel wäre eine Finanzierung durch Factoring nicht von Vorteil. Wahrscheinlich ist die Factor-Gebühr von 1% der Umsatzerlöse bei dieser Betriebsgröße zu hoch.

3.3. WIRTSCHAFTLICHE SKONTOAUSNUTZUNG ODER LIEFERANTENKREDIT VERSUS BANKKREDIT

3.3.1. Skontoattraktivität

Die Ausnutzung des Lieferantenziels und der Verzicht auf die Skontoabzugsmöglichkeit stellt meist die teuerste Form der sogenannten Außenfinanzierung dar. Dies zeigt die untenstehende Tabelle deutlich.

Der approximative Jahreszinssatz entspricht zwar nicht der niedrigeren Effektivrendite, kann aber folgende wichtige Aufgaben erfüllen:

1. **Soll der angebotene Skonto ausgenützt werden?** Diese Frage ist zu bejahen, wenn der approximative Jahreszinssatz höher ist als der Bankzinsfuß.
2. **Wie hoch ist die Skontoattraktivität?** Je höher der approximative Jahreszinsfuß ist, desto höher die Skontoattraktivität.

Kreditziel	Skontosatz	Skontofrist	Skontobezugsspanne	approximativer Jahreszinssatz
4 Wochen	1%	1 Wo	3 Wochen	17,3%
4 Wochen	1%	2 Wo	2 Wochen	26,0%
4 Wochen	2%	1 Wo	3 Wochen	34,7%
4 Wochen	2%	2 Wo	2 Wochen	52,0%
4 Wochen	3%	1 Wo	3 Wochen	52,0%
4 Wochen	3%	2 Wo	2 Wochen	78,0%
6 Wochen	2%	1 Wo	5 Wochen	20,8%
6 Wochen	2%	2 Wo	4 Wochen	26,0%
6 Wochen	2%	3 Wo	3 Wochen	34,7%
6 Wochen	3%	1 Wo	5 Wochen	31,2%
6 Wochen	3%	2 Wo	4 Wochen	39,0%
6 Wochen	3%	3 Wo	3 Wochen	52,0%

3.3.2. Skontofrist und Skontobezugsspanne

Das folgende Schaubild zeigt Beginn und Ende der Skontofrist und der Skontobezugsspanne.

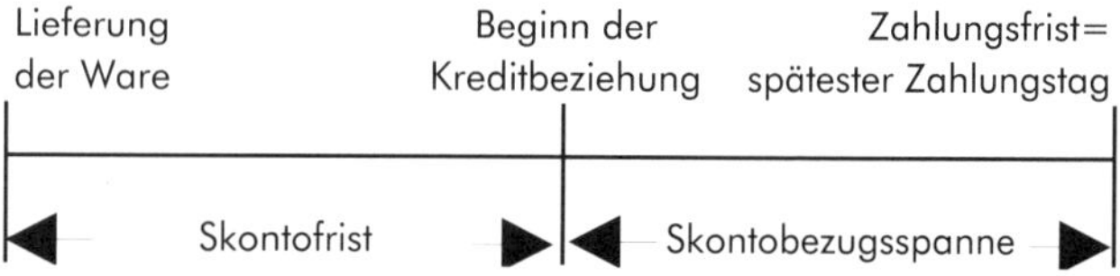

Die Skontorendite steigt mit zunehmendem Skontosatz sowie fallender Skontobezugsspanne und umgekehrt. Diese Feststellung kann durch die folgende Graphik verdeutlicht werden.

3.3.3. Jahreszinssatz bei Skontoausnutzung

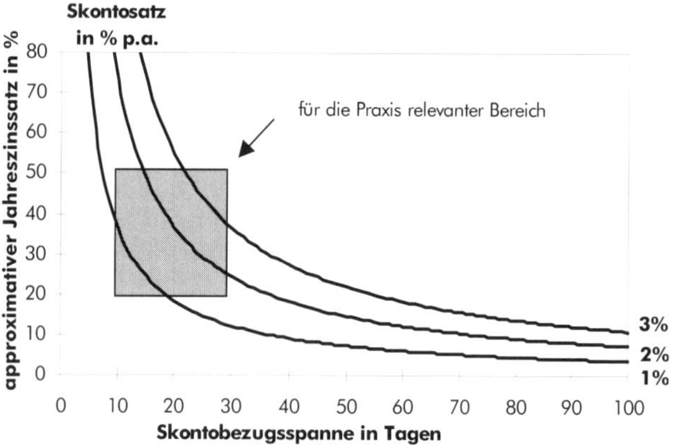

In der Graphik kann der Jahreszinssatz abgelesen werden, der sich ergibt, wenn der Schnittpunkt aus Skontosatz und Skontobezugsspanne horizontal nach links verschoben wird. Der für die Praxis relevante Bereich wird grau schraffiert dargestellt.

FB

Jährlicher Nettovorteil bei Skontoausnutzung

❍ Ausgangssituation

Die offiziellen Zahlungskonditionen für ein Großhandelsunternehmen lauten:

- ❍ entweder 20 Tage 3% (Skontofrist)
- ❍ oder 90 Tage netto (Kreditziel)

Tatsächlich (also nicht offiziell) würden sich die Hauptlieferanten eine Skontofrist von 22 Tagen bzw. ein Kreditziel von 97 Tagen gefallen lassen.

Der Bankzinsfuß beträgt 10% p.a.

Das Warenlager dreht sich jährlich dreimal. Der Wareneinsatz p.a. beläuft sich auf 3 Mio GE.

❍ Approximativer Jahreszinssatz

Der approximative Jahreszinssatz, der die Skontoattraktivität ausdrückt (aber nicht die Effektivrendite), beträgt 14,6%.

	offizielle Kondition	**effektiv toleriert**
Kreditziel	90 Tage	97 Tage
Skontosatz	3%	3%
Skontofrist	20 Tage	22 Tage
Skontobezugsspanne	70 Tage	75 Tage
Jahreszinssatz, approximativ	**15,6%**	**14,6%**

Weil der approximative Jahreszinssatz höher ist als der 10%-ige Zinsfuß für den Bankkredit, ist hier die Skontoausnutzung wirtschaftlich.

Achtung:
Bei der Ermittlung des approximativen Jahreszinssatzes ist **immer von den effektiven (= tolerierten) Konditionen und nicht von den offiziellen** Zahlungsvereinbarungen auszugehen. Der approximative Jahreszinsatz beträgt aus diesem Titel nur 14,6% und nicht 15,6%.

❍ Effektivrendite der Skontoausnutzung

Bezogen auf das Fallbeispiel könnte man überschlägig meinen, daß die Rendite bei Skontoausnutzung 4,6% (=14,6% approximativer Jahreszinsfuß abzüglich 10% Bankzinsfuß) beträgt. Diese Approximativrechnung ist aber deshalb problematisch, weil die Tatsache, daß der Lieferantenkredit während der Skontofrist zinsenlos und damit kostenlos ist, vernachläßigt wird.

Die richtige Effektivrendite der Skontoausnutzung bei gleichzeitiger Bankkreditaufnahme ermittelt sich wie folgt:

$$e = \frac{1}{365} x (365 \times S - B \times (z - s))$$

wobei:
e = effektive Rendite aus Skontoausnutzung
S = Skontosatz in % 3%
B = Bankzinsfuß in % p.a. 10%
z = Kreditziel in Tagen .... 97 Tage
s = Skontofrist in Tagen .... 22 Tage

Legt man die Zahlen des Fallbeispiels zugrunde, dann kann in die Formel wie folgt eingesetzt werden:

$$e = \frac{1}{365} \times \left(365 \times 3 - 10 \times [97 - 22]\right)$$

$$e = 0{,}00274\,(1.095 - 750)$$

$$e = \mathbf{0{,}9452\%}$$

Der Überschuß der Skontoerträge über die Bankzinsen beträgt also in diesem Fall tatsächlich nur 0,95% und nicht 4,6%, wie zuvor vereinfachend festgestellt worden ist. Trotz dieser großen Differenz ist die Skontoausnutzung zweckmäßig, weil die Effektivrendite (e) positiv ist.

Ist e negativ, dann sollte der angebotene Skonto nicht ausgenutzt werden, weil die jährlichen Bankzinsen für die Warenbeschaffung die möglichen Skontoerträge übersteigen.

FB 3.4.

❍ Jährlicher Nettonutzen bei Skontoausnutzung

Der jährliche Nettonutzen bei der Ausnutzung des Lieferantenskontos ergibt sich aus:

e x Wareneinsatz p.a.

Setzt man in die Formel ein, dann ergibt sich ein Jahresvorteil bei Skontoausnutzung von **28.400 GE**.

0,009452 x 3,000.000 = **28.356 GE**

Probe:

Skontoertrag bei 3% Skonto
3 Mio GE WES .... 90.000 GE
– Fremdkapitalzinsen

$$\frac{97 - 22}{365} \times 3 \text{ Mio} \times 0{,}1 \text{ .... } 61.600 \text{ GE}$$

= Jahresvorteil .... **28.400 GE**

Sonderfälle:

- ❍ **Ist die Umschlagsdauer kleiner als das Kreditziel**, so ist zu berücksichtigen, daß der **Bankzinsfuß nicht für die gesamte Skontobezugsspanne relevant** ist.
- ❍ **Ist die Umschlagsdauer kleiner als die Skontofrist**, so ist **nur** der **Wiederveranlagungszinsfuß relevant**.

FB

Argumente für die Hausbank, die Mittel für eine totale oder partielle Skontoausnutzung bereitzustellen

FB 3.5.

❍ Ausgangssituation

Derzeit wird das Skontoangebot der Lieferanten nicht ausgenutzt. Die Unternehmensleitung will wissen, wie hoch der Jahresvorteil bei voller bzw. teilweiser Skontoausnutzung wäre und welcher Bankkreditbedarf dafür notwendig ist.

FB 3.5. Das Unternehmen wird von sechs Lieferanten beliefert, die unterschiedliche Konditionen aufweisen, und zwar:

- Kreditziel .... zwischen 30 und 100 Tagen
- Skontosatz .... zwischen 1% und 5%
- Skontofrist .... zwischen 7 und 30 Tagen

Lieferant	Einkaufs-volumen p.a. je Lieferant	tatsächlich tolerierte (nicht offizielle) Konditionen			
		Kredit-ziel in Tagen	Skonto-frist in Tagen	Skonto-bezugs-spanne in Tagen	Skonto-satz in %
Kristel & COKG	400	45	15	30	3
Bruckmüller AG	900	30	15	15	3
Peterle &Co	500	91	11	80	2
Sallmeier GmbH	100	30	7	23	1
Krali OHG	400	40	20	20	3
Tirolerhof GmbH	300	100	30	70	5

- **Ermittlung der Skontoattraktivität**

Für jeden Lieferanten wird zunächst der **approximative Jahreszinsfuß** aus der **Formel**

$$\frac{\text{365 Jahrestage}}{\text{Kreditziel in Tagen minus Skontofrist in Tagen}} \times \text{Skontosatz in Prozent}$$

errechnet. Wie bereits erwähnt, ist dieser Jahreszinsfuß nur ein **grober Approximativwert** zur **Bestimmung der Skontoattraktivität**; er drückt **keineswegs** die **tatsächliche Effektivrendite der Skontoausnutzung aus**. Als Grundsatz gilt: je höher der approximative Jahreszinsfuß, desto interessanter (**wirtschaftlicher**) ist die **Skontoausnutzung**. Ist der approximative Jahreszinsfuß kleiner als der Bankzinsfuß, dann sollte dieser Lieferant nach Ablauf des Kreditzieles ohne Skontoertrag bezahlt werden.

Lieferanten, gereiht nach Skontoattraktivität

Rang	Lieferant	approx. Jahres-zins-satz	Einkaufsvolumen p.a. je Lieferant	Einkaufsvolumen p.a. kumuliert	tatsächlich tolerierte (nicht offizielle Konditionen) Kredit-ziel in Tagen	Skonto-frist in Tagen	Skonto-bezugs-spanne in Tagen	Skonto-satz in %
1	Bruckmüller AG	73,00	900	900	30	15	15	3
2	Krali OHG	54,75	400	1300	40	20	20	3
3	Kristel & COKG	36,50	400	1700	45	15	30	3
4	Tirolerhof GmbH	26,07	300	2000	100	30	70	5
5	Sallmeier GmbH	15,87	100	2100	30	7	23	1
6	Peterle &Co	9,13	500	2600	91	11	80	2

FB 3.5.

Weil der Bankkredit-Zinsatz (Grenzzinssatz) 10% p.a. beträgt, ist es wirtschaftlich, die Lieferanten bis zum fünften Rang mit Skonto zu bezahlen. Hier ist der approximative Jahreszinsfuß nämlich höher als der Bankkreditzinssatz von 10%. Die Firma Peterle & Co sollte nach 91 Tagen ohne Skontoausnutzung bezahlt werden, weil der approximative Jahreszinssatz nur 9,13% beträgt.

❍ Entscheidungsgrundlage

Die Reihung der Lieferanten nach Skontoattraktivität ist sehr wichtig, beantwortet aber noch nicht alle Fragen der Unternehmensleitung. Dazu muß noch eine zweite Tabelle mit dem Bankkapital-Mehrbedarf, dem Skontoertrag, den Bankzinsen sowie dem Jahresvorteil - jeweils lieferantenbezogen und kumuliert erstellt werden.

Wirtschaftliche Skontoausnutzung

Rang	Lieferant	Bankkapital-Mehrbedarf je Lieferant	Bankkapital-Mehrbedarf kumuliert	+ Skontoertrag je Lieferant	+ Skontoertrag kumuliert	– Bankzinsen (10%) je Lieferant	– Bankzinsen (10%) kumuliert	= Jahresvorteil je Lieferant	= Jahresvorteil kumuliert
				Entscheidungskriterien					
1	Bruckmüller AG	37	37	27	27	3,7	3,7	23,3	23,3
2	Krali OHG	22	59	12	39	2,2	5,9	9,8	33,1
3	Kristel & COKG	33	92	12	51	3,3	9,2	8,7	41,8
4	Tirolerhof GmbH	58	150	15	66	5,8	15,0	9,2	51,0
5	Sallmeier GmbH	6	156	1	67	0,6	15,6	0,4	51,4
6	Peterle &Co	110	266	10	77	11,0	26,6	-1,0	50,4

FB 3.5.

Für die Berechnung obiger vier Spalten sind folgende Formeln verwendet worden:

$$\textbf{Bankkapital-Mehrbedarf} = \frac{\text{Bezugsspanne in Tagen}}{365} \times \text{Einkaufs-volumen}$$

$$\textbf{Skontoertrag} = \text{Einkaufsvolumen p.a.} \times \frac{\text{Skontoertragssatz}}{100}$$

$$\textbf{Bankzinsen} = \text{Bankkapital} - \text{Mehrbedarf} \times \frac{\text{Fremdkapital Zinssatz}}{100}$$

$$\textbf{Jahresvorteil} = \text{Skontoertrag} - \text{Bankzinsen}$$

Der gesamte **Jahresvorteil** könnte **51,4 GE** betragen. Der Lieferant mit dem sechsten und letztem Rang (Peterle & Co) würde den Jahresvorteil verringern, weil sein approximativer Jahreszinssatz kleiner ist als der Bankzinsfuß. Der Bankkapital-Mehrbedarf für die gesamte Skontierung der Lieferanten bis zum fünften Rang würde 156 GE betragen. **Würde die Bank jedoch nur maximal 90 GE für die Skontoausnutzung zur Verfügung stellen, dann sollten die skontoattraktivsten Lieferanten bis zum Rang 3 nach Ende der Skontofrist unter Ausnutzung des Skontos bezahlt werden. Der Jahresvorteil beträgt dann immer noch rund 42 GE.**

CHECKLISTE

❍ Controlling Check für die Skontoausnutzung

1. Zahle immer mit Skonto, wenn der approximative Jahreszinsfuß größer ist als der Bankzinsfuß!
2. Sollte die Liquidität für eine Skontoausnutzung zu schlecht sein, dann sind Kredite aufzunehmen bzw. der bestehende Kreditrahmen auszuweiten.
3. Nicht genau nach Ablauf der Skontofrist zahlen, sondern möglichst erst einige Tage später!
4. Möglichst mehr als den gewählten Skontosatz abziehen, eventuell durch Verkürzung der Skontofrist, wenn das wirtschaftlich ist!
5. Bei der Gewährung von Kundenskonti sind die Punkte 1 bis 4 sinngemäß gegenteilig zu interpretieren.

3.4. NOTWENDIGER MEHRUMSATZ, WENN RABATTE GEWÄHRT WERDEN

Manchmal wird bei der Einräumung von Rabatten und sonstigen Preisnachlässen zu großzügig agiert. **Umseitige Tabelle zeigt, welche Mehrumsätze getätigt werden müssen, damit ein gewährter Mengenrabatt erfolgsmäßig neutralisiert wird.**

Mengenmäßig notwendiger Mehrumsatz in Prozent, wenn Rabatte gewährt werden

Rabatt bzw. Preissenkung v. Listenpreis R%LP	DBU (vom Listenpreis)									
	10%	**15%**	**20%**	**25%**	**30%**	**35%**	**40%**	**45%**	**50%**	**60%**
2%	25	15	11	9	7	6	5	5	4	3
3%	43	25	18	14	11	9	8	7	6	5
4%	67	36	25	19	15	13	11	10	9	7
5%	100	50	33	25	20	17	14	13	11	9
10%		200	100	67	50	40	33	29	25	20
15%	neg.		300	150	100	75	60	50	43	33
20%		neg.		400	200	133	100	80	67	50
25%			neg.		500	250	167	125	100	71
30%				neg.		600	300	200	150	100
35%					neg.		700	350	233	140
40%						neg.		800	400	200
45%							neg.		900	300
50%								neg.		500

❍ Anwendungsbeispiel:

Weist ein Produkt einen DBU (=Deckungsbeitrag in Prozent vom Umsatz) von 40% des Listenpreises auf, und wird für dieses Produkt ein Rabatt von 10% gewährt, dann wäre eine Absatzsteigerung von 33% erforderlich, um den durch die Rabattgewährung verlorenen Deckungsbeitrag auszugleichen.

Formel:

$$\text{Mengenmäßig notwendiger Mehrumsatz in Prozent} = \frac{R\%\,LP}{DBU - R\%LP}$$

R%LP = Rabatt in Prozent vom Listenpreis
DBU = Deckungsbeitrag in Prozent vom Umsatz, auch Deckungsbeitragsrate genannt

4. PLANBILANZEN

❍ **Warum Planbilanzen?**

Planbilanzen werden aus unterschiedlichen Gründen erstellt, etwa

❍ **als Grundlagen für einen periodischen Soll-Ist-Vergleich**
(Der Ist-Ist-Vergleich alleine ist vielen Managern zu wenig informativ.)

❍ **zur Entscheidungsabsicherung geplanter Maßnahmen, z.B.:**
- bei größeren Investitionsprojekten, neben der Investitionsrechnung
- bei größeren Finanzierungsentscheidungen: Leasing versus Kreditfinanzierung, neben dem Barwertvergleich
- bei Umschichtung von Lieferantenkrediten auf Bankkredite zwecks Ausnutzung der Skontoerträge
- bei größeren, geplanten Rationalisierungsaktivitäten, ergänzend zu den Wirtschaftlichkeitsrechnungen

❍ **als Grundlage für die zukunftsorientierte Unternehmensbewertung**
(z.B. Ertragswertmethode, Free-Cash-Flow-Methode)

❍ **als Instrument zur Verhinderung bzw. Eindämmung von Insolvenzen**
(Kreditschutzverbände und Steuerberater wollen in Zukunft erwirken, daß jeder Bilanz eine Planungsrechnung für das kommende Wirtschaftsjahr verpflichtend beigelegt wird, aus der ersichtlich ist, ob mit Problemen zu rechnen sein wird oder nicht [Insolvenz-Früherkennung].)

4.1. GRUNDSÄTZLICHES SCHEMA

Die folgenden Schemata für Bilanz sowie G&V sind in der Praxis häufig anzutreffen.

Grundsätzliches Schema

Als Residualgröße (R) werden jene Bilanzpositionen bezeichnet, die nicht aufgrund einer analytischen Planung, sondern als Pufferposition (= Saldo, der für gleichhohe Bilanzsumme notwendig ist) anfallen. Oft gibt es nur eine Residualgröße, manchmal aber auch mehrere gleichzeitig.

❍ **Planpositionen der Bilanz**

❍ **Anlagevermögen**
- Sachanlagevermögen
- Finanzanlagevermögen

❍ **Umlaufvermögen**
- Roh-, Hilfs- und Betriebsstoffe
- Unfertige Erzeugnisse
- Fertigwaren
- Handelswaren
- Kundenforderungen
- Sonstige Forderungen
- Liquide Mittel (R)

❍ **Eigenkapital** (R)

❍ **Fremdkapital**
- Rückstellungen
- Bankverbindlichkeiten, langfristig x)
- Bankverbindlichkeiten, kurzfristig (R) x)
- Verbindlichkeiten aus Lief. & Leistg. (R)
- Sonstige Verbindlichkeiten

(R) = mögliche Residualgrößen

x) Alle Bankverbindlichkeiten, die de jure länger als ein Jahr gebunden sind, werden als langfristig angesehen, die übrigen als kurzfristig.

❍ **Planpositionen der Gewinn- und Verlustrechnung (G&V)**

	Betriebsleistung (BL)
–	Wareneinsatz (WES) bzw. Materialeinsatz (MES)
=	Deckungsbeitrag 1 (DBU für Break-Even-Analyse)
–	Ausgabenwirksame Fixkosten
=	Earnings before depreciaton, interest and tax (EBDIT)
–	Abschreibungen
=	Betriebserfolg - Earnings before interest and tax (EBIT)
+/-	Finanzergebnis
=	Ergebnis der gewöhnlichen Geschäftstätigkeit (EGT)
–	A.o.Ergebnis
–	Steuern vom Einkommen und vom Ertrag
=	Jahresüberschuß/-fehlbetrag
+	Auflösung unversteuerter Rücklagen
–	Zuweisung zu unversteuerten Rücklagen
=	Jahresgewinn/Jahresverlust
+/-	Vortrag aus dem Vorjahr
=	Bilanzgewinn/Bilanzverlust

DBU= Deckungsbeitragsrate (= DB1 in % d. BL)

Zu einigen Positionen sind keine Erklärungen notwendig, weil das Planungsprocedere eindeutig ist (z.B.: Plan-Sachanlagevermögen = Sachanlagevermögen AB plus Plan-Investitionen minus Plan-Abschreibungen). Andere Planungsmodule bedürfen spezieller Techniken, die nachfolgend kurz vorgestellt werden.

4.2. AUSGEWÄHLTE PLANBILANZMODULE

❍ **Vorräte an Roh-, Hilfs- und Betriebsstoffen sowie an Handelswaren**

Bei diesen Positionen des Lagerbestandes gibt es grundsätzlich zwei Arten der Planung, und zwar:

- ❍ über die Plan-Umschlagshäufigkeit auf statistisch gesicherter Basis
- ❍ über den Einsatz an Roh-, Hilfs- u. Betriebsstoffen sowie Handelsware und der entsprechenden Plan-Verweildauer

Über die Plan-Umschlagshäufigkeit auf statistischer Basis wird im Kapitel 6 ausführlich geschrieben. In der Praxis haben sich die Tabellen "Plan-Umschlagshäufigkeit" gut bewährt. Sehr hilfreich ist außerdem das Formular "Ermittlung des Überlager-Potentials" das ebenfalls im Kapitel 6 vorgestellt und im anschließenden Fallbeispiel angewendet wird.

Die zweite, etwas trivialere Art der Soll-Bestandsermittlung erfolgt durch Multiplikation der entsprechenden Jahreseinsätze mit dem gewünschten Soll-Jahresverweildauer-Faktor.

FB

Methode "Verweildauer"

FB 4.1.

	Plan-WES/MES in GE	Planverweildauer		Plan-Lagerbestand in GE
		in Tagen	in Jahren	
Rohstoffe	300	100	0,274	82
Hilfsstoffe	400	150	0,411	164
Betriebsstoffe	200	160	0,438	88
Handelsware	1.000	80	0,219	219
Σ/Ø	**1.900**	**106**	**0,291**	**553**

Der Planverweildauer in Jahren ergibt sich aus:

$$\frac{\text{Planverweildauer in Tagen}}{365}$$

Mit diesem Faktor wird der Plan-Einsatz multipliziert; das Produkt ist der Plan-Lagerbestand.

FB

Methode "statistisch gesicherte Plan-Umschlagshäufigkeit"

FB 4.2.

❍ **Formel:**

$$\text{Ø Soll-Lagerbestand} = \frac{\text{Waren- bzw. Materialeinsatz}}{\text{Plan-Umschlagshäufigkeit}}$$

❍ Tabelle für Plan-Umschlagshäufigkeit

Auszug aus Plan-UH-Tabelle (BM=2-fache NF wd. WBZ, Seite 254)

V	SG	Normalverteilung z(ϕ) **f** (z)=84% für z=1	Wiederbeschaffungszeit					
			1/7Wo. 1 Tag	1 Wo. 0,25M.	2 Wo. 0,5M.	4 Wo. 1 M.	6 Wo. 1,5M.	8 Wo. 2 M.
0,8	70%	0,524	104,41	26,11	15,07	8,46	5,96	4,63
	84%	1,000	64,21	18,46	11,26	6,67	4,84	3,83
	95%	1,645	42,19	13,22	**8,39**	5,18	3,86	3,11
	99%	2,326	30,98	10,17	6,61	4,19	3,18	2,59

V = Variationskoeffizient; SG = Servicegrad

Um die Tabelle "Plan-Umschlagshäufigkeit" anwenden zu können, sind folgende Informationen notwendig:

1. Wie ist die Bestellusance? (Ein Wievielfaches der durchschnittlichen Monatsnachfrage ist die Bestellmenge?)
2. Wie stark schwankt die Nachfrage? (Wie hoch ist der Variationskoeffizient?)
3. Wie lange dauert durchschnittlich die Wiederbeschaffungszeit? (eine Woche? ein Monat? .....)
4. Mit welchem Servicegrad soll jederzeit geliefert werden können?

Nähere Informationen zu Variationskoeffizient, Wiederbeschaffungszeit und Servicegrad gibt es im Kapitel 6.

Wird beispielsweise

- ❍ zirka eine Monatsnachfrage bestellt,
- ❍ schwankt die Nachfrage mittelstark (Variationskoeffizient zirka 0,8),
- ❍ beträgt die Wiederbeschaffungszeit zwei Wochen, und
- ❍ soll mit 95% Sicherheit geliefert werden können,

dann ergibt sich lt. Tabelle im Kapitel 6 eine Plan-Umschlagshäufigkeit von **8,39**.

Diese Berechnungen müssen selbstverständlich für Rohstoffe, Handelsware und andere Gruppen separiert durchgeführt werden, weil die vier Planprämissen je Gruppe unterschiedlich sein können und wahrscheinlich auch sind.

FB 4.2. Würde man obige Plan-Umschlagshäufigkeit auf die "Rohstoffe" anwenden, dann ergibt sich ein Plan-Lagerbestand von 36 GE (MES 300/8,39 PlanUH). Dieser Planbestand ist statistisch gesichert und weicht erheblich vom Planbestand aufgrund der angenommenen (nicht statistisch ermittelten) Verweildauer ab (82).

❍ Kundenforderungen

Bei der Planung der Kundenforderungen gibt es ebenfalls zwei Möglichkeiten, und zwar:

1. Planung aus dem Umsatzprozeß unter Berücksichtigung der Verweildauer (einfacher Level)
2. Planung aus dem Umsatzprozeß unter Berücksichtigung der Zahlungsgewohnheiten der Kunden (höherer Level)

ad 1: Hier wird der Jahresplan-Umsatz mit dem entsprechenden Faktor der Jahresverweildauer multipliziert. Beim Produkt dieser Multiplikation handelt es sich um die durchschnittlichen Plan-Kundenforderungen ohne MwSt; diese muß noch hinzugerechnet werden.

Die Ø Kundenforderungen errechnen sich aus folgender Formel:

$$\left(\frac{\text{Umsatz p.a.}}{365} \times \text{geplanter Kundenverweildauer in Tagen}\right) + \text{MWSt.}$$

Der Vorteil dieser Methode liegt im geringen Zeitaufwand der benötigt wird, der Nachteil in einer gewissen Ungenauigkeit, weil der meist diskontinuierliche Umsatzverlauf während des Jahres hier unberücksichtigt bleibt.

ad 2: Eine genauere Planung der Kundenforderungen ist dann möglich, wenn es gelingt, das Kundenforderungs-Sammelkonto realistisch zu simulieren. Dazu sind folgende Informationen notwendig:

- ❍ Ist-Kundenforderungsbestand am Beginn der Planungsperiode

- Zwei bis sechs Ist-Monatsumsätze vor Beginn der Planperiode (je nachdem, ob die Zahlungsweise der Kunden prompt oder schleppend erfolgt)
- Durchschnittliches Zahlungsverhalten der Kunden, wie folgt ausgedrückt:

  x% der Umsätze werden sofort (innerhalb von 15 Tagen) bezahlt, wieviel Prozent der Umsätze nach einem Monat (16 - 45 Tage) usw.?
- Wie verteilt sich der Planumsatz auf die einzelnen Monate der Planungsperiode?

FB Planung der Kundenforderungen, höherer Level

FB 4.3.

An einem kleinen Beispiel soll die Planung der Kundenforderungen gezeigt werden, wenn eine höhere Planungsgenauigkeit gewünscht wird. Diese höhere Planungsgenauigkeit ist unerläßlich, wenn der Soll-Ist-Vergleich unterjährig erfolgen soll oder muß.

- **Ausgangssituation**
  - Die Ist-Kundenforderungen zu Beginn der Planungsperiode betragen 7.796 GE.
  - Der gesamte Planumsatz von 59.000 GE ist auf die zwölf Monate der Planungsperiode verteilt worden.
  - Die Isterlöse der letzten beiden Monate vor Beginn der Planperiode sind bekannt. (Monat 11: 5.032 GE, Monat 12: 6.600 GE)
  - Das Ist-Zahlungsverhalten der Kunden ist bekannt: 20% zahlen im gleichen Monat, 30% nach einem Monat und 50% nach zwei Monaten.
  - Das Zahlungsverhalten der Kunden ändert sich während der Planungsperiode nicht.
  - Das Plan-Zahlungsverhalten soll dem Ist-Zahlungsverhalten entsprechen: 20%, 30%, 50%

FB 4.3.

❍ Händische Lösung

• Einnahmenplanung

Werte in GE	Gesamt	Monat 1	2	3	4	5	6
Fakturenerlöse inkl. MWSt.	59.000	2.360	3.540	4.720	5.900	5.900	7.080
Einnahmen ❍ aus Vormonaten	7.796	4.496	3.300				
❍ aus lfd. Monaten bei folgendem Zahlungsverhalten der Kunden: 20% im gleichen Monat		472	708	944	1.180	1.180	1.416
30% 1 Monat später			708	1.062	1.416	1.770	1.770
50% 2 Monate später				1.180	1.770	2.360	2.950
Gesamte Einnahmen		**4.968**	**4.716**	**3.186**	**4.366**	**5.310**	**6.136**

Werte in GE	Monat 7	8	9	10	11	12
Fakturenerlöse inkl. MWSt.	4.720	3.540	5.900	4.720	4.720	5.900
Einnahmen ❍ aus Vormonaten						
❍ aus lfd. Monaten bei folgendem Zahlungsverhalten der Kunden: 20% im gleichen Monat	944	708	1.180	944	944	1.180
30% 1 Monat später	2.124	1.416	1.062	1.770	1.416	1.416
50% 2 Monate später	2.950	3.540	2.360	1.770	2.950	2.360
Gesamte Einnahmen	**6.018**	**5.664**	**4.602**	**4.484**	**5.310**	**4.956**

• Simulation bzw. Rekonstruktion des Kundenforderungen-Sammelkontos (ohne Veränderung des Zahlungsverhaltens)

Werte in GE			Kundenforderungen		
Monat	**Fakturenerlöse inkl. MWSt.**	**Planeinnahmen**	**Zunahme (SOLL)**	**Abnahme (HABEN)**	**Stand zum Ultimo**
1	2.360	4.968		2.608	5.188
2	3.540	4.716		1.176	4.012
3	4.720	3.186	1.534		5.546
4	5.900	4.366	1.534		7.080
5	5.900	5.310	590		7.670
6	7.080	6.136	944		8.614
7	4.720	6.018		1.298	7.316
8	3.540	5.664		2.124	5.192
9	5.900	4.602	1.298		6.490
10	4.720	4.484	236		6.726
11	4.720	5.310		590	6.136
12	5.900	4.956	944		7.080
1 -12	**59.000**	**59.716**		**716**	**77.050**

Die durchschnittliche Verweildauer der Kundenforderungen beträgt im laufenden Jahr:

$$\frac{77.050}{59.000} = 1{,}31 \text{ Monate, das sind } \mathbf{39\ Tage}$$

In den letzten beiden Monaten des Vorjahres betrug die durchschnittliche Verweildauer:

$$\frac{12 \times 7.796}{\frac{12}{2} \times (5.032 + 6.600)} = 1{,}34 \text{ Monate, das sind } \mathbf{40\ Tage}$$

- **Erläuterung zum Rechenprocedere**

Das Ist-Zahlungsverhalten wird wie folgt berechnet:
Die Kundenzahlungen im Planungsmonat 2 können nur vom Monat 12 des letzten Jahres stammen, da die Kunden spätestens nach zwei Monaten zahlen. Der Prozentsatz der Kunden, die nach zwei Monaten zahlen, ergibt sich daher aus der Division der Kundenzahlungen im Monat 2 (3.300) durch die Ist-Erlöse vom Monat 12 des letzten Jahres (6.600).

$$\frac{3.300}{6.600} = \mathbf{0{,}5\ (50\%)}$$

Die Kundenzahlungen im Planungsmonat 1 stammen von Monat 11 und 12 des letzten Jahres. Der Anteil von Monat 11 ist aber nun bereits bekannt (Prozentsatz der Kunden, die nach zwei Monaten zahlen).

5.032 x 0,5 = **2.516**

Die Kundenzahlungen im Planungsmonat 1, die vom Monat 12 stammen, betragen daher

4.496 – 2.516 = **1.980**

Der Prozentsatz der Kunden, die nach einem Monat zahlen, ergibt sich jetzt wie vorher

$$\frac{1.980}{6.600} = \mathbf{0{,}3\ (30\%)}$$

FB 4.3.

Der Prozentsatz der Kunden, die im gleichen Monat zahlen, ist gleich der Ergänzung auf 100%

100 – 50 – 30 = **20%**

Aus den vorherigen Überlegungen ergibt sich folgendes allgemeines Gleichungssystem:

$$
\begin{array}{rcl}
I_{12} x P_n & = & K_n \\
I_{12} x P_{n-1} + I_{11} x P_n & = & K_{n-1} \\
& \vdots & \\
I_{12} x P_1 + I_{11} x P_2 + \ldots + I_{k+1} x P_{n-1} + I_k x P_n & = & K_1 \\
P_0 + P_1 + P_2 + \ldots + P_{n-1} + P_n & = & 1
\end{array}
$$

wobei:

P_i = Prozentsatz der Kunden, die nach i Monaten zahlen (i = 0, bedeutet sofort)

I_i = Ist-Erlöse vom letzten Jahr für Monat i

K_i = Kundenzahlungen im Monat i

Die Kunden zahlen spätestens nach n Monaten, k = 13 – n

Mit dem Beispiel von oben, ergibt sich:

n = 2, k = 13 – n = 13 – 2 = 11

$$
\begin{array}{rcl}
6.600\ P_2 & = & 3.300 \\
6.600\ P_1 + 5.032\ P_2 & = & 4.496 \\
P_0 + P_1 + P_2 & = & 1
\end{array}
$$

❍ **Mathematischer Ansatz durch Matrizenmultiplikation**

- **Ohne Änderung des Zahlungsverhaltens**

Ändert sich das Zahlungsverhalten der Kunden während der Planungsperiode nicht, dann können die Planeinnahmen durch Matrizenmultiplikation wie folgt ermittelt werden:

FB 4.3.

$$\begin{bmatrix} 2.360 & 6600 & 5032 \\ 3.540 & 2360 & 6600 \\ 4.720 & 3540 & 2360 \\ 5.900 & 4720 & 3540 \\ 5.900 & 5900 & 4720 \\ 7.080 & 5900 & 5900 \\ 4.720 & 7080 & 5900 \\ 3.540 & 4720 & 7080 \\ 5.900 & 3540 & 4720 \\ 4.720 & 5900 & 3540 \\ 4.720 & 4720 & 5900 \\ 5.900 & 4720 & 4720 \end{bmatrix} \times \begin{bmatrix} 0{,}20 \\ 0{,}30 \\ 0{,}50 \end{bmatrix} = \begin{bmatrix} 4.968 \\ 4.716 \\ 3.186 \\ 4.366 \\ 5.310 \\ 6.136 \\ 6.018 \\ 5.664 \\ 4.602 \\ 4.484 \\ 5.310 \\ 4.956 \end{bmatrix}$$

- **Mit Änderung des Zahlungsverhaltens**

Ändert sich das Zahlungsverhalten während der Planungsperiode (etwa während der Urlaubszeit), ist die Matrizenmultiplikation wie folgt zu erweitern. Die veränderten Matrixelemente sind fett gedruckt.

$$\begin{bmatrix} 2.360 & 6600 & 5032 \\ 3.540 & 2360 & 6600 \\ 4.720 & 3540 & 2360 \\ 5.900 & 4720 & 3540 \\ 5.900 & 5900 & 4720 \\ 7.080 & 5900 & 5900 \\ 4.720 & 7080 & 5900 \\ 3.540 & 4720 & 7080 \\ 5.900 & 3540 & 4720 \\ 4.720 & 5900 & 3540 \\ 4.720 & 4720 & 5900 \\ 5.900 & 4720 & 4720 \end{bmatrix} \times \begin{bmatrix} 0{,}20 & 0{,}20 & 0{,}20 & 0{,}20 & 0{,}20 & \mathbf{0{,}10} & \mathbf{0{,}10} & \mathbf{0{,}10} & 0{,}20 & 0{,}20 & 0{,}20 & 0{,}20 \\ 0{,}30 & 0{,}30 & 0{,}30 & 0{,}30 & 0{,}30 & 0{,}30 & \mathbf{0{,}20} & \mathbf{0{,}20} & \mathbf{0{,}20} & 0{,}30 & 0{,}30 & 0{,}30 \\ 0{,}50 & 0{,}50 & 0{,}50 & 0{,}50 & 0{,}50 & 0{,}50 & 0{,}50 & \mathbf{0{,}70} & \mathbf{0{,}70} & \mathbf{0{,}70} & 0{,}50 & 0{,}50 \end{bmatrix} =$$

$$= \begin{bmatrix} 4.968 & \cdot & \cdot & \cdot & \cdot & \cdot & \cdot & \cdot & \cdot & \cdot & \cdot & \cdot \\ \cdot & 4.716 & \cdot & \cdot & \cdot & \cdot & \cdot & \cdot & \cdot & \cdot & \cdot & \cdot \\ \cdot & \cdot & 3.186 & \cdot & \cdot & \cdot & \cdot & \cdot & \cdot & \cdot & \cdot & \cdot \\ \cdot & \cdot & \cdot & 4.366 & \cdot & \cdot & \cdot & \cdot & \cdot & \cdot & \cdot & \cdot \\ \cdot & \cdot & \cdot & \cdot & 5.310 & \cdot & \cdot & \cdot & \cdot & \cdot & \cdot & \cdot \\ \cdot & \cdot & \cdot & \cdot & \cdot & \mathbf{5.428} & \cdot & \cdot & \cdot & \cdot & \cdot & \cdot \\ \cdot & \cdot & \cdot & \cdot & \cdot & \cdot & \mathbf{4.838} & \cdot & \cdot & \cdot & \cdot & \cdot \\ \cdot & \cdot & \cdot & \cdot & \cdot & \cdot & \cdot & \mathbf{6.254} & \cdot & \cdot & \cdot & \cdot \\ \cdot & \cdot & \cdot & \cdot & \cdot & \cdot & \cdot & \cdot & \mathbf{5.192} & \cdot & \cdot & \cdot \\ \cdot & \cdot & \cdot & \cdot & \cdot & \cdot & \cdot & \cdot & \cdot & \mathbf{5.192} & \cdot & \cdot \\ \cdot & \cdot & \cdot & \cdot & \cdot & \cdot & \cdot & \cdot & \cdot & \cdot & 5.310 & \cdot \\ \cdot & \cdot & \cdot & \cdot & \cdot & \cdot & \cdot & \cdot & \cdot & \cdot & \cdot & 4.956 \end{bmatrix}$$

Der Unterschied zwischen den beiden Matrizenansätzen liegt im Vektor 2, der das Zahlungsverhalten der Kunden ausdrückt. Das Zahlungsverhalten der Kunden ist während der Urlaubswoche (6, 7, 8) schleppender (0,10; 0,20; 0,70).

Eine andere Beschreibung des Zahlungsverhaltens wäre:

	von allen Fakturenerlösen fließen zurück			
	im selben Monat	ein Monat später	zwei Monate später	gesamte Plan-einnahmen
	0-15 Tg.	16-45 Tg.	46-75 Tg.	
April	20%	30%	50%	100%
Mai	20%	30%	50%	100%
Juni	10%	20%	70%	100%
Juli	10%	20%	70%	100%
August	10%	20%	70%	100%
September	20%	30%	50%	100%
Oktober	20%	30%	50%	100%

Die Plan-Kundenforderungen mit Änderung des Zahlungsverhaltens lassen sich wie folgt simulieren:

Werte in GE			**Kundenforderungen**		
Monat	**Fakturen-erlöse inkl. MWSt.**	**Plan-ein-nahmen**	**Zunahme (SOLL)**	**Abnahme (HABEN)**	**Stand zum Ultimo**
1	2.360	4.968		2.608	5.188
2	3.540	4.716		1.176	4.012
3	4.720	3.186	1.534		5.546
4	5.900	4.366	1.534		7.080
5	5.900	5.310	590		7.670
6	7.080	5.428	1.652		9.322
7	4.720	4.838		118	9.204
8	3.540	6.254		2.714	6.490
9	5.900	5.192	708		7.198
10	4.720	5.192		472	6.726
11	4.720	5.310		590	6.136
12	5.900	4.956	944		7.080
1 - 12	**59.000**	**59.716**			

- **Erläuterungen zur Matrizenmultiplikation**

Die erste Matrix ist die "Umsatz"-Matrix. In der i-ten Zeile stehen die relevanten Umsätze zur Berechnung der gesamten Einnahmen des i-ten Monats. Der erste Wert der i-ten Zeile ist gleich dem Umsatz im i-ten Monat.

Der zweite Wert der i-ten Zeile ist gleich dem Umsatz des (i-1).ten Monats.

Der dritte Wert der i-ten Zeile ist gleich dem Umsatz des (i-2).ten Monats.

Die zweite Matrix ist die "Zahlungsverhalten"-Matrix. In der i-ten Spalte stehen die relevanten Kundenzahlungsverhaltens-Prozentsätze. Der erste Wert der i-ten Spalte ist gleich dem Prozentsatz jener Kunden, die im i-ten Monat im gleichen Monat bezahlen. Der zweite Wert der i-ten Spalte ist gleich dem Prozentsatz der Kunden, die im (i-1)-ten Monat nach einem Monat bezahlen usw.

Die gesamten Einnahmen des i-ten Monats erhält man, indem die i-te Zeile der ersten Matrix (relevante Umsätze) mit der i-ten Spalte der zweiten Matrix (relevantes Zahlungsverhalten) skalar multipliziert wird. Die gesamten Einnahmen des ersten Monats ergeben sich daher wie folgt:

2.360 x 0,20 + 6.600 x 0,30 + 5.032 x 0,50 = **4.968**

Die gesamten Einnahmen der zwölf Monate sind gleich den Diagonalelementen der Ergebnismatrix.

❍ **Plausibilitätskontrolle:**

Glaubt man das richtige Zahlungsverhalten der Kunden zu kennen, dann ist es zweckmäßig, die Richtigkeit an den Ist-Zahlen der Vorperiode zu testen.

❍ Bankverbindlichkeiten, langfristig

Für die langfristigen Bankverbindlichkeiten gibt es in der Regel Tilgungspläne. Die Planung dieser Position ist daher nicht schwierig. Wie Annuitätentilgungen schnell und übersichtlich durchgeführt werden können, wird im Kapitel 8.2. gezeigt.

❍ Verbindlichkeiten aufgrund von Warenlieferungen und Leistungen

Es gilt grundsätzlich das gleiche wie bei den Kundenforderungen, nur daß hier die geplante Verweildauer vom Planer selbst abhängt. Häufig ist bei der Planung der Lieferantenverbindlichkeiten die Skontoattraktivität der einzelnen Lieferanten von Bedeutung. Näheres dazu im Finanzmodul "Lieferantenkredit versus Bankkredit" bzw. "Wirtschaftliche Skontoausnützung" (siehe Kapitel 3.3.).

FB

Planbilanzen der Produktion-AG

FB 4.4.

❍ Ausgangssituation

Die Ist-Bilanzen der Produktions-AG sind im Kapitel 1 (Seiten 72 und 73) abgebildet.

Der Planungshorizont soll fünf Jahre betragen (2002 bis 2006).

❍ Planprämissen

Die Planprämissen lassen sich wie folgt zusammenfassen:

	2002	2003	2004	2005	2006
Umsatzanstieg	←		3% p.a.		→
MES/WES	←		4% p.a.		→
Personalkosten/Stg. p.a.	3%	3%	2%	2%	3%
Sonstige	←		2% p.a.		→
Pensionsrückstellung			1,5% der Personalkosten		
Sprungfixe Kosten in Mio GE	-	-	-	-	1
KÖSt.-Satz			35% p.a.		
Beteiligungserträge			KÖSt.-frei		
Sachinvestitionen in Mio GE	6	6	15	6	6
Finanzinvestitionen in Mio GE	-	0,8	0,8	0,8	0,9
Plan-Verweildauer:					
Debitoren	←		65 Tage		→
Kreditoren	←		150 Tage		→
Soll-Umschlagshäufigkeit bei den					
Roh-, Hilfs- u. Betriebsstoffen	2,5x	3x	3,5x	4x	4x
Ausschüttung			(Basis: Jahresüberschuß) 100%		
Investitionskredit					
in Mio GE (p= 7,5%)	-	-	5	-	-
Rückzahlung in Mio GE	-	-	1	1	1
Residualgröße 1			kurzfristige Bankverbindlichkeiten		
Residualgröße 2			Liquide Mittel		

Achtung:
Hier wurde vereinfachend weder bei den Kundenforderungen noch bei den Lieferantenverbindlichkeiten die MWSt. berücksichtigt.

FB 4.4.

❍ Planerfolgsrechnungen 2002 bis 2006

		2002	
		Mio GE	%
	UMSATZ	215,0	96,0
+/-	Bestandsveränderung		
+	Eigenleistung		
+	Sonstige betriebliche Erträge	9,0	4,0
=	**BETRIEBSLEISTUNG**	**224,0**	**100,0%**
-	MES/WES	-60,0	-26,8%
=	**DECKUNGSBEITRAG 1 "(DBU)"**	**164,0**	**73,2%**
-	Personalaufwand	-107,0	-47,8%
-	Dot. Pensionsrückstellung	-1,6	-0,7%
-	Sonstige ausgabenw. Fixkosten	-41,0	-18,3%
-	Sprungfixe Kosten	0,0	0,0%
-	Abschreibungen	-8,0	-3,6%
=	**Betriebserfolg (=EBIT)**	**6,4**	**2,9%**
+	Beteiligungserträge	3,0	1,3%
-	Zinskosten (p=10%)	-0,9	-0,4%
-	Fremdkap. Zinsen, langfristig	-0,1	0,0%
+	Zinsertrag BankGH (p=4%)	0,2	0,1%
+	Wertpapiererträge	2,0	0,9%
=	Finanzerfolg	4,2	1,9%
=	**Ergebnis d. gew. Gesch. Tätigk. (=EGT)**	**10,6**	**4,7%**
-	KÖSt (35%)	-2,5	-1,1%
=	**JAHRESÜBERSCHUSS**	**8,1**	**3,6%**
-	Dot./+Aufl. Rücklagen		
-	Dot./+Aufl. Investitionsbegünstigung	-0,4	
+	Gewinn- /-Verlustvortrag	8,0	
=	**Bilanzgewinn/ -verlust**	**15,7**	**7,0%**

Break-Even-Analyse:

CASH-FLOW-POINT	196	87,7%
BREAK-EVEN-POINT	209	93,5%
ZIELUMSATZ bei 5% UMSATZRENDITE	225	100,4%

Die Planwerte bauen auf den betriebswirtschaftlich berichtigten Ist-Werten 2001 auf.

Dadurch, daß der Waren- bzw. Materialeinsatz jährlich um einen Prozentpunkt höher steigt als der Umsatz, senkt sich der DBU von 73,2% im Jahr 2002 auf 72% im Jahr 2006.

Weil die Erfolgsprognose als stufenweise Deckungsbeitragsrechnung ausgeprägt ist, konnte für jedes der fünf Planjahre der Cash-Flow-Point, der Break-Even-Point und der Zielumsatz bei einer 5%-igen Plan-Umsatzrendite ermittelt werden.

2003		2004		2005		2006	
Mio GE	%	Mio GE	%	Mio GE	%	Mio GE	%
221,5	96,1	228,1	96,2	234,9	96,3	242,0	96,4
9,0	3,9	9,0	3,8	9,0	3,7	9,0	3,6
230,5	**100%**	**237,1**	**100%**	**243,9**	**100%**	**251,0**	**100%**
-62,4	-27,1%	-64,9	-27,4%	-67,5	-27,7%	-70,2	-28,0%
168,1	**72,9%**	**172,2**	**72,6%**	**176,4**	**72,3%**	**180,8**	**72,0%**
-110,2	-47,8%	-112,4	-47,4%	-114,7	-47,0%	-118,1	-47,1%
-1,7	-0,7%	-1,7	-0,7%	-1,7	-0,7%	-1,8	-0,7%
-41,8	-18,1%	-42,7	-18,0%	-43,5	-17,8%	-44,4	-17,7%
0,0	0,0%	0,0	0,0%	0,0	0,0%	-1,0	-0,4%
-8,0	-3,5%	-9,0	-3,8%	-9,0	-3,7%	-9,0	-3,6%
6,4	**2,8%**	**6,4**	**2,7%**	**7,5**	**3,1%**	**6,5**	**2,6%**
3,0	1,3%	4,0	1,7%	4,0	1,6%	4,0	1,6%
-0,1	0,0%	0,0	0,0%	0,0	0,0%	0,0	0,0%
0,0	0,0%	-0,2	-0,1%	-0,3	-0,1%	-0,2	-0,1%
0,0	0,0%	0,2	0,1%	0,2	0,1%	0,4	0,2%
2,0	0,9%	2,0	0,8%	2,0	0,8%	2,0	0,8%
4,9	2,1%	6,0	2,5%	5,9	2,4%	6,2	2,5%
11,3	**4,9%**	**12,4**	**5,2%**	**13,5**	**5,5%**	**12,8**	**5,1%**
-2,8	-1,2%	-2,6	-1,1%	-3,2	-1,3%	-2,9	-1,2%
8,5	**3,7%**	**9,8**	**4,1%**	**10,3**	**4,2%**	**9,8**	**3,9%**
-0,4		-0,9		-0,4		-0,4	
7,6		7,3		6,4		6,0	
15,8	**6,8%**	**16,2**	**6,8%**	**16,3**	**6,7%**	**15,5**	**6,2%**

202	87,6%	205	86,6%	211	86,3%	218	87,0%
215	93,3%	220	92,8%	225	92,4%	233	92,9%
231	100,2%	236	99,6%	242	99,2%	251	99,9%

FB 4.4.

Der Betriebserfolg (= EBIT) bleibt während des gesamten Planungszeitraumes nahezu unverändert.

Beim Finanzerfolg sind die Positionen Zinskosten und Zinserträge aus Bankguthaben wie folgt errechnet worden:

- Als Basis für die 10%-igen Zinskosten diente der jeweilige Anfangsbestand der kurzfristigen Bankkredite (Residualgröße 1).
- Bei den Zinserträgen sind 4% des Anfangsbestandes der liquiden Mittel (Bankguthaben) angesetzt worden (Residualgröße 2).

FB 4.4.

❍ Planbilanzen 2002 bis 2006

(Werte in Mio GE)	2002	
Sachanlagevermögen	21,0	
Finanzanlagevermögen	32,0	
Anlagevermögen	**53,0**	**34%**
Liquide Mittel (Kassa, Bankguth.)	**0,0**	
Roh-, Hilfs- und Betriebsstoffe	24,0	
Unfertige Erzeugnisse	16,0	
Fertige Erzeugnisse und Waren	17,0	
Debitoren	38,3	
Sonstige Forderungen	7,0	
Rechnungsabgrenzung	1,0	
Umlaufvermögen	**103,3**	**66%**
A K T I V A	**156,3**	**100%**
Eigenkapital	**37,0**	**24%**
Pensionsrückstellung	36,6	
Sonstige Rückstellungen	25,0	
Bankverbindlichkeiten, kurzfr.	**1,0**	
Bankverbindlichkeiten, langfr.	1,0	
Verbindlichkeiten aus L.+L.	24,7	
Sonst. Verbindlichkeiten	30,0	
Rechnungsabgrenzung	1,0	
Fremdkapital	**119,3**	**76%**
P A S S I V A (=GESAMTKAPITAL)	**156,3**	**100%**

Auch die Planbilanzen basieren auf der Ist-Bilanz 2001. Es sind die auf den Vorseiten aufgezeigten Planprämissen verarbeitet worden. Aus Gründen der Vereinfachung sind einige Positionen unverändert weitergeführt worden.

❍ Vorrats-Check

Etwas genauer sollen die Roh-, Hilfs- und Betriebsstoffe unter die Lupe genommen werden.

Zunächst ein Szenario über die differenzierte Ist-Umschlagshäufigkeit 2001.

2003		2004		2005		2006	
19,0		25,0		22,0		19,0	
32,8		33,6		34,5		35,3	
51,8	**33%**	**58,6**	**35%**	**56,5**	**34%**	**54,3**	**32%**
4,9		**5,8**		**11,2**		**14,3**	
20,8		18,5		16,9		17,5	
16,0		16,0		16,0		16,0	
17,0		17,0		17,0		17,0	
39,4		40,6		41,8		43,1	
7,0		8,0		8,0		8,0	
1,0		1,0		1,0		1,0	
106,1	**67%**	**107,0**	**65%**	**111,9**	**66%**	**117,0**	**68%**
157,9	**100%**	**165,6**	**100%**	**168,4**	**100%**	**171,3**	**100%**
37,0	**23%**	**37,0**	**22%**	**37,0**	**22%**	**37,0**	**22%**
38,3		39,9		41,7		43,4	
25,0		25,0		25,0		25,0	
0,0		**0,0**		**0,0**		**0,0**	
0,0		4,0		3,0		2,0	
25,6		26,7		27,7		28,8	
31,0		32,0		33,0		34,0	
1,0		1,0		1,0		1,0	
120,9	**77%**	**128,6**	**78%**	**131,4**	**78%**	**134,3**	**78%**
157,9	**100%**	**165,6**	**100%**	**168,4**	**100%**	**171,3**	**100%**

FB 4.4.

	Berichtigte-Ist-Bestände x) in Mio GE			Berichtigter Einsatz 2001 in Mio GE	Herstellungs kosten xx) 2001 in Mio GE	Ist-Umschlags-häufigkeit 2001
	Ende 2001	Ende Vorjahr	Ø 2001 (AB+EB)/2			
Roh-, Hilfs- und Betriebsstoffe	**26**	**24**	**25,0**	**50**		**2,0 x**
unfertige Erzeugnisse	16	15	15,5		98	3,6 x
Fertigerzeugnisse	14	9	11,5			
Handelsware	**3**		**1,5**	**8**		**5,3 x**
GESAMT	**59**	**48**	**53,5**	**58**	**98**	

x) Berichtigt heißt hier: um stille Reserven erhöhte Bestände

xx) 50% der Erzeugungserlöse = Herstelllungskosten (= 98 Mio GE)

		Σ	**HW**	**Erzg.**
	Fakt.-Erlöse	202	12	190
+	Best. Erhö. 1/2 + 1/1 Ware	6	-	6
	Gesamt	208	12	196

Die Ist-Umschlagshäufigkeit bei Roh-, Hilfs- und Betriebsstoffen beträgt 2. Diese Kennzahl basiert auf einem durchschnittlichen, berichtigten Bestand.

Das Handelswarenlager hat sich 2001 5,3 mal umgeschlagen.

Weil der Bestand an Halb- und Fertigfabrikaten zu Herstellungskosten bewertet wurde, müssen zur Ermittlung der Ist-Umschlagshäufigkeit die Herstellungskosten des Gesamtumsatzes herangezogen werden. Der Ist-Umschlag der 1/2 und 1/1 Ware beträgt 3,6 mal.

Die Ermittlung differenzierter Umschlagshäufigkeiten ist unerläßlich, weil eine globale Betrachtung für eine effiziente Abschätzung des Überlagerpotentials völlig ungeeignet ist.

Abschließend ein kleiner Check, der zeigen soll, ob bei den Roh-, Hilfs- und Betriebsstoffen einerseits und Handelsware andererseits Lagerabbaupotentiale vorhanden sind. Die in der Folge durchgeführten Berechnungen basieren auf den Erkenntnissen des Formblattes "Ermittlung des Überlager-Potentials", das im Kapitel 6 vorgestellt wird. Umseitige Berechnungen sind statistisch abgesichert.

❍ **Welche Plan-UH-Tabelle ist zu verwenden?**

❍ **für Roh-, Hilfs- und Betriebsstoffe:**
BM = 3-fache NF wd. WBZ
V = 0,8 SG = 95% WBZ = 1Mo.

❍ **für Handelsware**
BM = 2-fache NF wd. WBZ
V = 0,8 SG = 95% WBZ = 1Mo.

Ein echt einsparbares Überlager von 8,5 Mio GE konnte nur bei den Roh-, Hilfs- und Betriebsstoffen geortet werden. Bei der Handelsware ist die Soll-UH lt. Tabelle (Kap. 6) nahezu kongruent mit der Ist-UH, weshalb eine signifikante Lagersenkung in diesem Bereich nicht möglich ist.

	Roh-, Hilfs- u. Betriebsstoffe	Handels-ware
a) Input		
Wie hoch ist der Lagerbestand?		
❍ Rohstoffe in Mio GE	25	
❍ HW in Mio GE		1,5
Wie hoch ist der MES/WES?		
❍ Rohstoffe in Mio GE	50	
❍ HW in Mio GE		8
b) Ergänzende Informationen		
❍ Wie hoch soll der SG sein?	95%	95%
❍ Wie stark schwankt die Nachfrage? (V=?)	0,8	0,8
❍ Ø WBZ in Monaten	1	1
❍ Ø Bestellmenge in Monatsnachfragen		
Ist	3	2
Soll (Ist = O.K.)	3	2
c) Berechnungen		
Ist-UH	2	5,3
Soll-UH lt. Tabelle Kap. 6	**4,26**	**5,18**
= theoretisches Überlager in Mio GE	13,3	-
- abzüglich Dispositionsreserve (Durchschnitt 36%) in Mio GE	4,8	-
= tats. abbaubares Überlager in Mio GE	8,5x)	-

x) Dieses realistische, weil durch 36%ige Dispositionsreserve abgesicherte Einsparungspotential von 8,5 Mio GE soll innerhalb von fünf Jahren abgebaut werden.

❍ Residualgrößen "Bankverbindlichkeiten" und "Bankguthaben"

Diese Residualgrößen werden durch eine Kapitalflußrechnung hergeleitet und stellen sich umseitig wie folgt dar:

FB 4.4.

Kapitalflußrechnung in Mio GE		**2002**
=	Ergebnis d. gewöhnl. Geschäftstätigkeit	10,6
+	Erhöhg. Abfertig.-, Pensionsrückstellung	1,6
+	Abschreibungen	8,0
=	***operativer Cash-Flow vor KÖSt***	**20,2**
-	KöSt.	-2,5
+	Minderung/-Erhöhg. Working Capital	-0,6
-	Investitionen	-6,0
-	Investitionen Finanzanlagevermögen	0,0
=	***Free Cash-Flow***	**11,1**

Working Capital		**2002**	
		Mio GE	Basis
	Roh-, Hilfs- und Betriebsstoffe/UH	24,0	2,5x
	Unfertige Erzeugnisse	16,0	
	Fertige Erzeugnisse und Waren	17,0	
	Debitoren	38,3	215
-	Lieferantenverbindlichkeiten	-24,7	-60
=	**Zwischensumme**	**70,6**	
+	Sonst. Forderungen u. RA	8,0	
-	Sonst. Rückstellungen	-25,0	
-	Sonst. Verbindlichk. u. RA	-31,0	
=	***Working Capital***	**22,6**	
	+Minderung/-Erhöhung gg.Vorjahr	**-0,6**	

Entwicklung der liquiden Mittel und der kurzfr. Bankverbindlichkeiten		**2002**
	AB +Liquide M./-Bankverbindlichkeiten	-3,0
+	Free Cash-Flow	11,1
+	Darlehen / -Tilgungen	-1,0
-	Ausschüttung	-8,1
=	***EB +Liquide M./-Bankverbindlichk.***	**-1,0**

Die Entwicklung des Free Cash-Flow ist günstig. Hauptursachen: steigender operativer Cash-Flow vor KÖSt und Reduktion des Working Capital durch Lagerabbau.

Im Jahr 2004 wird der Free Cash-Flow - bedingt durch eine Großinvestition - deutlich niedriger sein als in den übrigen Jahren.

2003	2004	2005	2006
11,3	12,4	13,5	12,8
1,7	1,7	1,7	1,8
8,0	9,0	9,0	9,0
20,9	**23,1**	**24,2**	**23,5**
-2,8	-2,6	-3,2	-2,9
4,0	2,1	2,5	0,2
-6,0	-15,0	-6,0	-6,0
-0,8	-0,8	-0,8	-0,9
15,4	**6,8**	**16,7**	**13,9**

2003		2004		2005		2006	
Mio GE	Basis	Mio GE	Basis	Mio GE	Basis	Mio GE	Basis
20,8	3x	18,5	3,5x	16,9	4x	17,5	4x
16,0		16,0		16,0		16,0	
17,0		17,0		17,0		17,0	
39,4	221	40,6	228	41,8	235	43,1	242
-25,6	-62	-26,7	-65	-27,7	-67	-28,8	-70
67,6		**65,5**		**64,0**		**64,8**	
8,0		9,0		9,0		9,0	
-25,0		-25,0		-25,0		-25,0	
-32,0		-33,0		-34,0		-35,0	
18,6		**16,5**		**14,0**		**13,8**	
+4,0		**+2,1**		**+2,5**		**+0,2**	

2003	2004	2005	2006
-1,0	4,9	5,8	11,2
15,4	6,8	16,7	13,9
-1,0	4,0	-1,0	-1,0
-8,5	-9,8	-10,3	-9,8
4,9	**5,8**	**11,2**	**14,3**

FB 4.4.

Die Entwicklung der Residualgröße "liquide Mittel und kurzfristige Bankverbindlichkeiten" verläuft - trotz Vollausschüttung - ebenfalls recht zufriedenstellend.

FB 4.4.

❍ Beurteilung der Planbilanzen durch Quicktest

	2002	2003	2004	2005	2006
Eigenkapital-quote	23,7%	23,4%	22,3%	22,0%	21,6%
Schuldtilgungs-dauer in Jahren	5,9 J	5,5 J	5,3 J	5,0 J	5,1 J
Gesamtkapital-rentabilität	7,4%	7,2%	7,6%	8,2%	7,6%
Cash-Flow in % der BL	9,0%	9,1%	9,8%	9,9%	9,4%

Wird das im Kapitel 1 (Seite 32) empfohlene Beurteilungsschema herangezogen, gelten folgende Beurteilungsnoten:

	2002	2003	2004	2005	2006
FINANZIELLE STABILITÄT	**2,5**	**2,5**	**2,5**	**2**	**2,5**
ERTRAGSLAGE	**3**	**3**	**3**	**2,5**	**3**
GESAMT	**2,75**	**2,75**	**2,75**	**2,25**	**2,75**

1 = sehr gut 5 = insolvenzgefährdet

❍ Zur Abrundung des Erkenntnisbildes: Frühwarnindikatoren

Die Ergebnisse des Quicktests korrelieren gut mit den Diskriminanzfunktionen (Frühwarnindikatoren).

Jahr	Diskriminanz-funktion	Beurteilung
2002	1,50	Diskriminanz-funktionen um 1,5 können als mittelgut interpretiert werden
2003	1,54	
2004	1,59	
2005	1,66	
2006	1,57	

FB 4.4.

❍ **Resümee**

Das Unternehmen kann während des Planungszeitraumes als "gleichbleibend - mittelgut" beurteilt werden. Weiterführende Untersuchungen durch "erweiterte Kennzahlenanalyse" und interne Kennzahlen, die nicht aus den Jahresabschlüssen hergeleitet werden können, sind unbedingt zu empfehlen.

5. INVESTITIONSENTSCHEIDUNGEN VORBEREITEN UND TREFFEN

Investitionsentscheidungen und mit ihnen der gesamte Prozeß der Entscheidungsvorbereitung gehören zu den wichtigsten unternehmerischen Aufgaben, weil durch sie große Geldbeträge langfristig gebunden werden. Bei Fehlentscheidungen leiden sowohl die Rentabilität als auch die Liquidität über mehrere Jahre, im Extremfall kann sogar die Existenz gefährdet sein.

Aufgabe der Investitionsrechnung ist es, die Ausgaben- und Einnahmenströme während der Nutzungsdauer - verteilt auf die Jahresperioden - so gegenüber zu stellen, daß die Einnahmenüberschüsse (= investitionsrelevante Cash-Flows, auch Nutzen genannt) der einzelnen Jahre eine Aussage in bezug auf die Vorteilhaftigkeit des Investitionsprojektes erlauben.

❍ Wie verteilt sich der Zeitaufwand bei der Beurteilung von Investitionsprojekten?

Liest man eines der vielen hervorragenden Bücher über Investitionsentscheidungen und Investitionsrechnung (siehe Literaturempfehlungen im Kapitel 11), dann erhält man den Eindruck, daß 99% des Zeitaufwandes auf das Rechnen entfällt. Über die Strukturierung des Problems und die Erarbeitung der Berechnungsgrundlagen wird meistens kein Wort verloren. In der Praxis ist aber der Rechenaufwand, gemessen am gesamten Zeitaufwand, sehr gering.

Der Autor schätzt, daß sich der Zeitaufwand bei der Beurteilung von Investitionsprojekten wie folgt verteilt:

- ❍ Strukturierung des Problems und Erarbeitung der Berechnungsgrundlagen 90-95%
- ❍ Rechenaufwand 1%
- ❍ Interpretation und Präsentation 4-9%

5.1. WIE WIRD EIN INVESTITIONSPROJEKT STRUKTURIERT?

Eine gute Strukturierung des Investitionsproblems ist aus folgenden Gründen von großer Bedeutung:

1. Überprüfung (Plausibilitätskontrolle) und Vollständigkeitskontrolle aller Eingabedaten (Inputs)
2. Gute Nachvollziehbarkeit (besonders wichtig für die Projektprüfer)

In der Praxis hat sich für die Strukturierung von Investitionsproblemen die **Tabellenform gut bewährt**.

Zunächst muß ein Fragenkatalog erstellt werden, der beim Interview mit den sachkundigen Auskunftspersonen auszufüllen ist. Der ausgefüllte Fragenkatalog bildet die Grundlage für das Strukturierungs-Tableau. Dieses ist wieder die Basis für die eigentliche Investitionsrechnung.

Die grundsätzliche Vorgangsweise beim Strukturieren wird an einem Handelsbetrieb und einem Industriebetrieb demonstriert.

CHECKLISTE

❍ **Strukturierung in einem Handelsbetrieb (Annahme: Eine neue Filiale soll eröffnet werden)**

❍ **Fragenkatalog**

1. Wie hoch sind die Investitionsausgaben?
2. Wie hoch ist das investitionsrelevante "Working Capital"?
3. Wie lange können die Investitionsausgaben genutzt werden? (Nicht die Lebensdauer, sondern die Nutzungsdauer ansetzten!)
4. Welcher Liquidationswert kann für die Investitionsausgaben nach der Nutzungsdauer erwartet werden?
5. Ist eine Valorisierung der investitionsrelevanten Einnahmen und Ausgaben notwendig oder kann sie vernachlässigt werden?
6. Mit welchem Sales-Mix (Umsätze und Spannen - getrennt nach Warengruppen) rechnet man während der Nutzungsdauer? (Wie verläuft der Trend?)
7. Welche Ausgaben (Verpackungsmaterial, Personal, Raumkosten, Werbung, Instandhaltung, sonstige relevante aus-

gabenwirksame Gemeinkosten) werden während der Nutzungsdauer anfallen?

8. Wie lange wird die Bauzeit betragen?
9. Sind Eröffnungsaktionen geplant (Initialwerbung)?
10. Wie wird die Konkurrenz auf die geplante Filialeröffnung reagieren? (Wie hoch werden die Preisnachlässe während der Eröffnungsphase sein?)
11. Wie hoch ist der Ertragsteuersatz?
12. Werden steuerliche Investitionsbegünstigungen in Anspruch genommen?
13. Wie hoch ist ein eventueller Verlustvortrag?

❍ Strukturierungs-Tableau für Handelsbetrieb

	–		+	+	–						=
Periode	Investitionsausgaben		Liquidationswert	DB lt. Sales Mix	Fixe Ausgaben						Investitionsrelevanter Cash-Flow
	AV	NWC			Personal	Raum	Instandhaltung	Werbung		Sonstiges	
								initial	normal		
0											
1											
2											
3											
4											
5											
6											
7											
8											

AV = Anlagevermögen

NWC = Net Working Capital (= Umlaufvermögen - zinsenloser Lieferantenkredit)

SALES MIX für das erste Jahr

Warengruppe	1	2	3	4	5	6	7	8	9	10	Σ Ø
Plan-U											
Plan-DBU											
Plan-DB											

❍ Strukturierung in einem Industriebetrieb (Annahme: Ersatzinvestition einer Maschine)

❍ Fragenkatalog

1. Wie hoch sind die Investitionsausgaben?

CHECKLISTE

2. Wie hoch ist das investitionsrelevante "Working Capital"?
3. Wie lange können die Investitionsausgaben genutzt werden ? (Nicht die Lebensdauer, sondern die Nutzungsdauer ansetzen!)
4. Welcher Liquidationswert kann für die Investitionsausgaben nach der Nutzungsdauer erwartet werden?
5. Ist eine Valorisierung der investitionsrelevanten Einnahmen und Ausgaben notwendig oder kann sie vernachlässigt werden?
6. Wie werden Energie- und Instandhaltungskosten verlaufen?
7. Muß eine Anlaufzeit berücksichtigt werden? Wenn ja, wie lange und mit welchem Produktionsausfall?
8. Hat die neue Maschine eine höhere Leistung als die alte? Wenn ja, welche? Ist die Mehrleistung am Markt absetzbar?
9. Ist die Fertigungsqualität bei der neuen Maschine höher als bei der alten? Wenn ja, wird die bessere Qualität vom Kunden bezahlt oder durch Zusatzumsätze belohnt oder durch beides oder überhaupt nicht?
10. Wie hoch ist der Ertragsteuersatz?
11. Werden steuerliche Investitionsbegünstigungen in Anspruch genommen?
12. Wie hoch ist ein eventueller Verlustvortrag?

❍ Strukturierungs-Tableau für Industriebetrieb

	-		+	+		-				=
	Investitions-ausgaben			**mehr DB**		**Fixe Ausgaben**				
Periode	**AV**	**NWC**	**Liqui-dations-wert**	**aus Menge**	**aus Preis (Qualität)**	**Personal**	**Energie**	**Instand-haltung**	**Sonstiges**	**Investi-tionsre-levanter Cash-Flow**
0										
1										
2										
3										
4										
5										
6										

AV = Anlagevermögen

NWC = Net Working Capital (= Umlaufvermögen - zinsenloser Lieferantenkredit)

CHECKLISTE

❍ Wichtige Begriffe bei der Ermittlung der investitionsrelevanten Grundlagen

Investitionstermini	Erläuterungen, Empfehlungen und Hinweise
Investitionsrelevantes Umlaufvermögen	Dieser Teil der Investitionsausgaben fließt am Ende der Nutzungsdauer bzw. der n-jährigen Betrachtungsdauer zur Gänze zurück.
Lebensdauer, Nutzungsdauer oder Betrachtungsdauer?	Nie steuerliche Abschreibungsdauer bzw. wirtschaftliche Lebensdauer ansetzen! Am Ende der Nutzungs- bzw. Betrachtungsdauer ist der Liquidationswert zu berücksichtigen!
Ertragsteuern	Aufpassen, ob ein eventueller Verlust des Investitionsprojektes voll im ersten Jahr genutzt werden kann. Wenn nicht, Verlustvortrag auf mehrere Jahre simulieren! Liquidationserlöse müssen mit Buchwerten verkaufter Anlagen saldiert werden.
Zusatz-deckungsbeitrag	Achtung: Umsatzerhöhungen verringern oft den DBU (= DB in % des Umsatzes) Bei simultaner Fertigung: Opportunitätskosten aus dem Dualprogramm der linearen Optimierung ansetzen! (Siehe auch Kap. 10)
Veränderungen bei den fixen Ausgaben ❍ Instandhaltung ❍ Personal	 Formeln für praxisnahe Instandhaltungsverläufe verwenden! (Siehe Kap. 9) Richtige Gehalts- und Lohnnebenkosten ansetzen!
Liquidationswert Gebäude	Eventuell Formel verwenden, welche die progressive Altersentwertung berücksichtigt (Just/Bruckner, Verkehrswert von Grundstücken gemäß Bundesbaugesetz, Düsseldorf 1961)
Initialwerbung	zusätzlich zur "normalen" Werbung, wenn Initialwerbung relevant
Probebetrieb während Anlaufphase	Besonders bei Maschineninvestitionen relevant!

5.2. DAS INSTRUMENTARIUM DER INVESTITIONSRECHNUNG

Bevor mit der eigentlichen **Investitionsrechnung begonnen** werden kann, sind die wichtigen und meist zeitaufwendigen **Vorerhebungen zur Ermittlung der Investitionsausgaben und des relevaten Nutzens durchzuführen**.

Investitionsobjekt

INPUT

Investitionsausgaben	Relevanter Nutzen
❍ Anlagevermögen	❍ Zusatz DB
❍ Umlaufvermögen (investitionsrelevantes Net Working Capital)	❍ Opportunitätskosten
	❍ Kosteneinsparung
	❍ Instandhaltungsverläufe
	❍ Sprungfixe Ausgaben
	❍ Liquidationserlös
	❍ Ertragsteuern

INVESTITIONSRECHNUNG

❍ **Wichtiger Hinweis**

Zu den Inputs

❍ investitionsrelevantes Net Working Capital
❍ Ertragsteuern

werden gleich anschließend Erläuterungen gegeben.

Die Opportunitätskosten werden ausführlich im Kapitel 10, die Instandhaltungsverläufe sehr praxisbezogen im Kapitel 9 erklärt.

❍ **Wichtige zusätzliche Investitionsmodule**
❍ **Investitionsrelevantes Umlaufvermögen und Net Working Capital**

Bei den meisten Investitionsprojekten muß neben der Sachinvestition auch das investitionsrelevante Umlaufvermögen bereitgestellt werden. Dieses Umlaufvermögen umfaßt die Positionen "Kundenforderungen" und "Vorräte"; es kann gegebenenfalls um zinsenlose Lieferantenkredite verringert werden. Am Ende der Betrachtungs- oder Nutzungsdauer fließt das investitionsrelevante Umlaufvermögen bzw. das Net Working Capital in voller Höhe als Liquidationserlös zurück.

Anschließend werden die Formeln zur Berechnung der einzelnen Positionen des Umlaufvermögens bzw. das "Net Working Capital" dargestellt.

$$\textbf{Plan - KUFO} = \frac{\text{investitionsrelevanter Zusatzumsatz p.a.} \times \text{Verweildauer in Tagen}}{365}$$

+ **Plan - ROHSTOFFBESTÄNDE =**

$$\frac{(\text{investitionsrelevanter Zusatzumsatz p.a.} \times \text{Mat. Intensität} / 100) \times \text{Verweildauer in Tagen}}{365}$$

+ **Plan - FERTIGWARENBESTÄNDE =**

$$\frac{\left\{\begin{array}{l}\text{investitionsrelevante Zusatzbetriebsleistung p.a.} \\ - \text{Plan-Cash-Flow für Zusatzbetriebsleistung}\end{array}\right\} \times \text{Verweildauer in Tagen}}{365}$$

+ **Plan - HALBFABRIKATEBESTÄNDE =**

$$\frac{\left(\text{zusätzliche Materialkosten p.a.} + \frac{\text{investitionsrelevante Zusatzbetriebsleistung} - \text{Plan-Cash-Flow für Zusatzbetriebsleistung} - \text{zusätzliche Materialkosten}}{2}\right) \times \text{Verweildauer in Tagen}}{365}$$

Fortsetzung auf der nächsten Seite.

= INVESTITIONSRELEVANTES UMLAUFVERMÖGEN
– PLAN - LIEFERANTENVERBINDLICHKEITEN (zinsenlos)

Formel: $\dfrac{\text{investitionsrelevanter Zusatzeinkauf p.a.} \times \text{Verweildauer in Tagen}}{365}$

= INVESTITIONSRELEVANTES "NET WORKING CAPITAL"

❍ Schema für Ermittlung der Ertragsteuern

Jahr	investitionsrelevanter Nutzen vor Est.	Basis für Ertragsteuer					Ertragsteuer	
		AfA	Investitionsbegünstigung	Restbuchwert verkaufter Anlagen	Fremdkapitalzinsen	BASIS	%	Betrag
1	**80**	10	150		20	**-100**	40	**-40**
2	**100**	10			16	**74**	40	**30**
3	**90**	10			12	**68**	40	**27**
4	**80**	10			8	**62**	40	**25**
5	**70**	10			4	**56**	40	**22**
Ende 5 (UV)	**120**					**120**		**0**
Ende 5 (Grund)	**300**					**300**		**0**
Ende 5 (Gebäude)	**200**			70		**130**	40	**52**
Gesamt	**1.040**	**50**	**150**	**70**	**60**	**710**		**116**

Achtung:
Die Steuerersparnis im ersten Jahr darf nur dann angesetzt werden, wenn sie relevant ist, d.h., wenn der Periodengewinn des Gesamtbetriebes mindestens so hoch ist wie die negative Ertragsteuerbasis.

❍ Übersicht Instrumentarium

Das Instrumentarium der Investitionsrechnung ist sehr vielschichtig und umfangreich. Das zeigt die folgende Tabelle deutlich.

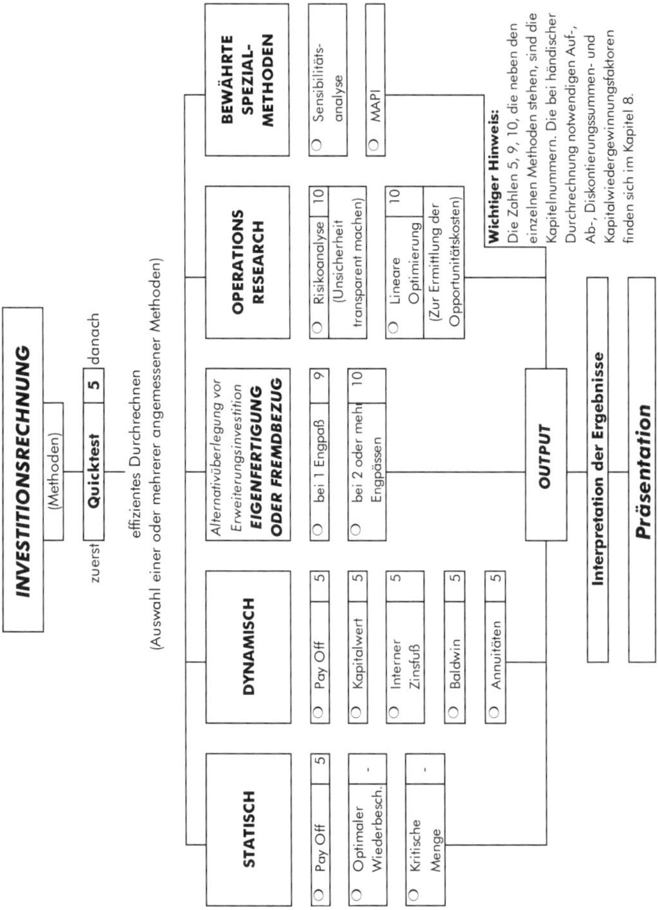

5.3. DIE DYNAMISCHEN METHODEN

Die dynamischen Investitionsrechnungsmethoden sind:

- Quicktest
- Amortisations-Methode (Pay Off)
- Kapitalwert-Methode
- Interne Zinsfuß-Methode
- Modifizierte interne Zinsfuß-Methode (Baldwin)
- Annuitäten-Methode

Alle Methoden werden kurz erklärt und anschließend in einem Fallbeispiel zahlenmäßig durchgerechnet.

5.3.1. Quicktest

Für eine erste Aussage ist der Quicktest sehr empfehlenswert. Es müssen die **Investitionsausgaben mit** den entsprechenden **Kapitalwiedergewinnungsfaktoren multipliziert** werden. Beim **Produkt** handelt es sich um den **jährlich durchschnittlich notwendigen investitionsrelevanten Nutzen**. Ist der zu erwartende Jahresnutzen höher, dann ist das Investitionsprojekt vorteilhaft, ist er niedriger, dann sollte von der Realisierung des Projektes Abstand genommen werden.

Investitions-ausgaben	x	**Kapitalwieder-gewinnungs-faktor**	=	**Ø notwendiger investitions-relevanter Cash-Flow**

5.3.2. Amortisations-Methode

Bei dieser Methode wird die Amortisationsdauer (Pay Off Period) in Jahren festgestellt. Dazu werden die relevanten Jahresnutzenbeträge solange von den Investitionsausgaben in Abzug gebracht, bis diese voll gedeckt sind. Die Amortisations-Methode kann nicht nur dynamisch sondern auch statisch durchgeführt werden. Weil bei der statischen Amortisations-Methode auf eine Abzinsung der Jahresnutzenbeträge verzichtet wird, ist die Amortisationsdauer (Pay Off Period) bei der statischen Methode kürzer als bei der dynamischen.

5.3.3. Kapitalwert-Methode

Der Kapitalwert (Net Present Value) ist der Differenzbetrag zwischen Barwert der Investitionsausgaben und Barwert der investitionsrelevanten Cash-Flows. Anders ausgedrückt: **Er ist die Summe der auf den Zeitpunkt Null abgezinsten Aus- und Einzahlungen. Je höher der gewählte Zinssatz, desto geringer ist der Kapitalwert und umgekehrt.**

$$K_0 = \sum_0^n \frac{Z_t}{(1+i)^t} = \sum_0^n \frac{Z_t}{q^t}$$

wobei:
K_0 .... Barwert
Z_t .... Aus- und Einzahlungen in Periode t
p .... Prozentsatz (z.B. 10)
n .... Laufzeit der Investition
i = p/100 z.B. 0,1
q = 1 + i z.B. 1,1

bei 10%:

$$K_0 = -\frac{100}{1{,}1^0} + \frac{30}{1{,}1^1} + \frac{40}{1{,}1^2} + \frac{50}{1{,}1^3} =$$

$$= -\frac{100}{1{,}1^0} + \frac{30}{1{,}1^1} + \frac{40}{1{,}1^2} + \frac{50}{1{,}1^3} =$$

$$= -100 + 27 + 33 + 38 =$$

= **–2 Barwert (= negativer Kapitalwert)**

Der Kapitalwert kann positiv oder negativ sein. Ist er positiv, dann spricht das für eine Realisierung des Investitionsprojektes, weil die mit einem bestimmten vorgegebenen Zinsfuß abgezinsten investitionsrelevanten Nutzen höher sind als der Barwert der Investitonsausgaben.

5.3.4. Interne Zinsfußmethode

Der interne Zinsfuß (Internal Rate of Return) zeigt auf, welche Effektivrendite beim Investitionsprojekt erwartet werden darf. **Der interne Zinsfuß ist jener Zinsfuß, bei dem der Kapitalwert null ist**. Für die händische Ermittlung des internen Zinsfußes müssen zunächst zwei Kapitalwertmethoden durchgeführt werden, wobei die Versuchszinssätze so gewählt werden müssen, daß der Kapitalwert einmal negativ und einmal positiv ist. Aus diesen beiden Ergebnissen wird durch lineares Interpolieren (siehe Kapitel 8.6.) der interne Zinsfuß ermittelt. Die beiden Versuchszinssätze dürfen nicht zu weit auseinander liegen, weil sonst der interne Zinsfuß zu ungenau sein würde.

Bei der internen Zinsfußmethode wird unterstellt, daß der investitionsrelevante Rückfluß mit dem internen Zinsfuß wiederveranlagt werden kann. Diese Unterstellung ist nicht immer realistisch.

$$K_0 = \sum_0^n \frac{Z_t}{(1+i)^t} = \sum_0^n \frac{Z_t}{q^t} = 0$$

$$K_0 = -\frac{100}{q^0} + \frac{30}{q^1} + \frac{40}{q^2} + \frac{50}{q^3} = 0$$

Obige Gleichung muß durch Ausprobieren mit verschiedenen Werten für q erfüllt sein. Durch Ausprobieren bzw. lineares Interpolieren erhält man schließlich den internen Zinsfuß von **9,1%**.

q	=	1,1	(10%)	K_0	=	–2
q	=	1,08	(8%)	K_0	=	+2
q	=	1,091	(9,1%)	K_0	=	0

5.3.5. Modifizierte interne Zinsfußmethode

Die interne Zinsfußmethode wird in der Praxis am häufigsten angewendet. Ein wesentlicher Nachteil dieser Methode besteht jedoch darin, daß eine Wiederveranlagung der Rückflüsse zum internen Zinsfuß unterstellt wird. Diese Unterstellung ist dann praxisfremd, wenn die internen Zinsfüße extrem hoch oder extrem niedrig sind, bzw. stark vom Wiederveranlagungszinsfuß (z.B. Gesamtkapitalrentabilität) abweichen.

In diesen Fällen muß die modifizierte interne Zinsfußmethode, nach ihrem Autor auch Baldwin-Methode gennnt, angewendet werden. **Die Baldwin-Methode hebt die Prämisse der**

Wiederveranlagung der Rückflüsse zum internen Zinsfuß auf und unterstellt, daß die freigesetzten Rückflüsse nicht zum internen Zinsfuß, sondern zu einem vom Investor vorgegebenen Kalkulationszinsfuß (z.B. der Prozentsatz der Gesamtkapitalrentabilität) veranlagt werden.

Die rechnerische Vorgangsweise besteht darin, daß die investitionsrelevanten Cash-Flows zunächst mit dem Kalkulationszinsfuß auf das Ende der Nutzungsdauer aufzuzinsen sind. Die Summe des Endwertes wird anschließend durch die Investitionsausgaben dividiert. Aus dem Quotienten wird die n-te Wurzel bezüglich der Laufzeit gezogen; man erhält den modifizierten internen Zinsfuß.

$$r^* = \sqrt[n]{\frac{\sum_{1}^{n} Z_t (1+i)^{n-t}}{Z_0}} - 1$$

wobei:
r* ...... modifizierter interner Zinsfuß
Zt....... Aus- oder Einzahlung in Periode t
n........ Laufzeit der Investition

$$r^* = \sqrt[3]{\frac{30x1,1^2 + 40x1,1^1 + 50x1,1^0}{100}} - 1$$

$$= \sqrt[3]{\frac{36 + 44 + 50}{100}} - 1$$

$$= \sqrt[3]{\frac{130}{100}} - 1$$

$$r^* = \mathbf{0,091\ (= 9,1\%)}$$

Der modifizierte interne Zinsfuß beträgt 9,1%. Hier ist gegenüber der klassischen internen Zinsfußmethode kein Unterschied festzustellen, weil die Differenz zwischen internem Zinsfuß (9,1%) und Wiederveranlagungszinsfuß (10%) zu gering ist. Hätte man auf zwei Dezimalstellen gerechnet, dann wäre der Baldwin-Prozentsatz geringfügig höher als der interne Zinsfuß ausgewiesen worden.

5.3.6. Annuitäten-Methode

Die Annuität einer Investition erhält man durch Transformierung des Kapitalwertes in eine Reihe gleichhoher Zahlungen zu den einzelnen Zahlungszeitpunkten des Planungszeitraumes der Investition. Diese Transformation erfolgt mit Hilfe der Kapitalwiedergewinnungs-Faktoren auch Annuitäts-Faktoren genannt. Man kann also sagen, daß die Annuitätenmethode eine Variante der Kapitalwertmethode ist. Eine Anwendungsmöglichkeit wurde bereits beim Quicktest gezeigt. Eine andere Anwendungsmöglichkeit wäre, die Kapitalwerte aus zwei oder mehr zu vergleichenden Investitionsprojekten mit unterschiedlicher Nutzungsdauer in vergleichbare Annuitäten umzuwandeln.

FB

Alle dynamischen Methoden im Vergleich

FB 5.1.

❍ Ausgangssituation

Es soll eine Maschine gekauft werden. Es liegen zwei Angebote vor, die bereits - wie im Kapitel 5.1. gezeigt - entsprechend strukturiert sind. Der Informationsstand stellt sich wie folgt dar:

	Maschine 1	Maschine 2
❍ **Investitionsausgaben**	100 GE	120 GE
❍ **Nutzungsdauer**	3 Jahre	4 Jahre
❍ **investitionsrelevanter Nutzen**		
• im 1. Jahr	30 GE	40 GE
• im 2. Jahr	40 GE	40 GE
• im 3. Jahr	50 GE	40 GE
• im 4. Jahr	-	40 GE
❍ **Liquidationserlös Ende 3. Jahr bzw. 4. Jahr**	0	0
❍ **Ertragsteuern**	keine	keine
❍ **erwarteter Mindestzinsfuß**	10%	10%

FB 5.1.

❍ Quicktest

Investitions-ausgaben	x	Kapitalwieder-gewinnungs-faktor	=	Ø notwendiger investitions-relevanter Cash-Flow

für Maschine 1:

100	x	0,4021 p=10%, n=3 J.	=	40,21

für Maschine 2:

120	x	0,3155 p=10%, n=4 J.	=	37,86

Ergebnis:
Maschine 2 erfüllt die Investitionskriterien, Maschine 1 nicht. Warum?

Maschine 2: 37,9 < 40 (Kriterium eindeutig erfüllt)
Maschine 1: 40,2 > 40 (Kriterium **nicht erfüllt**, aber beinahe)

❍ Kapitalwertmethode

für Maschine 1:

Jahr	investitions-relevanter Cash-Flow	Abzinsungs-faktor AB 10%	Barwert des Nutzens
1	30	0,909	27
2	40	0,826	33
3	50	0,751	38
Gesamt	**120**		**98**
abzüglich Barwert Investitionsausgaben			**-100**
= Kapitalwert (Net Present Value)			**-2**

FB 5.1.

für Maschine 2:

Jahr	investitions-relevanter Cash-Flow	Abzinsungs-faktor AB 10%	Barwert des Nutzens
1	40	0,909	36
2	40	0,826	33
3	40	0,751	30
4	40	0,683	27
Gesamt	**160**		**126**
abzüglich Barwert Investitionsausgaben			**-120**
= Kapitalwert (Net Present Value)			**6**

Ergebnis:
Durch die Kapitalwertmethode wird das Quicktest-Ergebnis bestätigt: Maschine 1 erreicht die 10%-Hürde nicht, weshalb ein **negativer Kapitalwert von 2 GE** in Kauf genommen werden muß. **Maschine 2** hat einen **positiven Kapitalwert von 6 GE** und sollte daher angeschafft (investiert) werden.

❍ **Interne Zinsfußmethode**

Der Kapitalwert bei der Maschine 1 ist bei einer Abzinsung von 10% mit 2 GE negativ. Es muß daher mit einem zweiten, niedrigeren Versuchszinsfuß (8%) eine neue Kapitalwertberechnung vorgenommen werden. Bei einer 8%igen Verzinsung der Flows ergibt sich ein positiver Kapitalwert von 2 GE. **Durch lineares Interpolieren (siehe Kapitel 8.6.) wird aus den beiden Versuchszinssätzen 10% und 8% der interne Zinsfuß von 9,1% errechnet.**

2. Versuchszinssatz (8%) für Maschine 1

Jahr	investitions-relevanter Cash-Flow	Abzinsungs-faktor AB 8%	Barwert des Nutzens
1	30	0,926	28
2	40	0,857	34
3	50	0,794	40
Gesamt	**120**		**102**
abzüglich Barwert Investitionsausgaben			**-100**
= Kapitalwert (Net Present Value)			**2**

Das prinzipiell gleiche Procedere wird auch bei Maschine 2 durchgeführt, wobei sich hier ein interner Zinsfuß von 12,7% ergibt.

2. Versuchszinssatz (8%) für Maschine 2

Jahr	investitions-relevanter Cash-Flow	Abzinsungs-faktor AB 15%	Barwert des Nutzens
1	40	0,870	35
2	40	0,756	30
3	40	0,658	26
4	40	0,572	23
Gesamt	**160**		**114**
abzüglich Barwert Investitionsausgaben			**-120**
= Kapitalwert (Net Present Value)			**-6**

❍ **Modifizierte interne Zinsfußmethode (Baldwin)**
Wird unterstellt, daß die investitionsrelevanten Rückflüsse nur mit 10% wiederveranlagt werden können, dann beträgt der interne Zinsfuß bei der Maschine 2 nicht 12,7% sondern **11,4%** (modifizierter interner Zinsfuß).

Berechnung nach Baldwin

Per.	Investitions-ausgaben	investitions-relevanter Cash-Flow	Kapital-rückfluß AUF 10%	Barwert des Nutzens
0	120		1,000	
1		40	1,331	53
2		40	1,210	48
3		40	1,100	44
4		40	1,000	40
Gesamt	**120**	**160**		**185**

❍ **Merke:**

Die n-te Wurzel kann durch
- ❍ Aufzinsungsfaktoren oder
- ❍ PC

festgestellt werden:

FB 5.1.

$$\left(1 + \frac{P_e}{100}\right)^4 = \frac{\sum \text{Endwerte}}{\text{Invest. Ausgaben}} = \frac{185.000}{120.000} = \mathbf{1{,}5417}$$

$$\left(1 + \frac{P_e}{100}\right) = \sqrt[4]{1{,}5417} = \mathbf{1{,}114}$$

$$P_e = \mathbf{11{,}4\%}$$

Die 4. Wurzel aus kann mit unterschiedlichen Methoden errechnet werden	1,5417
1. Mittels Aufzinsungstabelle Der Faktor 1,5417 kann durch interpolieren der Tabellenwerte **AUF 10%, 4 J.** =1,4641 und **AUF 12%, 4 J.** =1,5735 festgestellt werden	11,4%
2. Mittels PC Programmierprache BASIC PRINT	1,5417 ^ (1/4)
Ergebnis	1,114294

In der Praxis hätte man bei diesem Fallbeispiel die Baldwin-Methode nicht anwenden müssen, weil die internen Zinsfüsse relativ knapp beim Wiederveranlagungszinsfuß liegen. Sind die Unterschiede jedoch größer (z.B. 5-10%), dann empfiehlt es sich immer die Baldwin-Methode anzuwenden, weil dann gegebenenfalls die einzelnen Investitionsprojekte anders gereiht werden als bei der internen Zinsfußmethode.

❍ Kapitalrückfluß (Pay Off Period)

Maschine	Amortisationszeit		Nutzungs-dauer
	statisch	dynamisch p=10%	
1	2-3 Jahre	3-4 Jahre	3 Jahre
2	3 Jahre	3-4 Jahre	4 Jahre

Man erkennt deutlich, daß die dynamische Amortisationszeit bei Maschine 1 höher ist als die Nutzungsdauer, was ungünstig interpretiert werden muß. Bei Maschine 2 ist der Vergleich befriedigend.

❍ Annuitäten-Methode

Die Annuitätenmethode muß hier deshalb nicht durchgeführt werden, weil der Kapitalwert bei Maschine 1 negativ ist. Es wäre daher auch die jährliche Annuität negativ, was für diese Maschine ein Ausscheidungskriterium ist.

Wäre der Kapitalwert bei beiden Maschinen positiv, dann hätte man die Annuitäten durch Multiplikation der Kapitalwerte mit den entsprechenden Kapitalwiedergewinnungsfaktoren (für Maschine 1: KAP10%, drei Jahre und für Maschine 2: KAP10%, vier Jahre) ermitteln und vergleichen könnnen. **Nicht die Kapitalwerte (wegen unterschiedlicher Nutzungsdauer), sondern die Annuitäten müssen verglichen werden. In die Maschine mit der höheren Annuität wäre in diesem Fall zu investieren.**

❍ Differenzinvestition

Bei der Differenzinvestition wird der interne Zinsfuß aus der Differenz der Investitionsausgaben und der Differenz der Jahresnutzenbeträge ermittelt. **Der interne Zinsfuß aus der Differenzinvestition liefert zur internen Zinsfußmethode eine wichtige Zusatzinformation**, nämlich: **Das** aufgrund der internen Zinsfußmethode **präferierte Investitonsprojekt** sollte **nur dann wirklich realisiert** werden, **wenn die Differenzinvestitionsausgaben aus beiden Investitionsprojekten mindestens mit dem internen Zinsfuß der Differenzinvestition angelegt** werden kann.

5.3.7. Kapitalwert versus interner Zinsfuß

Die folgende Graphik zeigt den Unterschied zwischen Kapitalwert und internem Zinsfuß auf. Es sind die Prämissen der Maschine 1 herangezogen worden.

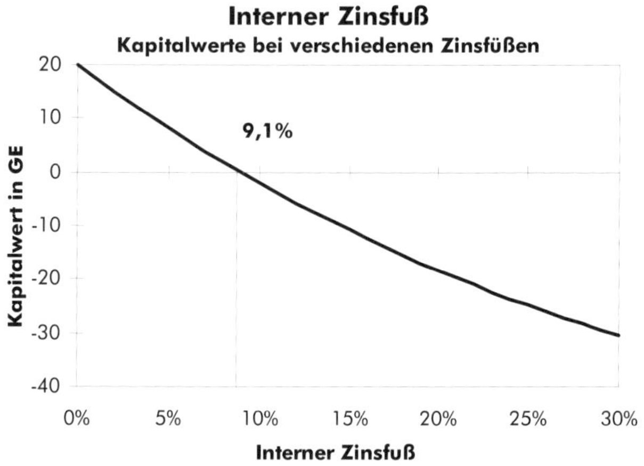

Der interne Zinsfuß ist jener Zinsfuß, bei dem der Kapitalwert null ist. Bei Maschine 1 ist der interne Zinsfuß bekanntlich 9,1%.

5.3.8. Realisationsfolge bei mehreren Investitionsprojekten

Rang	Projekt	modifizierter interner Zinsfuß	Investitions-ausgaben	(restliches) Investitions-budget
	Jahres-budget			100
1	A	25%	40	(60)
2	B	20%	62	(-2)
3	C	17%	22	

Das Projekt 3 muß entweder in die nächste Periode verschoben werden oder das Investitionsbudget muß um 24 GE erhöht werden.

5.4. RISIKOANALYSE

Die Risikoanalyse, die das Risiko einer Investition durch ein sogenanntes Risikoprofil transparenter macht, kann die Investitionsentscheidung erleichtern. Sie wird im Kapitel 10.5.3. vorgestellt.

CHECKLISTE

❍ **Fehlerspiegel**

Fehlerart	Erläuterung
Investitionsrelevantes (zusätzliches) Umlaufvermögen bzw. Net Working Capital wird vergessen.	Siehe Kap. 5.2.
Investitionsrelevantes Umlaufvermögen fließt am Ende des Betrachtungszeitraumes nicht als Liquidationserlös zurück.	Schlampigkeitsfehler, der den internen Zinsfuß verschlechtert. Wirkt sich durch die Abzinsung meistens nicht sehr stark auf das Ergebnis aus.
Es wird unterstellt, daß der Zusatznutzen während der gesamten Nutzungsdauer gleich (unverändert) verläuft.	Diese Unterstellung stimmt praktisch nie; sie darf nur bei Kleininvestitionen toleriert werden. Es ist zweckmäßig, den Zusatznutzen tabellarisch aufzubauen. (Siehe Kap. 5.1.)
Es werden statische Methoden verwendet (z.B. Kostenvergleichsmethode, Gewinnvergleichsmethode).	Schlecht, weil keine Berücksichtigung, wann Nutzen erwartet werden darf. Dadurch kann das Ergebnis stark verzerrend sein.
Fehlen einer Investitionskontrolle.	Jede Planung ohne Kontrolle ist sinnlos!
Es werden nicht nur die investitionsrelevanten Erfolgsveränderungen berücksichtigt, sondern auch andere.	Achtung: kalk. Raumkosten und anteilige Verwaltungskosten sind meistens nicht investitionsrelevant; sie dürfen daher nicht oder nur in Ausnahmefällen in der Investitionsrechnung angesetzt werden!

CHECKLISTE

Fehlerart	Erläuterung
Zusatz-DB, einsparbare Ausgaben usw. werden überschätzt.	Konkurrenz reagiert mit Preisreduktion. Eigen-DB daher zwangsweise auch niedriger.
Es werden folgende Positionen fälschlich angesetzt: ❍ AfA normal und/oder Sonder-AfA ❍ Fremdkapitalzinsen ❍ Investitionsabhängige Dotierung zu steuermindernden Rücklagen.	Diese Positionen dürfen nur indirekt in die Investitionsrechnung eingehen, und zwar zur Ermittlung der Ertragsteuerbasis. (Siehe Kap 5.2.)
Der Zusatznutzen wird auf die technische Maximalkapazität berechnet.	Unbedingt Absatzrestriktionen berücksichtigen! Diese liegen meist weit unter der technischen Maximalkapazität.
Zur Finanzierung werden keine begünstigten Investitionskredite bzw. Investitionsförderungen verwendet.	Die Verwendung begünstigter Kredite bzw. Zuschüsse ist Pflicht. Nicht bequem sein!
Vor einer Investition wird nicht geprüft, ob eventuell ein Fremdbezug wirtschaftlicher ist als eine Investition.	Entscheidungsmodule Eigenfertigung-Fremdbezug einsetzen! Bei einem Engpaß gilt, daß jene Artikel oder Aufträge selbst erzeugt werden sollten, die den höchsten restlichen DB (=Eigen-DB abzüglich Fremd-DB, bezogen auf die Ep-Std.) erwirtschaften; (siehe Kap. 9.1.) alle anderen sollten fremd bezogen werden. Bei zwei oder mehr Engpässen, Entscheidung mit linearer Planungsrechnung fällen! (Siehe Kap. 10.)

6. WIRTSCHAFTLICH DISPONIEREN IN EINKAUF, PRODUKTION UND LAGERUNG

6.1. ZIELE, ZIELKONFLIKTE

Oberstes Ziel in der Einkaufs- und Lagerpolitik ist, eine **Verbesserung des Servicegrades bei gleichzeitiger Lagersenkung** zu erreichen. Diesem Wunschziel kommt man einen entscheidenden Schritt näher, wenn es gelingt, die Zusammensetzung der Bestände an die tatsächliche Nachfrage anzupassen. Das ist aber in der Praxis nicht einfach, weil es in der **Materialwirtschaft viele Zielkonflikte** (hohe Lieferfähigkeit, niedrige Kapitalbindung, wirtschaftliche Rabattausnutzung) gibt.

Der erste Schritt zur Lagersenkung ist eine Erhebung des Ist-Zustandes, insbesondere auf Bestell- und Meldemengenusancen, die kritisch analysiert werden sollten. Diese **Analyse beschränkt sich aus Zeitgründen** meist **auf** angemessene **Stichproben. Dabei werden die in diesem Kapitel vorgeschlagenen Tabellen und Formulare hilfreich sein, nämlich:**

- ❍ **Plan-Umschlagshäufigkeit**
  (zur Ermittlung des abbaufähigen Überlagerpotentials)
- ❍ **Soll-Sicherheitslager**
- ❍ **Soll-Meldemenge**
  (Soll-Mindestlagerbestand)
- ❍ **Ermittlung des Überlagerpotentials**
  bei Roh-, Hilfs- und Betriebsstoffen sowie Handelsware

Selbstverständlich kann auch die Abbaufähigkeit der Halb- und Fertigfabrikate ermittelt werden. Das Prozedere für diese Berechnungen ist aber zu umfangreich, um im Rahmen dieses kleinen Buches behandelt werden zu können.

6.2. GRUNDSÄTZLICHES

6.2.1. Welche Dispositionsverfahren werden in der Praxis verwendet?

Es gibt folgende **drei Dispositionsverfahren,** die in umseitigem Schaubild übersichtlich dargestellt werden, und zwar:

1. **auftragsgesteuerte**
2. **plangesteuerte**
3. **verbrauchsgesteuerte**

Die ersten zwei Verfahren werden hier nicht näher behandelt, weil zum auftragsbezogenen nicht viel zu sagen ist und beim plangesteuerten die Methode der Stücklistenauflösung den Rahmen dieses Buches sprengen würde.

Alle Ausführungen und Fallbeispiele beziehen sich auf die verbrauchsgesteuerten Dispositionsverfahren, die immer in Großhandelsbetrieben, häufig in Handwerks- und Einzelhandelsfirmen und manchmal in Produktionsunternehmen (insbesondere in jenen mit niedriger Fertigungstiefe) anzutreffen sind.

6.2.2. Wie untergliedern sich die Materialbedarfsarten?

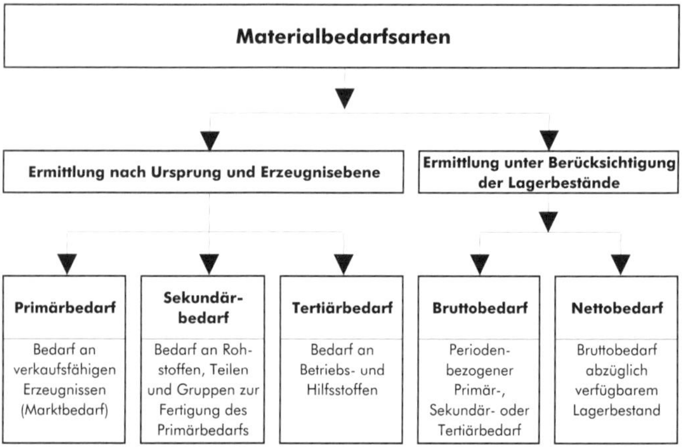

❍ **Übersicht: Dispositionsverfahren** (Die invers dargestellten Verfahren werden in diesem Kapitel behandelt.)

DISPOSITIONSVERFAHREN

- **Auftragsgesteuerte Disposition** (=bedarfsgesteuerte)
  - **Einzelbedarfsdisposition**
  - **Sammelbedarfsdisposition**
  - ❍ kein Dispositionsrisiko (außer eventueller Zusatzbedarf für Ausschuß)
  - ❍ Normalerweise können weder Über- noch Fehlbestände auftreten. Auch Sicherheitsbestände erübrigen sich

  Achtung: Nähere Details zu Strategien und Sicherheitslager finden sich in den Kapiteln 6.3.7. und 6.5.

- **Plangesteuerte Disposition** (programmgesteuerte, bedarfsgesteuerte)
  - ❍ Voraussetzung: nach Perioden differenzierter, genauer Produktionsplan, einschließlich Stücklisten
  - ❍ Bei genauer Erfüllung der Voraussetzungen sind nur geringe Sicherheitslagerbestände notwendig
  - ❍ Nettobedarfsrechnung:
    - Bruttoproduktionsbedarf
    - \+ Zusatzbedarf
    - = Gesamtbedarf
    - \+ Vormerkbestand
    - − Lagerbestand
    - − Werkstattbestand
    - − Bestellbestand
    - = Nettobedarf

- **Verbrauchsgesteuerte Disposition** (bestandsgesteuerte)
  - ❍ Voraussetzung: richtige Bestandfortschreibung, weil der Zeitpunkt der (Nach)bestellung vom (Melde)bestand abhängt
  - ❍ geringer Dispositionsaufwand Unsicherheiten werden durch Sicherheitslagerbestände aufgefangen
  - **Bestellpunktverfahren** (Mengensteuerung)
    - ❍ Meldebestandsverfahren in der Praxis stark verbreitet
    - ❍ folgende Strategien sind denkbar:
      - s, q
      - s, S
    - ❍ öfteres (besser: permanentes) Anpassen an den nachhaltig veränderten Bedarfsverlauf (Mengen, Schwankungen)
  - **Bestellrythmusverfahren** (Terminsteuerung)
    - ❍ periodischer Bestellzyklus
    - ❍ folgende Strategien sind denkbar:
      - t, S
      - t, s, q
      - t, s, S
    - ❍ weniger Dispositionsaufwand als bei Bestellpunktverfahren
    - ❍ höheres Sicherheitslager notwendig als bei Bestellpunktverfahren

6.3. DAS INSTRUMENTARIUM ZUR WIRTSCHAFTLICHEN DISPOSITION

Für eine wirtschaftliche Disposition in den Bereichen Einkauf, Produktion und Lagerung gibt es folgende sechs Hauptmodule:

- **Bestellmengen**
- **Losgrößen**
- **Bedarfsvorhersage**
- **Sicherheitslager**
- **Meldemengen**
- **Überlager**

6.3.1. Wirtschaftliche Bestellmengen

Die Gretchenfragen bei der **wirtschaftlichen Lagerhaltung** lauten:

1. **Wann muß bestellt werden?**
2. **Wieviel muß bestellt werden?**

Die Frage "wieviel?" wird **durch** die **Bestellformeln** bzw. **Bestellregeln** beantwortet.

FB **Wirtschaftliche Bestellmenge**

FB 6.1.

- **Ausgangssituation**

Von einem Artikel sind folgende Charakteristika bekannt:

- Einstandspreis/Stück (E) .... 10 GE
- Jahresbedarf (J) .... 160 Stück
- relevante Bestellkosten je Bestellakt (B) .... 5 GE
- Lagerhaltungsgrenzzinsfuß p.a. (p) 10%

- **Frage:**
  Wie hoch ist die wirtschaftliche Bestellmenge?

❍ **Lösung durch Probieren**

Es werden die Gesamtkosten der Lagerung p.a. (GK), die sich aus Lagerkosten (LK) und Bestellkosten (BK) zusammensetzen für Bestellungen von 80, 40 und 20 Stück simuliert

- **1. Versuch: kein Optimum, weil LK > BK**

LK = 40 BK = 10 GK = 50

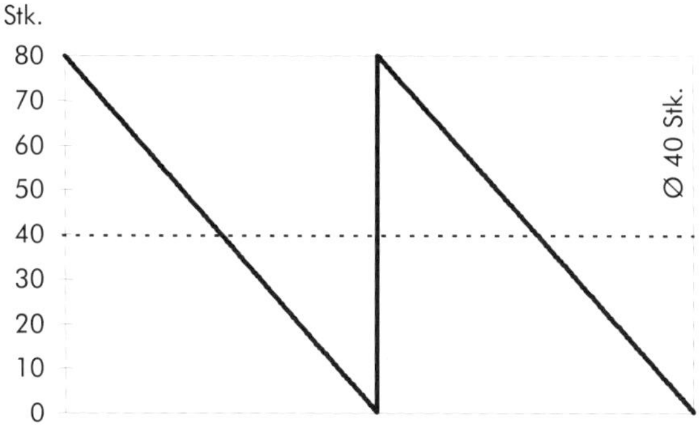

- **2. Versuch: Optimum, weil LK = BK**

LK = 20 BK = 20 GK = 40

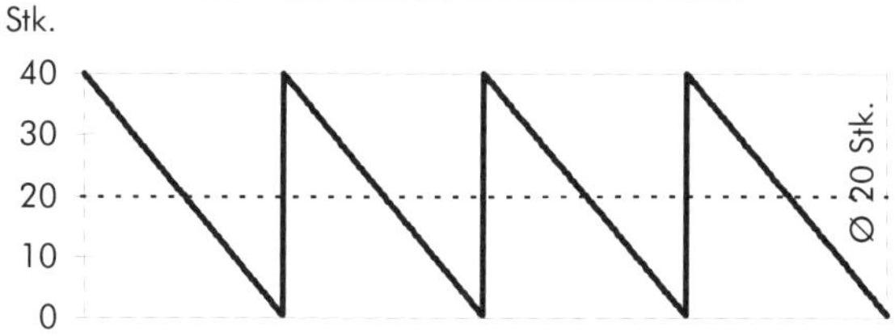

- **3. Versuch: kein Optimum, weil LK < BK**

LK = 10 BK = 40 GK = 50

FB 6.1.

❍ Lösung durch klassische Bestellmengenformel

$$x_{opt} = \sqrt{\frac{200 \times J \times B}{E \times p}}$$

wobei

x_{opt}	=	wirtschaftliche Bestellmenge
J	=	Jahresbedarf in Einheiten
B	=	relevante Kosten je Bestellakt
E	=	Einstandspreis je Einheit
p	=	Lagerhaltungsgrenzzinsfuß p.a.

❍ Achtung:

Die **klassische Bestellformel** liefert **nur dann exakte Werte, wenn** der **Jahresbedarf** einigermaßen **gleichförmig nachgefragt** wird.

Setzt man in die Formel ein, dann ergibt sich:

$$x_{opt} = \sqrt{\frac{200 \times J \times B}{E \times p}} = \sqrt{\frac{200 \times 160 \times 5}{10 \times 10}} = \textbf{40 Stk.}$$

Die folgende Tabelle zeigt auf, wie sich die Jahresgesamtkosten bei unterschiedlichen Bestellmengen verändern und daß bei der wirtschaftlichen Bestellmenge von 40 Stück die Gesamtkosten am niedrigsten sind.

Anzahl der Bestellungen im Jahr	Stück je Bestellung	Einstandspreis je Bestellung (1Stk. =10GE)	mittlere Lagerhaltung in GE	relev. Bestellkosten p.a. (je Bestellakt=5GE)	Gesamtzinsen für Ø Lagerhaltung (10% p.a.)	Gesamtkosten p.a. (=relevante Bestellk.+ Zinsk. in GE)
8	20	200	100	40	10	50
2	80	800	400	10	40	50
4	40	400	200	20	20	40

Anzahl der Bestellungen im Jahr	Stück je Bestellung	Bestellabweich. in % vom Optimum	Jahresmehrkosten gegenüber dem Optimum	
			in GE	in %
8	20	-50	10	25
2	80	200	10	25
4	40	0	0	0

Die wirtschaftliche Bestellmenge entspricht einem Vierteljahresbedarf.

FB 6.1.

❍ Graphische Darstellung der wirtschaftlichen Bestellmenge

Typisch ist der flache Gesamtkurvenverlauf, der beweist, daß Bestellabweichungen vom Optimum in der Höhe zwischen 20 bis 30% kaum höhere Gesamtkosten verursachen. Diese Erkenntnis ist **für** die **Bestelldisposition von** großer **Bedeutung**.

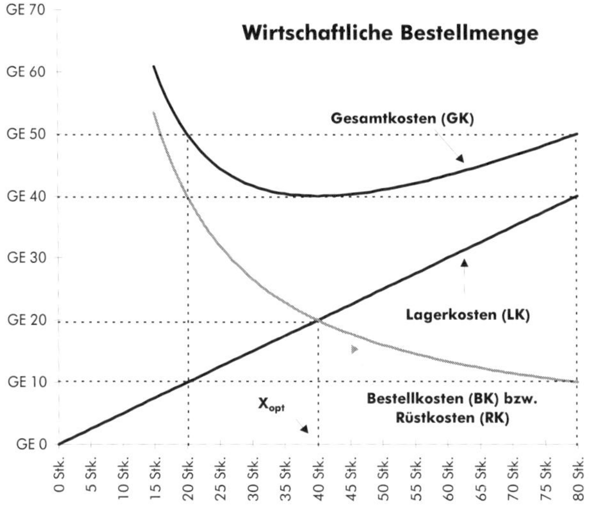

❍ Bestellfixe Kosten

Es dürfen nur die relevanten bestellfixen Kosten angesetzt werden. Relevant sind **nur die Sachkosten** des Bestellaktes und **nicht die Personalkosten. Häufig sind die Personalkosten zehnmal höher als die bestellrelevanten Sachkosten.**

Ein Fallbeispiel über die Ermittlung der bestellrelevanten Kosten findet sich auf der nächsten Seite.

FB

Ermittlung der bestellrelevanten Kosten

FB 6.2.

❍ Ausgangssituation:

Im folgenden Kostenstellenblatt "Einkauf" werden die gesamten Gemeinkosten in die bestell- und nicht bestellrelevanten Anteile zerlegt. **Es zeigt sich, daß nicht alle, sondern nur ein kleiner Teil der Sachkosten bestellrelevant ist.**

❍ Kostenstellenblatt "Einkauf"

	Gemeinkosten in 1.000 GE		
	Gesamt	bestell-relevant	nicht bestell-relevant
❍ Personalkosten Einkäufer	820	0	820
❍ Telefon- und Faxkosten	40	35	5
❍ Postporto	10	10	0
❍ Geringwertige Wirtschaftsgüter	5	0	5
❍ Abschreibungen für Investitionsgüter im Einkauf	5	0	5
❍ EDV-Leasing	30	0	30
❍ EDV-Verbrauchsmaterial	15	10	5
❍ EDV-Wartungskosten	10	0	10
❍ Raumkosten	50	0	50
❍ Schulungskosten für Einkäufer	5	0	5
❍ Büromaterial Formulare	10	5	5
Gesamte Gemeinkosten Einkauf	**1.000**	**60**	**940**
Anzahl der Bestellungen		12.000	
Relevante Kosten/Bestellakt in GE	**83,33**	**5,00**	**78,33**

❍ Erkenntnis:

Die relevanten Bestellfixkosten je Bestellakt betragen 5 GE, das sind nur 6% der gesamten Bestellfixkosten. **Würde man fälschlich die 17mal höheren gesamten Bestellfixkosten/Bestellakt (83,33 GE) in die Bestellformel einsetzen, erhöht sich die Bestellmenge um das Vierfache.**

❍ Lagerhaltungsgrenzzinsfuß:

Unter Lagerhaltungsgrenzzinfuß wird jener Zinsfuß verstanden, der für das Unternehmen zum Zeitpunkt der Bestellung relevant ist.

❍ **Merke:**

- der **Durchschnittszinsfuß** oder
- ein besonders niedriger **Zinsfuß** für einen **Förderkredit**

sind **meistens nicht relevant**.

Relevant ist z.B. für ein Unternehmen, das den Kreditrahmen voll ausgeschöpft oder überschritten hat, der **Überziehungszinsfuß**; dieser beträgt **oft 14% bis 20%!!!**

Relevant kann auch jener **Zinsfuß** sein, der sich bei der Kennzahl **"Gesamtrentabilität"** ergibt, damit sich diese wichtige Kennzahl nicht verschlechtert. **Ist die Gesamtkapitalrentabilität kleiner als der relevante Bankzinsfuß, ist letzterer als Lagerhaltungsgrenzzinfuß anzusetzen.**

❍ **Sondersituation: Wagniskosten**

Es kommt immer wieder vor, daß einige Artikel mit wesentlich höheren Wagniskosten behaftet sind als die anderen. Die **Wagniskosten** können **folgende Ursachen** haben:

- besonders hohes **modisches Risiko**
- besonders hohes **Risiko der technischen Veralterung**
- besonders hohes **Verderbrisiko**
- besonders hohes **Diebstahlrisiko**

Gelingt es, die Extremrisken zu quantifizieren, und in einem Prozentsatz auszudrücken, dann ist eine vorsichtigere (niedrigere) Bestellmenge, die das höhere Risiko berücksichtigt, die Folge; **es muß nur der Lagerhaltungsgrenzzinsfuß im Nenner des Wurzelbruches um den entsprechenden Risikoprozentsatz erhöht werden.**

6.3.2. Einige Sonderfälle der Bestellmenge

❍ **Wirtschaftliche Bestellmenge vor Preiserhöhungen**

Hier geht es darum, sich vor Preiserhöhungen optimal einzudecken. **Das Optimum ist gefunden, wenn die Einsparungen zum niedrigeren, alten Preis gleich hoch sind wie die Zinskosten für die Eindeckungsmenge.**

$$x_{opt} = \frac{100 \times J}{p} \underbrace{\left(\frac{S_1}{S_0} - 1\right)}_{\text{Teuerungsrate in \%}}$$

wobei
J = Jahresbedarf in Einheiten
p = Lagerhaltungsgrenzzinssatz p.a.
S_1 = neuer, bereits erhöhter Preis je Einheit
S_0 = alter, noch nicht erhöhter Preis je Einheit

FB

Wirtschaftliche Bestellmenge vor Preiserhöhungen

FB 6.3.

❍ **Ausgangssituation**
Wie soll sich der Einkäufer eindecken, wenn er erfährt, daß eine fünfprozentige Preiserhöhung unmittelbar bevorsteht?

❍ **Berechnung**

$$x_{opt} = \frac{100 \times J}{p} \left(\frac{S_1}{S_0} - 1\right)$$

$$x_{opt} = \frac{100 \times 160}{10} \left(\frac{10{,}5}{10} - 1\right) = \textbf{80 Stück}$$

Die optimale Eindeckungsmenge beträgt 80 Stück.

❍ **Wirtschaftliche Bestellmenge bei Rabattgewährung**
Ob statt der wirtschaftlichen Bestellmenge laut normaler Bestellformel die höhere Rabattmenge bestellt werden soll, kann einfach und rasch durch die folgende Mindestrabattsatz-Formel festgestellt werden.

originär:

$$R_{min} = \frac{x_{opt} \times p}{2 \times J} \left(\frac{x_{opt}}{RM} + \frac{RM}{x_{opt}} - 2 \right)$$

oder durch Kürzung:

$$R_{min} = \frac{p \times \left(x_{opt} - RM \right)^2}{2 \times J \times RM}$$

wobei:

R_{min} = Mindestrabattsatz, ab dem sich unter Berücksichtigung der für diesen Rabattsatz geltenden Abnahmemenge (RM) die Ausnutzung des Rabattes lohnt (Prozent)

RM = Rabattmenge bzw. Mindestmenge, ab der ein Rabatt gewährt wird

J = Jahresbedarf in Einheiten

p = Lagerhaltungsgrenzzinssatz p.a.

Entscheidungsregeln:

Wenn $R_{min} <$ Rabatt des Lieferanten, Rabatt ausnützen!
Wenn $R_{min} >$ Rabatt des Lieferanten, Rabatt nicht ausnützen!

FB

Wirtschaftliche Bestellmenge bei Rabattgewährung

FB 6.4.

❍ Ausgangssituation

Die normale Bestellmenge des bereits bekannten Testartikels beträgt 40 Stück. Ist es sinnvoll, eine Rabattmenge (RM) von 200 Stück zu bestellen, wenn der Lieferant 5% Rabatt gewährt?

❍ Berechnungen und Ergebnis

$$R_{min} = \frac{x_{opt} \times p}{2 \times J} \left(\frac{x_{opt}}{RM} + \frac{RM}{x_{opt}} - 2 \right)$$

$$R_{min} = \frac{40 \times 10}{2 \times 160} \left(\frac{40}{200} + \frac{200}{40} - 2 \right)$$

$$R_{min} = 1{,}25 \times 3{,}2 = \mathbf{4}$$

Weil der Mindestrabattsatz kleiner ist als der vom Lieferanten angebotene Rabatt, sollte der Rabatt ausgenutzt werden.

Beweis:
Wie nachfolgend bewiesen wird, sollte der Rabatt ausgenutzt werden.

	x_{opt} = 40		RM = 200	
Lagerhaltungskosten:	$\frac{40 \times 10}{2} \times 0{,}10 =$	**20**	$\frac{200 \times 9{,}50}{2} \times 0{,}10 =$	**95**
Bestellkosten:	$\frac{160}{40} \times 5 =$	**20**	$\frac{160}{200} \times 5 =$	**4**
Einstandspreis:	160 x 10 =	**1.600**	160 x 9,50 =	**1.520**
Gesamtkosten p.a.		**1.640**		**1.619**

Bei Bezug der fünfmal höheren Rabattmenge von 200 Stück erspart man sich gegenüber der normalen Bestellmenge von 40 Stück jährlich 21 GE.

❍ Wirtschaftliche Bestellmenge bei Raum- und Geldengpässen

Diese beiden Sonderfälle werden hier nicht behandelt, weil es den Rahmen dieses Buches sprengen würde.

Hier wird auf die empfohlene Literatur im Kapitel 11 verwiesen (z.B. Wissebach).

6.3.3. Wirtschaftliche Losgröße

Das Problem der wirtschaftlichen Losgröße ist prinzipiell das gleiche wie jenes der wirtschaftlichen Bestellmenge. Statt der relevanten **Bestellkosten** je Bestellakt werden die relevanten **Rüstkosten** je Los angesetzt. **Statt** des **Einstandspreises** je Einheit die **Grenzherstellkosten** je Einheit.

- Bei **unendlicher Produktionsgeschwindigkeit** rechnet sich die wirtschaftliche Losgröße (x_{opt}) wie folgt:

$$x_{opt} = \sqrt{\frac{200 \times J \times R}{GHK \times p}}$$

wobei:
R = relevante Rüstkosten/Los
GHK = Grenzherstellkosten/Einheit

- Bei **endlicher Fertigungsgeschwindigkeit** muß der Nenner des Wurzelbruches um einen Faktor erweitert werden.

$$0 < \frac{AG}{FG} < 1$$

Die Notwendigkeit der Lagerhaltung ergibt sich nur dann, wenn die Fertigungsgeschwindigkeit (FG) größer ist als die Absatzgeschwindigkeit (AG).

Die klassische Losgrößenformel muß nun wie folgt modifiziert werden:

$$x_{opt} = \sqrt{\frac{200 \times J \times R}{GHK \times p \times \left(1 - \frac{AG}{FG}\right)}}$$

6.3.4. Dynamische bzw. gleitende Losgröße

Es ist schon erwähnt worden, daß die Wurzelformel nur dann befriedigende Ergebnisse liefert, wenn der Jahresbedarf (J) einigermaßen gleichförmig verläuft, also nicht großen Schwankungen unterworfen ist.

Die dynamische Losgrößenermittlung, die nur mit Computer durchgeführt werden kann, hebt die unrealistische Annahme bezüglich des linearen Verlaufes des Jahresbedarfs auf und ersetzt ihn durch wirklichkeitsnahe Prämissen.

FB

Dynamische Losgröße

FB 6.5.

❍ Ausgangssituation

Anhand des Testartikels soll gezeigt werden, wie sich die wirtschaftliche Bestellmenge bei unregelmäßiger Nachfrage gegenüber einem konstanten Bedarf ändert.

❍ Dynamische Losgröße bei konstanter Nachfrage

Inhalt	Erläuterung	Monat					
		1	2	3	4	5	6
Kundennachfrage	in Stück	13	13	14	13	13	14
Kundennachfrage, kumuliert	in Stück	13	26	**40**	53	66	80
Lagerdauer	in Monaten	0,5	1,5	2,5	3,5	4,5	5,5
Σ Lagerhaltungskosten	GE 0,0833 je Stück und Monat	0,54	1,62	2,92	3,79	4,87	6,41
Σ Lagerhaltungskosten, kumuliert		0,54	2,16	5,08	8,87	13,74	20,15
relevante Rüstkosten	je Bestellakt	5	5	5	5	5	5
Gesamtkosten	je Bestellung	5,54	7,16	10,08	13,87	18,74	25,15
Gesamtkosten	js Stück	0,43	0,27	**0,25**	0,26	0,28	0,31

WIRTSCHAFTLICHE LOSGRÖSSE 40 Stk

Hier stimmt die wirtschaftliche Bestellmenge mit der Wurzelformel überein. Die niedrigsten Stückkosten werden bei einer Losgröße von 40 Stück erzielt.

FB 6.5.

❍ Dynamische Losgröße bei stark schwankendem Bedarf

Inhalt	Erläuterung	Monat					
		1	2	3	4	5	6
Kundennachfrage	in Stück	20	30	10	5	5	10
Kundennachfrage, kumuliert	in Stück	20	**50**	60	65	70	80
Lagerdauer	in Monaten	0,5	1,5	2,5	3,5	4,5	5,5
Σ Lagerhaltungskosten	GE 0,0833 je Stück und Monat	0,83	3,75	2,08	1,46	1,87	4,58
Σ Lagerhaltungskosten, kumuliert		0,83	4,58	6,66	8,12	9,99	14,57
relevante Rüstkosten	je Bestellakt	5	5	5	5	5	5
Gesamtkosten	je Bestellung	5,83	9,58	11,66	13,12	14,99	19,57
Gesamtkosten	js Stück	0,29	**0,192**	0,194	0,20	0,21	0,24

WIRTSCHAFTLICHE LOSGRÖSSE 50 Stk

Hier beträgt die wirtschaftliche Losgröße 50 Stück, weicht also von der klassischen Formel um zehn Stück oder 25% ab.

6.3.5. Sensibilität der optimalen Bestellmengen und Losgrößen

Die Graphik "Wirtschaftliche Bestellmenge" auf Seite 233 zeigt deutlich den flachen Verlauf der Gesamtkostenkurve im Optimalbereich. Diese Erkenntnis ist für die Praxis von großem Interesse. Sie bedeutet, daß Abweichungen von der wirtschaftlichen Bestellmenge bzw. Losgröße von zirka +/-30% nur Mehrkosten von zirka 5% verursachen, also praktisch toleriert werden können. Würde man hingegen statt der wirtschaftlichen Bestellmenge die dreifache oder vierfache Menge bestellen, dann entstünden gegenüber den minimalen Kosten bei der wirtschaftlichen Bestellmenge Mehrkosten von 67% bzw. von 113%. Solche Mehrkosten sind wirtschaftlich nicht mehr vertretbar.

Die Mehrkosten bei Abweichungen von der optimalen Bestellmenge können **durch umseitige Formel** ermittelt werden.

$$\%\ \textbf{Mehrkosten} = 50\left[\left(\frac{x_{opt}}{x_{tats}} + \frac{x_{tats}}{x_{opt}}\right) - 2\right]$$

wobei:
x_{opt} = optimale Bestellmenge lt. Formel
x_{tats} = tatsächliche Bestellmenge

Die nächste Tabelle enthält für einige prozentuale Gesamtkostenerhöhungen die oberen und unteren Toleranzgrenzen, ausgedrückt in Prozent zur wirtschaftlichen Bestell- bzw. Losgröße.

Erhöhung der Gesamtkosten in %	**Obere Toleranzgrenze in % von x_{opt}**	**Untere Toleranzgrenze in % von x_{opt}**
1	115	87
5	137	73
10	156	64
25	200	50
67	300	33
113	400	25

6.3.6. Meldemengen

Die Frage "Wann bestellen?" wird in der Praxis durch die Meldemengen beantwortet. Hat der Lagerbestand die Meldemenge bzw. den Mindestlagerbestand erreicht, dann muß der Disponent eine neue Bestellung veranlassen.

Die Meldemenge setzt sich aus der durchschnittlichen bzw. voraussichtlichen Nachfrage während der Wiederbeschaffungszeit und aus dem sogenannten Sicherheitslager zusammen. Die Höhe des Sicherheislagers hängt entscheidend von mindestens folgenden drei Faktoren ab:

- Länge der Wiederbeschaffungszeit
- Schwankung der Kundennachfrage
- Höhe des Servicegrades bzw. der Lieferbereitschaft

Das **Sicherheitslager erfüllt** eine Pufferfunktion. Durch den Puffer werden die Schwankungen der Kundennachfrage während der Wiederbeschaffungszeit mit einer gewissen Wahrscheinlichkeit (Servicegrad bzw. Lieferbereitschaft) aufgefangen.

Wird unterstellt, daß die Nachfrage normal verteilt ist, dann kann das Sicherheitslager durch die Standardabweichung ermittelt werden. Zur Standardabweichung wird auf die Ausführungen im Kapitel 7 verwiesen.

6.3.7. Das Sicherheitslager

Wird der Wert einer Standardabweichung (s) als Sicherheitslager vorrätig gehalten, dann kann mit 84% Sicherheit jederzeit geliefert werden, sofern die Wiederbeschaffungszeit ein Monat beträgt. Hält man sich zwei Standardabweichungen als Sicherheitslager vorrätig, dann kann bei einer Wiederbeschaffungszeit von einem Monat mit nahezu 98% Sicherheit jederzeit geliefert werden. Bei drei Standardabweichungen ist der Servicegrad nahezu 100%.

Wird als Meldemenge nur die durchschnittliche bzw. voraussichtliche Nachfrage während der Wiederbeschaffungszeit angesetzt und verzichtet man auf ein Sicherheitslager, dann kann mit 50%iger Wahrscheinlichkeit jederzeit eine Nachfrage befriedigt werden. Ein Servicegrad von 50% wäre allerdings in der Praxis undenkbar, weil er zu niedrig ist. Daher kommt man ohne Sicherheitslager nicht aus, wenn die Lagerdisposition effizient sein soll.

Weil in der Praxis nicht nur mit 84%, 98% bzw. 99,9% jederzeit geliefert werden soll, sondern auch bei 70%, 95%, 99% usw., ist für die entsprechende Umrechnung eine Normalverteilungstabelle heranzuziehen (siehe Kapitel 7.4.1.).

Merke:
Das Sicherheitslager für eine 95%ige Lieferbereitschaft muß zirka dreimal höher sein als bei einem Servicegrad von nur 70 Prozent. Zu dieser Erkenntnis gelangt man bei Betrachtung der z (Φ)-Faktoren (0,524 bei 70% Lieferbereitschaft bzw. 1,645 bei 95% Servicegrad).

Graphisch sieht das so aus:

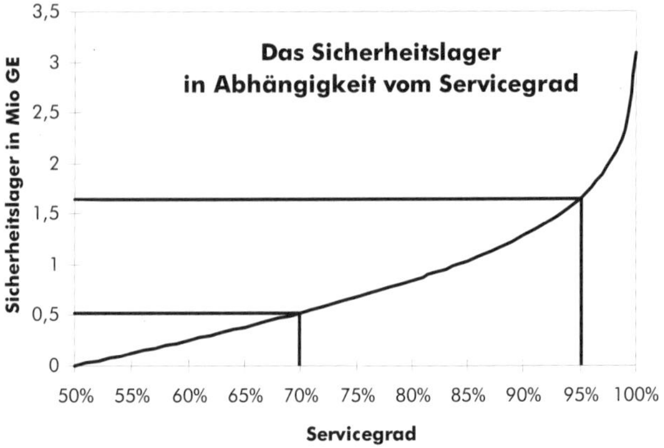

Weil die Höhe des Sicherheitslagers nicht nur vom gewünschten Servicegrad abhängt, sondern auch von der Länge der Wiederbeschaffungszeit, die mit dem Sicherheitslager überbrückt werden muß, ist die Standardabweichung (s) mit der Wurzel aus der Wiederbeschaffungzeit in Monaten zu multiplizieren. Beträgt die Wiederbeschaffungszeit eine Woche statt einen Monat, dann ist das halbe Sicherheitslager (Wurzel aus 0,25 Monaten) und nicht ein Viertel notwendig.

6.3.8. Variationskoeffizient und XYZ-Klassifikation

Der Variationskoeffizient (V) drückt die Schwankung der Kundennachfrage aus. Er leitet sich aus folgender Formal ab:

$$\mathbf{V} = \frac{s}{\overline{m}} = \frac{\text{Standardabweichung}}{\varnothing\ \text{Monatsnachfrage}}$$

Je kleiner der Variationskoeffizient, desto niedriger die Nachfrageschwankung und umgekehrt. **In der Praxis wird der Variationskoeffizient wie folgt interpretiert:**

❍ **Interpretation des Variationskoeffizienten (X, Y, Z-Klassifikation)**

Schwankung der Nachfrage	Variations-koeffizient	XYZ-Klassifikation	Erläuterung der XYZ-Klassifikation
niedrig	< 0,6	X	regelmäßiger, relativ konstanter Verbrauch
mittel	≥ 0,6 < 1,2	Y	schwankender Verbrauch, aber Trend- bzw. Saisonkomponente
hoch sehr hoch	≥ 1,2	Z	völlig unregelmäßiger Verbrauch, keine Gesetzmäßigkeiten erkennbar

FB

Berechnung der Soll-Meldemenge

FB 6.6.

❍ **Ausgangssituation**

Es soll **die Meldemenge für jenen Standardartikel** gerechnet werden, **der bei dem Fallbeispiel "Dynamische Losgröße" die stark schwankende Nachfrage aufweist**, nämlich:

Periode	**1**	**2**	**3**	**4**	**5**	**6**
Nachfrage in Stück	20	30	10	5	5	10

Die Wiederbeschaffungszeit beträgt ein Monat bzw. eine Woche. Der Servicegrad soll 95% bzw. 99% betragen.

Gefragt ist nach dem Variationskoeffizienten und den vier Soll-Meldemengen, die sich aus der Permutation der zwei Wiederbeschaffungszeiten und den zwei Servicegraden ergeben.

FB 6.6.

❍ Berechnung der Standardabweichung und des Variationskoeffizienten

n	m_i	m_i - m	$(m_i$ - m)²
1	20	7	49
2	30	17	289
3	10	-3	9
4	5	-8	64
5	5	-8	64
6	10	-3	9
Σ	**80**	**2**	**484**
$\overline{m}$	13		

$$S_{n-1} = \sqrt{\frac{\sum (m_i - \overline{m})^2}{n - 1}} = \sqrt{\frac{484}{5}} = \textbf{10 Stück}$$

$$V = \frac{s}{\overline{m}} = \frac{10}{13} = \textbf{0,8}$$

n = Monat

m_i = Ist-Monatsnachfrage

$m_i - \overline{m}$ = Abweichung der Ist-Nachfrage vom Monatsdurchschnitt

❍ Interpretation

Hält man ein Sicherheitslager von zehn Stück vorrätig, dann kann mit 84% Sicherheit jederzeit geliefert werden, wenn die Wiederbeschaffungszeit ein Monat beträgt.

Der **Variationskoeffizient** beträgt 0,77 bzw. **aufgerundet 0,8**. Das bedeutet eine **mittelstark schwankende Nachfrage**.

❍ Ergebnis

Die vier Meldemengen, in Abhängigkeit von der Wiederbeschaffungszeit und den gewünschten Servicegraden, lassen sich wie folgt darstellen:

FB 6.6.

			Sicherheitslager				
			+	*	*	=	=
WBZ	gewünschter SG	Ø Nachfrage wd. WBZ	Standardabweichung (s)	z (Φ) - Faktor	$\sqrt{\text{WBZ in Mo}}$	Sicherheitslager (S)	Soll-Meldemenge SMM
1 Mo	95%	13	10	1,645	1	17	30
1 Mo	99%	13	10	2,326	1	23	36
1 Wo	95%	3	10	1,645	0,5	8	11
1 Wo	99%	3	10	2,326	0,5	12	15

6.3.9. Bedarfsvorhersage durch exponentielle Glättung

Die Qualität der Meldemengenpolitik hängt stark davon ab, wie gut es gelingt, den Zukunftsbedarf zu prognostizieren. **Das effizienteste Kurzfrist-Prognoseverfahren ist die exponentielle Glättung. Sie ist weltweit in allen besseren Lagerhaltungsprogrammen integriert. Das Procedere bei der exponentiellen Glättung ist im Kapitel 7.3.3. beschrieben.**

FB

Ermittlung des Soll-Lagerbestandes und des Überlagers

FB 6.7.

Der Soll-Lagerbestand kann auf verschiedene Arten ermittelt werden; hier werden folgende drei demonstriert:

- **Die rechenintensive Variante auf statistischer Basis** (weil diese zu lang dauert, wird sie in der Praxis nicht verwendet; auf ihr basieren aber die beiden anderen Rechenmethoden).
- **Die Berechnung über die Plan-Umschlagshäufigkeit aus Tabellen** (siehe Kapitel 6.4.).
- **Die Verwendung eines Formulars zur Ermittlung des Überlagers für händischen Gebrauch und PC-Anwendung.**

Das Überlager ergibt sich bei allen Rechenarten durch Vergleich des durchschnittlichen Soll-Lagers mit dem durchschnittlichen Ist-Lager.

FB 6.7.

❍ **Ausgangssituation:**

Durchschnittliche Monatsnachfrage .... 13 Stück
Variationskoeffizient 0,8
Sicherheitslager bei 95% Servicegrad und
1 Monat Wiederbeschaffungszeit lt. Tabelle 17
Bestellmenge (eine Ø Nachfrage während der
Wiederbeschaffungszeit), also 13
Standardabweichung 10

Es wird derselbe Artikel herangezogen, der im Fallbeispiel 6.6., Ermittlung der Soll-Meldemenge, zur Demonstration verwendet worden ist.

❍ **Formel für Soll-Lagerbestand**

Der **durchschnittliche Soll-Lagerbestand** ergibt sich **aus folgender Formel:**

$$\frac{\text{Wirtschaftliche Bestellmenge bzw. Losgröße}}{2} + \text{Sicherheitslager}$$

❍ **Die Berechnung des Soll-Lagerbestandes und des Überlagers**

- **Berechnung auf statistischer Basis**

Durchschnittlicher Soll-Lagerbestand	=	Wirtschaftliche Bestellmenge / 2	+	Sicherheits-lager
24	=	7	+	17

Weil der Ist-Lagerbestand 40 Stück beträgt, ist das Überlager 16. Anders ausgedrückt: Das Überlager beträgt 40% des Ist-Lagers.

- **Berechnung durch Tabelle Plan-Umschlagshäufigkeit**

Zunächst müssen die **relevanten Spezifikationen des Artikels zusammengeschrieben** werden, **um zu wissen, welche Plan-Umschlagshäufigkeits-Tabelle verwendet** werden muß.

FB 6.7.

Wiederbeschaffungszeit .... 1 Monat
Bestellmenge .... einfache durchschnittliche Nachfrage wd. der Wiederbeschaffungszeit
gewünschter Servicegrad 95%
Variationskoeffizient 0,8

Zur Ermittlung der Plan-Umschlagshäufigkeit, die unter den vorgegebenen Bedingungen 6,6 beträgt, ist folgende Tabelle "Plan-Umschlagshäufigkeit" zu verwenden:

Bestellmenge = einfache Ø NFR wd. WBZ

In dieser Tabelle sucht man dann den gesuchten Wert unter:

V = 0,8	SG = 95%	WBZ = 4 Wo

Aus der Plan-Umschlagshäufigkeit muß nun der durchschnittliche Soll-Lagerbestand ermittelt werden.

Dieser ergibt sich aus:

$$\textbf{Soll-Lagerbestand} = \frac{\text{Waren bzw. Materialeinsatz p.a.}}{\text{Plan-Umschlagshäufigkeit}}$$

Der Jahresbedarf des Artikels beträgt 160 Stück. **Bei einer Plan-Umschlagshäufigkeit von 6,6 beträgt der durchschnittliche Soll-Lagerbestand 24 Stück. Dieses Ergebnis ist kongruent mit der vorhergehenden Berechnung auf statistischer Basis.**

❍ Ermittlung des relevanten Überlagers durch Formular

Umseitiges Formular wurde schon im Kapitel 4 (Planbilanzen) verwendet. **Die Eintragungen in umseitigem Formular beziehen sich auf dieses Fallbeispiel. Der Leser wird darauf hingewiesen, daß es zur Ermittlung des Überlagers für Roh-, Hilfs- und Betriebsstoffe einerseits und Handelsware andererseits auch ein komfortables PC-Programm gibt.**

Formular zur Bestimmung des Überlagers

FB 6.7.

ERMITTLUNG DES RELEVANTEN ÜBERLAGERS (Formular für händische Lösung) x)	Roh-, Hilfs und Betriebs-stoffe	Handels-ware	
A) INPUT			
1. Wie hoch ist der Ist-Lagerbestand a) Durchschnittlich b) Zum Stichtag ☐☐☐			40
2. Wie hoch ist der MES bzw. WES? a) in Periode ☐			160
3. Wie hoch soll der Servicegrad sein? (70% sehr niedrig, 84%, 95, 99,9% sehr hoch)	%	%	95%
4. Wie schwankt die Nachfrage? (niedrig: V=0,4; mittel: V=0,8; hoch: V=1,6)			0,8
5. Wie hoch ist die durchschnittliche Wiederbeschaffungszeit in Monaten?	Mo	Mo	1 Mo
6. Wie hoch ist die Ø Bestellmenge ausgedrückt in Monatsnachfragen? a) Ist-BM, ausgedrückt in Monatsnachfragen b) Soll-BM, ausgedrückt in Monatsnachfragen	- fache	- fache	1 - fache
B) BERECHNUNGEN			
7. Ist-Umschlagshäufigkeit $\left(\frac{2a}{1a \text{ bzw. } 1b}\right)$			4
8. Plan-Umschlagshäufigkeit (siehe Tabellenfaktor Plan-UH unten)			6,6
9. Soll-Lagerbestand $\left(\frac{2a}{8}\right)$			24
10. Über (+) bzw. Unter (-) lager [(1a bzw. 1b) - 9] = **theoretisch**			16
abzüglich 20% / 25% (angekreuzt) / 30% / 35% Dispo-Reserve			4
= Über (+) bzw. Unter (-) lager (relevant)	☐	☐	12

Tabellenfaktor Plan-UH

	BM=x fache Ø NFR wd. WBZ				
	1 fache	2 fache	3 fache	6 fache	12 fache
siehe Plan-UH-Tabelle auf Seite....	223	224	225	226	227

x) Für die Ermittlung des relevanten Überlagers gibt es auch eine komfortable Diskettenlösung. Nähere Details können der beiliegenden PC-Programm-Info entnommen werden.

6.4. TABELLEN ZUR ERMITTLUNG DER PLAN-UMSCHLAGSHÄUFGKEIT, DES SOLL-SICHERHEITSLAGERS UND DER SOLL-MELDEMENGE

Diese Tabellen werden den Anwender bei seinen Bemühungen, das Überlager-Potential auszuloten und durch statistisch gesicherte Meldemengen nachhaltig abzubauen, unterstützen. **Insgesamt gibt es 10 Tabellen**, und zwar:

- 3 Tabellen zur Ermittlung der **Plan-Umschlagshäufigkeit**
- 6 Tabellen zur Ermittlung der **Soll-Meldemenge**
- 1 Tabelle zur Ermittlung des **Soll-Sicherheitslager**.

Die erste und letzte Tabellengruppe (Plan-Umschlagshäufigkeit und Soll-Sicherheitslager) sind **Diagnose-Tabellen,** weil mit ihnen das statistisch ermittelte Überlager-Potential festgestellt werden kann. Ist dieses Potential geortet, folgt die Therapie (hier: nachhaltige Lagersenkung). Ein gutes **Therapieinstrument** sind die **Soll-Meldemengentabellen**, weil in der Praxis **meist zu hohe Mindestlagerbestände die Ursache für überhöhte Lagerbestände sind.**

Die Arbeitstabellen sind übersichtlich erstellt und mit Anwendungsbeispielen versehen, sodaß der Anwender keine großen Handling-Probleme haben wird.

6.4.1. Tabellen für die Ermittlung der statistisch gesicherten Plan-Umschlagshäufigkeit

- **Die Planumschlagshäufigkeiten lt. Tabelle basieren auf folgender Formel:**

$$\frac{12}{\frac{WBZ \times BMF}{2} + SF}$$

wobei:

WBZ = Wiederbeschaffugszeit in Monaten
BMF = Bestellmengenfaktor (=Relation zwischen Bestellmenge und Ø Nachfrage wd. WBZ)
SF = Sicherheitslager-Faktor lt. Tabelle

❍ Herleitung der Plan-UH-Formel

1. Das Sicherheitslager (S) wird durch Multiplikation der Monatsnachfrage mit dem entsprechenden Monatsfaktor lt. Tabelle errechnet

$$S = \varnothing \text{ Monatsnachfrage} \times \text{Tabellenfaktor}$$

2. Die Umschlagshäufigkeit des Lagers errechnet sich bekanntlich wie folgt:

$$UH = \frac{\text{Wareneinsatz (WES)}}{\varnothing \text{ Lagerbestand}}$$

3. Den Ø Soll-Lagerbestand erhält man durch nachfolgende Formel:

$$\varnothing \text{ Lagerbestand} = \underbrace{\frac{\varnothing \text{ MNF}}{2} \times (\text{WBZ} \times \text{BMF})}_{\frac{x_{opt}}{2}} + S = $$

$$= \varnothing \text{ MNF} \left(\frac{\text{WBZ} \times \text{BMF}}{2} + \text{SF} \right)$$

wobei: Ø MNF= Ø Monatsnachfrage

4. Der Wareneinsatz (WES) bezieht sich immer auf ein Jahr und errechnet sich daher aus

$$\text{WES} = 12 \times \text{MNF}$$

5. Die Planumschlagshäufigkeit (UH) des Lagers ergibt sich aus:

$$UH = \frac{12 \times \varnothing \text{ MNF}}{\varnothing \text{ Lagerbestand}} = \frac{12}{\frac{\text{WBZ} \times \text{BMF}}{2} + \text{SF}}$$

6. Probe: WBZ = 3Wo, BMF = 1 (d.h. BM = 3Wo)
   für SF: 95% SG, V = 0,8

$$\frac{12}{\frac{0{,}75 \times 1}{2} + 1{,}14} = \mathbf{7{,}92}$$

7,92 ist ident mit dem relevanten Tabellenwert

Tabelle: Plan-Umschlagshäufigkeit, wenn Bestellmenge = einfache, durchschnittliche Nachfrage während der Wiederbeschaffungszeit

V	SG	Normalverteilung z(ϕ) ϕ(z)=84% für z=1	Lieferzeit bzw. Wiederbeschaffungszeit					
			1/7Wo. 1 Tag	1 Wo. 0,25M.	2 Wo. 0,5M.	4 Wo. 1 M.	6 Wo. 1,5M.	8 Wo. 2 M.
0,4	70%	0,524	208,81	52,22	30,13	16,91	11,92	9,26
(0,2	84%	1,000	128,41	36,92	22,52	13,33	9,68	7,66
-	95%	1,645	84,38	26,43	16,78	10,36	7,71	6,22
0,6)	99%	2,326	61,96	20,33	13,22	8,39	6,35	5,18
0,8	70%	0,524	123,61	35,86	21,96	13,05	9,50	7,53
(0,6	84%	1,000	70,99	22,86	14,71	9,23	6,94	5,63
-	95%	1,645	45,02	15,33	10,16	6,61	5,08	4,19
1)	99%	2,326	32,47	11,37	7,66	5,08	3,96	3,30
1,2	70%	0,524	87,79	27,31	17,28	10,63	7,89	6,35
(1	84%	1,000	49,05	16,55	10,92	7,06	5,41	4,45
-	95%	1,645	30,70	10,79	7,29	4,85	3,79	3,16
1,4)	99%	2,326	22,00	7,89	5,40	3,65	2,88	2,43
1,6	70%	0,524	68,07	22,05	14,24	8,97	6,75	5,49
(1,4	84%	1,000	37,47	12,97	8,69	5,71	4,43	3,68
-	95%	1,645	23,29	8,33	5,68	3,83	3,02	2,54
1,8)	99%	2,326	16,64	6,04	4,16	2,84	2,26	1,92

V=Variationskoeffizient; SG=Servicegrad

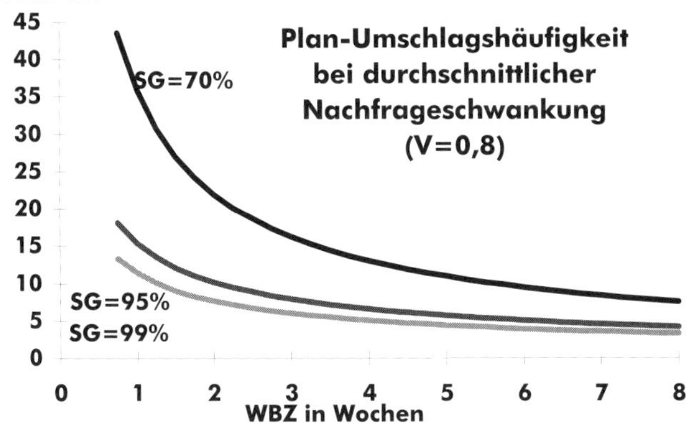

Tabelle: Plan-Umschlagshäufigkeit, wenn Bestellmenge = zweifache, durchschnittliche Nachfrage während der Wiederbeschaffungszeit

V	SG	Normalverteilung z(ϕ) ϕ(z)=84% für z=1	Lieferzeit bzw. Wiederbeschaffungszeit					
			1/7Wo. 1 Tag	1 Wo. 0,25M.	2 Wo. 0,5M.	4 Wo. 1 M.	6 Wo. 1,5M.	8 Wo. 2 M.
0,4	70%	0,524	159,31	33,82	18,51	9,92	6,83	5,23
(0,2	84%	1,000	107,81	26,67	15,33	8,57	6,03	4,68
-	95%	1,645	74,97	20,73	12,43	7,24	5,20	4,09
0,6)	99%	2,326	56,73	16,78	10,36	6,22	4,55	3,62
0,8	70%	0,524	104,41	26,11	15,07	8,46	5,96	4,63
(0,6	84%	1,000	64,21	18,46	11,26	6,67	4,84	3,83
-	95%	1,645	42,19	13,22	8,39	5,18	3,86	3,11
1)	99%	2,326	30,98	10,17	6,61	4,19	3,18	2,59
1,2	70%	0,524	77,65	21,26	12,70	7,37	5,29	4,15
(1	84%	1,000	45,72	14,12	8,90	5,45	4,04	3,25
-	95%	1,645	29,36	9,70	6,33	4,03	3,06	2,50
1,4)	99%	2,326	21,31	7,29	4,85	3,17	2,44	2,02
1,6	70%	0,524	61,81	17,93	10,98	6,53	4,75	3,77
(1,4	84%	1,000	35,49	11,43	7,36	4,62	3,47	2,82
-	95%	1,645	22,51	7,66	5,08	3,30	2,54	2,10
1,8)	99%	2,326	16,24	5,69	3,83	2,54	1,98	1,65

V=Variationskoeffizient; SG=Servicegrad

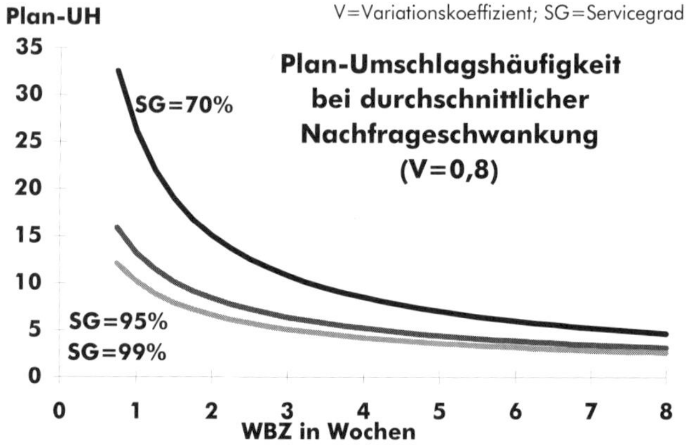

Tabelle: Plan-Umschlagshäufigkeit, wenn Bestellmenge = dreifache, durchschnittliche Nachfrage während der Wiederbeschaffungszeit

V	SG	Normalverteilung z(ϕ) ϕ(z)=84% für z=1	Lieferzeit bzw. Wiederbeschaffungszeit					
			1/7Wo. 1 Tag	1 Wo. 0,25M.	2 Wo. 0,5M.	4 Wo. 1 M.	6 Wo. 1,5M.	8 Wo. 2 M.
0,4	70%	0,524	128,78	25,01	13,36	7,02	4,79	3,64
(0,2	84%	1,000	92,90	20,87	11,62	6,32	4,38	3,37
-	95%	1,645	67,45	17,05	9,87	5,56	3,93	3,05
0,6)	99%	2,326	52,31	14,28	8,52	4,94	3,54	2,78
0,8	70%	0,524	90,37	20,53	11,47	6,25	4,34	3,34
(0,6	84%	1,000	58,61	15,48	9,12	5,22	3,72	2,90
-	95%	1,645	39,70	11,62	7,14	4,26	3,11	2,47
1)	99%	2,326	29,61	9,19	5,81	3,57	2,65	2,13
1,2	70%	0,524	69,60	17,41	10,04	5,64	3,97	3,09
(1	84%	1,000	42,80	12,31	7,51	4,44	3,23	2,55
-	95%	1,645	28,13	8,81	5,59	3,45	2,57	2,07
1,4)	99%	2,326	20,65	6,78	4,41	2,80	2,12	1,73
1,6	70%	0,524	56,60	15,11	8,94	5,13	3,66	2,87
(1,4	84%	1,000	33,71	10,21	6,38	3,87	2,85	2,28
-	95%	1,645	21,78	7,10	4,60	2,90	2,19	1,79
1,8)	99%	2,326	15,85	5,37	3,55	2,30	1,76	1,45

V=Variationskoeffizient; SG=Servicegrad

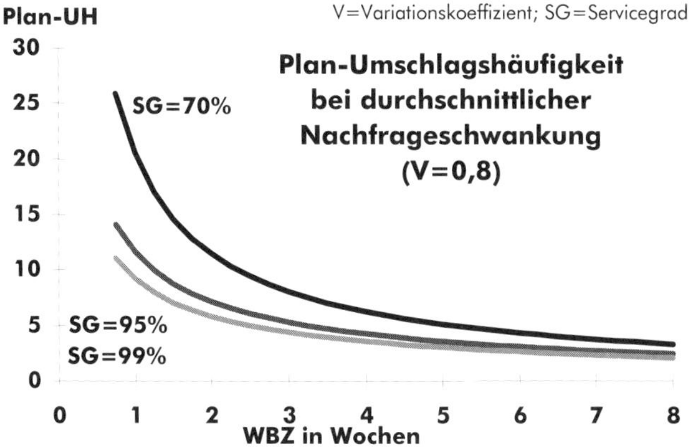

6.4.2. Tabellen für die statistisch gesicherte Ermittlung der Soll-Meldemengen

Der in der Kopfzeile fett ausgedruckte Multiplikator setzt sich wie folgt zusammen:

	Sicherheitslagerfaktor (S) lt. Tabelle "Soll-Sicherheitslager"
+	Ø Nachfrage (NFR) während der Perioden

Beispiel:

Bei einem Servicegrad von 95%, einem Variationskoeffizienten von 0,8 und einer voraussichtlichen Wiederbeschaffungszeit von zwei Wochen (= 0,5 Monate), ergibt sich in der Kopfspalte folgendes Bild:

	Sicherheitslagerfaktor (S) lt. Tabelle	0,93
+	Ø NFR während der Periode	0,50
=	**Multiplikator**	**1,43**

Für die Ermittlung der Soll-Meldemenge wird die Ø Monatsnachfrage mit obigem Faktor multipliziert.

Ausgedruckte Soll-Meldemengen-Tabelle:

Servicegrad SG	**Variations-koeffizient V**	**Tabelle siehe Seite**
70%	0,8	257
84%	0,8	258
95%	0,4	259
95%	0,8	260
95%	1,6	261
99%	0,8	262

Tabelle: Ermittlung der Soll-Meldemenge (SMM)

SMM = Ø Nachfrage wd. WBZ + Sicherheitslager (S)

Servicegrad (SG) Lieferbereitschaft(LB)	
70%	84%
95%	99%

Variations-koeffizient (V)	
0,4	**0,8**
1,2	1,6

Nachfrage		Voraussichtliche Wiederbeschaffungszeit					
Ø p.a.	Ø p.m.	1/7 Wo. 1 Tag	1 Wo. 0,25 M.	2 Wo. 0,5 M.	4 Wo. 1 M.	6 Wo. 1,5 M.	8 Wo. 2 M.
S		0,079	0,210	0,297	0,420	0,514	0,593
+ Ø NFR		0,036	0,250	0,500	1,000	1,500	2,000
=Multiplikator		**0,115**	**0,460**	**0,797**	**1,420**	**2,014**	**2,593**
5	**0,4**	0	0	0	1	1	1
10	**0,8**	0	0	1	1	2	2
15	**1,3**	0	1	1	2	3	3
20	**1,7**	0	1	1	2	3	4
25	**2,1**	0	1	2	3	4	5
30	**2,5**	0	1	2	4	5	6
35	**2,9**	0	1	2	4	6	8
40	**3,3**	0	2	3	5	7	9
45	**3,8**	0	2	3	5	8	10
50	**4,2**	0	2	3	6	8	11
55	**4,6**	1	2	4	7	9	12
60	**5,0**	1	2	4	7	10	13
65	**5,4**	1	2	4	8	11	14
70	**5,8**	1	3	5	8	12	15
75	**6,3**	1	3	5	9	13	16
80	**6,7**	1	3	5	9	13	17
85	**7,1**	1	3	6	10	14	18
90	**7,5**	1	3	6	11	15	19
95	**7,9**	1	4	6	11	16	21
100	**8,3**	1	4	7	12	17	22
120	**10,0**	1	5	8	14	20	26

Anwendungsbeispiel:

Wenn:
Ø Monatsnachfrage.................................. **5 Stück**
Nachfrageschwankung............................. **mittel (V=0,8)**
gewünschter SG...................................... **70%**
Wiederbeschaffungszeit............................ **1 Monat**

Dann: **Soll-Meldemenge lt. Tab.................... 7**

Weil: **SMM = Ø NFR p.m. x Multiplikator**

Tabelle: Ermittlung der Soll-Meldemenge (SMM)

SMM = **Ø Nachfrage wd. WBZ** + **Sicherheitslager (S)**

Servicegrad (SG) Lieferbereitschaft(LB)	
70%	**84%**
95%	99%

Variationskoeffizient (V)	
0,4	**0,8**
1,2	1,6

Nachfrage		Voraussichtliche Wiederbeschaffungszeit					
Ø p.a.	Ø p.m.	**1/7 Wo. 1 Tag**	**1 Wo. 0,25 M.**	**2 Wo. 0,5 M.**	**4 Wo. 1 M.**	**6 Wo. 1,5 M.**	**8 Wo. 2 M.**
S		0,150	0,398	0,563	0,796	0,974	1,125
+ Ø NFR		0,036	0,250	0,500	1,000	1,500	2,000
=Multiplikator		**0,186**	**0,648**	**1,063**	**1,796**	**2,474**	**3,125**
5	**0,4**	0	0	0	1	1	1
10	**0,8**	0	1	1	1	2	3
15	**1,3**	0	1	1	2	3	4
20	**1,7**	0	1	2	3	4	5
25	**2,1**	0	1	2	4	5	7
30	**2,5**	0	2	3	4	6	8
35	**2,9**	1	2	3	5	7	9
40	**3,3**	1	2	4	6	8	10
45	**3,8**	1	2	4	7	9	12
50	**4,2**	1	3	4	7	10	13
55	**4,6**	1	3	5	8	11	14
60	**5,0**	1	3	5	9	12	16
65	**5,4**	1	4	6	10	13	17
70	**5,8**	1	4	6	10	14	18
75	**6,3**	1	4	7	11	15	20
80	**6,7**	1	4	7	12	16	21
85	**7,1**	1	5	8	13	18	22
90	**7,5**	1	5	8	13	19	23
95	**7,9**	1	5	8	14	20	25
100	**8,3**	2	5	9	15	21	26
120	**10,0**	2	6	11	18	25	31

Anwendungsbeispiel:

Wenn: Ø Monatsnachfrage.............................. **5 Stück**
Nachfrageschwankung.......................... **mittel (V=0,8)**
gewünschter SG.................................. **84%**
Wiederbeschaffungszeit......................... **1 Monat**

Dann: **Soll-Meldemenge lt. Tab.................... 9**

Weil: **SMM = Ø NFR p.m. x Multiplikator**

Tabelle: Ermittlung der Soll-Meldemenge (SMM)

SMM = **Ø Nachfrage wd. WBZ** + **Sicherheitslager (S)**

Servicegrad (SG) Lieferbereitschaft(LB)	
70%	84%
95%	99%

Variations-koeffizient (V)	
0,4	0,8
1,2	1,6

Nachfrage		Voraussichtliche Wiederbeschaffungszeit					
Ø p.a.	Ø p.m.	**1/7 Wo. 1 Tag**	**1 Wo. 0,25 M.**	**2 Wo. 0,5 M.**	**4 Wo. 1 M.**	**6 Wo. 1,5 M.**	**8 Wo. 2 M.**
S		0,124	0,329	0,465	0,658	0,806	0,930
+ Ø NFR		0,036	0,250	0,500	1,000	1,500	2,000
=Multiplikator		**0,160**	**0,579**	**0,965**	**1,658**	**2,306**	**2,930**
5	**0,4**	0	0	0	1	1	1
10	**0,8**	0	0	1	1	2	2
15	**1,3**	0	1	1	2	3	4
20	**1,7**	0	1	2	3	4	5
25	**2,1**	0	1	2	3	5	6
30	**2,5**	0	1	2	4	6	7
35	**2,9**	0	2	3	5	7	9
40	**3,3**	1	2	3	6	8	10
45	**3,8**	1	2	4	6	9	11
50	**4,2**	1	2	4	7	10	12
55	**4,6**	1	3	4	8	11	13
60	**5,0**	1	3	5	8	12	15
65	**5,4**	1	3	5	9	12	16
70	**5,8**	1	3	6	10	13	17
75	**6,3**	1	4	6	10	14	18
80	**6,7**	1	4	6	11	15	20
85	**7,1**	1	4	7	12	16	21
90	**7,5**	1	4	7	12	17	22
95	**7,9**	1	5	8	13	18	23
100	**8,3**	1	5	8	14	19	24
120	**10,0**	2	6	10	17	23	29

Anwendungsbeispiel:

Wenn: Ø Monatsnachfrage.................................. **5 Stück**
Nachfrageschwankung.......................... **niedrig (V=0,4)**
gewünschter SG.................................... **95%**
Wiederbeschaffungszeit.......................... **1 Monat**

Dann: **Soll-Meldemenge lt. Tab.................... 8**

Weil: **SMM = Ø NFR p.m. x Multiplikator**

Tabellen für Soll-Meldemengen

Tabelle: Ermittlung der Soll-Meldemenge (SMM)

SMM = Ø Nachfrage wd. WBZ + Sicherheitslager (S)

Servicegrad (SG) Lieferbereitschaft(LB)	
70%	84%
95%	99%

Variations-koeffizient (V)	
0,4	**0,8**
1,2	1,6

Nachfrage		Voraussichtliche Wiederbeschaffungszeit					
Ø p.a.	Ø p.m.	1/7 Wo. 1 Tag	1 Wo. 0,25 M.	2 Wo. 0,5 M.	4 Wo. 1 M.	6 Wo. 1,5 M.	8 Wo. 2 M.
S		0,249	0,658	0,930	1,316	1,612	1,861
+ Ø NFR		0,036	0,250	0,500	1,000	1,500	2,000
=Multiplikator		**0,284**	**0,908**	**1,430**	**2,316**	**3,112**	**3,861**
5	**0,4**	0	0	1	1	1	2
10	**0,8**	0	1	1	2	3	3
15	**1,3**	0	1	2	3	4	5
20	**1,7**	0	2	2	4	5	6
25	**2,1**	1	2	3	5	6	8
30	**2,5**	1	2	4	6	8	10
35	**2,9**	1	3	4	7	9	11
40	**3,3**	1	3	5	8	10	13
45	**3,8**	1	3	5	9	12	14
50	**4,2**	1	4	6	10	13	16
55	**4,6**	1	4	7	11	14	18
60	**5,0**	1	5	7	12	16	19
65	**5,4**	2	5	8	13	17	21
70	**5,8**	2	5	8	14	18	23
75	**6,3**	2	6	9	14	19	24
80	**6,7**	2	6	10	15	21	26
85	**7,1**	2	6	10	16	22	27
90	**7,5**	2	7	11	17	23	29
95	**7,9**	2	7	11	18	25	31
100	**8,3**	2	8	12	19	26	32
120	**10,0**	3	9	14	23	31	39

Anwendungsbeispiel:

Wenn: Ø Monatsnachfrage.............................. **5 Stück**
Nachfrageschwankung.......................... **mittel (V=0,8)**
gewünschter SG.................................. **95%**
Wiederbeschaffungszeit.......................... **1 Monat**

Dann: **Soll-Meldemenge lt. Tab...................... 12**

Weil: **SMM = Ø NFR p.m. x Multiplikator**

Tabelle: Ermittlung der Soll-Meldemenge (SMM)

SMM = Ø Nachfrage wd. WBZ + Sicherheitslager (S)

Servicegrad (SG) Lieferbereitschaft(LB)	
70%	84%
95%	99%

Variations-koeffizient (V)	
0,4	0,8
1,2	**1,6**

Nachfrage		Voraussichtliche Wiederbeschaffungszeit					
Ø p.a.	Ø p.m.	**1/7 Wo. 1 Tag**	**1 Wo. 0,25 M.**	**2 Wo. 0,5 M.**	**4 Wo. 1 M.**	**6 Wo. 1,5 M.**	**8 Wo. 2 M.**
S		0,497	1,316	1,861	2,632	3,223	3,722
+ Ø NFR		0,036	0,250	0,500	1,000	1,500	2,000
=Multiplikator		**0,533**	**1,566**	**2,361**	**3,632**	**4,723**	**5,722**
5	**0,4**	0	1	1	2	2	2
10	**0,8**	0	1	2	3	4	5
15	**1,3**	1	2	3	5	6	7
20	**1,7**	1	3	4	6	8	10
25	**2,1**	1	3	5	8	10	12
30	**2,5**	1	4	6	9	12	14
35	**2,9**	2	5	7	11	14	17
40	**3,3**	2	5	8	12	16	19
45	**3,8**	2	6	9	14	18	21
50	**4,2**	2	7	10	15	20	24
55	**4,6**	2	7	11	17	22	26
60	**5,0**	3	8	12	18	24	29
65	**5,4**	3	8	13	20	26	31
70	**5,8**	3	9	14	21	28	33
75	**6,3**	3	10	15	23	30	36
80	**6,7**	4	10	16	24	31	38
85	**7,1**	4	11	17	26	33	41
90	**7,5**	4	12	18	27	35	43
95	**7,9**	4	12	19	29	37	45
100	**8,3**	4	13	20	30	39	48
120	**10,0**	5	16	24	36	47	57

Anwendungsbeispiel:

Wenn: Ø Monatsnachfrage.............................. **5 Stück**
Nachfrageschwankung.............................. **sehr hoch (V=1,6)**
gewünschter SG.................................... **95%**
Wiederbeschaffungszeit............................ **1 Monat**

Dann: **Soll-Meldemenge lt. Tab..................... 18**

Weil: **SMM = Ø NFR p.m. x Multiplikator**

Tabelle: Ermittlung der Soll-Meldemenge (SMM)

SMM = **Ø Nachfrage wd. WBZ** + **Sicherheitslager (S)**

Servicegrad (SG) Lieferbereitschaft(LB)	
70%	84%
95%	**99%**

Variations-koeffizient (V)	
0,4	**0,8**
1,2	1,6

Nachfrage		Voraussichtliche Wiederbeschaffungszeit					
Ø p.a.	Ø p.m.	**1/7 Wo. 1 Tag**	**1 Wo. 0,25 M.**	**2 Wo. 0,5 M.**	**4 Wo. 1 M.**	**6 Wo. 1,5 M.**	**8 Wo. 2 M.**
S		0,352	0,931	1,316	1,861	2,279	2,632
+ Ø NFR		0,036	0,250	0,500	1,000	1,500	2,000
=Multiplikator		**0,387**	**1,181**	**1,816**	**2,861**	**3,779**	**4,632**
5	**0,4**	0	0	1	1	2	2
10	**0,8**	0	1	2	2	3	4
15	**1,3**	0	1	2	4	5	6
20	**1,7**	1	2	3	5	6	8
25	**2,1**	1	2	4	6	8	10
30	**2,5**	1	3	5	7	9	12
35	**2,9**	1	3	5	8	11	14
40	**3,3**	1	4	6	10	13	15
45	**3,8**	1	4	7	11	14	17
50	**4,2**	2	5	8	12	16	19
55	**4,6**	2	5	8	13	17	21
60	**5,0**	2	6	9	14	19	23
65	**5,4**	2	6	10	15	20	25
70	**5,8**	2	7	11	17	22	27
75	**6,3**	2	7	11	18	24	29
80	**6,7**	3	8	12	19	25	31
85	**7,1**	3	8	13	20	27	33
90	**7,5**	3	9	14	21	28	35
95	**7,9**	3	9	14	23	30	37
100	**8,3**	3	10	15	24	31	39
120	**10,0**	4	12	18	29	38	46

Anwendungsbeispiel:

Wenn: Ø Monatsnachfrage.............................. **5 Stück**
Nachfrageschwankung.......................... **mittel (V=0,8)**
gewünschter SG.................................. **99%**
Wiederbeschaffungszeit.......................... **1 Monat**

Dann: **Soll-Meldemenge lt. Tab.................... 14**

Weil: **SMM = Ø NFR p.m. x Multiplikator**

6.4.3. Tabelle zur Ermittlung des statistisch gesicherten Sicherheitslagers

1. Man beginnt mit dem Tabellenfaktor bei

   - Wiederbeschaffungszeit ein Monat
   - Servicegrad 84% (zΦ – Faktor = 1)

   Der Tabellenfaktor ist unter diesen Bedingungen immer ident mit dem Variationskoeffizienten.

2. Alle weiteren Tabellenfaktoren in der Zeile

   - Servicegrad 84% (zΦ – Faktor = 1)

   werden durch Multiplikation des jeweiligen Variationskoeffizienten mit

   $$\sqrt{\text{WBZ in Monaten}}$$

   errechnet.

3. Alle Tabellenfaktoren in den übrigen Zeilen

   - Servicegrad 70% (zΦ – Faktor = 0,524)

     . . . .

     . . . .

   - Servicegrad 99,9% (zΦ – Faktor = 3,09)

   werden durch Multiplikation der in der Zeile

   - Servicegrad 84% (zΦ – Faktor = 1)

   stehenden Faktoren mit den entsprechenden zΦ-Faktoren ermittelt.

Tabelle: Ermittlung des Soll-Sicherheitslagers (S)

Sicherheitslager = Ø Monatsbedarf x Tabellenfaktor

V	SG	Normalverteilung z(ϕ) ϕ(z)=84% für z=1	Lieferzeit bzw. Wiederbeschaffungszeit					
			1/7 Wo. 1 Tag	1 Wo. 0,25M.	2 Wo. 0,5M.	4 Wo. 1 M.	6 Wo. 1,5M.	8Wo. 2 M.
0,4	70%	0,524	0,04	0,10	0,15	0,21	0,26	0,30
(0,2	84%	1,000	0,08	0,20	0,28	**0,40**	0,49	0,57
-	95%	1,645	0,12	0,33	0,47	0,66	0,81	0,93
0,6)	99%	2,326	0,18	0,47	0,66	0,93	1,14	1,32
0,8	70%	0,524	0,08	0,21	0,30	0,42	0,51	0,59
(0,6	84%	1,000	0,15	0,40	0,57	**0,80**	0,98	1,13
-	95%	1,645	0,25	0,66	0,93	1,32	1,61	1,86
1)	99%	2,326	0,35	0,93	1,32	1,86	2,28	2,63
1,2	70%	0,524	0,12	0,31	0,44	0,63	0,77	0,89
(1	84%	1,000	0,23	0,60	0,85	**1,20**	1,47	1,70
-	95%	1,645	0,37	0,99	1,40	1,97	2,42	2,79
1,4)	99%	2,326	0,53	1,40	1,97	2,79	3,42	3,95
1,6	70%	0,524	0,16	0,42	0,59	0,84	1,03	1,19
(1,4	84%	1,000	0,30	0,80	1,13	**1,60**	1,96	2,26
-	95%	1,645	0,50	1,32	1,86	2,63	3,22	3,72
1,8)	99%	2,326	0,70	1,86	2,63	3,72	4,56	5,26

V=Variationskoeffizient; SG=Servicegrad

Anwendungsbeispiel:

Wenn: Ø Monatsnachfrage .... **5 Stück**
Nachfrageschwankung .... **mittel (V=0,8)**
gewünschter SG **95%**
Wiederbeschaffungszeit .... **1 Monat**

Dann: **S = 5 x 1,32 .... 7**

Weil: **S = Ø NFR p.m. x Tabellenfaktor**

6.5. DIE ENTWICKLUNG VON LAGERSTRATEGIEN

❍ **Ziel**

Unter Lagerstategie versteht man ein Bündel von Maßnahmen, die darauf ausgerichtet sind, die dem Lager zufließenden Gütermengen dem Bedarf in kostenminimaler Weise anzupassen:

In der Praxis der optimalen Lagerhaltung läßt sich alles auf folgende **zwei Aktionsparameter** reduzieren:

❍ **Bestellpunkt** (wann soll bestellt werden?)
❍ **Bestellmenge** (wieviel soll bestellt werden?)

Ausprägungen der Bestellzeitpunkt-Parameter können sein:

1. Es wird bestellt, wenn der Lagerbestand den Bestellpunkt erreicht oder unterschritten hat. Für den Bestellpunkt wählt man Symbol s.
2. Es wird alle t-Zeiteinheiten bestellt.
3. Es wird alle t-Zeiteinheiten bestellt, jedoch nur dann, wenn der Lagerbestand die Meldemenge s unterschritten hat.

Die Ausprägungen der Bestellmengen-Parameter können sein:

1. Es wird jeweils eine optimale Bestellmenge q bestellt.
2. Es wird jene Menge (variable Auffüllmenge) bestellt, so daß der zum Zeitpunkt der Bestellung vorhandene Ist-Lagerbestand und die zu bestellende Menge die Höchstlagermenge S ergeben.

Durch Kombination der drei Bestellzeitpunkt-Parameter mit den zwei Bestellmengen-Parameter lassen sich insgesamt sechs Hauptlager-Strategien bilden, und zwar:

Lagerstrategien

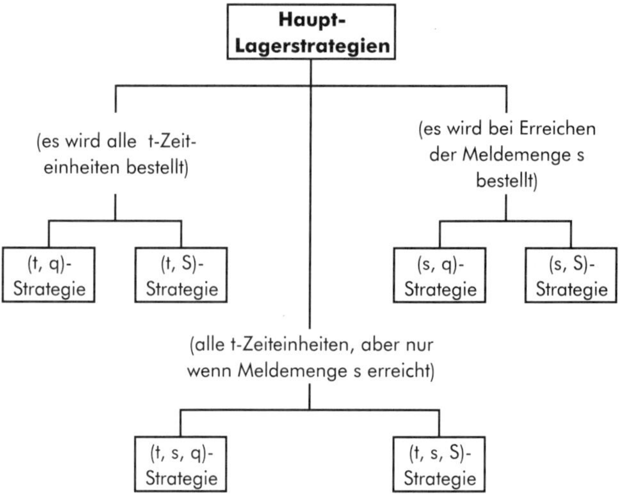

Die Auswahl der günstigsten Lagerstrategie muß durch Probieren, Testen bzw. Simulieren festgelegt werden.

Diese Tabelle zeigt die **relevanten Merkmale jeder Strategie** auf.

MERKMAL	Strategie					
	s, q	s, S	t, q	t, S	t, s, q	t, s, S
Lagerkontrolle						
a) nach jeder Entnahme	✔	✔				
b) in konstanten Zeitintervallen			✔	✔	✔	✔
Konstante Bestellmenge						
a) nach jeder Kontrolle			✔			
b) nach Erreichen oder Unterschreiten des Meldebestandes	✔				✔	
Variable Bestellmenge						
a) nach jeder Kontrolle				✔		
b) bei Erreichen oder Unterschreiten des Meldebestandes		✔				✔

Durch die Lagerstrategien können folgende Ziele realisiert werden:

1. **Ein möglichst hoher Servicegrad**, damit die Kundennachfrage bzw. der Produktionsprozeß von materialwirtschaftlichen Störungen freigehalten werden.
2. **Möglichst geringe Beschaffungs-, Lagerhaltungs- und Fehlmengenkosten.**

Die (international) verwendeten Symbole für die Lagerstrategien sind

s = Bestellpunkt
q = feste Bestellmenge; diese kann durch Formeln (optimal) oder intuitiv bestimmt werden
t = Zeitspanne zwischen zwei Dispositionstagen
S = Höchstlagerbestand, das ist jener fixe Lagerbestand, auf den der Ist-Lagerbestand bei einer (S)-Strategie aufgefüllt wird.

Der Bestellzyklus ist bei der (s, q)-Strategie variabel, weil nach jeder Entnahme kontrolliert wird, ob die Meldemenge s erreicht oder unterschritten ist. Man nennt diese – in der Praxis häufig angewendete Strategie – auch **Two-Bin-System** (Zwei Behälter-System). Wenn der erste Behälter leer ist, erfolgt bei gleichzeitiger Bestellung die Materialentnahme aus dem zweiten Behälter. Bei Anlieferung wird zunächst der zweite Behälter wieder aufgefüllt, der Rest geht in den ersten Behälter.

Der Bestellzyklus ist bei der (s, S)-Strategie ebenfalls variabel. Wünscht man eine (s, S)-Strategie mit fixem Bestellzyklus, dann ist eine Erweiterung auf die (t, s, S)-Politik notwendig.

Die (s, q)- und die (s, S)-Lagerstrategien kann man als Bestellpunktverfahren bezeichnen, alle anderen als zyklische Bestellverfahren.

CHECKLISTE

❍ Checkliste Bewirtschaftungsempfehlungen

Die folgende Tabelle enthält eine Checkliste über Bewirtschaftungsempfehlungen für A- und C-Artikel. Die A-Artikel sind jene, die mit einer geringen Anzahl hohe Geldwerte binden. Im Gegensatz dazu sind die C-Artikel mengenmäßig zahlreich, die Geldbindung ist aber gering. In der Praxis ist es häufig so, daß mit nur 10% der Gesamtartikel 70% des Umsatzes erzielt werden (A-Artikel), während mit etwa 60% der Gesamtartikel nur 10% Umsatz gemacht werden (C-Artikel).

A-Artikel (Teile)	C-Artikel (Teile)
Servicegrad möglichst differenziert	hoher Servicegrad
möglichst exakte Berechnung der Bestell-(Los-)größe und Meldemenge	grobe Errechnung der Bestell-(Los-)größe und Meldemenge
häufiges Überprüfen dieser Größen	Überprüfen dieser Größen einmal oder zweimal im Jahr
variable Meldemenge, die sich permanent dem Bedarf anpaßt	konstante Meldemenge, die nur einmal jährlich angepaßt wird
Bedarfsermittlung mit exponentieller Glättung	Bedarfsermittlung ohne exponentielle Glättung
periodische Soll-Ist-Vergleiche	sporadischer Soll-Ist-Vergleich
besondere Anstrengungen bei Lieferantenauswahl, Preisgestaltung usw.	keine besonderen Anstrengungen bei der Beschaffung
Bewirtschaftung nach der s-, q-Lagerstrategie zweckmäßig.Der Lagerbestand wird nach jeder Entnahme überprüft. Ist die Meldemenge s unterschritten, wird die Bestellmenge (Losgröße) q bestellt bzw. aufgelegt.	hier genügt eine t, s, q- bzw. t, s, S-Lagerstrategie. Bei beiden Strategien wird in konstanten Zeitabschnitten t überprüft, ob die Meldemenge s unterschritten worden ist. Wenn nicht, wird nicht bestellt; die nächste Überprüfung erfolgt eine konstante Periode (t) später. Wurde die Meldemenge (s) unterschritten, dann wird entweder die Bestellmenge (Losgröße) q bestellt oder die Differenz auf das Höchstlager (S).

6.6. ZUSAMMENFASSUNG IN SCHAUBILDERN

6.6.1. Bestellmengen und Losgrößen

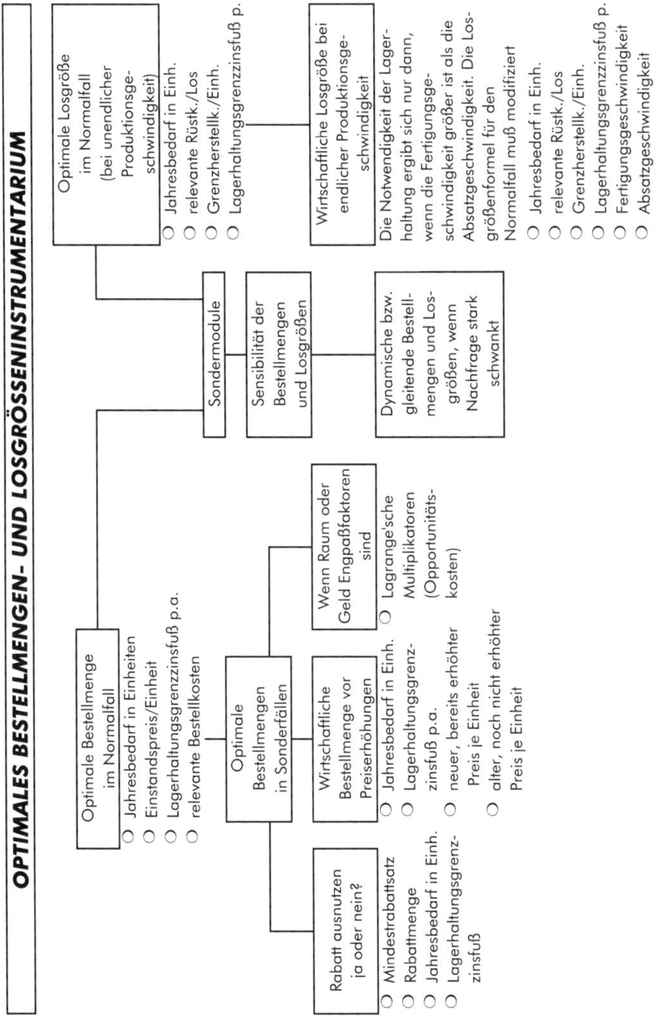

6.6.2. Statistisch gesicherte Meldemenge

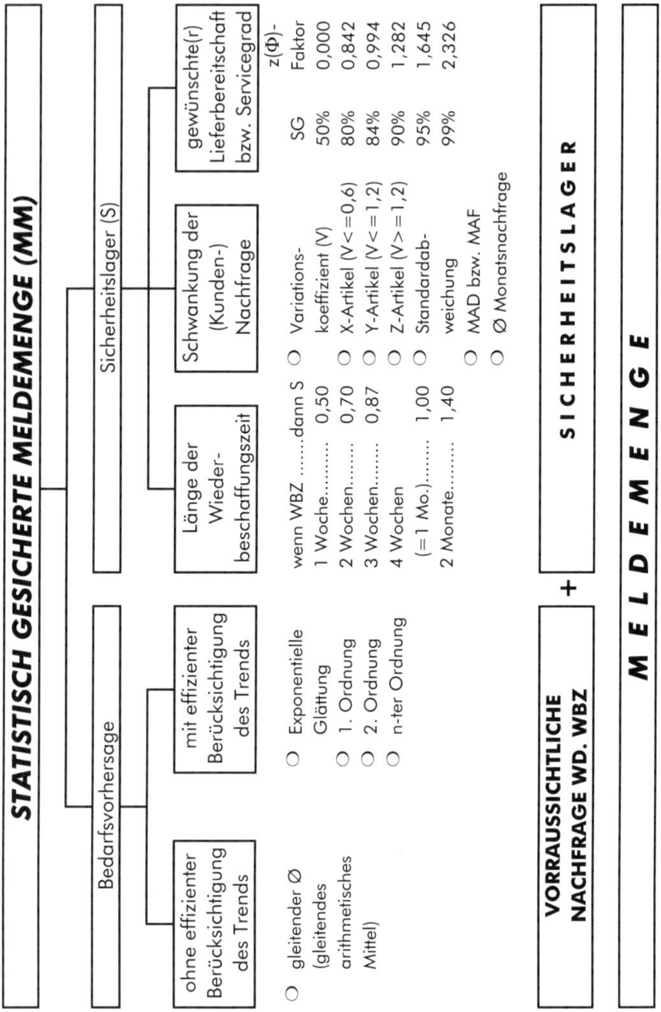

7. STATISTISCHE METHODEN FÜR NOCH BESSERE ENTSCHEIDUNGEN

In diesem Kapitel sollen die wichtigsten statistischen Methoden vorgestellt werden, die man in der Wirtschaftspraxis benötigt. Jede Methode wird nach einer kurzen, einführenden Erklärung mit einem Fallbeispiel erläutert.

7.1. MITTELWERTE

7.1.1. Arithmetisches Mittel

FB

FB 7.1.

Arithmetisches Mittel

Quartal	Umsatz in Mio GE
I	18
II	21
III	22
IV	27
Summe	**88**

Man bildet die Summe aller Werte (hier: Umsätze pro Quartal) und dividiert sie durch die Anzahl der Informationen.

❍ **Formel:**

$$\frac{\text{Summe der Werte}}{\text{Anzahl der Informationen}} \quad \textbf{bzw.:} \quad \bar{x} = \frac{x_1 + x_2 + \ldots + x_n}{n}$$

❍ **Beispiel:** $\frac{18 + 21 + 22 + 27}{4} = \frac{88}{4} = \mathbf{22}$

❍ **Interpretation:** Das arithmetische Mittel beträgt 22 Mio GE.

❍ **Abkürzungen, alternative Bezeichnungen:** (arithmetischer) Durchschnitt, $\overline{m}$, ∅, $\bar{x}$.

7.1.2. Gewichtetes Mittel

Wenn den aktuellen Daten mehr Bedeutung zukommen soll als den älteren Werten, so errechnet man ein **gewichtetes Mittel.**

FB

Gewichtetes Mittel

FB 7.2.

Quartal	Umsatz in Mio GE		Gewichtungs-faktor		gewichteter Umsatz
I	18	x	1	=	18
II	21	x	2	=	42
III	22	x	3	=	66
IV	27	x	4	=	108
Summe	(88)		**10**		**234**

Man multipliziert die Werte (hier: Umsätze pro Quartal) mit selbst bestimmten Gewichtungsfaktoren und dividiert dann die Summe der Werte (Umsätze) durch die Summe der Gewichtungsfaktoren.

(Quartal IV wird hier mit 40% gewichtet, Quartal III mit 30%, Quartal II mit 20% und Quartal I mit 10%.)

❍ **Formel:**

$$\text{gewichtetes Mittel} = \frac{\text{Summe der gewichteten Werte}}{\text{Summe d. Gewichtungsfaktoren}}$$

bzw.: $$\bar{x}_{gew.} = \frac{(x_1 \cdot f_1) + (x_2 \cdot f_2) + \ldots + (x_n \cdot f_n)}{f_1 + f_2 + \ldots + f_n}$$

❍ **Beispiel:**

$$\frac{(18 \cdot 1) + (21 \cdot 2) + (22 \cdot 3) + (27 \cdot 4)}{1 + 2 + 3 + 4} = \frac{234}{10} = \mathbf{23{,}4}$$

❍ **Interpretation:**

Das gewichtete Mittel beträgt 23,4 Mio GE und ist etwas höher als das arithmetische Mittel (22 Mio GE). Dies liegt daran, daß sich diese Umsätze gut entwickeln und die aktuellen, höheren Werte stärker gewichtet wurden als die alten, niedrigen.

❍ **Alternative Bezeichnungen:**

Gewogenes Mittel.

FB 7.2.

❍ **Graphische Darstellung:**

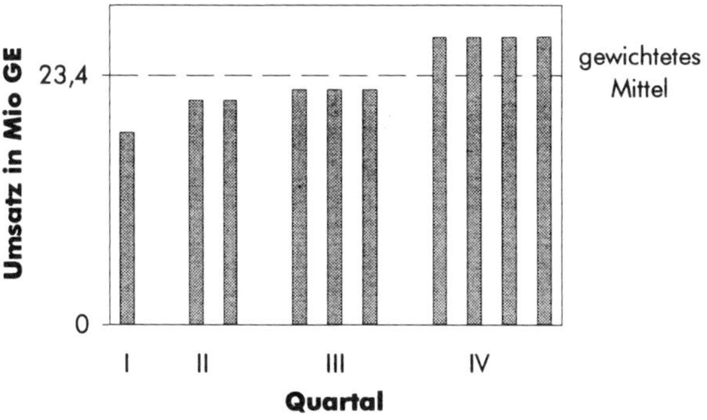

7.2. STREUUNGSMASSE

7.2.1. Der mittlere Abweichungsbetrag (MAD)

Der mittlere Abweichungsbetrag (MAD) ist das arithmetische Mittel der (positiven) Abweichungen der beobachteten Werte vom arithmetischen Mittel dieser Werte.

FB **MAD**

FB 7.3.

Quartal	Umsatz in Mio GE		arithmet. Mittel		Abweichung	Absolutbetrag
I	18	-	22	=	-4	4
II	21	-	22	=	-1	1
III	22	-	22	=	0	0
IV	27	-	22	=	5	5
Summe	(88)		(88)		(0)	**10**

Man subtrahiert das arithmetische Mittel aller Werte von jedem einzelnen Wert, bildet den Absolutbetrag (negative Werte werden in positive umgewandelt), addiert dann die Absolutbeträge und dividiert die Summe durch die Anzahl der Informationen.

❍ Formel:

$$\textbf{MAD} = \frac{\text{Summe der absoluten Abweichungsbeträge vom arithmetischen Mittel}}{\text{Anzahl der Informationen}}$$

bzw.:

$$\text{MAD} = \frac{|x_1 - \bar{x}| + |x_2 - \bar{x}| + \ldots + |x_n - \bar{x}|}{n}$$

❍ Beispiel:

$$\frac{|18 - 22| + |21 - 22| + |22 - 22| + |27 - 22|}{4} =$$

$$= \frac{4 + 1 + 0 + 5}{4} = \frac{10}{4} = \mathbf{2{,}5}$$

❍ Interpretation:

Der mittlere Abweichungsbetrag (MAD) beträgt in diesem Beispiel 2,5 Mio GE. Er besagt, daß die beobachteten Werte im Durchschnitt um 2,5 Mio GE vom arithmetischen Mittelwert abweichen.

Das ist leicht verständlich. Trotzdem wird in der Praxis die Varianz und die Standardabweichung als Maß für die Streuung vorgezogen.

❍ Abkürzungen, alternative Bezeichnungen:

Der Name MAD kommt aus dem Englischen (Mean Absolute Deviation). Im deutschen Sprachraum wird MAD auch als "mittlere absolute Differenz" bezeichnet.

Andere Bezeichnungen sind: mittlere Abweichung, MAF (mittlerer absoluter Fehler) oder MD (Mean Deviation).

FB 7.3.

❍ **Graphische Darstellung:**

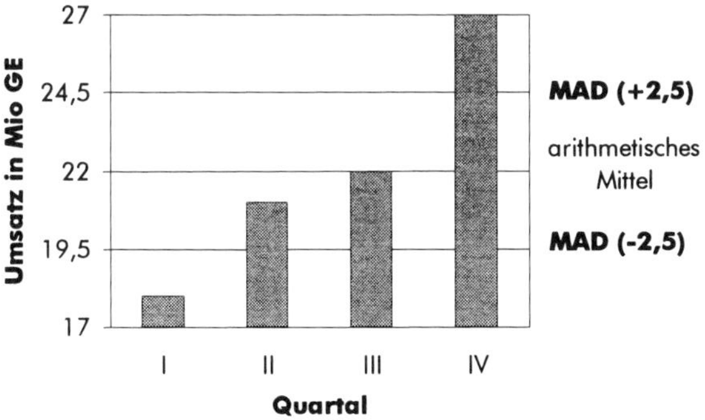

7.2.2. Varianz und Standardabweichung

Varianz und Standardabweichung sind statistische Maßzahlen für die Streuung.

FB **Varianz und Standardabweichung**

FB 7.4.

Quartal	Umsatz in Mio GE		arithmet. Mittel		Abweichung	quadrierte Abweichung
I	18	-	22	=	-4	16
II	21	-	22	=	-1	1
III	22	-	22	=	0	0
IV	27	-	22	=	5	25
Summe	(88)		(88)		(0)	**42**

Der Unterschied zum mittleren Abweichungsbetrag (MAD) besteht darin, daß bei der Varianz die **quadrierten Abweichungen vom Mittelwert** addiert werden (statt der Absolutbeträge der Abweichungen), um die negativen Vorzeichen zu eliminieren. Dividiert man die so erhaltene Summe durch die Anzahl der Informationen, erhält man die **Varianz (s^2)**.

FB 7.4.

❍ **Formel:**

$$\text{Varianz} = \frac{\text{Summe d. quadr. Abweichungen v. arithm. Mittel}}{\text{Anzahl der Informationen - 1}^{*)}}$$

bzw.: $$s^2 = \frac{(x_1 - \bar{x})^2 + (x_2 - \bar{x})^2 + \ldots + (x_n - \bar{x})^2}{n - 1^{*)}}$$

❍ **Beispiel:**

$$\frac{(-4)^2 + (-1)^2 + 0^2 + 5^2}{4 - 1^{*)}} = \frac{16+1+0+25}{3} = \frac{42}{3} = \mathbf{14}$$

Um zu den ursprünglichen, nicht quadrierten Einheiten zurückzukommen, zieht man die Wurzel aus der Varianz und erhält die Standardabweichung (s).

❍ **Formel:** $\text{Standardabweichung} = \sqrt{\text{Varianz}}$

bzw.: $$s = \sqrt{\frac{(x_1 - \bar{x})^2 + (x_2 - \bar{x})^2 + \ldots + (x_n - \bar{x})^2}{n - 1^{*)}}}$$

❍ **Beispiel:** $\sqrt{14} \cong 3{,}74$

❍ **Interpretation:**

Die Varianz beträgt 14 "Mio GE". Sie ist in quadrierten Einheiten ausgedrückt. Besser interpretierbar ist die Standardabweichung mit einem Wert von rund 3,74 Mio GE. Sie beträgt in etwa das Eineinhalbfache des mittleren Abweichungsbetrags (MAD).

Bei normalverteilter Stichprobe beträgt die Standardabweichung rund das 1,25-fache des MAD, da größere Abweichungen vom Mittelwert bei der Standardabweichung stärker gewichtet werden. Deshalb stößt man in der Literatur manchmal auf eine vereinfachende Formel:

❍ **Standardabweichung $\approx$ 1,25 x MAD**

Diese Beziehung gilt jedoch nur bei einer annähernd normalverteilten Stichprobe.

*) Da es sich bei den untersuchten Umsatz-Werten um eine Stichprobe handelt (Ausschnitt einer Zeitreihe), wird bei

der Formel zur Berechnung der Varianz und Standardabweichung von der Anzahl der Informationen (= n) noch 1 abgezogen (also **n-1 im Nenner**). Dies geschieht aus verschiedenen theoretischen Gründen. In der Statistik spricht man von der **Anzahl der Freiheitsgrade**. Bei höheren n hat dieser Eingriff nur mehr geringfügige Auswirkungen. Deshalb wird üblicherweise ab einer Stichprobengröße von n = 30 der Ausdruck n-1 im Nenner durch n ersetzt.

❍ **Alternative Formel zur Berechnung der Varianz:**

$$s^2 = \frac{\left(\sum_{i=1}^{n} x_i^2\right) - n \cdot \bar{x}^2}{n - 1}$$

❍ **Beispiel:**

$$s^2 = \frac{(18^2 + 21^2 + 22^2 + 27^2) - 4 \cdot 22^2}{4 - 1} =$$

$$= \frac{1978 - 1936}{3} = \frac{42}{3} = \mathbf{14}$$

Wie das Beispiel zeigt, liefert die alternative Formel zur Berechnung der Varianz das gleiche Ergebnis. In der Praxis ist dieses Verfahren einfacher anzuwenden. Durch Ziehen der Wurzel aus der Varianz, erhält man die Standardabweichung.

❍ **Abkürzungen, alternative Bezeichnungen:**
Varianz: var (x), σ^2 (Sigma)
Standardabweichung: s.d. (Standard Deviation), σ

7.2.3. Der Variationskoeffizient

Ein weiteres Maß für die Streuung ist der Variationskoeffizient. Er gibt die Standardabweichung im Verhältnis zum arithmetischen Mittelwert (als Prozentsatz) an. Das kann beim Vergleich der Streuung verschiedener Datenmengen hilfreich sein.

FB

FB 7.5.

Variationskoeffizient

Quartal	Umsatz in Mio GE
I	18
II	21
III	22
IV	27
Summe	88
arithmetisches Mittel	**22**
Standardabweichung	**3,74**

Man dividiert die Standardabweichung (s) durch den arithmetischen Mittelwert und multipliziert mit 100, um das Ergebnis in Prozent auszudrücken. Das arithmetische Mittel des Zahlenbeispiels beträgt 22 Mio GE, die Standardabweichung rund 3,2 Mio GE.

❍ **Formel:** $\text{Variationskoeffizient} = \frac{\text{Standardabweichung}}{\text{arithmetisches Mittel}}$

bzw.: $V = \frac{s}{\bar{x}}$

❍ **Beispiel:** $\frac{3{,}74}{22} \cong \mathbf{0{,}17}$

❍ **Interpretation:**

Der Variationskoeffizient beträgt rund 0,17 (oder 17%). Dieser Wert ist relativ niedrig. Ein hoher Variationskoeffizient drückt aus, daß die einzelnen Werte stark verstreut sind bzw. stark schwanken. Nebenstehende Tabelle interpretiert einige Variationskoeffizienten.

FB 7.5.

❍ **Interpretationstabelle für V**

V	Interpretation
0,2	sehr niedrige Schwankung
0,4	niedrige Schwankung
0,8	mittelhohe Schwankung
1,2	hohe Schwankung
1,6	sehr hohe Schwankung

❍ **Abkürzungen, alternative Bezeichnungen:**
CV (Coefficient of Variation).

❍ **Anwendung:**
Eine typische Anwendung des Variationskoeffizienten gibt es in der Lagerhaltung, und zwar bei der Bewertung der Nachfrageschwankung. Neben der ABC-Analyse wird auch eine XYZ-Analyse zur eindeutigen Klassifizierung jedes Artikels durchgeführt.

X-Artikel V $\leq$ 0,6
Y-Artikel V $\leq$ 1,2 > 0,6
Z-Artikel V $\geq$ 1,2

Weitere Informationen zur XYZ-Analyse können im Kapitel 6.3.8. nachgelesen werden.

7.3. TRENDVERFAHREN

7.3.1. Regressionsgerade nach Methode der kleinsten Quadrate

Um den Trendverlauf einer Datenreihe zu erfassen, trägt man in ein Koordinatensystem die Zeiteinheiten auf die x-Achse und die Einzelwerte zum entsprechenden Zeitpunkt parallel zur y-Achse ein.

FB

Regressionsgerade

FB 7.6.

Quartal	Umsatz in Mio GE
I	18
II	21
III	22
IV	27
Summe	88

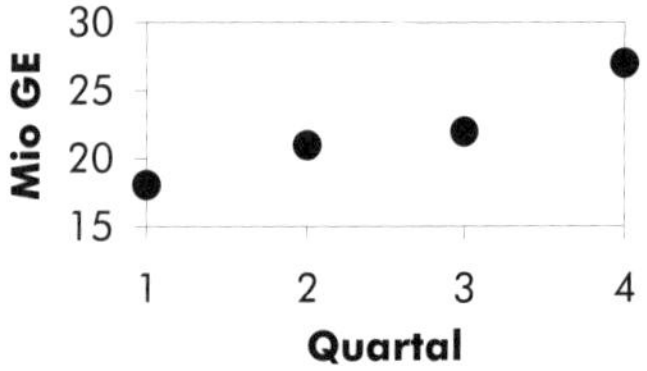

Deutlich ist der steigende Trend der Umsatzwerte zu erkennen. Nun wird eine Gerade ermittelt, die diesem Trend möglichst nahe kommt, d.h. die einzelnen Umsatzwerte sollen von den Punkten der Geraden die kleinstmöglichen Abweichungen aufweisen. Dabei rechnet man von jedem Wert den quadrierten (daher der Name der Methode), vertikalen Abstand von der Trendgerade und addiert diese Werte. Jetzt kann eine Gerade gezogen werden, deren Summe der quadrierten Abweichungen minimal ist.

Abweichungen von der Trendgeraden

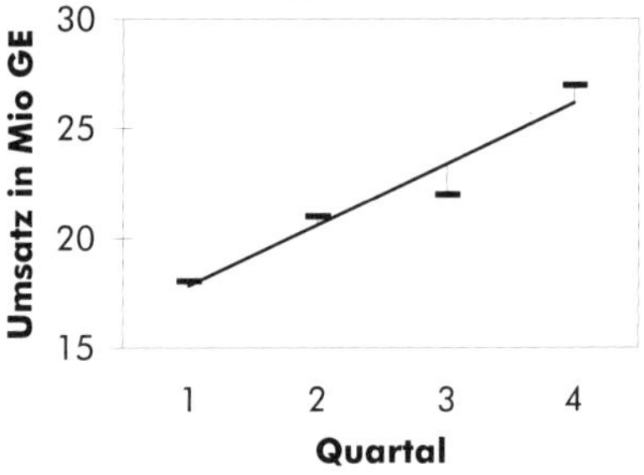

Eine Gerade hat die Form: $\mathbf{y = kx + d}$

k ist dabei die Steigung (Regressionskoeffizient). Sie gibt an, um wieviel der y-Wert (in diesem Beispiel Mio GE) bei Erhöhung um eine Zeiteinheit (hier Quartal) steigt bzw. fällt.

FB 7.6.

d ist ein konstanter Wert (Regressionskonstante), der zum Term kx addiert werden muß.

Die Formeln für k und d zur Ermittlung der Regressionsgeraden nach Methode der kleinsten Quadrate lautet:

❍ **Formel:**

$$k = \frac{\left(\sum_{i=1}^{n} x_i \cdot y_i\right) - n \cdot \bar{x} \cdot \bar{y}}{\left(\sum_{i=1}^{n} x_i^2\right) - n \cdot \bar{x}^2}$$

❍ **Beispiel:**

	x_i	y_i	x_i^2	$x_i\,y_i$
i=1	1	18	1	18
i=2	2	21	4	42
i=3	3	22	9	66
i=4	4	27	16	108
Summe	10	88	30	234
Mittelwert	2,5	22		

$$\mathbf{k} = \frac{(234) - (4 \cdot 2{,}5 \cdot 22)}{(30) - (4 \cdot 2{,}5^2)} = \frac{234 - 220}{30 - 25} = \frac{14}{5} = \mathbf{2{,}8}$$

Eine Trendgerade mit minimaler Streuung muß durch die Mittelwerte von x und y gehen. So ergibt sich die Formel für die Konstante d.

❍ **Formel:** $\bar{y} = k \cdot \bar{x} + d$ **also:** $d = \bar{y} - k \cdot \bar{x}$

❍ **Beispiel:** $\mathbf{d} = 22 - 2{,}8 \cdot 2{,}5 = 22 - 7 = \mathbf{15}$

Die Gleichung der Regressionsgeraden lautet demnach:

y = 2,8 x + 15

In der folgenden Tabelle werden die bekannten Umsatzwerte (Ist) den durch die Trendgerade ermittelten Umsätzen gegenübergestellt. Setzt man in die Geradengleichung x = 5, x = 6 usw., so ergeben sich die Prognosewerte für die Zukunft.

Quartal	Ist-Umsatz	Umsatz lt. Trend	Abweichung	Abweichung quadriert
1	18	17,8	-0,2	0,04
2	21	20,6	-0,4	0,16
3	22	23,4	1,4	1,96
4	27	26,2	-0,8	0,64
5	?	**29**		**2,80**
6	?	**31,8**		(= minimierte Summe der quadrierten Abweichungen)
		↓ etc.		
		Zukunftsprognose		

❍ **Interpretation:**

Die lineare Trendgerade sagt aus, daß im nächsten Quartal (5) mit einem Umsatz von 29 Mio GE zu rechnen ist. Der Planumsatz wird in jedem weiteren Quartal um 2,8 Mio GE steigen (k=2,8), sodaß er im Quartal 6 bereits 31,8 Mio GE erreicht.

In der Praxis eignet sich der lineare Trend für eine Prognose meistens nur bedingt.

Erforderlich ist eine größere Menge an bekannten Werten als in diesem Beispiel.

Manche Umsatz-Verteilungen sind auch so unregelmäßig, daß auf die Erstellung einer Trendgerade gänzlich verzichtet werden muß. Z.B. kann es passieren, daß eine fallende Trendgerade die x-Achse schneidet und negative (!) Umsätze prognostiziert.

7.3.2. Methode der gleitenden Durchschnitte

Ein einfaches Verfahren zur Ermittlung eines Zukunftwerts aus Daten der Vergangenheit ist die Methode der gleitenden Durchschnitte. Man bestimmt, wieviele alte Perioden (n) für die Erstellung des neuen Schätzwerts in die Rechnung eingehen sollen und addiert die Ergebnisse, die in diesem Zeitraum tatsächlich erzielt wurden. Wird davon der arithmetische Mittelwert gebildet, erhält man die Prognose für die folgende Periode.

FB

Methode der gleitenden Durchschnitte

FB 7.7.

❍ **Ausgangssituation**

Die monatlichen Umsätze eines Unternehmens sind in einer Tabelle eingetragen. Für die Prognose sollen die jeweils letzten drei Perioden herangezogen werden.

Monat	tats.Ums. in Mio GE	Mittelwert der jeweils letzten 3 Perioden bilden	Prognosew. in Mio GE
Jänner	6,5		
Februar	7,6	(6,5+7,6+8,8) / 3	
März	8,8	(7,6+8,8+7,8) / 3	
April	7,8	(8,8+7,8+6,9) / 3	7,6
Mai	6,9	(7,8+6,9+9,9) / 3	8,1
Juni	9,9		7,8
Juli	?		8,2

❍ **Formel:**

$$\text{Prognosewert} = \frac{\text{Summe der Werte der letzten n Perioden}}{n}$$

bzw.:

$$x_{t+1} = \frac{x_t + x_{t-1} + \dots + x_{t-(n-1)}}{n}$$

❍ **Beispiel Juli:**

$$\frac{9{,}9_{(Juni)} + 6{,}9_{(Mai)} + 7{,}8_{(April)}}{3} = \frac{24{,}6}{3} = \mathbf{8{,}2}$$

❍ **Interpretation:**

Je kleiner der Betrachtungszeitraum n gewählt wird, desto schneller reagiert die Prognose auf Sprünge in der Datenreihe. Ein hohes n hingegen glättet den Verlauf der Prognosekurve. Welcher Wert für n angenommen wird, hängt von der Beschaffenheit der Daten ab und davon, wieviele Daten zur Verfügung stehen.

Vergleich: Ist-Werte / Prognosewerte mit Methode der gleitenden Durchschnitte bei unterschiedlichen n

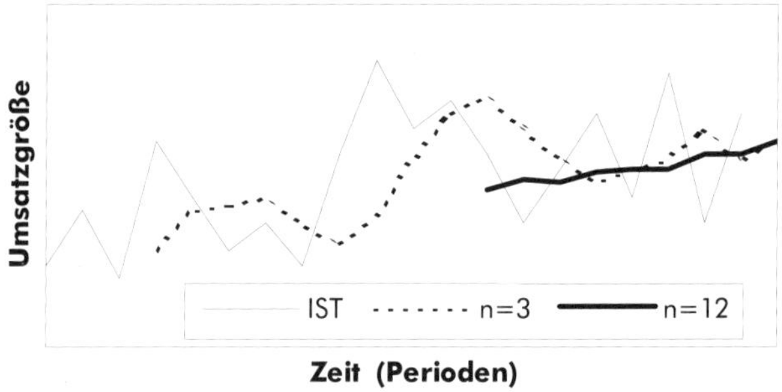

Allgemein läßt sich sagen, daß die Methode der gleitenden Durchschnitte bei Datenreihen, die nicht zu stark von Trend- und Saisonschwankungen beeinflußt werden, akzeptable Prognosewerte liefert. Ein niedriges n reagiert eher auf Trendentwicklungen, ist aber stärker von Zufallsschwankungen abhängig. Bei der Methode der gleitenden Durchschnitte werden alle betrachteten alten Perioden gleich gewichtet. Sollen jüngere Daten stärker bewertet werden als ältere, bedient man sich der **Methode der gewichteten gleitenden Durchschnitte**.

FB

Methode der gewichteten, gleitenden Durchschnitte

FB 7.8.

❍ **Ausgangssituation**

Für die Ermittlung eines Prognosewerts soll drei Perioden (n=3) in die Vergangenheit geschaut werden. Dabei soll der jüngste Wert mit 60%, der zweite mit 30% und der älteste Wert mit 10% gewichtet werden.

Monat	tats. Umsatz in Mio GE	**Prognose für Juni** Gew. Faktor	Umsatz x Gew.Fak.	**Prognose für Juli** Gew. Faktor	Umsatz x Gew.Fak.
März	8,8	0,1	0,88		
April	7,8	0,3	2,34	0,1	0,78
Mai	6,9	0,6	4,14	0,3	2,07
Juni	9,9	**Summe:**	**7,36**	0,6	5,94
Juli	?			**Summe:**	**8,79**

❍ **Interpretation:**

Der einzige Unterschied bei diesem Verfahren besteht darin, daß statt des arithmetischen Mittels das gewichtete Mittel der letzten n Perioden errechnet wird, wobei die Gewichtungsfaktoren selbst bestimmt werden können. (Beachten Sie, daß die Summe der Faktoren immer 1 ergeben muß). Der Prognosewert für Juli beträgt 8,79 Mio GE und liegt etwas höher als die Prognose der herkömmlichen Methode (8,2 Mio GE). Dies liegt am hohen Umsatz im Juni, der hier mit 60%, dort nur mit 33,3% (1/3) gewichtet wird.

7.3.3. Exponentielle Glättung (1. Ordnung)

Das Verfahren der exponentiellen Glättung 1. Ordnung entspricht im Wesen der Methode der gleitenden Durchschnitte. Es enthält dem gegenüber einige Vorteile, insbesondere sind weniger Daten zur Erstellung einer Prognose notwendig. Der Prognosewert wird ermittelt, indem zum alten Prognosewert (Vorperiode) die Abweichung dieser letzten Prognose zum tatsächlichen Wert der Vorperiode addiert bzw. subtrahiert wird.

Diese Abweichung (Prognosefehler) wird mit einem selbst zu bestimmenden **Glättungsfaktor** (α) gewichtet, der zwischen 0,1 und 0,9 liegen kann.

❍ **Alternative Bezeichnungen:**
Exponential Smoothing

FB

Exponentielle Glättung (1. Ordnung)

FB 7.9.

❍ **Ausgangssituation**

Die realen Umsätze einer Firma werden den Prognosewerten, die durch exponentielle Glättung ermittelt wurden, gegenübergestellt. Als **Glättungsfaktor** α wurde **0,4** bestimmt.

❍ **Prognose mit "Exponentieller Glättung" bei Glättungsfaktor α=0,4**

Monat	Umsatz in Mio GE	Prognose-wert	Berechnung
Jänner	6,5		
Februar	7,6	7,0	= angenommener Wert
März	8,8	7,2	= 7,0+[0,4 x (7,6-7,0)]
April	7,8	7,9	= 7,2+[0,4 x (8,8-7,2)]
Mai	6,9	7,8	= 7,9+[0,4 x (7,8-7,9)]
Juni	9,9	7,5	= 7,8+[0,4 x (6,9-7,8)]
Juli	?	8,4	= 7,5+[0,4 x (9,9-7,5)]

❍ **Formel:**

$$\text{Prognose}_{\text{neu}} = \text{Prognose}_{\text{alt}} + [\alpha \cdot \underbrace{(\text{tats. Wert}_{\text{alt}} - \text{Prognose}_{\text{alt}})}_{(=\text{Prognosefehler})}]$$

❍ **Beispiel Juli:** 7,5 + [0,4 · (9,9 - 7,5)] ≈ **8,4**

❍ **Graphische Darstellung:**

Umseitig werden drei Prognoseumsatzverläufe bei Glättungsfaktoren von 0,1, 0,4 bzw. 0,9 und der Ist-Umsatzverlauf gegenübergestellt.

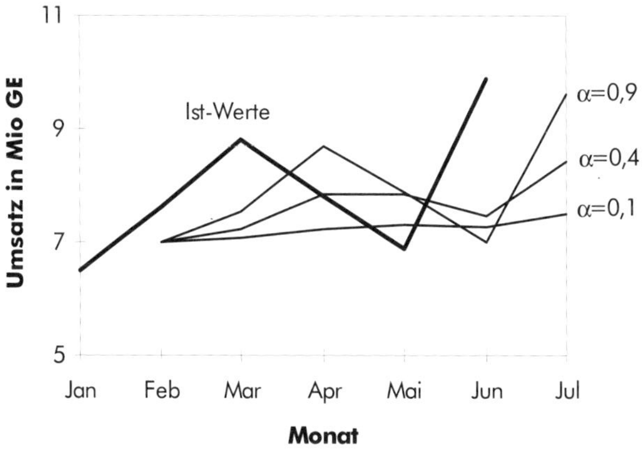

❍ **Interpretation:**

Je niedriger der Glättungsfaktor angesetzt wird, desto schwächer reagiert die Prognose auf große Sprünge in der Datenreihe. Es werden dabei mehr Daten aus der Vergangenheit berücksichtigt; das Ergebnis ist also unabhängiger von plötzlichen Schwankungen als bei einem hohen Glättungsfaktor.

❍ **Gegenüberstellung verschiedener Glättungsfaktoren**

Die folgende Tabelle legt die Gewichtung der Vergangenheitswerte bei unterschiedlichen α-Faktoren dar.

Alter der Daten in Perioden	Gewichtung der Vergangenheitsdaten bei den Glättungsfaktoren α=0,1	α=0,5
Gegenwart	0,1	0,5
1	0,09	0,25
2	0,081	0,125
3	0,0729	0,0625
4	0,0656	0,0313
5	0,0590	0,0156
6	0,0531	0,0078

Gewichtung der Vergangenheitswerte bei unterschiedlichen Glättungsfaktoren

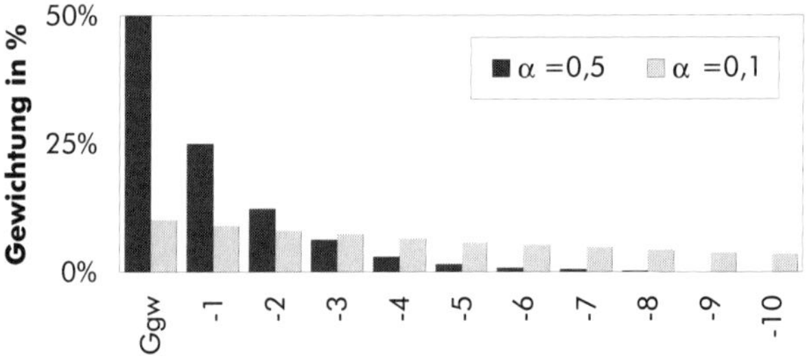

In der Praxis wählt man einen **Glättungsfaktor zwischen 0,1 und 0,5**. Bei höheren Gewichtungen (α>0,5) scheint sich der Verlauf der Prognose besser an den Graph der tatsächlichen Werte anzupassen. Die Prognose "hinkt" dabei aber um eine Periode nach, was eher unerwünscht ist. Gerade bei stark springenden Daten ist es ratsam, einen kleinen Faktor zu wählen, um Zufallsschwankungen weitgehendst auszuschalten.
Der passende α-Faktor wird durch Probieren gefunden. Über einen längeren Zeitraum werden die (absoluten) Abweichungen der Prognosewerte bei verschiedenen α-Faktoren von den tatsächlichen Werten addiert. Anschließend wählt man den Faktor mit der geringsten Abweichungssumme.

❍ **Beispiel:**

Abweichung der Prognosewerte von den tatsächlichen Werten bei Glättungsfaktor α = 0,4 (Betrachtungszeitraum März-Juni)

Monat	Umsatz in Mio GE	Prognose-wert	absolute Abweichung
März	8,8	7,2	1,6
April	7,8	7,9	0,1
Mai	6,9	7,8	0,9
Juni	9,9	7,5	2,4
	Summe der Abweichungen:		**5,0**

Vergleich der Abweichungssummen bei verschiedenen α-Faktoren (Betrachtungszeitraum März-Juni)

α	Summe der Abweichungen	α	Summe der Abweichungen
0,1	5,35	0,6	5,51
0,2	5,15	0,7	5,72
0,3	**5,00**	0,8	5,89
0,4	**5,00**	0,9	6,02
0,5	5,26		

In diesem Beispiel ist ein Glättungsfaktor von 0,3 bzw. 0,4 zu wählen, da bei diesen α-Werten die geringsten Prognosefehler auftreten.

Achtung!
Sollte bei einer solchen Analyse die Abweichungssumme bei einem α > 0,5 am geringsten sein, so ist möglicherweise eine andere Prognosemethode vorzuziehen oder ein α-Faktor < 0,5 mit einem relativ kleinen Prognosefehler zu wählen.

Zusammenfassend läßt sich über den Glättungsfaktor folgendes sagen:

❍ Zusammenfassende Charakteristik der Glättungsfaktoren

α	Gewichtungsverteilung	Auswirkungen der Gewichtungsverteilung	Klassifizierung d. Prognose
klein (z.B. 0,1)	annähernd gleichmäßig über lange Perioden	starke Glättung von Zufallsschwankungen, aber schwache Reaktion auf Strukturveränderungen der Zeitreihe	träge
groß (z.B. 0,5)	ungleichmäßig, Gewichte konzentrieren sich auf die jüngste Vergangenheit	geringe Glättung von Zufallsschwankungen, aber starke Reaktion auf Strukturveränderungen der Zeitreihe	nervös

Ein weiteres Problem ist die **Bestimmung des ersten Prognosewertes.** Er muß vom Manager geschätzt werden. Eventuell kann ein Mittelwert bekannter Daten oder von Schätzungen verschiedener Fachleute angenommen werden.

❍ Vor- und Nachteile der exponentiellen Glättung

Die exponentielle Glättung ist ein relativ junges Prognoseverfahren (Brown hat es 1959 entwickelt). Es wird weltweit eingesetzt und kann als **bestes Kurzfrist-Prognoseverfahren** angesehen werden. Weiterere Vorteile bringt die geringe Zahl an Parametern, die für diese Methode benötigt werden, und die Flexibilität durch die individuelle Bestimmung des α-Glättungsfaktors.

Für langfristige Prognosen ist das Verfahren ungeeignet, da es immer nur eine Periode "vorhersagt".

Auf Trendentwicklungen reagiert die exponentielle Glättung 1. Ordnung sehr langsam. Hier sei auf das Verfahren der **exponentiellen Glättung 2. Ordnung** verwiesen, bei dem ebenfalls von einem Mittelwert 1. Ordnung ausgegangen, zusätzlich aber ein "Mittelwert der Mittelwerte" gebildet wird (Mittelwert 2. Ordnung). Aus beiden Werten wird eine Trendgerade errechnet. Die zuerst ermittelte Prognose wird um den Trendanstieg korrigiert.

Das Verfahren der **exponentiellen Glättung 3. Ordnung** ist um einen Durchschnitt 3. Ordnung erweitert.

Während die exponentielle Glättung 1. und 2. Ordnung in praxi gut funktioniert, gibt es bei der Anwendung der exponentiellen Glättung 3. Ordnung oft Probleme durch hohe Fehlprognosen.

7.3.4. Saisonkomponente

Wenn die Werte einer Zeitreihe saisonalen Einflüssen ausgesetzt sind, ist zur Erstellung einer Prognose eine Saisonkomponente zu berücksichtigen.

FB

FB 7.10.

Saisonkomponente

Quartal	Umsatz in Mio GE Jahr 20X1	Jahr 20X2	Jahr 20X3
I	15	18	?
II	19	21	?
III	18	22	?
IV	24	27	?
Summe	76	88	??

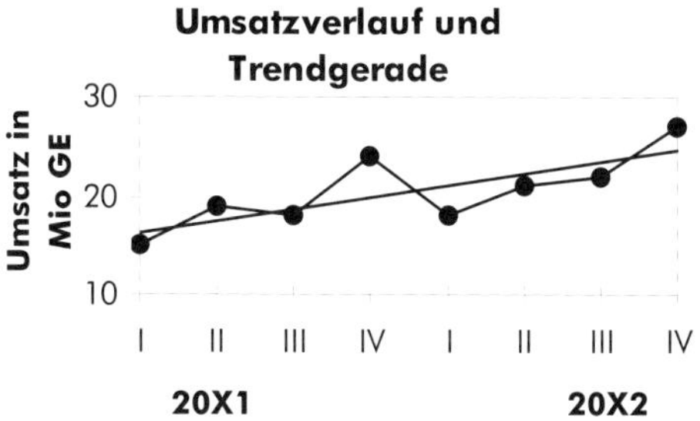

❍ **Interpretation:**

In beiden untersuchten Jahren zeigt sich, daß die Umsätze zu Jahresbeginn (Quartal I) jeweils relativ niedrig sind. In den Quartalen II und III steigen sie leicht an, um am Ende des Jahres (Quartal IV) in einer deutlichen Umsatz-Spitze zu kulminieren. Offenbar unterliegen die Umsätze saisonalen Einflüssen. Darüber hinaus ist in den zwei Jahren ein ansteigender Trend zu beobachten.

❍ **Das Verfahren:**

Zuerst bildet man nach der Methode der kleinsten Quadrate die Formel für die lineare Trendgerade. Sie lautet in diesem Beispiel: $\mathbf{y = 1{,}2\,x + 15}$

Anschließend stellt man die tatsächlichen Umsätze (Spalte A) den entsprechenden y-Werten der Trendgerade (Spalte B) gegenüber und errechnet das Verhältnis der beiden zueinander.

FB 7.10.

Jahr Quartal	Periode (x)	A tatsächl. Umsatz	B Umsatz lt. Trend (y)	Verhältnis (A : B)
20X1				
I	1	15	16,2	0,926
II	2	19	17,4	1,092
III	3	18	18,6	0,968
IV	4	24	19,8	1,212
20X2				
I	5	18	21,0	0,857
II	6	21	22,2	0,946
III	7	22	23,4	0,940
IV	8	27	24,6	1,098

arithmet. Durchschnitt der Quartale:		
	I	0,892
	II	1,019
	III	0,954
	IV	1,155

❍ **Interpretation:**

Das Verhältnis A : B in der rechten Spalte gibt an, wie stark der tatsächliche Umsatz einer Periode von der Trendgerade abweicht. Ein Verhältniswert > 1 besagt, daß in dieser Periode ein überdurchschnittlich hoher Umsatz erreicht wurde, ein Verhältniswert < 1 zeugt von einem unterdurchschnittlichen Umsatzergebnis in dieser Periode.

Zur **Bestimmung der Saisonkomponente** errechnet man einfach den arithmetischen Durchschnitt der Verhältniswerte pro Quartal. Für das 1. Quartal beträgt der Schnitt 0,892 (=[0,926+0,857)/2]).

Die arithmetischen Durchschnitte müssen mit einen Korrekturfaktor multipliziert werden, so daß ihre Summe genau 4 ergibt, also der Durchschnitt der Durchschnitte genau 1 ist. Der Korrekturfaktor ist in diesem Beispiel:

$$\textbf{Korrekturfaktor (Beispiel)} = \frac{4}{4{,}019} = \mathbf{0{,}995}$$

FB 7.10.

Im Durchschnitt nehmen die Umsatzwerte im Quartal I 88,7% (Saisonkomponente = 0,887) des Trendwertes an, im Quartal II liegen sie 1,4% darüber.

Um die Prognose zu erstellen, werden jetzt einfach die Vorschauwerte der Trendgeraden mit den jeweiligen Saisonkomponenten multipliziert:

Periode	Quartal	Prognose lt.Trend		Saisonkomponente		Prognosewert
9	I	25,8	x	0,887	=	22,9
10	II	27,0	x	1,014	=	27,4
11	III	28,2	x	0,949	=	26,8
12	IV	29,4	x	1,149	=	33,8

❍ **Interpretation:**

Für das 1. Quartal im Jahr 20X3 wird ein Umsatz von 22,9 Mio GE erwartet. Beim Vergleich der Prognosewerte mit bzw. ohne Saisonkomponente zeigt sich, daß sich der Graph der Prognose mit Saisonkomponente viel besser an die tatsächlichen Umsätze anpaßt als die Trendgerade ohne Saisonkomponente.

Prognose mit / ohne Saisonkomponente

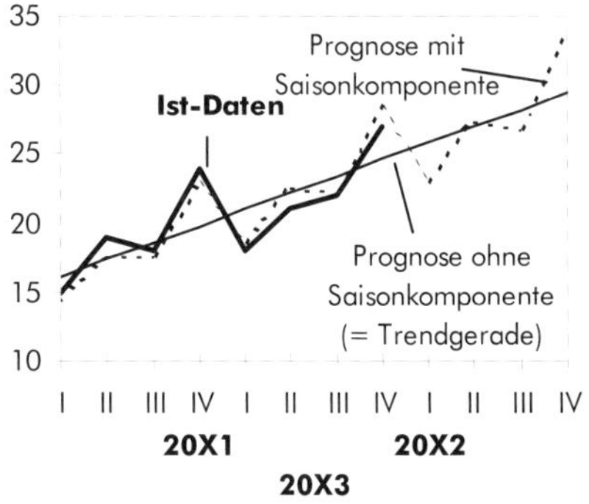

7.4. VERTEILUNGEN

7.4.1. Gaußsche Normalverteilung

Bei der Gaußschen Normalverteilung (Carl Friedrich Gauß, 1777-1855) sind Daten um ihren Mittelwert symmetrisch verteilt, sodaß rund

68 % der Werte innerhalb von **± 1 Standardabweichung vom** Mittelpunkt entfernt liegen;
95 % der Werte innerhalb von **± 2 Standardabweichungen** vom Mittelpunkt entfernt liegen;
99,7% der Werte innerhalb von **± 3 Standardabweichungen** vom Mittelpunkt entfernt liegen.

❍ **Eintrittswahrscheinlichkeiten bei der Gaußschen Normalverteilung**

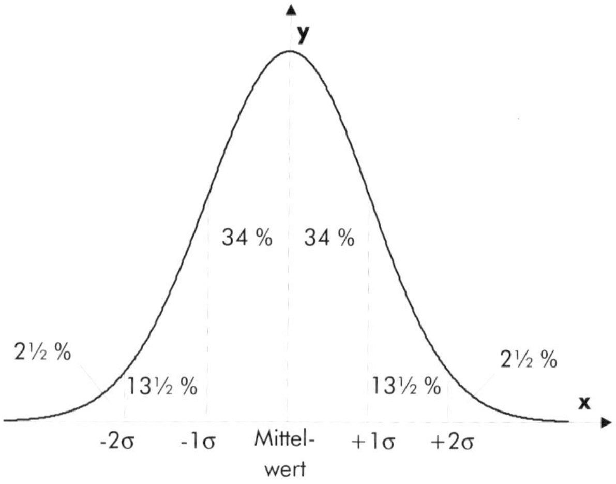

❍ **Gaußsche Normalverteilung (Fortsetzung)**

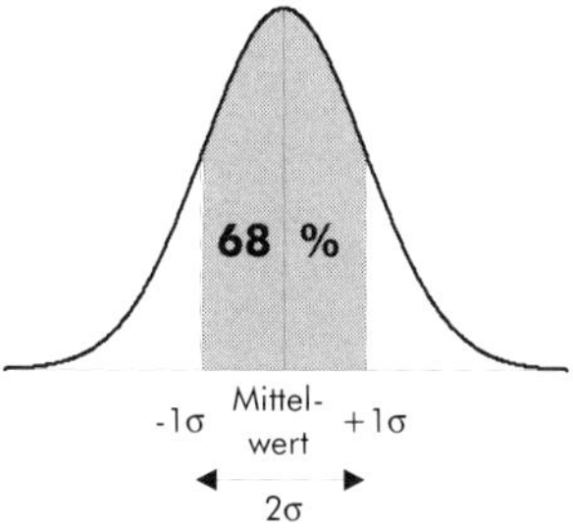

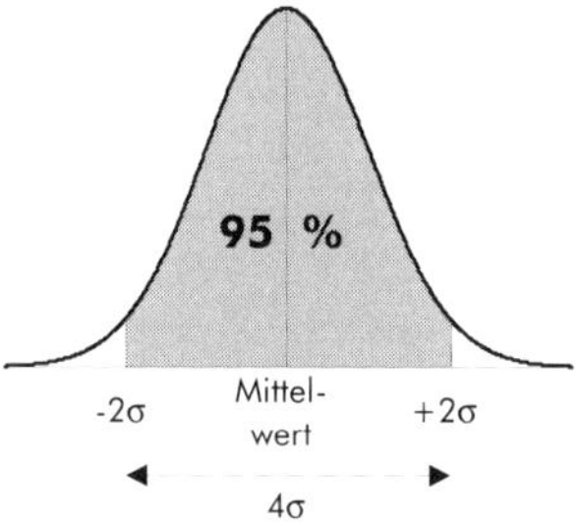

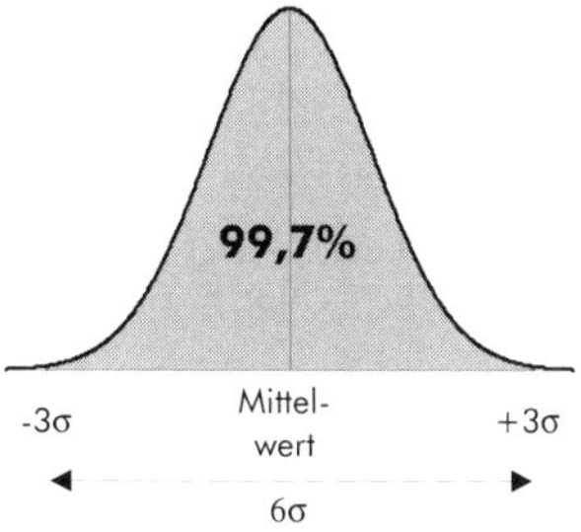

❍ **Interpretation:**

Bei einer normalverteilten Zahlenreihe liegen 34% der Werte im Bereich zwischen -1 und 0 (= Mittelwert) Standardabweichungen. Ebensoviele Werte befinden sich im Bereich zwischen 0 und +1 Standardabweichungen. Die Wahrscheinlichkeit, daß sich ein Wert im Bereich zwischen -2 und -1 bzw. +1 und +2 Standardabweichungen befindet, beträgt je 13½%. Nur 5% der Werte (2½+2½) liegen weiter als 2 Standardabweichungen vom Mittelwert entfernt.

Der Funktionsgraph der Normalverteilung verläuft nach der

❍ **Formel:**

$$f(x) = \frac{1}{\sigma \cdot \sqrt{2\pi}} \cdot e^{-\frac{1}{2}\left(\frac{x-\mu}{\sigma}\right)^2}$$

μ … Mittelwert
σ … Standardabweichung

Der glockenförmige Funktionsgraph schließt mit der x-Achse immer eine Fläche von genau 1 (= 100%) ein. Form und Lage der Glocke können variieren.

❍ **Beispiel:**

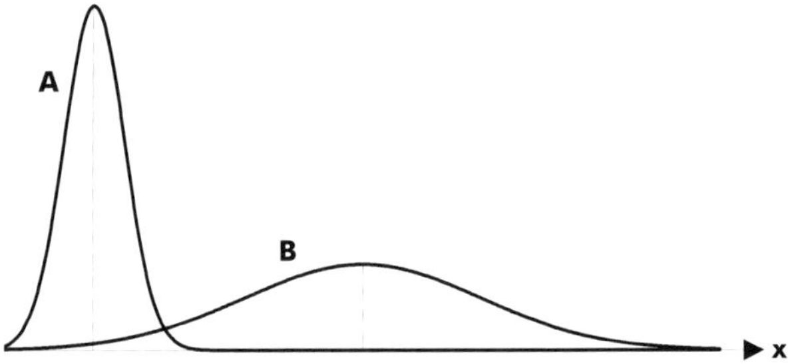

Zwei normalverteilte Datenmengen A und B haben verschiedene Mittelwerte und Standardabweichungen.

Mittelwert B ist größer als der Mittelwert A (Glocke B liegt weiter rechts auf der x-Achse).

Die Standardabweichung ist bei der Menge A kleiner als die Standardabweichung der Menge B (Glocke A ist schmäler und höher).

Beide Kurven schließen mit der x-Achse eine Fläche von 1 ein.

FB

Normalverteilung

FB 7.11.

❍ **Ausgangssituation**

Die monatliche Nachfrage eines Artikels wurde über zwei Jahre beobachtet.

Jahr	Monat											
	Jan	**Feb**	**Mär**	**Apr**	**Mai**	**Jun**	**Jul**	**Aug**	**Sep**	**Okt**	**Nov**	**Dez**
20X1	25	17	19	29	23	13	1	10	16	19	31	20
20X2	20	22	18	20	25	15	7	12	21	15	37	33

❍ Quicktest: Sind die Werte normalverteilt?

1. Ordnung der Werte in aufsteigender Reihenfolge.

2. Berechnung von Mittelwert (Beispiel: 19,5) und Standardabweichung (Beispiel: $\cong$ 8,0).

3. Überprüfung der Symmetrie. Etwa die Hälfte aller Werte sollte über dem Mittelwert liegen, die andere Hälfte darunter. Im Beispiel liegen je zwölf Werte über bzw. unter dem Mittelwert von 19,5. Es liegt eine symmetrische Verteilung vor.

4. Überprüfung der ±1s-Grenze. Bei einer Normalverteilung ist die Wahrscheinlichkeit, daß sich ein Wert innerhalb von ±1 Standardabweichungen befindet, 68%. Im Beispiel liegen 17 von 24 Werten innerhalb der Grenzen von ±1s, das sind 71%: eine gute Annäherung.

5. Überprüfung der ±2s-Grenze. 95% der Werte befinden sich bei einer Normalverteilung innerhalb von ±2 Standardabweichungen. Im Beispiel liegen 22 von 24 Werten innerhalb der Grenzen von ±2s, das sind 92%. Auch diese Annäherung ist akzeptabel.

Zusammenfassend läßt sich sagen, daß es sich bei den Werten des Beispiels um annäherungsweise normalverteilte Zahlen handelt.

FB 7.11.

○ **Wichtiger Hinweis für den Chi-Quadrat-Test:**
Beachtenswert ist auch das Beispiel für den Chi-Quadrat-Test (FB 7.14.), der statistisch ein höheres Niveau hat als der Quicktest. **In Grenzfällen ist der Chi-Quadrat-Test dem Quicktest vorzuziehen**.

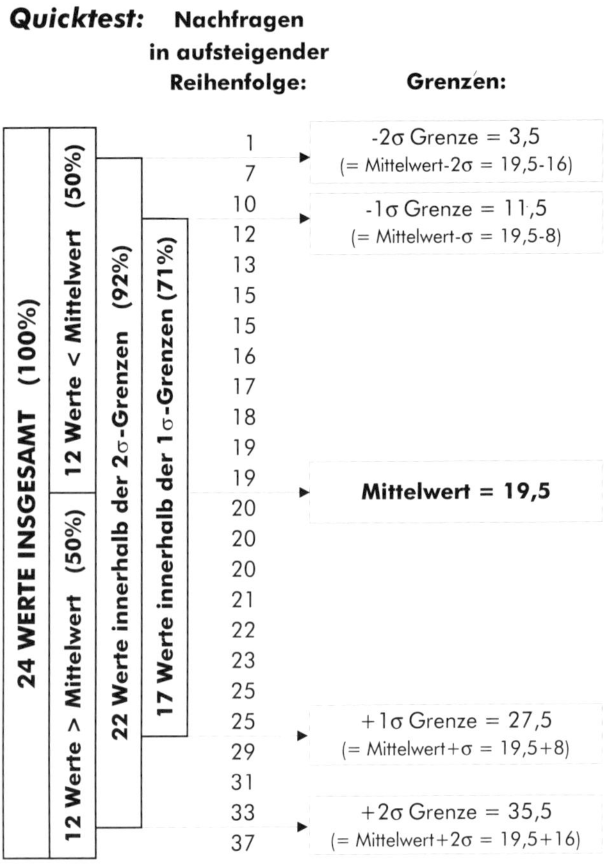

Summe: 468

Mittelwert: 19,5
Standardabweichung: 8,0

FB 7.11. Eine Einteilung der Werte in Klassen ist bei größeren Datenmengen und insbesondere bei Größen, die keine ganzzahligen Werte annehmen, empfehlenswert. Von jeder Klasse wird die Eintrittshäufigkeit bestimmt.

❍ **Beispiel:**

Klasse	monatliche Nachfrage	Eintrittshäufigkeit	%
a	0 - 4	1	4%
b	5 - 9	1	4%
c	10 - 14	3	13%
d	15 - 19	7	29%
e	20 - 24	6	25%
f	25 - 29	3	13%
g	30 - 34	2	8%
h	35 - 39	1	4%
	Summe:	**24**	100%

Die graphische Darstellung zeigt annähernd die Form einer Normalverteilung:

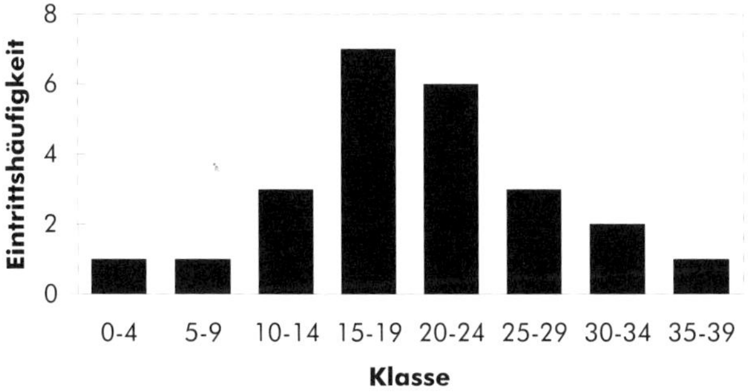

❍ **Einseitige Wahrscheinlichkeitsverteilung**

Ist von einer Datenmenge bekannt, daß sie (annähernd) normalverteilt ist, läßt sich bei einer Bedarfsvorhersage der maximale Bedarf, der mit einer bestimmten Wahrscheinlichkeit nicht überschritten wird, berechnen. Die Standardabweichung wird mit einem Sicherheitsfaktor multipliziert und zum Mittelwert addiert, das Ergebnis liefert den maximalen Bedarf.

❍ **Formel:**

max. Bedarf = Mittelwert + Sicherheitsfaktor x σ

Die Größe des Sicherheitsfaktors läßt sich aus folgender Tabelle ablesen.

Sicherheitsfaktor	Einseitige statistische Sicherheit	Überschreitungs-wahrscheinlichkeit
1,00	84,13%	15,87%
1,28	90%	10%
1,65	95%	5%
1,96	97,5%	2,5%
2,00	97,72%	2,28%
2,33	99%	1%
2,58	99,5%	0,5%
3,00	99,86%	0,14%
3,29	99,95%	0,05%

❍ **Beispiel:**

Wie hoch ist beim obigen Zahlenbeispiel der maximale Bedarf, wenn die Vorhersage zu 95% statistisch gesichert sein soll?

max. Bedarf	=	19,5	+	1,65	x	8	=	**32,7**
		Mittelwert	+	Sicherheits-faktor (95%)	x	σ		

❍ **Interpretation:**

Mit 95prozentiger statistischer Sicherheit wird ein Bedarf von 32 (abgerundet, da nur ganze Zahl möglich) nicht überschritten.

❍ Graphische Darstellung: Einseitige Wahrscheinlichkeitsverteilungen

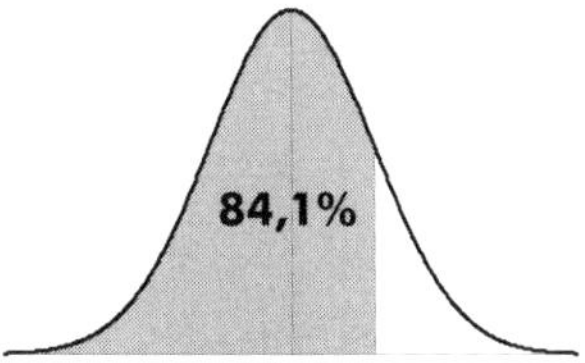

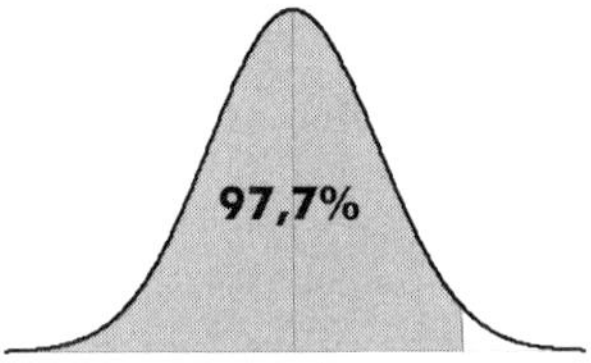

❍ Berechnung der Wahrscheinlichkeiten von normalverteilten Werten mittels Verteilungstabelle

Es soll die Wahrscheinlichkeit dafür berechnet werden, daß ein normalverteilter Wert (mit Mittelwert μ und Standardabweichung σ) kleiner oder gleich einem vorgegebenen Wert x ist.

Zur Berechnung der Wahrscheinlichkeit wird die umseitige Tabelle verwendet. Dazu muß der Wert von z nach der folgenden Formel berechnet werden:

$$z = \frac{x - \mu}{\sigma}$$

Der Wert der Tabelle bei z gibt die gewünschte Wahrscheinlichkeit an. Für negative z ergibt sich die Wahrscheinlichkeit wie folgt:

1 - Tabellenwert vom postiven z

❍ Beispiel:

Es soll die Wahrscheinlichkeit dafür berechnet werden, daß die monatliche Nachfrage des Artikels von dem zuvor behandelten Fallbeispiel kleiner gleich 30 ist.

Der Mittelwert μ der Normalverteilung beträgt 19,5, die Standardabweichung σ ist gleich 8. Jetzt wird z berechnet:

$$\mathbf{z} = \frac{30 - 19{,}5}{8} = \mathbf{1{,}31}$$

Die gesuchte Wahrscheinlichkeit liegt laut umseitiger Tabelle bei **90,5%** (90% = zΦ 1,282; 91% = zΦ 1,341).

Tabelle: Normalverteilung

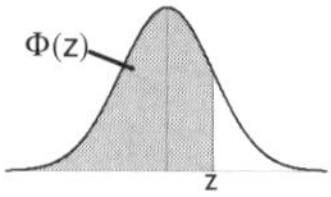

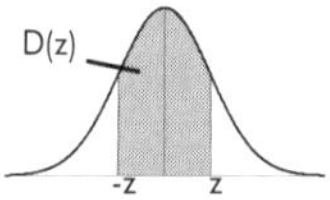

%	z(Φ)	z(D)
1%	-2,326	0,013
2%	-2,054	0,025
3%	-1,881	0,038
4%	-1,751	0,050
5%	-1,645	0,063
6%	-1,555	0,075
7%	-1,476	0,088
8%	-1,405	0,100
9%	-1,341	0,113
10%	-1,282	0,126
11%	-1,227	0,138
12%	-1,175	0,151
13%	-1,126	0,164
14%	-1,080	0,176
15%	-1,036	0,189
16%	-0,994	0,202
17%	-0,954	0,215
18%	-0,915	0,228
19%	-0,878	0,240
20%	-0,842	0,253
21%	-0,806	0,266
22%	-0,772	0,279
23%	-0,739	0,292
24%	-0,706	0,305
25%	-0,674	0,319
26%	-0,643	0,332
27%	-0,613	0,345
28%	-0,583	0,358
29%	-0,553	0,372
30%	-0,524	0,385
31%	-0,496	0,399
32%	-0,468	0,412
33%	-0,440	0,426
34%	-0,412	0,440
35%	-0,385	0,454
36%	-0,358	0,468
37%	-0,332	0,482
38%	-0,305	0,496
39%	-0,279	0,510
40%	-0,253	0,524

%	z(Φ)	z(D)
41%	-0,228	0,539
42%	-0,202	0,553
43%	-0,176	0,568
44%	-0,151	0,583
45%	-0,126	0,598
46%	-0,100	0,613
47%	-0,075	0,628
48%	-0,050	0,643
49%	-0,025	0,659
50%	0,000	0,674
51%	0,025	0,690
52%	0,050	0,706
53%	0,075	0,722
54%	0,100	0,739
55%	0,126	0,755
56%	0,151	0,772
57%	0,176	0,789
58%	0,202	0,806
59%	0,228	0,824
60%	0,253	0,842
61%	0,279	0,860
62%	0,305	0,878
63%	0,332	0,896
64%	0,358	0,915
65%	0,385	0,935
66%	0,412	0,954
67%	0,440	0,974
68%	0,468	0,994
69%	0,496	1,015
70%	0,524	1,036
71%	0,553	1,058
72%	0,583	1,080
73%	0,613	1,103
74%	0,643	1,126
75%	0,674	1,150
76%	0,706	1,175
77%	0,739	1,200
78%	0,772	1,227
79%	0,806	1,254
80%	0,842	1,282

%	z(Φ)	z(D)
81%	0,878	1,311
82%	0,915	1,341
83%	0,954	1,372
84%	0,994	1,405
85%	1,036	1,440
86%	1,080	1,476
87%	1,126	1,514
88%	1,175	1,555
89%	1,227	1,598
90%	1,282	1,645
91%	1,341	1,695
92%	1,405	1,751
93%	1,476	1,812
94%	1,555	1,881
95%	1,645	1,960
96%	1,751	2,054
97%	1,881	2,170
98%	2,054	2,326
99%	2,326	2,576
99,1%	2,366	2,612
99,2%	2,409	2,652
99,3%	2,457	2,697
99,4%	2,512	2,748
99,5%	2,576	2,807
99,6%	2,652	2,878
99,7%	2,748	2,968
99,8%	2,878	3,090
99,9%	3,090	3,291
99,91%	3,121	3,320
99,92%	3,156	3,353
99,93%	3,195	3,390
99,94%	3,239	3,432
99,95%	3,291	3,481
99,96%	3,353	3,540
99,97%	3,432	3,615
99,98%	3,540	3,719
99,99%	3,719	3,891

7.4.2. Poisson-Verteilung

Viele in der Praxis vorkommende Ereignisse sind poisson-verteilt oder zumindest näherungsweise poisson-verteilt, z.B.

- Die Anzahl der zwischen 9 und 10 Uhr an einem Bankschalter eintreffenden Kunden
- Die Anzahl der innerhalb von 60 Sekunden ankommenden Telefongespräche in einer Telefonzentrale
- Die Anzahl der bei einer Maschine aufgetretenen Störungen innerhalb eines Monats

Die Poisson-Verteilung (S. D. Poisson, 1781-1840) beschreibt die Häufigkeit, mit der ein bestimmtes Ereignis innerhalb einer gewissen Zeitspanne eintritt. Die Ereignisse treten unabhängig voneinander auf.

Die Poisson-Verteilung wird durch folgende Formel definiert:

Wahrscheinlichkeit, daß die Anzahl der Ereignisse gleich k

$$\frac{\lambda^k}{k!\cdot e^{\lambda}} \qquad \text{für } k = 0,\ 1,\ 2,\ \ldots$$

Dabei gilt:
λ .. Parameter der Poisson-Verteilung
$k! = 1\cdot 2\cdot 3\cdot \ldots \cdot k$ (= Fakultät von k) mit $0! = 1$
e ist die sogenannte Eulersche Zahl $e \approx 2{,}71828\ldots$
e^{λ} kann bei den meisten Computerprogrammen (z.B. EXCEL) mit EXP(λ) berechnet werden

Es läßt sich eindeutig feststellen, wie oft das entsprechende Ereignis eintritt. Bei der Poisson-Verteilung können also nur "ganzzahlige" Ereignisse eintreten; man spricht von einer "diskreten" Verteilung. (Im Gegensatz zu einer "stetigen" Verteilung wie der Normalverteilung, bei der die Meßwerte jeden beliebigen Wert annehmen können.)

Die Poisson-Verteilung ist durch den Parameter λ eindeutig bestimmt. In der Praxis ist oft bekannt, daß ein Ereignis poissonverteilt ist. Der dazugehörige Parameter λ kann durch den Mittelwert einer Stichprobe geschätzt werden.

FB

Poisson-Verteilung

FB 7.12. Ein Bierflaschenfabrikant vermutet, daß die Anzahl der in einer Stunde fehlerhaft produzierten Bierflaschen poisson-verteilt ist. Das Förderband, über das pro Stunde 1.000 Bierflaschen gehen, wurde dazu 500 Stunden lang beobachtet. Im Durchschnitt waren 2,2 Bierflaschen pro Stunde fehlerhaft. Der Parameter λ der Poisson-Verteilung kann somit mit 2,2 geschätzt werden. Aus der umseitigen Tabelle können die Wahrscheinlichkeiten der Poisson-Verteilung mit Parameter 2,2 entnommen werden. Daraus können die erwarteten Eintrittshäufigkeiten berechnet werden.

fehlerhafte Flaschen pro Stunde	beobachtete Eintrittshäufigkeit	Wahrsch. laut Poisson-Verteilung	erwartete Eintrittshäufigkeit
0	68	0,111	55
1	101	0,244	122
2	144	0,268	134
3	89	0,197	98
4	63	0,108	54
5	20	0,048	24
6	10	0,017	9
7	5	0,005	3
8	0	0,002	1
Summe	**500**	**1,000**	**500**

Die Unterschiede zwischen beobachteter und erwarteter Eintrittshäufigkeit sind nicht sehr groß. Ein Chi-Quadrat-Test (siehe Kapitel 7.5.) bestätigt die Annahme, daß die Anzahl der fehlerhaften Flaschen pro Stunde poisson-verteilt mit Parameter 2,2 ist. Wenn von technischer Seite gewährleistet ist, daß eine fehlerhafte Bierflasche nicht weitere nach sich zieht, die Ereignisse also "unabhängig voneinander" auftreten, dann liefert die Poisson-Verteilung in diesem Fall eine brauchbare Annäherung.

Tabelle:

Poisson-Verteilung mit Parameter λ

(Wahrscheinlichkeit, daß die Anzahl der Ereignisse gleich k ist.)

k	Parameter λ								
	0,01	0,05	0,10	0,15	0,20	0,25	0,30	0,40	0,50
0	0,990	0,951	0,905	0,861	0,819	0,779	0,741	0,670	0,607
1	0,010	0,048	0,090	0,129	0,164	0,195	0,222	0,268	0,303
2	0,000	0,001	0,005	0,010	0,016	0,024	0,033	0,054	0,076
3	0,000	0,000	0,000	0,000	0,001	0,002	0,003	0,007	0,013

k	Parameter λ								
	0,6	0,7	0,8	0,9	1,0	1,2	1,4	1,6	1,8
0	0,549	0,497	0,449	0,407	0,368	0,301	0,247	0,202	0,165
1	0,329	0,348	0,359	0,366	0,368	0,361	0,345	0,323	0,298
2	0,099	0,122	0,144	0,165	0,184	0,217	0,242	0,258	0,268
3	0,020	0,028	0,038	0,049	0,061	0,087	0,113	0,138	0,161
4	0,003	0,005	0,008	0,011	0,015	0,026	0,039	0,055	0,072
5	0,000	0,001	0,001	0,002	0,003	0,006	0,011	0,018	0,026
6	0,000	0,000	0,000	0,000	0,001	0,001	0,003	0,005	0,008
7	0,000	0,000	0,000	0,000	0,000	0,000	0,001	0,001	0,002

k	Parameter λ								
	2,0	2,2	2,4	2,6	2,8	3,0	3,5	4,0	4,5
0	0,135	0,111	0,091	0,074	0,061	0,050	0,030	0,018	0,011
1	0,271	0,244	0,218	0,193	0,170	0,149	0,106	0,073	0,050
2	0,271	0,268	0,261	0,251	0,238	0,224	0,185	0,147	0,112
3	0,180	0,197	0,209	0,218	0,222	0,224	0,216	0,195	0,169
4	0,090	0,108	0,125	0,141	0,156	0,168	0,189	0,195	0,190
5	0,036	0,048	0,060	0,074	0,087	0,101	0,132	0,156	0,171
6	0,012	0,017	0,024	0,032	0,041	0,050	0,077	0,104	0,128
7	0,003	0,005	0,008	0,012	0,016	0,022	0,039	0,060	0,082
8	0,001	0,002	0,002	0,004	0,006	0,008	0,017	0,030	0,046
9	0,000	0,000	0,001	0,001	0,002	0,003	0,007	0,013	0,023
10	0,000	0,000	0,000	0,000	0,000	0,001	0,002	0,005	0,010
11	0,000	0,000	0,000	0,000	0,000	0,000	0,001	0,002	0,004
12	0,000	0,000	0,000	0,000	0,000	0,000	0,000	0,001	0,002

7.4.3. Exponentialverteilung

Die Exponentialverteilung wird hauptsächlich zur Beschreibung folgender zweier Ereignisse verwendet:

1. Die Zeitdifferenz zweier nacheinander eintretender Ereignisse (z.B. an einem Schalter eintreffende Kunden, bei ei-

ner Maschine auftretende Störungen usw.). Die Zeitdifferenz wird auch Zwischenankunftszeit genannt.
2. Die Lebensdauer eines Gerätes, wenn Defekte in erster Linie durch äußere Einflüsse und nicht durch Verschleiß verursacht werden.

Die Exponentialverteilung beschreibt also immer jene Zeitdauer, die bis zum Eintreten des nächsten Ereignisses verstreicht. Es können daher nur positive Werte angenommen werden. Die Ereignisse treten unabhängig voneinander auf.

Die Exponentialverteilung ist wie folgt definiert:

Wahrscheinlichkeit, daß das nächste Ereignis in weniger als t Zeiteinheiten eintritt:

$$1-e^{-\lambda t} \quad \text{für } t \geq 0$$

λ ... Parameter der Exponentialverteilung

Die Exponentialverteilung ist durch den Parameter λ eindeutig bestimmt. In der Praxis ist oft bekannt, daß ein Ereignis exponentialverteilt ist. Der dazugehörige Parameter λ kann durch den reziproken Mittelwert einer Stichprobe geschätzt werden.

FB

Exponentialverteilung

FB 7.13.

❍ **Ausgangssituation**

In einem Supermarkt wird an mehreren Tagen zwischen 9 und 10 Uhr beobachtet, wie viele Kunden sich an den Kassen anstellen.

FB 7.13.

❍ Erhebungsprotokoll

Zeitspanne in Sek.	Durchschnittszeitspanne in Sek. (t_i)	beobachtete Eintrittshäufigkeit	relative Häufigkeit (h_i)	t_i x h_i
0 - 20	10	253	0,536	5,36
21 - 40	30	131	0,278	8,33
41 - 60	50	59	0,125	6,25
61 - 80	70	16	0,034	2,37
81 - 100	90	8	0,017	1,53
101 - 120	110	5	0,011	1,17
Summe		**472**	**1,000**	**25,00**

Es stellt sich durchschnittlich alle **25 Sekunden** (=25/60=**0,417 Minuten**) ein Kunde an einer der Kassen an.

❍ Berechnungen und Erkenntnisse

Das Anstellverhalten soll durch eine Exponentialverteilung angenähert werden. Der Parameter λ der Exponentialverteilung wird mit dem reziproken Mittelwert der Stichprobe 1/0,417=2,4 geschätzt. Die Wahrscheinlichkeiten der Exponentialverteilung mit Parameter 2,4 können aus der umseitigen Tabelle wie folgt berechnet werden.

Zunächst soll die Wahrscheinlichkeit, daß sich innerhalb der nächsten 20 Sekunden (=0,333 Minuten) ein Kunde an einer der Kassen anstellt, berechnet werden. Die **Zeitspanne t** ist in diesem Fall also gleich **0,333 Minuten**. t muß jetzt noch mit λ multipliziert werden ($\lambda \cdot t = 2{,}4 \cdot 0{,}333 = 0{,}8$). **Die Wahrscheinlichkeit für $\lambda \cdot t = 0{,}8$ beträgt laut umseitiger Tabelle 0,551 (=55,1%).** Aus der Wahrscheinlichkeit kann dann die erwartete Eintrittshäufigkeit berechnet werden. Die Wahrscheinlichkeiten für die übrigen Zeitspannen werden auf die gleiche Weise ermittelt.

FB 7.13.

Zeit-spanne in Sek.	beobachtete Eintritts-häufigkeit	$\lambda \cdot t$	Wahrsch. lt. Expon.-verteilung	erwartete Eintritts-häufigkeit
0 - 20	253	0,8	0,551	260
21 - 40	131	1,6	0,247	117
41 - 60	59	2,4	0,111	52
61 - 80	16	3,2	0,050	24
81 - 100	8	4,0	0,022	10
101 - 120	5	4,8	0,010	5
>120	0	-	0,009	4
Summe	**472**		**1,000**	**472**

Die Unterschiede zwischen beobachteter und erwarteter Eintrittshäufigkeit sind nicht sehr groß. Ein Chi-Quadrat-Test (siehe Kapitel 7.5.) bestätigt die Annahme, daß das Anstellverhalten durch eine Exponentialverteilung mit Parameter 2,4 beschrieben werden kann.

❍ Zusammenhang zwischen Exponential- und Poisson-Verteilung

Interessanterweise gibt es einen Zusammenhang zwischen der Exponential- und der Poisson-Verteilung. Beide Verteilungen beschreiben dieselbe Klasse von zufälligen Ereignissen auf unterschiedliche Art. Bei der Poisson-Verteilung wird die Anzahl der Ereignisse innerhalb einer gewissen Zeitspanne beobachtet, während bei der Exponentialverteilung die Zeitdifferenz zweier nacheinander eintretender Ereignisse betrachtet wird.

In der folgenden Tabelle sind die Beziehungen zwischen den beiden Verteilungen zusammengefaßt.

❍ Beziehungstabelle

poisson-verteiltes Ereignis =	exponentialverteiltes Ereignis
In einer Zeiteinheit tritt das Ereignis durchschnittlich λ-mal ein	Der Abstand zwischen zwei aufeinander folgendenen Ereignissen beträgt durchschnittlich 1/λ Zeiteinheiten
Die Anzahl der in einer Zeiteinheit eintretenden Ereignisse ist Poisson-verteilt mit Paramter λ	Die Zeitdifferenz zwischen zwei aufeinander folgenden Ereignissen ist exponentialverteilt mit Paramter λ

Für das Fallbeispiel dieses Kapitels und das des Kapitels 7.4.2. bedeutet das folgendes:

- ❍ Die Anzahl der Kunden, die sich innerhalb einer Minute an einer der Kassen anstellen, ist poisson-verteilt mit Paramter 2,4.
- ❍ Die Zeitspanne, die zwischen den Auftreten zweier fehlerhafter Flaschen verstreicht, ist exponentialverteilt mit Parameter 2,2.

❍ Praktische Anwendung der Beziehung

Beim Supermarkt-Fallbeispiel ist es wahrscheinlich einfacher und genauer anstatt der Zwischenankunftszeiten die Anzahl der Kunden zu zählen, die sich innerhalb einer Minute an den Kassen anstellen. Wenn die erhobenen Werte poisson-verteilt mit Parameter 2,4 sind (Überprüfung mit Chi-Quadrat-Test vom Kapitel 7.5.), dann ist die Zwischenankunftszeit exponentialverteilt mit Parameter 2,4.

Tabelle:

Exponentialverteilung mit Parameter λ

Wahrscheinlichkeit, daß das nächste Ereignis in weniger als t Zeiteinheiten eintritt.

$\lambda \cdot t$	0	1	2	3	4	5	6	7	8	9
0,0.	,000	,010	,020	,030	,039	,049	,058	,068	,077	,086
0,1.	,095	,104	,113	,122	,131	,139	,148	,156	,165	,173
0,2.	,181	,189	,197	,205	,213	,221	,229	,237	,244	,252
0,3.	,259	,267	,274	,281	,288	,295	,302	,309	,316	,323
0,4.	,330	,336	,343	,349	,356	,362	,369	,375	,381	,387
0,5.	,393	,400	,405	,411	,417	,423	,429	,434	,440	,446
0,6.	,451	,457	,462	,467	,473	,478	,483	,488	,493	,498
0,7.	,503	,508	,513	,518	,523	,528	,532	,537	,542	,546
0,8.	,551	,555	,560	,564	,568	,573	,577	,581	,585	,589
0,9.	,593	,597	,601	,605	,609	,613	,617	,621	,625	,628
$\lambda \cdot t$	**+,00**	**+,02**	**+,04**	**+,06**	**+,08**	**+,10**	**+,12**	**+,14**	**+,16**	**+,18**
1,0	,632	,639	,647	,654	,660	,667	,674	,680	,687	,693
1,2	,699	,705	,711	,716	,722	,727	,733	,738	,743	,748
1,4	,753	,758	,763	,768	,772	,777	,781	,786	,790	,794
1,6	,798	,802	,806	,810	,814	,817	,821	,824	,828	,831
1,8	,835	,838	,841	,844	,847	,850	,853	,856	,859	,862
2,0	,865	,867	,870	,873	,875	,878	,880	,882	,885	,887
2,2	,889	,891	,894	,896	,898	,900	,902	,904	,906	,907
2,4	,909	,911	,913	,915	,916	,918	,920	,921	,923	,924
2,6	,926	,927	,929	,930	,931	,933	,934	,935	,937	,938
2,8	,939	,940	,942	,943	,944	,945	,946	,947	,948	,949
$\lambda \cdot t$	**0**	**1**	**2**	**3**	**4**	**5**	**6**	**7**	**8**	**9**
3,.	,950	,955	,959	,963	,967	,970	,973	,975	,978	,980
4,.	,982	,983	,985	,986	,988	,989	,990	,991	,992	,993
5,.	,993	,994	,994	,995	,995	,996	,996	,997	,997	,997
6,.	,998	,998	,998	,998	,998	,998	,999	,999	,999	,999
7,.	,999	,999	,999	,999	,999	,999	,999	1,00	1,00	1,00

7.5. STATISTISCHE PRÜFVERFAHREN

Die Grundlage für jede statistische Untersuchung bildet die Erhebung einer Stichprobe aus der sogenannten Grundgesamtheit. Statistische Prüfverfahren befassen sich mit der Frage, ob die aus einer Stichprobe gewonnen Erkenntnisse auf die Grundgesamtheit verallgemeinert werden können.
Ein wichtiges statistisches Prüfverfahren ist der Test. Ein Test ist ein Verfahren zur Überprüfung von Annahmen über Verteilungen, die das Zustandekommen von Beobachtungsdaten beschreiben. **Liegen die Beobachtungsdaten in Form einer Stichprobe vor, so soll aufgrund eines Tests entschieden werden, ob eine bestimmte Annahme (in der Statistik auch oft Hypothese genannt) als widerlegt zu betrachten ist oder nicht.**
Vor der Testdurchführung muß ein Niveau α (auch Irrtumswahrscheinlichkeit genannt) gewählt werden, welches das Risiko einer Fehlentscheidung quantifiziert: Wenn die Annahme zutrifft, ist α die Wahrscheinlichkeit dafür, daß sie zu Unrecht abgelehnt wird. Diese falsche Entscheidung wird auch Fehler erster Art genannt. Wird eine geringere Irrtumswahrscheinlichkeit gewählt, so steigt das Risiko, daß eine falsche Annahme nicht abgelehnt wird (Fehler zweiter Art). Es können also vier verschiedene Situationen auftreten, die in der folgenden Tabelle angegeben sind.

Annahme wird vom Test ...	Annahme ist zutreffend	Annahme ist falsch
abgelehnt	Fehler 1. Art	richtige Entscheidung
nicht abgelehnt	richtige Entscheidung	Fehler 2. Art

Der Fehler zweiter Art kann normalerweise nicht genau quantifiziert werden. **Es hat sich aber in der Praxis gezeigt, daß bei einer Irrtumswahrscheinlichkeit von 5% die Summe der beiden Fehlerarten in der Regel minimiert wird; die Wahrscheinlichkeit für eine richtige Entscheidung wird somit maximiert.**

Nach der Festlegung der Irrtumswahrscheinlichkeit α kann der Test durchgeführt werden. Dazu wird aus der Stichprobe eine Testgröße berechnet. Liegt diese Testgröße im sogenannten kritischen Bereich, so ist die Testannahme als widerlegt zu betrachten, liegt sie außerhalb des kritischen Bereichs, so kann gegen die Testannahme nichts eingewendet werden.

❍ Chi-Quadrat-Test (χ^2-Test)

Mit Hilfe des Chi-Quadrat-Tests kann **getestet** werden, **ob beobachtete Daten eine bestimmte Verteilung besitzen. Die gewählte Stichprobe sollte einen Umfang von mindestens 30 Werten haben**. Die Idee des Tests ist, den Wertebereich der Stichprobe in geeignete Klassen zu unterteilen. Die beobachteten Klassenhäufigkeiten werden dann mit den (bei der zu testenden Verteilung) erwarteten Häufigkeiten verglichen. Mit Hilfe der Chi-Quadrat-Verteilung kann dann festgestellt werden, ob die Unterschiede zwischen den beobachteten und den erwarteten Häufigkeiten signifikant sind oder nicht.

❍ Testdurchführung:

1. Schritt: Die in der Verteilung auftretenden Parameter werden mit Hilfe der für den Test benutzten Stichprobe geschätzt. In der folgenden Tabelle sind die Parameter und die entsprechenden Schätzungen der einzelnen Verteilungen zusammengefaßt.

Verteilung	Parameter	Schätzung
Normalverteilung	μ σ	Mittelwert ($\bar{x}$) Varianz (s)
Poisson-Verteilung	λ	Mittelwert ($\bar{x}$)
Exponentialverteilung	λ	1/ Mittelwert ($\bar{x}$)

2. Schritt: Der Wertebereich der Stichprobe wird in Klassen eingeteilt. Jetzt werden die bei der zu testenden Verteilung erwarteten Klassenhäufigkeiten ermittelt. Die Klassenanzahl sollte so gewählt werden, daß die erwarteten Klassenhäufigkeiten alle mindestens gleich 5 sind.

Bei einem **Test auf Normalverteilung** wird dabei wie in dem **folgenden Beispiel** vorgegangen.

FB

Chi-Quadrat-Test

FB 7.14. Die monatliche Nachfrage eines Artikels wurde über drei Jahre beobachtet. (Stichprobenumfang n = 36)

Jahr	Monat											
	Jan	Feb	Mär	Apr	Mai	Jun	Jul	Aug	Sep	Okt	Nov	Dez
20X1	25	17	19	29	23	13	1	10	23	19	31	20
20X2	20	22	18	20	25	15	7	12	21	15	37	33
20X3	15	22	20	30	22	14	7	7	23	11	33	23

Der Mittelwert der Stichprobe beträgt 19,5; die Standardabweichung beträgt 8,0. (1. Schritt: Schätzung der Parameter μ und σ)

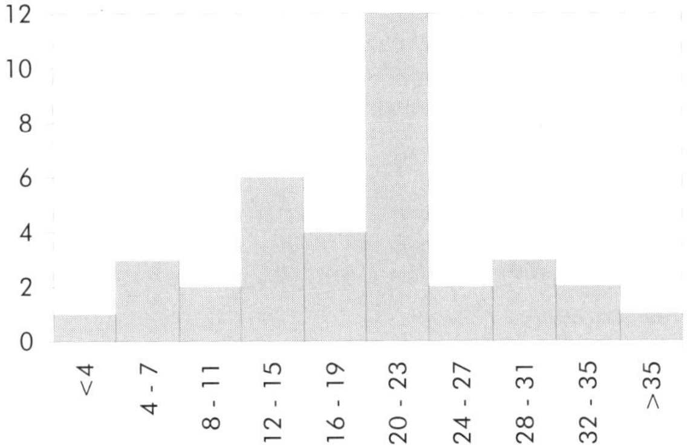

Folgende Einteilung der Klassen kann normalerweise für jede Stichprobe verwendet werden. Die erwartete Wahrscheinlichkeit für die jeweiligen Klassen bleibt gleich, da die Klasseneinteilung vom Mittelwert und Standardabweichung der Stichprobe abhängt. Die erwartete Häufigkeit erhält man, indem die erwartete Wahrscheinlichkeit (p_i) mit dem Stichprobenumfang (n) multipliziert wird.

FB 7.14.

Klasse		erwartete Wahrscheinl. (p_i)	erwartete Häufigkeit ($n \cdot p_i$)	
$< \overline{m} - 2s$	<3,5	0,0228	0,82	5,71
$\overline{m} - 2s$ – $\overline{m} - 1{,}5s$	3,5 - 7,5	0,0440	1,58	
$\overline{m} - 1{,}5s$ – $\overline{m} - s$	7,5 - 11,5	0,0919	3,31	
$\overline{m} - s$ – $\overline{m} - 0{,}5s$	11,5 - 15,5	0,1498	5,39	
$\overline{m} - 0{,}5s$ – $\overline{m}$	15,5 - 19,5	0,1915	6,89	
$\overline{m}$ – $\overline{m} + 0{,}5s$	19,5 - 23,5	0,1915	6,89	
$\overline{m} + 0{,}5s$ – $\overline{m} + s$	23,5 - 27,5	0,1498	5,39	
$\overline{m} + s$ – $\overline{m} + 1{,}5s$	27,5 - 31,5	0,0919	3,31	5,71
$\overline{m} + 1{,}5s$ – $\overline{m} + 2s$	31,5 - 35,5	0,0440	1,58	
$> \overline{m} + 2s$	>35,5	0,0228	0,82	
Summe		**1,0000**	**36,00**	

Ausgehend vom Mittelwert (19,5) werden in beide Richtungen Klassen von jeweils einer halben Standardabweichung (8/2=4) gebildet. Die ersten und letzten drei Klassen werden zu jeweils einer zusammengefaßt, da die einzelnen erwarteten Klassenhäufigkeiten kleiner als 5 sind. Die Klassenanzahl (m) ist somit gleich 6.

3. Schritt: Die erwarteten Klassenhäufigkeiten werden mit den beobachteten verglichen. Die beobachteten Klassenhäufigkeiten (h_i) sind die Anzahl der Stichprobenwerte aus den einzelnen Klassen. Die beiden Häufigkeiten werden mit Hilfe folgender Testgröße statistisch verglichen:

$$\frac{(h_1 - n \cdot p_1)^2}{n \cdot p_1} + \frac{(h_2 - n \cdot p_2)^2}{n \cdot p_2} + \ldots + \frac{(h_m - n \cdot p_m)^2}{n \cdot p_m}$$

In der folgenden Tabelle wird gezeigt, wie die Testgröße für das Fallbeispiel berechnet wird.

FB 7.14.

Klasse	Häufigkeit beob. (h_i)	Häufigkeit erw. ($n \cdot p_i$)	Berechnung der Testgröße $h_i - n \cdot p_i$	$(h_i - n \cdot p_i)^2$	$\frac{(h_i - n \cdot p_i)^2}{n \cdot p_i}$
<11,5	6	5,71	0,29	0,082	0,01
11,5 - 15,5	6	5,39	0,61	0,369	0,07
15,5 - 19,5	4	6,89	-2,89	8,375	1,21
19,5 - 23,5	12	6,89	5,11	26,071	3,78
23,5 - 27,5	2	5,39	-3,39	11,511	2,13
>27,5	6	5,71	0,29	0,082	0,01
Summe	**36**	**36,0**			**7,23**

4. Schritt: Der kritische Bereich für die Testgröße wird ermittelt. Dazu wird die Anzahl der Freiheitsgrade benötigt, die wie folgt berechnet wird:

Anzahl der Freiheitsgrade = Klassenanzahl - 1 - Anzahl der geschätzten Parameter

Für das Fallbeispiel ist die Anzahl der Freiheitsgrade somit gleich 3 (=6-1-2). Bei einer Irrtumswahrscheinlicheit α von 5% ergibt sich laut umseitiger Tabelle ein kritischer Wert von 7,81. **Da der Wert der Testgröße mit 7,23 kleiner als der kritische Wert ist, kann gegen die Testannahme nichts eingewendet werden. Die monatliche Nachfrage des Artikels ist also normalverteilt.** Die Abweichungen der Stichprobe von der Normalverteilung können auf den Zufall zurückgeführt werden.

Wird als Irrtumswahrscheinlichkeit α aber 10% gewählt, so ergibt sich ein kritischer Wert von 6,25. Die Testgröße wäre mit 7,23 in diesem Fall größer. Daher würde die Annahme, daß die monatliche Nachfrage des Artikels normalverteilt ist, abgelehnt.

Dieses Fallbeispiel zeigt wie wichtig es ist, eine geeignete Irrtumswahrscheinlichkeit zu wählen. Wie bereits am Anfang erwähnt, ist in den meisten Fällen eine Irrtumswahrscheinlichkeit α von 5% am günstigsten.

Tabelle:

Kritische Werte der Testgröße für Chi-Quadrat-Test

Anzahl der Freiheitsgrade	Irrtumswahrscheinlichkeit α				
	10,0%	5,0%	2,5%	1,0%	0,5%
1	2,71	**3,84**	5,02	6,63	7,88
2	4,61	**5,99**	7,38	9,21	10,60
3	6,25	**7,81**	9,35	11,34	12,84
4	7,78	**9,49**	11,14	13,28	14,86
5	9,24	**11,07**	12,83	15,09	16,75
6	10,64	**12,59**	14,45	16,81	18,55
7	12,02	**14,07**	16,01	18,48	20,28
8	13,36	**15,51**	17,53	20,09	21,95
9	14,68	**16,92**	19,02	21,67	23,59
10	15,99	**18,31**	20,48	23,21	25,19
11	17,28	**19,68**	21,92	24,73	26,76
12	18,55	**21,03**	23,34	26,22	28,30
13	19,81	**22,36**	24,74	27,69	29,82
14	21,06	**23,68**	26,12	29,14	31,32
15	22,31	**25,00**	27,49	30,58	32,80
16	23,54	**26,30**	28,85	32,00	34,27
17	24,77	**27,59**	30,19	33,41	35,72
18	25,99	**28,87**	31,53	34,81	37,16
19	27,20	**30,14**	32,85	36,19	38,58
20	28,41	**31,41**	34,17	37,57	40,00
25	34,38	**37,65**	40,65	44,31	46,93
30	40,26	**43,77**	46,98	50,89	53,67
35	46,06	**49,80**	53,20	57,34	60,27
40	51,81	**55,76**	59,34	63,69	66,77
45	57,51	**61,66**	65,41	69,96	73,17
50	63,17	**67,50**	71,42	76,15	79,49
60	74,40	**79,08**	83,30	88,38	91,95
70	85,53	**90,53**	95,02	100,43	104,21
80	96,58	**101,88**	106,63	112,33	116,32
90	107,57	**113,15**	118,14	124,12	128,30
100	118,50	**124,34**	129,56	135,81	140,17

8. ZINSTABELLEN, TILGUNGSPLÄNE, LEIBRENTENTABELLEN, INDEXTABELLEN

8.1. ZINSTABELLEN

Zinsfaktoren sind für viele Wirtschaftlichkeitsberechnungen von großer Bedeutung. Investitionsrechnungen, Unternehmensbewertungen, Finanzierungsentscheidungen (z.B. Kreditkauf versus Leasing) und Barwertvergleiche in den unterschiedlichsten Ausprägungsformen können ohne Zinsfaktoren nicht durchgeführt werden.

❍ **Wo findet man welche Zinstabellen?**

In diesem Buch werden folgende Zinstabellen angeboten, mit denen sich nahezu alle Bar- und Endwertprobleme lösen lassen.

Zins-tab.	Periode	dargestellte Perioden		Tabelle siehe Seite
AUF	jährlich	20	6% 8% 10% 12%	321 bis 324
AB	jährlich	20	6% 8% 10% 12%	
DSF	jährlich	20	6% 8% 10% 12%	
KAP	jährlich	20	6% 8% 10% 12%	
AUF	semestral	20	6% 12%	325 bis 326
AB	semestral	20	6% 12%	
AUF	viertelj.	20	6% 12%	327 bis 328
AB	viertelj.	20	6% 12%	
AUF	monatlich	20	6% 12%	329 bis 330
AB	monatlich	20	6% 12%	

AUF Aufzinsungsfaktoren
AB Abzinsungsfaktoren
DSF Diskontierungssummenfaktoren
KAP Kapitalwiedergewinnungsfaktoren (= Annuitätsfaktor

Zinstabellen

❍ Welche Formeln?

Den Tabellenwerten liegen folgende Formeln zugrunde:

	Aufzinsungsfaktor **AUF**	**Abzinsungsfaktor** **AB**	**Diskontierungssummenfaktor** **DSF**	**Kapitalwiedergewinnungsfaktor** **KAP**
Grundformel (nachschüssig)	$(1+i)^n$	$\frac{1}{(1+i)^n}$	$\frac{(1+i)^n - 1}{i\,(1+i)^n}$	$\frac{i\,(1+i)^n}{(1+i)^n - 1}$
vorschüssig	Antizipativer Zinsfuß: $i = \frac{\frac{100 \cdot p}{100 - p}}{100}$			dieses "i" wird in die oberen Formeln eingesetzt
unterjährig	**wenn gegeben:** effektiver Jahreszins **gesucht:** Effektivzins Teilperiode **dann** Einsetzen in die **Zinsumrechnungsformel:** ❍ allgemein $(1+i)^{\frac{n}{m}}$ wobei: i=p/100; m=Zinsperioden pro Jahr ❍ semestral $(1+i)^{\frac{n}{2}}$ ❍ vierteljährlich $(1+i)^{\frac{n}{4}}$ ❍ monatlich $(1+i)^{\frac{n}{12}}$ Die Formel für den **Kapitalwiedergewinnungsfaktor** ändert sich wie folgt: ❍ $\frac{[(1+i)^{\frac{1}{m}} - 1]\,(1+i)^{\frac{n}{m}}}{(1+i)^{\frac{n}{m}} - 1}$			

Die **Zusammenhänge der vier Faktoren** können **wie folgt beschrieben werden**:

- Der **Abzinsungsfaktor** ist der reziproke Wert des Aufzinsungsfaktors.
- Der **Diskontierungssummenfaktor** ergibt sich aus der Kumulierung der Abzinsungsfaktoren.
- Der **Kapitalwiedergewinnungs- bzw. Annuitätenfaktor** ist der reziproke Wert des Diskontierungssummenfaktors.

Setzt man in obige Formeln ein, dann ergeben sich bei einer zehnprozentigen Verzinsung für die ersten Perioden folgende Werte bzw. Faktoren:

- **Formeltest für nachschüssige, jährliche Zahlungsweise**

Jahr	Aufzinsungsfaktor **AUF** $(1+i)^n$	Abzinsungsfaktor **AB** $\frac{1}{(1+i)^n}$	Diskontierungssummenfaktor **DSF** $\frac{(1+i)^n - 1}{i\,(1+i)^n}$	Kapitalwiedergewinnungsfaktor **KAP** $\frac{i\,(1+i)^n}{(1+i)^n - 1}$
Alle Formeln unterstellen nachschüssige Zahlungsweise; $i = p/100$				
1	1,1000	0,9091	0,9091	1,1000
2	1,2100	0,8264	1,7355	0,5762
3	1,3310	0,7513	2,4869	0,4021

Zinstabellen

❍ Formeltest für vorschüssige, jährliche Zahlungsweise

Jahr	Auf-zinsungs-faktor **AUF** $\left(1+\frac{\frac{100*p}{100-p}}{100}\right)^n$	Ab-zinsungs-faktor **AB** $\frac{1}{\left(1+\frac{\frac{100*p}{100-p}}{100}\right)^n}$
Alle Formeln unterstellen vorschüssige Zahlungsweise		
1	1,1111	0,9000
2	1,2346	0,8100
3	1,3717	0,7290

❍ Formeltest für nachschüssige, unterjährige (vierteljährliche) Zahlungsweise

Quartal	Auf-zinsungs-faktor **AUF** $(1+i)^{\frac{n}{4}}$	Ab-zinsungs-faktor **AB** $\frac{1}{(1+i)^{\frac{n}{4}}}$	Kapitalwieder-gewinnungs-faktor **KAP** $\frac{[(1+i)^{\frac{1}{4}}-1]\,(1+i)^{\frac{n}{4}}}{(1+i)^{\frac{n}{4}}-1}$
Alle Formeln unterstellen nachschüssige, monatliche Zahlungsweise; i = p/100			
1	1,0241	0,9765	1,0241
2	1,0488	0,9535	0,5182
3	1,0741	0,9310	0,3495
4	1,1000	0,9091	0,2653

Für unterjährige Kapitalwiedergewinnungsfaktoren sind keine Tabellen ausgedruckt worden.
Alle übrigen Faktoren können den Zinstabellen auf den folgenden Seiten entnommen werden.

AUF- UND ABZINSUNGSFAKTOREN DISKONTIERUNGSSUMMENFAKTOREN KAPITALWIEDERGEWINNUNGSFAKTOREN

6%	**jährlich**	semestral	viertel-jährlich	monatlich

Jahr	**AUF** $(1+i)^n$	**AB** $\frac{1}{(1+i)^n}$	**DSF** $\frac{(1+i)^n - 1}{i\,(1+i)^n}$	**KAP** $\frac{i\,(1+i)^n}{(1+i)^n - 1}$
1	1,0600	0,9434	0,9434	1,0600
2	1,1236	0,8900	1,8334	0,5454
3	1,1910	0,8396	2,6730	0,3741
4	1,2625	0,7921	3,4651	0,2886
5	1,3382	0,7473	4,2124	0,2374
6	1,4185	0,7050	4,9173	0,2034
7	1,5036	0,6651	5,5824	0,1791
8	1,5938	0,6274	6,2098	0,1610
9	1,6895	0,5919	6,8017	0,1470
10	1,7908	0,5584	7,3601	0,1359
11	1,8983	0,5268	7,8869	0,1268
12	2,0122	0,4970	8,3838	0,1193
13	2,1329	0,4688	8,8527	0,1130
14	2,2609	0,4423	9,2950	0,1076
15	2,3966	0,4173	9,7122	0,1030
16	2,5404	0,3936	10,1059	0,0990
17	2,6928	0,3714	10,4773	0,0954
18	2,8543	0,3503	10,8276	0,0924
19	3,0256	0,3305	11,1581	0,0896
20	3,2071	0,3118	11,4699	0,0872

wobei: $i = \frac{p}{100}$

Alle Faktoren sind **nachschüssig**. Die **Kapitalwiedergewinnungsfaktoren** heißen auch **Annuitätsfaktoren**.

AUF- UND ABZINSUNGSFAKTOREN DISKONTIERUNGSSUMMENFAKTOREN KAPITALWIEDERGEWINNUNGSFAKTOREN

8%	jährlich	semestral	viertel-jährlich	monatlich

Jahr	AUF $(1+i)^n$	AB $\frac{1}{(1+i)^n}$	DSF $\frac{(1+i)^n-1}{i(1+i)^n}$	KAP $\frac{i(1+i)^n}{(1+i)^n-1}$
1	1,0800	0,9259	0,9259	1,0800
2	1,1664	0,8573	1,7833	0,5608
3	1,2597	0,7938	2,5771	0,3880
4	1,3605	0,7350	3,3121	0,3019
5	1,4693	0,6806	3,9927	0,2505
6	1,5869	0,6302	4,6229	0,2163
7	1,7138	0,5835	5,2064	0,1921
8	1,8509	0,5403	5,7466	0,1740
9	1,9990	0,5002	6,2469	0,1601
10	2,1589	0,4632	6,7101	0,1490
11	2,3316	0,4289	7,1390	0,1401
12	2,5182	0,3971	7,5361	0,1327
13	2,7196	0,3677	7,9038	0,1265
14	2,9372	0,3405	8,2442	0,1213
15	3,1722	0,3152	8,5595	0,1168
16	3,4259	0,2919	8,8514	0,1130
17	3,7000	0,2703	9,1216	0,1096
18	3,9960	0,2502	9,3719	0,1067
19	4,3157	0,2317	9,6036	0,1041
20	4,6610	0,2145	9,8181	0,1019

wobei: $i = \frac{p}{100}$

Alle Faktoren sind **nachschüssig**. Die **Kapitalwiedergewinnungsfaktoren** heißen auch **Annuitätsfaktoren**.

AUF- UND ABZINSUNGSFAKTOREN DISKONTIERUNGSSUMMENFAKTOREN KAPITALWIEDERGEWINNUNGSFAKTOREN

10%	**jährlich**	semestral	viertel-jährlich	monatlich

Jahr	AUF $(1+i)^n$	AB $\frac{1}{(1+i)^n}$	DSF $\frac{(1+i)^n - 1}{i\,(1+i)^n}$	KAP $\frac{i\,(1+i)^n}{(1+i)^n - 1}$
1	1,1000	0,9091	0,9091	1,1000
2	1,2100	0,8264	1,7355	0,5762
3	1,3310	0,7513	2,4869	0,4021
4	1,4641	0,6830	3,1699	0,3155
5	1,6105	0,6209	3,7908	0,2638
6	1,7716	0,5645	4,3553	0,2296
7	1,9487	0,5132	4,8684	0,2054
8	2,1436	0,4665	5,3349	0,1874
9	2,3579	0,4241	5,7590	0,1736
10	2,5937	0,3855	6,1446	0,1627
11	2,8531	0,3505	6,4951	0,1540
12	3,1384	0,3186	6,8137	0,1468
13	3,4523	0,2897	7,1034	0,1408
14	3,7975	0,2633	7,3667	0,1357
15	4,1772	0,2394	7,6061	0,1315
16	4,5950	0,2176	7,8237	0,1278
17	5,0545	0,1978	8,0216	0,1247
18	5,5599	0,1799	8,2014	0,1219
19	6,1159	0,1635	8,3649	0,1195
20	6,7275	0,1486	8,5136	0,1175

wobei: $i = \frac{p}{100}$

Alle Faktoren sind **nachschüssig**. Die **Kapitalwiedergewinnungsfaktoren** heißen auch **Annuitätsfaktoren**.

AUF- UND ABZINSUNGSFAKTOREN DISKONTIERUNGSSUMMENFAKTOREN KAPITALWIEDERGEWINNUNGSFAKTOREN

12%	**jährlich**	**semestral**	**viertel-jährlich**	**monatlich**

Jahr	**AUF** $(1+i)^n$	**AB** $\frac{1}{(1+i)^n}$	**DSF** $\frac{(1+i)^n-1}{i(1+i)^n}$	**KAP** $\frac{i(1+i)^n}{(1+i)^n-1}$
1	1,1200	0,8929	0,8929	1,1200
2	1,2544	0,7972	1,6901	0,5917
3	1,4049	0,7118	2,4018	0,4163
4	1,5735	0,6355	3,0373	0,3292
5	1,7623	0,5674	3,6048	0,2774
6	1,9738	0,5066	4,1114	0,2432
7	2,2107	0,4523	4,5638	0,2191
8	2,4760	0,4039	4,9676	0,2013
9	2,7731	0,3606	5,3282	0,1877
10	3,1058	0,3220	5,6502	0,1770
11	3,4785	0,2875	5,9377	0,1684
12	3,8960	0,2567	6,1944	0,1614
13	4,3635	0,2292	6,4235	0,1557
14	4,8871	0,2046	6,6282	0,1509
15	5,4736	0,1827	6,8109	0,1468
16	6,1304	0,1631	6,9740	0,1434
17	6,8660	0,1456	7,1196	0,1405
18	7,6900	0,1300	7,2497	0,1379
19	8,6128	0,1161	7,3658	0,1358
20	9,6463	0,1037	7,4694	0,1339

wobei: $i = \frac{p}{100}$

Alle Faktoren sind **nachschüssig**. Die **Kapitalwiedergewinnungsfaktoren** heißen auch **Annuitätsfaktoren**.

AUF- UND ABZINSUNGSFAKTOREN

6%	jährlich	**semestral**	viertel-jährlich	monat-lich

Semester	AUF $(1+i)^{\frac{n}{2}}$	AB $\frac{1}{(1+i)^{\frac{n}{2}}}$	Semester	AUF $(1+i)^{\frac{n}{2}}$	AB $\frac{1}{(1+i)^{\frac{n}{2}}}$
1	1,0296	0,9713	21	1,8438	0,5424
2	1,0600	0,9434	22	1,8983	0,5268
3	1,0913	0,9163	23	1,9544	0,5117
4	1,1236	0,8900	24	2,0122	0,4970
5	1,1568	0,8644	25	2,0717	0,4827
6	1,1910	0,8396	26	2,1329	0,4688
7	1,2262	0,8155	27	2,1960	0,4554
8	1,2625	0,7921	28	2,2609	0,4423
9	1,2998	0,7693	29	2,3277	0,4296
10	1,3382	0,7473	30	2,3966	0,4173
11	1,3778	0,7258	31	2,4674	0,4053
12	1,4185	0,7050	32	2,5404	0,3936
13	1,4605	0,6847	33	2,6155	0,3823
14	1,5036	0,6651	34	2,6928	0,3714
15	1,5481	0,6460	35	2,7724	0,3607
16	1,5938	0,6274	36	2,8543	0,3503
17	1,6410	0,6094	37	2,9387	0,3403
18	1,6895	0,5919	38	3,0256	0,3305
19	1,7394	0,5749	39	3,1150	0,3210
20	1,7908	0,5584	40	3,2071	0,3118

wobei: $i = \frac{p}{100}$

Alle Faktoren sind **nachschüssig**.

AUF- UND ABZINSUNGSFAKTOREN

12%	jährlich	**semestral**	viertel-jährlich	monat-lich

Semester	AUF $(1+i)^{\frac{n}{2}}$	AB $\frac{1}{(1+i)^{\frac{n}{2}}}$	Semester	AUF $(1+i)^{\frac{n}{2}}$	AB $\frac{1}{(1+i)^{\frac{n}{2}}}$
1	1,0583	0,9449	21	3,2869	0,3042
2	1,1200	0,8929	22	3,4785	0,2875
3	1,1853	0,8437	23	3,6814	0,2716
4	1,2544	0,7972	24	3,8960	0,2567
5	1,3275	0,7533	25	4,1231	0,2425
6	1,4049	0,7118	26	4,3635	0,2292
7	1,4868	0,6726	27	4,6179	0,2165
8	1,5735	0,6355	28	4,8871	0,2046
9	1,6653	0,6005	29	5,1720	0,1933
10	1,7623	0,5674	30	5,4736	0,1827
11	1,8651	0,5362	31	5,7927	0,1726
12	1,9738	0,5066	32	6,1304	0,1631
13	2,0889	0,4787	33	6,4878	0,1541
14	2,2107	0,4523	34	6,8660	0,1456
15	2,3396	0,4274	35	7,2663	0,1376
16	2,4760	0,4039	36	7,6900	0,1300
17	2,6203	0,3816	37	8,1383	0,1229
18	2,7731	0,3606	38	8,6128	0,1161
19	2,9348	0,3407	39	9,1149	0,1097
20	3,1058	0,3220	40	9,6463	0,1037

wobei: $i = \frac{p}{100}$

Alle Faktoren sind **nachschüssig**.

AUF- UND ABZINSUNGSFAKTOREN

6%	jährlich	semestral	**viertel-jährlich**	monat-lich

Quartal	AUF $(1+i)^{\frac{n}{4}}$	AB $\frac{1}{(1+i)^{\frac{n}{4}}}$	Quartal	AUF $(1+i)^{\frac{n}{4}}$	AB $\frac{1}{(1+i)^{\frac{n}{4}}}$
1	1,0147	0,9855	21	1,3579	0,7365
2	1,0296	0,9713	22	1,3778	0,7258
3	1,0447	0,9572	23	1,3980	0,7153
4	1,0600	0,9434	24	1,4185	0,7050
5	1,0756	0,9298	25	1,4393	0,6948
6	1,0913	0,9163	26	1,4605	0,6847
7	1,1074	0,9031	27	1,4819	0,6748
8	1,1236	0,8900	28	1,5036	0,6651
9	1,1401	0,8771	29	1,5257	0,6554
10	1,1568	0,8644	30	1,5481	0,6460
11	1,1738	0,8519	31	1,5708	0,6366
12	1,1910	0,8396	32	1,5938	0,6274
13	1,2085	0,8275	33	1,6172	0,6183
14	1,2262	0,8155	34	1,6410	0,6094
15	1,2442	0,8037	35	1,6650	0,6006
16	1,2625	0,7921	36	1,6895	0,5919
17	1,2810	0,7806	37	1,7143	0,5833
18	1,2998	0,7693	38	1,7394	0,5749
19	1,3189	0,7582	39	1,7649	0,5666
20	1,3382	0,7473	40	1,7908	0,5584

wobei: $i = \frac{p}{100}$

Alle Faktoren sind **nachschüssig**.

AUF- UND ABZINSUNGSFAKTOREN

12%	jährlich	semestral	**viertel-jährlich**	monat-lich

Quartal	AUF $(1+i)^{\frac{n}{4}}$	AB $\frac{1}{(1+i)^{\frac{n}{4}}}$	Quartal	AUF $(1+i)^{\frac{n}{4}}$	AB $\frac{1}{(1+i)^{\frac{n}{4}}}$
1	1,0287	0,9721	21	1,8130	0,5516
2	1,0583	0,9449	22	1,8651	0,5362
3	1,0887	0,9185	23	1,9187	0,5212
4	1,1200	0,8929	24	1,9738	0,5066
5	1,1522	0,8679	25	2,0305	0,4925
6	1,1853	0,8437	26	2,0889	0,4787
7	1,2194	0,8201	27	2,1489	0,4653
8	1,2544	0,7972	28	2,2107	0,4523
9	1,2904	0,7749	29	2,2742	0,4397
10	1,3275	0,7533	30	2,3396	0,4274
11	1,3657	0,7322	31	2,4068	0,4155
12	1,4049	0,7118	32	2,4760	0,4039
13	1,4453	0,6919	33	2,5471	0,3926
14	1,4868	0,6726	34	2,6203	0,3816
15	1,5296	0,6538	35	2,6956	0,3710
16	1,5735	0,6355	36	2,7731	0,3606
17	1,6187	0,6178	37	2,8528	0,3505
18	1,6653	0,6005	38	2,9348	0,3407
19	1,7131	0,5837	39	3,0191	0,3312
20	1,7623	0,5674	40	3,1058	0,3220

wobei: $i = \frac{p}{100}$

Alle Faktoren sind **nachschüssig**.

AUF- UND ABZINSUNGSFAKTOREN

6%	jährlich	semestral	vierteljährlich	**monatlich**

Monat	AUF $(1+i)^{\frac{n}{12}}$	AB $\frac{1}{(1+i)^{\frac{n}{12}}}$	Monat	AUF $(1+i)^{\frac{n}{12}}$	AB $\frac{1}{(1+i)^{\frac{n}{12}}}$
1	1,0049	0,9952	21	1,1074	0,9031
2	1,0098	0,9903	22	1,1127	0,8987
3	1,0147	0,9855	23	1,1182	0,8943
4	1,0196	0,9808	24	1,1236	0,8900
5	1,0246	0,9760	25	1,1291	0,8857
6	1,0296	0,9713	26	1,1346	0,8814
7	1,0346	0,9666	27	1,1401	0,8771
8	1,0396	0,9619	28	1,1456	0,8729
9	1,0447	0,9572	29	1,1512	0,8686
10	1,0498	0,9526	30	1,1568	0,8644
11	1,0549	0,9480	31	1,1624	0,8603
12	1,0600	0,9434	32	1,1681	0,8561
13	1,0652	0,9388	33	1,1738	0,8519
14	1,0703	0,9343	34	1,1795	0,8478
15	1,0756	0,9298	35	1,1852	0,8437
16	1,0808	0,9252	36	1,1910	0,8396
17	1,0861	0,9208	37	1,1968	0,8356
18	1,0913	0,9163	38	1,2026	0,8315
19	1,0966	0,9119	39	1,2085	0,8275
20	1,1020	0,9075	40	1,2144	0,8235

wobei: $i = \frac{p}{100}$

Alle Faktoren sind **nachschüssig**.

AUF- UND ABZINSUNGSFAKTOREN

12%	jährlich	semestral	viertel-jährlich	**monat-lich**

Monat	AUF $(1+i)^{\frac{n}{12}}$	AB $\frac{1}{(1+i)^{\frac{n}{12}}}$	Monat	AUF $(1+i)^{\frac{n}{12}}$	AB $\frac{1}{(1+i)^{\frac{n}{12}}}$
1	1,0095	0,9906	21	1,2194	0,8201
2	1,0191	0,9813	22	1,2309	0,8124
3	1,0287	0,9721	23	1,2426	0,8048
4	1,0385	0,9629	24	1,2544	0,7972
5	1,0484	0,9539	25	1,2663	0,7897
6	1,0583	0,9449	26	1,2783	0,7823
7	1,0683	0,9360	27	1,2904	0,7749
8	1,0785	0,9272	28	1,3027	0,7676
9	1,0887	0,9185	29	1,3151	0,7604
10	1,0990	0,9099	30	1,3275	0,7533
11	1,1095	0,9013	31	1,3401	0,7462
12	1,1200	0,8929	32	1,3528	0,7392
13	1,1306	0,8845	33	1,3657	0,7322
14	1,1414	0,8762	34	1,3786	0,7254
15	1,1522	0,8679	35	1,3917	0,7185
16	1,1631	0,8598	36	1,4049	0,7118
17	1,1742	0,8517	37	1,4183	0,7051
18	1,1853	0,8437	38	1,4317	0,6985
19	1,1965	0,8357	39	1,4453	0,6919
20	1,2079	0,8279	40	1,4590	0,6854

wobei: $i = \frac{p}{100}$

Alle Faktoren sind **nachschüssig**.

FB Endwertberechnung eines Einmalbetrages

FB 8.1.

Frage:
Ein Geldbetrag von 1 GE soll zu 10% Zinsen angelegt werden. Welcher Wert hat sich bis zum Ende des zehnten Jahres angesammelt?

Antwort:
Der Endwert errechnet sich wie folgt:

1 x 2,594	**AUF10**	=	**2,59**

FB Barwertberechnung eines Einmalbetrages

FB 8.2.

Frage:
Welchen Wert hat 1 GE in zehn Jahren heute? Zinsen 10%

Antwort:
Der Barwert errechnet sich wie folgt:

1 x 0,3855	**AB10**	=	**0,39**

FB Barwertberechnung mehrerer gleich hoher Geldbeträge

FB 8.3.

Frage:
Ein Unternehmer wird in den folgenden drei Jahren je 1 Mio GE Gewinn erzielen. Wie hoch ist der Barwert dieser Gewinne heute? Zinsen 10%

Antwort:
Der Barwert errechnet sich wie folgt:

1 Mio GE x 2,487	**DSF3**	=	**2,487 Mio GE**

FB

Barwertberechnung mehrerer gleich hoher und einiger unterschiedlich hoher Geldbeträge

FB 8.4.

Frage:
Der investitionsrelevante Nutzen, der während der geplanten Nutzungsdauer von fünf Jahren erwartet werden darf, stellt sich wie folgt dar:

Jahr	1	2	3	4	5	5
Nutzen in GE	50	80	100	100	100	60 LE

Wie hoch ist der Barwert des Nutzens ohne und mit Berücksichtigung des Liquidationserlöses (LE)?
Zinsen 10%

Antwort: ohne Liquidationserlös

entweder:

Jahr	Nutzen in GE	AB 10%	Barwert Nutzen
1	50	0,9091	45
2	80	0,8264	66
3	100	0,7513	75
4	100	0,6830	68
5	100	0,6209	62
		Σ	**317**

oder:

Jahr	Nutzen in GE	Tafel	10%	Barwert Nutzen
1	50	AB 1	0,9091	45
2	80	AB 2	0,8264	66
3 - 5	100 p.a.	DSF 3	2,4869	206
		x	x	
		AB2	0,8264	
			Σ	**317**

Die DSF-Tabellen bieten sich vor allem für jene Fälle an, bei denen der abzuzinsende Jahreswert (z.B. investitionsrelevanter Nutzen) über mehrere Jahre gleich hoch ist. In diesem Bei-

FB 8.4.

spiel muß der DSF-Wert noch mit dem Abzinsungsfaktor für zwei Jahre AB2 multipliziert werden, um den Barwert für heute zu erhalten.

Antwort: mit Liquidationserlös

Jahr	Nutzen in GE	AB 10%	Barwert Nutzen
1	50	0,9091	45
2	80	0,8264	66
3	100	0,7513	75
4	100	0,6830	68
5	160	0,6209	99
		Σ	**354**

Natürlich ist der Barwert hier höher als bei der Variante "ohne Liquidationserlös".

FB

Erstbeurteilung eines Investitionsvorhabens

FB 8.5.

Frage:
Wie hoch muß der durchschnittliche, investitionsrelevante Nutzen jährlich mindestens sein, damit ein Investitionsprojekt mit

Investitionsausgaben .... 1 Mio GE
Nutzungsdauer .... 4 Jahre
Liquidationserlöse Ende 4. Jahr .... Null

als gerade noch wirtschaftlich bezeichnet werden kann? Geforderter Zinsfuß 10%.

Antwort:

Investitionsausgaben x **KAP10** = Ø-notwendiger Nutzen p.a.

1.000.000 x 0,3155 = **315.500 GE**

Der jährlich notwendige durchschnittliche Nutzen müßte mindestens 315.500 GE betragen, damit das Investitionsprojekt als wirtschaftlich eingestuft werden kann.

8.2. ANNUITÄTENTILGUNG, TILGUNGSPLÄNE

Wird eine Schuld in jährlich gleichbleibenden Beträgen für Rückzahlung der Schuld und Zinsen getilgt, dann spricht man bei diesem Betrag von einer Annuität. Da mit laufender Tilgung die verbleibende Schuld und damit der zu zahlende Zinsbetrag immer geringer wird, steigt der jährliche Tilgungsanteil. Der Barwert aller Tilgungen und Zinsen ist ident mit dem aufgenommenen Schuldenbetrag.

Die Annuitätentilgung bzw. die Tilgungspläne sind bei Finanzierungskonzepten, Planbilanzen, Investitionsrechnungen (für die Ermittlung der Ertragsteuerbasis), bei Barwertvergleichen usw. wichtige Grundlagen.

FB

Tilgungsplan mit jährlicher Tilgung

FB 8.6.

Frage:
Ein Kredit von 1.000 GE soll während einer Laufzeit von fünf Jahren in fünf gleichen Beträgen, jeweils am Ende des Jahres, zurückgezahlt werden. Die Verzinsung beträgt 10%.

Antwort:
Die jährliche Annuität wird mit Hilfe des Kapitalwiedergewinnungsfaktors (Annuitätsfaktor) ermittelt. Sie ergibt sich aus Kreditbetrag mal Kapitalwiedergewinnungsfaktor.

(n = 5 Jahre, p = 10%, **KAP10** = 0,2638)

Jahr	Darlehensstand zum Jahresanf.	Annuität	Zinstilgung	Darlehenstilgung	Darlehensstand zum Jahresende
	A	B	C=A*0,1	D=B-C	E=A-D
1	1.000,00	263,80	100,00	163,80	836,20
2	836,20	263,80	83,62	180,18	656,02
3	656,02	263,80	65,60	198,20	457,82
4	457,82	263,80	45,78	218,02	239,80
5	239,80	263,80	24,00	239,80	0,00
Σ		**1.319,00**	**319,00**	**1.000,00**	

FB

Tilgungsplan mit halbjährlicher Tilgung

FB 8.7.

Frage:
Ein Kredit von 1.000 GE soll während der Laufzeit von fünf Jahren in zehn gleichen Beträgen, jeweils am Ende des Semesters, zurückgezahlt werden. Die Verzinsung beträgt 10%.

Antwort:
Weil für unterjährige Kapitalwiedergewinnungsfaktoren keine Tabellen ausgedruckt wurden, muß in die Formel

$$\frac{\left[(1+i)^{\frac{1}{m}}-1\right](1+i)^{\frac{n}{m}}}{(1+i)^{\frac{n}{m}}-1}$$

eingesetzt werden: m=2, n=10, i=10/100=0,1

$$\frac{\left[(1+0{,}1)^{\frac{1}{2}}-1\right](1+0{,}1)^{\frac{10}{2}}}{(1+0{,}1)^{\frac{10}{2}}-1}=\frac{\left[1{,}1^{0{,}5}-1\right]\cdot 1{,}1^{5}}{1{,}1^{5}-1}=$$

$$=\frac{0{,}0488\cdot 1{,}6105}{0{,}6105}=\mathbf{0{,}12876}$$

ANNUITÄTENTILGUNG UNTER FOLGENDEN VORAUSSETZUNGEN: KREDIT: 1.000 GE LAUFZEIT: 10 SEMESTER VERZINSUNG 10%, NACHSCHÜSSIG				
Semester	**Darlehen**	**Zins-tilgung**	**Tilgungs-quote**	**Annuität**
1	1.000,00	48,81	79,95	128,76
2	920,05	44,91	83,85	128,76
3	836,20	40,81	87,94	128,76
4	748,26	36,52	92,23	128,76
5	656,03	32,02	96,74	128,76
6	559,29	27,30	101,46	128,76
7	457,83	22,35	106,41	128,76
8	351,42	17,15	111,60	128,76
9	239,82	11,71	117,05	128,76
10	122,76	5,99	122,76	128,76
Summe:		**287,57**	**1.000,00**	**1.287,57**

8.3. LEIBRENTENTABELLEN

Während die Dauer von Zeitrenten auf einen bestimmten Zeitraum festgesetzt ist, sind Leibrenten solche Renten, deren Dauer von der Lebenszeit einer Person (Rentenberechtigter) oder mehrerer Personen (z.B.: Rentenberechtigter und Ehepartner = Verbindungsrente) abhängt.

Es gibt mehrere Arten, die Leibrenten zu klassifizieren. Werden sie nach den möglichen Auszahlungsmodalitäten eingeteilt, dann ergibt sich folgendes Bild:

Vorschüssige Renten (Pränumerandorenten)

- sofort beginnende, ganzjährige
- sofort beginnende, unterjährige
- aufgeschobene, ganzjährige
- aufgeschobene, unterjährige

Nachschüssige Renten (Postnumerandorenten)

- sofort beginnende, ganzjährige
- sofort beginnende, unterjährige
- aufgeschobene, ganzjährige
- aufgeschobene, unterjährige

Die Leibrenten-Tabellen in diesem Buch (M = Männer, F = Frauen) enthalten nur vorschüssige Renten, die sofort beginnen. Diese können direkt aus den Tabellen abgelesen werden. Durch kleine "Tricks" können aber auch rasch und einfach

- nachschüssige Leibrenten und
- aufgeschobene Leibrenten

ermittelt werden.

Für verbundene Leben stehen die Tabellen Verbindungsrenten (VR), für **unterjährige Zahlungsweise** die **Korrekturfaktoren** (KF) zur Verfügung.

LEIBRENTENTABELLEN							
für Deutschland				für Österreich			
M	F	VR	KF	M	F	VR	KF
Seite 338	Seite 339	Seite 340 341		Seite 342	Seite 343	Seite 344 345	Seite 346

1/2jährl.
1/4jährl.
monatlich
vorschüssig
nachschüssig

M = Männer (von 45 bis 100 Jahre, Zinsfuß 3%, 5%, 7%, 9%)
F = Frauen (von 45 bis 100 Jahre, Zinsfuß 3%, 5%, 7%, 9%)
VR = Verbindungsrenten (Deutschland 3%, 7%; Österreich 5%, 9%)
KF = Korrekturfaktoren (für unterjährige Zahlungsweise)

M BARWERTE VON LEIBRENTEN FÜR MÄNNER (nach der Sterbetafel 1970/72 für Deutschland)

Alter des Mannes	Lebens-erwartung des M. in Jahren	3%	5%	7%	9%
45	27,33	18,448	14,769	12,220	10,388
50	23,05	16,443	13,490	11,371	9,802
51	22,23	16,030	13,217	11,183	9,668
52	21,41	15,612	12,937	10,989	9,529
53	20,61	15,191	12,650	10,787	9,383
54	19,81	14,764	12,356	10,578	9,230
55	19,02	14,334	12,056	10,362	9,070
56	18,25	13,902	11,751	10,140	8,904
57	17,49	13,469	11,441	9,912	8,732
58	16,75	13,036	11,128	9,680	8,555
59	16,02	12,606	10,814	9,443	8,373
60	15,31	12,178	10,497	9,203	8,187
61	14,62	11,753	10,180	8,961	7,997
62	13,95	11,334	9,864	8,716	7,804
63	13,30	10,920	9,548	8,471	7,609
64	12,67	10,513	9,235	8,225	7,412
65	12,06	10,114	8,925	7,980	7,215
66	11,47	9,724	8,620	7,736	7,017
67	10,91	9,343	8,319	7,494	6,819
68	10,37	8,972	8,024	7,255	6,622
69	9,85	8,611	7,735	7,019	6,427
70	9,35	8,262	7,452	6,787	6,234
75	7,17	6,665	6,134	5,684	5,300
80	5,36	5,263	4,933	4,647	4,396
85	3,92	4,082	3,888	3,716	3,562
90	2,81	3,127	3,021	2,924	2,835
95	1,96	2,366	2,312	2,262	2,216
100	1,36	1,781	1,758	1,736	1,715

Quelle: Nehls, Kapitalisierungstabellen

F BARWERTE VON LEIBRENTEN FÜR FRAUEN (nach der Sterbetafel 1970/72 für Deutschland)

Alter der Frau	Lebenserwartung der Frau in Jahren	3%	5%	7%	9%
45	32,14	20,545	16,044	13,029	10,922
50	27,65	18,705	14,967	12,370	10,500
51	26,78	18,319	14,733	12,221	10,402
52	25,91	17,927	14,491	12,066	10,299
53	25,04	17,527	14,240	11,903	10,190
54	24,18	17,119	13,980	11,732	10,073
55	23,32	16,702	13,711	11,552	9,949
56	22,47	16,277	13,432	11,363	9,817
57	21,62	15,844	13,144	11,166	9,677
58	20,78	15,405	12,848	10,960	9,530
59	19,95	14,959	12,543	10,744	9,374
60	19,12	14,508	12,229	10,521	9,210
61	18,31	14,052	11,908	10,289	9,038
62	17,51	13,593	11,581	10,049	8,859
63	16,72	13,131	11,247	9,802	8,672
64	15,94	12,668	10,908	9,549	8,478
65	15,18	12,204	10,565	9,289	8,278
66	14,44	11,741	10,218	9,024	8,071
67	13,71	11,279	9,868	8,753	7,858
68	13,00	10,820	9,516	8,478	7,639
69	12,30	10,363	9,161	8,198	7,414
70	11,63	9,910	8,806	7,915	7,185
75	8,59	7,763	7,069	6,489	6,000
80	6,16	5,909	5,499	5,146	4,840
85	4,37	4,460	4,226	4,020	3,837
90	3,16	3,424	3,290	3,170	3,061
95	2,36	2,725	2,646	2,573	2,506
100	1,89	2,282	2,230	2,183	2,138

Quelle: Nehls, Kapitalisierungstabellen

VR 3%
Deutschland

BARWERTE VON VERBINDUNGSRENTEN
(nach der Allgemeinen Deutschen Sterbetafel 1970/72)

Alter des Mannes	x-y=25	x-y=20	x-y=15	x-y=10	x-y=5	x-y=0	x-y= -5	x-y= -10	x-y= -15
45		18,103	17,931	17,658	17,264	16,638	15,788	14,640	13,137
50		16,092	15,906	15,662	15,192	14,567	13,676	12,436	10,880
55		13,980	13,792	13,504	13,075	12,433	11,477	10,203	8,685
56		13,548	13,360	13,073	12,646	11,996	11,032	9,762	8,262
57		13,116	12,928	12,642	12,218	11,559	10,589	9,325	7,848
58		12,685	12,498	12,215	11,791	11,123	10,149	8,895	7,444
59		12,256	12,070	11,790	11,365	10,689	9,715	8,472	7,052
60		11,831	11,646	11,369	10,941	10,258	9,286	8,057	6,673
61		11,409	11,226	10,953	10,520	9,832	8,865	7,651	6,308
62		10,992	10,811	10,542	10,103	9,412	8,451	7,256	5,956
63		10,581	10,403	10,137	9,692	8,999	8,046	6,874	5,619
64		10,178	10,004	9,738	9,288	8,595	7,651	6,505	5,296
65		9,783	9,613	9,345	8,891	8,200	7,266	6,150	4,990
70		7,958	7,800	7,515	7,054	6,389	5,538	4,600	3,720
75		6,395	6,226	5,937	5,493	4,883	4,163	3,447	2,839

x = Alter des Mannes; y = Alter der Frau

Quelle: Nehls, Kapitalisierungstabellen

VR 7%
Deutschland

BARWERTE VON VERBINDUNGSRENTEN
(nach der Allgemeinen Deutschen Sterbetafel 1970/72)

Alter des Mannes	x-y=25	x-y=20	x-y=15	x-y=10	x-y=5	x-y=0	x-y= -5	x-y= -10	x-y= -15
45		12,087	12,009	11,897	11,726	11,468	11,096	10,563	9,796
50		11,211	11,125	10,994	10,795	10,501	10,066	9,409	8,512
55		10,182	10,086	9,938	9,720	9,386	8,855	8,096	7,123
56		9,956	9,858	9,708	9,487	9,140	8,592	7,819	6,838
57		9,725	9,625	9,473	9,250	8,889	8,325	7,540	6,553
58		9,490	9,388	9,235	9,008	8,634	8,054	7,258	6,271
59		9,251	9,148	8,994	8,761	8,374	7,781	6,976	5,993
60		9,009	8,904	8,750	8,511	8,110	7,507	6,695	5,719
61		8,764	8,658	8,504	8,257	7,844	7,231	6,414	5,451
62		8,517	8,411	8,257	8,001	7,577	6,956	6,136	5,188
63		8,270	8,164	8,009	7,743	7,309	6,681	5,862	4,933
64		8,022	7,917	7,760	7,485	7,042	6,408	5,594	4,685
65		7,776	7,672	7,510	7,227	6,777	6,138	5,332	4,446
70		6,584	6,481	6,291	5,974	5,501	4,868	4,137	3,421
75		5,491	5,371	5,160	4,829	4,360	3,786	3,194	2,674

x = Alter des Mannes; y = Alter der Frau

Quelle: Nehls, Kapitalisierungstabellen

M BARWERTE VON LEIBRENTEN FÜR MÄNNER (nach der Sterbetafel 1980/82 für Österreich)

Alter des Mannes	Lebens-erwartung des M. in Jahren	3%	5%	7%	9%
45	28,19	18,7790	14,9462	12,3154	10,4382
50	24,00	16,8750	13,7542	11,5349	9,9051
51	23,19	16,4855	13,5018	11,3649	9,7863
52	22,39	16,0933	13,2448	11,1900	9,6631
53	21,61	15,6987	12,9833	11,0104	9,5354
54	20,83	15,3015	12,7170	10,8256	9,4031
55	20,07	14,9017	12,4458	10,6356	9,2658
56	19,32	14,4992	12,1695	10,4400	9,1233
57	18,57	14,0943	11,8883	10,2388	8,9754
58	17,84	13,6870	11,6021	10,0320	8,8220
59	17,12	13,2772	11,3108	9,8193	8,6628
60	16,41	12,8649	11,0142	9,6004	8,4973
61	15,71	12,4500	10,7121	9,3750	8,3253
62	15,01	12,0325	10,4043	9,1428	8,1464
63	14,33	11,6127	10,0911	8,9039	7,9604
64	13,66	11,1918	9,7734	8,6589	7,7678
65	13,01	10,7715	9,4524	8,4089	7,5694
66	12,37	10,3530	9,1295	8,1548	7,3659
67	11,74	9,9385	8,8059	7,8977	7,1583
68	11,13	9,5291	8,4833	7,6391	6,9477
69	10,55	9,1278	8,1641	7,3811	6,7360
70	9,98	8,7332	7,8472	7,1226	6,5223
75	7,46	6,8981	6,3340	5,8584	5,4534
80	5,50	5,3710	5,0260	4,7272	4,4664
85	4,05	4,1887	3,9818	3,7983	3,6347
90	3,00	3,2871	3,1655	3,0555	2,9556
95	2,22	2,5976	2,5276	2,4631	2,4037
100	1,70	2,1259	2,0858	2,0482	2,0131

Quelle: Lindmayr/Musger, Leibrententabellen

F BARWERTE VON LEIBRENTEN FÜR FRAUEN (nach der Sterbetafel 1980/82 für Österreich)

Alter der Frau	Lebens-erwartung der Frau in Jahren	3%	5%	7%	9%
45	33,69	21,1649	16,4021	13,2469	11,0614
50	29,12	19,3639	15,3737	12,6310	10,6748
51	28,23	18,9829	15,1467	12,4899	10,5834
52	27,34	18,5946	14,9120	12,3422	10,4867
53	26,45	18,1991	14,6693	12,1874	10,3842
54	25,57	17,7962	14,4185	12,0254	10,2756
55	24,69	17,8364	14,1598	11,8560	10,1609
56	23,82	16,9700	13,8931	11,6793	10,0398
57	22,96	16,5474	13,6187	11,4951	9,9123
58	22,11	16,1184	13,3361	11,3031	9,7778
59	21,26	15,6829	13,0452	11,1029	9,6360
60	20,43	15,2414	12,7461	10,8944	9,4867
61	19,60	14,7943	12,4391	10,6777	9,3297
62	18,87	14,3423	12,1245	10,4529	9,1651
63	17,97	13,8855	11,8022	10,2199	8,9926
64	17,17	13,4238	11,4719	9,9780	8,8115
65	16,38	12,9575	11,1339	9,7273	8,6216
66	15,60	12,4873	10,7884	9,4680	8,4230
67	14,83	12,0143	10,4362	9,2004	8,2157
68	14,08	11,5396	10,0782	8,9251	8,0003
69	13,34	11,0641	9,7151	8,6426	7,7767
70	12,61	10,5893	9,3480	8,3538	7,5457
75	9,31	8,3006	7,5185	6,8695	6,3249
80	6,63	6,2836	5,8249	5,4319	5,0924
85	4,65	4,6904	4,4333	4,2070	4,0065
90	3,28	3,5378	3,3959	3,2681	3,1524
95	2,36	2,7306	2,6517	2,5795	2,5130
100	1,78	2,2050	2,1596	2,1173	2,0779

Quelle: Lindmayr/Musger, Leibrententabellen

VR 5%
Österreich

BARWERTE VON VERBINDUNGSRENTEN
(nach der Sterbetafel 1980/82 für Österreich)

Alter des Mannes	x-y=25	x-y=20	x-y=15	x-y=10	x-y=5	x-y=0	x-y= -5	x-y= -10	x-y= -15
45	14,8087	14,7521	14,6543	14,5018	14,2718	13,9150	13,3946	12,6561	11,6608
50	13,6120	13,5411	13,4302	13,2632	12,9985	12,6004	12,0075	11,1655	10,0434
55	12,2944	12,2157	12,0985	11,9103	11,6232	11,1778	10,5099	9,5665	8,3309
56	12,0160	11,9375	11,8176	11,6273	11,3355	10,8804	10,1978	9,2347	7,9841
57	11,7330	11,6549	11,5321	11,3401	11,0435	10,5791	9,8822	8,8997	7,6404
58	11,4454	11,3675	11,2421	11,0488	10,7472	10,2738	9,5629	8,5623	7,2997
59	11,1534	11,0749	10,9476	10,7530	10,4464	9,9641	9,2397	8,2226	6,9620
60	10,8565	10,7771	10,6487	10,4528	10,1412	9,6504	8,9126	7,8815	6,6289
61	10,5545	10,4738	10,3451	10,1479	9,8315	9,3324	8,5815	7,5401	6,3016
62	10,2474	10,1653	10,0368	9,8382	9,5175	9,0106	8,2471	7,2012	5,9809
63	9,9351	9,8517	9,7239	9,5237	9,1993	8,6851	7,9100	6,8648	5,6677
64	9,6181	9,5342	9,4071	9,2054	8,8774	8,3563	7,5711	6,5312	5,3637
65	9,2980	9,2142	9,0878	8,8846	8,5533	8,0254	7,2322	6,2028	5,0700
70	7,6992	7,6215	7,4970	7,2900	6,9447	6,3872	5,6083	4,6290	3,7987
75	6,2001	6,1271	6,0051	5,7957	5,4350	4,8926	4,2074	3,4974	2,8655

x = Alter des Mannes; y = Alter der Frau

Quelle: Lindmayr/Musger, Leibrententabellen

VR 9%
Österreich

BARWERTE VON VERBINDUNGSRENTEN
(nach der Sterbetafel 1980/82 für Österreich)

Alter des Mannes	x-y=25	x-y=20	x-y=15	x-y=10	x-y=5	x-y=0	x-y= -5	x-y= -10	x-y= -15
45	10,3759	10,3528	10,3104	10,2436	10,1441	9,9860	9,7503	9,3980	8,8870
50	9,8362	9,8023	9,7486	9,6692	9,5414	9,3481	9,0504	8,6029	7,9598
55	9,1856	9,1438	9,0825	8,9830	8,8318	8,5935	8,2216	7,6638	6,8741
56	9,0404	8,9981	8,9340	8,8316	8,6754	8,4269	8,0390	7,4572	6,6413
57	8,8900	8,8474	8,7803	8,6753	8,5136	8,2550	7,8508	7,2445	6,4065
58	8,7342	8,6911	8,6211	8,5137	8,3463	8,0776	7,6569	7,0261	6,1697
59	8,5730	8,5289	8,4565	8,3466	8,1732	7,8941	7,4566	6,8019	5,9308
60	8,4059	8,3605	8,2861	8,1737	7,9941	7,7046	7,2499	6,5723	5,6913
61	8,2325	8,1853	8,1096	7,9946	7,8089	7,5088	7,0365	6,3383	5,4519
62	8,0525	8,0035	7,9267	7,8090	7,6173	7,3067	6,8166	6,1018	5,2137
63	7,8656	7,8148	7,7373	7,6166	7,4192	7,0982	6,5905	5,8629	4,9774
64	7,6720	7,6199	7,5416	7,4180	7,2149	6,8834	6,3588	5,6217	4,7445
65	7,4725	7,4196	7,3406	7,2140	7,0052	6,6630	6,1226	5,3803	4,5164
70	6,4218	6,3692	6,2853	6,1455	5,9088	5,5122	4,9330	4,2200	3,4922
75	5,3561	5,3033	5,2152	5,0630	4,7943	4,3765	3,8292	3,2389	2,7013

x = Alter des Mannes; y = Alter der Frau

Quelle: Lindmayr/Musger, Leibrententabellen

- **Korrekturfaktoren für unterjährig zahlbare Leibrenten**

Die in diesem Buch abgebildeten Leibrenten-Tabellen für Österreich, beziehen sich auf jährlich vorschüssige Zahlung. Bei anderer Zahlungsweise können die Tabellenwerte durch

- Reduktion bei Vorschüssigkeit

bzw. durch

- Erhöhung bei Nachschüssigkeit

korrigiert werden.

KFV **bei vorschüssiger Zahlungsweise**

Zinsfuß	halbjährlich	vierteljährlich	monatl.
3%	-0,2537	-0,3796	-0,4632
5%	-0,2561	-0,3826	-0,4664
7%	-0,2585	-0,3856	-0,4695
9%	-0,2608	-0,3885	-0,4726

KFN **bei nachschüssiger Zahlungsweise**

Zinsfuß	halbjährlich	vierteljährlich	monatl.
3%	+ 0,2463	+ 0,3704	+ 0,4534
5%	+ 0,2439	+ 0,3674	+ 0,4503
7%	+ 0,2415	+ 0,3644	+ 0,4447
9%	+ 0,2392	+ 0,3615	+ 0,4441

FB

Umwandlung einer vorschüssigen Leibrente in eine nachschüssige Leibrente

FB 8.8.

Der Barwert einer nachschüssigen Leibrente ist der um 1 verminderte Barwert der entsprechenden vorschüssigen Leibrente. Wird also der Barwert einer nachschüssigen Leibrente für einen 55jährigen Mann bei einem Zinssatz von 5% gesucht, dann ist der Barwert nach der Allgemeinen Deutschen Leibrententabelle 1970/72

11,056 (=12,056 -1)

FB

Leibrente, verbundene Rente, monatliche Zahlungsweise

FB 8.9.

❍ **Ausgangssituation**

Ein 60jähriger Unternehmer verkauft seine Firma in Österreich um 1 Mio GE gegen Leibrente.

❍ **Fragen:**

Wie hoch ist die monatlich vorschüssige Leibrente für 1 Mio GE Unternehmenswert

a) für den Unternehmer alleine?
b) für den Unternehmer mit 50%igem Übergang auf seine 55jährige Ehefrau?
c) für die Gattin des Unternehmers alleine?

Der Jahreszinsfuß beträgt 5%.

❍ **Antworten:**

❍ **Grundlagen**

Alter des Unternehmers (x) .... 60 Jahre
Alter der Gattin (y) .... 55 Jahre
gewählter Zinsfuß 5%
Zahlungsweise der Leibrente .... monatlich, vorschüssig
Verwendetes Tafelwerk: Leibrententabellen nach der Sterbetafel 1980/82 für Österreich

FB 8.9.

für a) gilt: **M60** – **KFV12**

(Barwertfaktor für einen 60jährigen Mann [**M60**], abzüglich Korrekturfaktor für monatlich vorschüssige Zahlungsweise [**KFV12**])

für b) gilt: **M60** +[0,5 x(**F55** – **VR5**) – **KFV12**]

(Barwertfaktor für einen 60jährigen Mann + Zusatzfaktor für 50%igen Übergang der Leibrente auf die heute 55jährige Gattin nach Ableben des Unternehmers, abzüglich Korrekturfaktor für monatlich vorschüssige Zahlungsweise)

für c) gilt: **F55** – **KFV12**

(Barwertfaktor für eine 55jährige Frau, abzüglich Reduktionsfaktor für monatlich vorschüssige Zahlungsweise)

❍ Rechenprozedere

	Mann alleine a)	Verbindungsrente b)	Frau alleine c)
Barwert der Mannesrente lt. Tabellen	11,0142	11,0142	
Barwert der Frauenrente		14,1598	14,1598
abzüglich Verbindungsrente		– 10,1412	
abzüglich 50% Witwenrente (4,0186 * 0,5)		– 2,0093	
abzüglich Korrekturfaktor für monatl. Zahlungsweise	– 0,4664	– 0,4664	– 0,4664
relevanter Barwertfaktor	**10,5478**	**12,5571**	**13,6934**

❍ Ergebnisinterpretation

Die monatlich vorschüssige Rente beträgt bei einem Unternehmenswert von 1 Mio GE

- für den Unternehmer alleine (a) .... **7.901 GE**
- für den Unternehmer
  bis zu seinem Tod .... **6.636 GE**
  und anschließend für seine Gattin (b) .... **3.318 GE**
- für die Gattin des
  Unternehmers alleine (c). .... **6.086 GE**

FB 8.9.

❍ **Rechenhinweise**

	1 Mio GE	1 Mio GE	1 Mio GE
: relevanter Barwertfaktor	10,5478	12,5571	13,6934
: 12	**7.901**	**6.636**	**6.086**
: 2		**3.318**	

Bei Verwendung des um zehn Jahre älteren deutschen Tafelwerkes (1970/72) ergeben sich folgende monatliche Leibrenten:

❍ 8.306
❍ 6.888 bzw. 3.444
❍ 6.291

Durch die etwas geringere Lebenserwartung 1970/72 gegenüber 1980/82 (siehe auch Kapitel 8.5.), sind die Leibrenten hier geringfügig höher.

❍ **Sensibilität bei anderen Zinsfüßen**

Nachstehende Tabelle zeigt die Ergebnisse der Fragen

a) (Mann alleine),
b) (Verbindungsrente) und
c) (Frau alleine)

bei einem Zinssatz von 3%, 7% und 9%.
Tabelle: Sensibilität der Monatsleibrenten

%-Satz	a	b	c
3%	6.721	5.464 / 2.731	4.925
7%	9.123	7.870 / 3.935	7.317
9%	10.377	9.143 / 4.572	8.596

Wie an obigen Ergebnissen zu sehen ist, kommt der Wahl des richtigen Zinsfußes große Bedeutung zu.

8.4. INDEXTABELLEN (INFLATIONSABGELTUNG) UND RELEVANTER RECHNUNGSZINSFUSS

Gilt es, den Barwert einer Leibrentenverpflichtung rückzustellen, ist aus Gründen der kaufmännischen Vorsicht ein eher niedriger als ein zu hoher Zinssatz anzusetzen.

In den Zinssätzen dient ein **nicht unerheblicher Anteil** der **Inflationsabgeltung**. Dieser Anteil entfällt bei wertgesicherten Renten.

Wird für die Inflationsabgeltung ein fester Prozentsatz angenommen (aus Indextabelle hergeleitet), dann läßt sich der relevante Rechenzinsfuß für die Berechnung des Barwertes wie folgt ermitteln:

❍ Zinssatz für festverzinsliche Wertpapiere...............	6,50%
❍ Fester Prozentsatz für Inflationsabgeltung.............	3,00%
❍ **Relevanter Rechnungszinsfuß** $\frac{1{,}065}{1{,}030} - 1 = 0{,}034$	
gerundet	**3,50%**

❍ **Indextabellen**

Wichtiger Hinweis für neu abzuschließende Versicherungsklauseln:

Die Deutsche Bundesbank empfiehlt dringend, bei neuen Wertsicherungsklauseln den Preisindex für die Lebenshaltung aller privater Haushalte für Deutschland insgesamt zu verwenden. Dieser Preisindex ist auf der gegenüberliegenden Seite abgebildet.

Harmonisierter Verbraucherpreisindex in Deutschland
Basis 1996=100

	1995	1996	1997	1998	1999	2000	2001
Jän	98,1	99,2	101,0	101,7	101,9	103,8	106,1
Feb	98,6	99,8	101,4	102,0	102,1	104,2	106,8
Mär	98,6	99,9	101,3	101,8	102,3	104,4	107,0
Apr	98,7	99,8	101,0	101,9	102,7	104,3	107,3
Mai	98,7	100,0	101,4	102,3	102,7	104,2	107,9
Jun	99,0	100,1	101,6	102,4	102,8	104,9	
Jul	99,2	100,3	101,9	102,7	103,3	105,4	
Aug	99,1	100,2	102,0	102,6	103,3	105,2	
Sep	99,0	100,2	101,7	102,2	103,0	105,7	
Okt	98,8	100,1	101,6	102,0	102,9	105,4	
Nov	98,8	100,0	101,6	102,0	103,0	105,7	
Dez	99,1	100,4	101,8	102,0	103,4	105,8	
Ø	98,8	100,0	101,5	102,1	102,8	104,9	

Harmonisierter Verbraucherpreisindex in Österreich
Basis 1996=100

	1995	1996	1997	1998	1999	2000	2001
Jän	97,8	99,4	100,6	101,8	102,1	103,5	105,8
Feb	98,0	99,7	101,1	102,1	102,3	104,3	106,2
Mär	98,1	100,0	101,2	102,2	102,4	104,4	106,4
Apr	98,1	99,9	101,1	102,3	102,4	104,2	106,9
Mai	98,2	99,8	101,1	102,1	102,5	104,1	
Jun	98,4	100,1	101,1	101,9	102,1	104,5	
Jul	98,4	100,2	101,1	101,9	102,2	104,2	
Aug	98,4	99,9	101,2	101,9	102,4	104,3	
Sep	98,5	99,9	101,1	101,7	102,3	104,7	
Okt	98,4	100,1	101,2	101,9	102,7	105,0	
Nov	98,4	100,4	101,5	102,0	103,0	105,4	
Dez	98,4	100,7	101,7	102,2	103,9	105,8	
Ø	98,3	100,0	101,2	102,0	102,5	104,5	

8.5. NEUERE LEIBRENTENTABELLEN

Die in diesem Kapitel auf den Seiten 338 bis 345 abgebildeten Leibrententabellen basieren auf den Sterbetafeln

- **1970/72 (Deutschland) bzw.**
- **1980/82 (Österreich)**

Inzwischen gibt es natürlich schon neuere Tafelwerke, und zwar:

- 1986/88 (Deutschland) und
- 1990/92 (Österreich)

Der folgende Vergleich der älteren mit den neueren Leibrententabellen zeigt den Entwicklungstrend auf, der durch die ständig steigende Lebenserwartung der Deutschen und Österreicher verursacht wird. Übrigens, die Lebenserwartung der Deutschen und Österreicher ist nahezu ident.

Inzwischen gibt es noch neuere Sterbedaten, auf die aber hier nicht näher eingegangen wird.

❍ Entwicklung der Lebenserwartung in Jahren

Männer

Jahr	Deutschland		Österreich	
	1970/72	1986/88	1980/82	1990/92
45	27,33	29,89	28,19	30,34
50	23,05	25,50	24,00	26,01
55	19,02	21,37	20,07	21,86
60	15,31	17,55	16,41	18,02
65	12,06	14,05	13,01	14,54
70	9,35	10,90	9,98	11,41
75	7,17	8,21	7,46	8,61
80	5,36	6,06	5,50	6,28
85	3,92	4,43	4,05	4,52
90	2,81	3,25	3,00	3,25

Frauen

Jahr	Deutschland		Österreich	
	1970/72	1986/88	1980/82	1990/92
45	32,14	35,40	33,69	35,69
50	27,65	30,78	29,12	31,08
55	23,32	26,28	24,69	26,58
60	19,12	21,95	20,43	22,21
65	15,18	17,82	16,38	18,01
70	11,63	13,96	12,61	14,09
75	8,59	10,48	9,31	10,54
80	6,16	7,57	6,63	7,51
85	4,37	5,34	4,65	5,18
90	3,15	3,74	3,28	3,60

Im selben Ausmaß, wie die Lebenserwartung steigt, erhöhen sich auch die Leibrenten-Barwertfaktoren, wodurch die Leibrentenbeträge kleiner werden.

❍ Entwicklung der Leibrenten-Barwertfaktoren

Männer (5%, vorschüssig)

Jahr	Deutschland (Monatsfaktor)		Österreich (Jahresfaktor)	
	1970/72	1986/88	1980/82	1990/92
45	14,769	14,9546	14,9462	15,5036
50	13,490	13,7709	13,7542	14,3704
55	12,056	12,4506	12,4458	13,0729
60	10,497	11,0221	11,0142	11,6634
65	8,925	9,4930	9,4524	10,1826
70	7,452	7,8946	7,8472	8,6456
75	6,134	6,3341	6,3340	7,0637
80	4,933	4,9463	5,0260	5,5728
85	3,888	3,7999	3,9818	4,3380
90	3,021	2,9019	3,1655	3,3708

Frauen (5%, vorschüssig)

Jahr	Deutschland (Monatsfaktor)		Österreich (Jahresfaktor)	
	1970/72	1986/88	1980/82	1990/92
45	16,044	16,2750	16,4021	16,8114
50	14,967	15,3025	15,3737	15,8635
55	13,711	14,1499	14,1598	14,7312
60	12,229	12,8062	12,7461	13,3934
65	10,565	11,2692	11,1339	11,8378
70	8,806	9,5511	9,3480	10,1020
75	7,069	7,7282	7,5185	8,2525
80	5,499	5,9763	5,8249	6,4195
85	4,226	4,4685	4,4333	4,8237
90	3,290	3,2867	3,3959	3,6510

Achtung:
Um die deutschen und österreichischen Leibrenten-Barwertfaktoren voll vergleichbar zu machen, muß den deutschen Faktoren der Korrekturfaktor für jährlich vorschüssige Zahlungsweise (0,4664) hinzugerechnet werden, weil dieses Tafelwerk auf monatliche Zahlungsweise der Leibrenten abgestimmt ist und das österreichische auf Jahreszahlung.

8.6. LINEARES INTERPOLIEREN

FB **Lineares Interpolieren**

FB 8.10.

❍ **Ausgangssituation**

- Investitionsausgaben .... 300 GE
- Investitionsrelevanter Nutzen während der nächsten 5 Jahre....... 60, 100,150, 110, 80 GE
- Σ Barwert obiger Nutzenbeträge
  - wenn p=0%, 10%, 20%, 30%, 40%, 50%
    500GE, 375GE, 291GE, 234GE, 192GE, 161GE

❍ **Interner Zinsfuß durch lineares Interpolieren**

	10%	20%
Σ Barwert Nutzen	375 GE	291 GE
Investitionsausgaben	300 GE	300 GE
Differenz	75 GE	9 GE

10%

1%=8,4 GE

Zinsfuß **entweder:** 10% + 75/8,4 = **19%**
oder: 20% – 9/8,4 = **19%**

Merke:

Die beiden Versuchszinssätze, die zum linearen Interpolieren herangezogen werden, **sollten relativ knapp beisammen liegen**, weil das lineare Interpolieren hier nur eine grobe Approximation ist. Hält man sich nicht an diese Empfehlung, kann der interne Zinsfuß wesentlich vom richtigen Wert abweichen. Bezogen auf dieses Fallbeispiel ergibt sich dann folgendes Bild:

Versuchsansatz 1.	Versuchsansatz 2.	interner Zinsfuß
10%	20%	19,0%
0%	20%	19,2%
0%	30%	22,5%
0%	40%	26,0%
0%	50%	29,5%
10%	50%	24,0%

⇦ richtig (Zeile 10% / 20% / 19,0%)

Achtung: Renditendiagramm

Damit die Versuchszinssätze nicht zu weit vom internen Zinsfuß entfernt sind, sollte für die Bestimmung des 1. Versuchszinssatzes möglichst das **Renditendiagramm verwendet werden**, das nachstehend abgebildet ist.

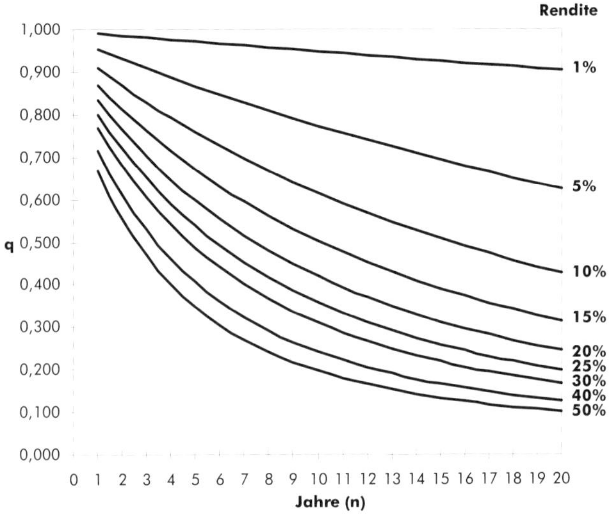

$$q = \frac{\text{Investitionsausgaben}}{\text{Summe der Einnahmenüberschüsse}}$$

Hier: $q = \frac{300}{500} = 0{,}6 \approx$ **20%** (n = 5 Jahre)

9. AUSGEWÄHLTE CONTROLLING-MODULE

Von den vielen Controlling-Modulen, die in der Wirtschaftspraxis in Verwendung sind, werden in diesem Kapitel drei besonders interessante vorgestellt, nämlich

- **Eigenfertigung versus Fremdbezug**
- **Trennung der Kosten in ihre variablen und fixen Bestandteile**
- **realistische Instandhaltungsverläufe**

9.1. EIGENFERTIGUNG VERSUS FREMDBEZUG

Dieser Bereich ist in der Controllerpraxis besonders beliebt, weil hier rasch große Geldbeträge nachhaltig eingespart werden können.

Welche Entscheidungsregeln und Instrumente eingesetzt werden müssen, hängt von der Ausgangssituation ab. **Je nachdem, ob**

- **freie (ungenutzte) Kapazität**
- **ein Engpaß**
- **zwei bzw. mehrere Engpässe**

vorhanden sind, unterscheiden sich die Therapieinstrumente.

Bei freien, ungenutzten Leistungskapazitäten sind die eigenen Grenzherstellkosten mit den Anbotspreisen des Zulieferers zu vergleichen.

Merke:
Wenn das **Angebot des Zulieferers billiger** sein sollte **als** die **eigenen Grenzherstellkosten (negativer, restlicher Deckungsbeitrag)**, ist der Artikel bzw. der Auftrag **immer fremd zu vergeben**.

Liegt nur ein Engpaß vor, dann sind diejenigen Aufträge bzw. Artikel selbst zu erzeugen, bei denen die Differenz zwischen Deckungsbeitrag bei Fremdvergabe und Deckungsbeitrag bei

Selbsterstellung - bezogen auf die Engpaß-Bezugsgröße - am größten ist. Die beiden Deckungsbeiträge werden voneinander subtrahiert und der sogenannte restliche Deckungsbeitrag durch die Engpaß-Inanspruchnahme dividiert. Jene Aufträge bzw. Artikel, bei denen der restliche Deckungsbeitrag je Engpaß-Kapazitätseinheit am höchsten ist, sollte solange selbst hergestellt werden, als eigene Kapazität zur Verfügung steht.

Die Anwendungsgebiete sind zahlreich und nicht nur auf die Fertigung beschränkt (z.B. Eigenfuhrpark versus Frächter).

Bei zwei oder mehr Engpässen ist die kostengünstigste Lösung nur mit dem Instrumentarium der **linearen Optimierung** ermittelbar. Dieses Procedere ist nicht kompliziert, wie im Fallbeispiel 10.7. im Kapitel 10 demonstriert wird.

FB

Eigenfertigung/Fremdbezug bei nur einem Engpaß

FB 9.1.

❍ Ausgangssituation

Als Ausgangssituation dient das Fallbeispiel 10.7.

❍ Lösungsansatz (Ausgangsmatrix)

Spalte / Zeile	x1	x2	x3	x4	RHS
	Eigenfertigung		Fremdbezug		
	A	B	A	B	
1	1	0	1	0	≤ 2.000
2	0	1	0	1	≤ 1.000
3	1	3	0	0	≤ 3.500
4	2	2	0	0	≤ 4.500
DB	1	4	0	2	= MAX

Beim Fallbeispiel 10.7. waren **zwei Kostenstellen gleichzeitig Engpaß. In diesem Beispiel** kann **jede der beiden Kostenstellen nur allein Engpaß** sein, also **nicht gleichzeitig**.

Gemäß der Ausgangsmatrix sind vom Artikel A maximal 2.000 und vom Artikel B maximal 1.000 Stück absetzbar. Die Maximalkapazität in der Kostenstelle 1 beträgt 3.500 Zeiteinheiten, jene in der Kostenstelle 2 4.500 Zeiteinheiten. Die

FB 9.1.

Deckungsbeiträge je Artikel bei Eigenfertigung oder Fremdbezug sind ebenfalls bekannt; sie stehen in der Zielfunktionszeile "DB" der Ausgangsmatrix.

❍ **Lösungstabelle**

	Eigenfertigung A	Eigenfertigung B	Fremdbezug A	Fremdbezug B
Nettoerlös	2	7	2	7
– Grenzherstellkosten	1	3	2	5
= DB	1	4	0	2
– Umlage Fremd-DB	0	2	◄	◄
= restlicher DB	1	2		
Engpaßkostenstelle:				
1: (Gesamtkap. 3.500 Std.)	1	3		
2: (Gesamtkap. 4.500 Std.)	2	2		
restl. DB /Engpaßstunde:				
❍ wenn KSt. 1 Engpaß	**1**	0,67		
❍ wenn KSt. 2 Engpaß	0,5	**1**		

Achtung:
Der höchste restliche DB/Engpaßstunde ist invers dargestellt; dieser Artikel sollte selbst erzeugt werden.

❍ **Interpretation**

Ist die Kostenstelle 1 Engpaß, dann sollte **vor allem Artikel A selbst erzeugt** und Artikel B fremd vergeben werden. **Ist** hingegen die **Kostenstelle 2 Engpaß**, dann ist **primär Artikel B selbst zu beziehen**.

❍ **Richtige Entscheidung**

Wenn Kostenstelle (KSt.) 1 Engpaß:

2.000 Art. A (Eigenfertigung)	x	1	=	Σ DB 2.000
500 Art. B (Eigenfertigung)	x	4	=	Σ DB 2.000
500 Art. B (Fremdbezug)	x	2	=	Σ DB 1.000
				ΣΣ DB 5.000

Wenn Kostenstelle (KSt.) 2 Engpaß:

1.000 Art. B (Eigenfertigung)	x	4	=	Σ DB 4.000
1.250 Art. A (Eigenfertigung)	x	1	=	Σ DB 1.250
750 Art. A (Fremdbezug)	x	0	=	Σ DB 0
				ΣΣ DB 5.250

FB 9.1.

- **Ohne die Umlage des Fremd-DB wäre die Entscheidung teilweise falsch.**

Beweis:

	Art. A	**Art. B**
Eigen-DB/Stück	1	4
Engpaßstunden,		
wenn KSt. 1 EP	1	3
wenn KSt. 2 EP	2	2
DB/Engpaßstunde,		
wenn KSt. 1 EP	1	**1,3**
wenn KSt. 2 EP	0,5	**2**

Gleichgültig, ob KSt. 1 oder KSt. 2 Engpaß ist: Es sollte immer primär der Artikel B selbst erzeugt werden, weil der Stück-DB/Engpaßstunde hier am höchsten ist.

Daraus folgt:

- **Wenn Kostenstelle 2 Engpaß, dann ist diese Entscheidung (zufällig) richtig.**
- **Wenn Kostenstelle 1 Engpaß, ist die Entscheidung falsch:**

1.000 B	(Eigenfertigung)	x 4	= $\sum$ DB	4.000 GE
500 A	(Eigenfertigung)	x 1	= $\sum$ DB	500 GE
1.500 A	(Fremdbezug)	x 0	= $\sum$ DB	0 GE
			$\sum\sum$ DB	4.500 GE

Der Gesamtdeckungsbeitrag bei dieser (falschen) Entscheidung ist um 500 GE, das sind 10%, geringer.

9.2. TRENNUNG DER KOSTEN IN IHRE VARIABLEN UND FIXEN BESTANDTEILE

Für fast alle Entscheidungsrechnungen, aber auch für Break-Even-Analysen ist das Wissen um die variablen und fixen Kosten von großer Bedeutung.

Es ist international üblich, den **Charakter jeder Kostenart mit** dem sogenannten **Reagibilitätsgrad auszudrücken.**

Unter Reagibilität versteht man das Verhalten der Kostenarten bei Veränderung des Beschäftigungsgrades bzw. der Bezugsgröße einer Kostenstelle.

$$\text{Reagibilitätsgrad (r)} = \frac{\text{Kostenzuwachs (k)}}{\text{Beschäftigungszuwachs (b)}}$$

Bei fixen Kosten ist der Reagibilitätsgrad 0, bei linear variablen (= proportionalen) Kosten 1. Bei unterproportionalen oder teilvariablen Kosten schwankt der Reagibilitätsgrad zwischen 0 und 1.

Manchmal wird statt **Reagibilitätsgrad auch Variator** gesagt. Der Variator drückt grundsätzlich das gleiche aus wie der Reagibilitätsgrad. Einziger Unterschied: Die Skala des Variators geht von 0 (fix) bis 10 (linear variabel). Ein Reagibilitäsgrad von 0,7 entspricht also einem Variator von 7; beide sagen aus, daß sich bei einer Änderung der Bezugsgröße um 10% die Kostenart um 7% ändert.

❍ Praktikertips für eine gute Aufteilung

Die folgenden Tips werden für eine Trennung der Kosten in ihre variablen und fixen Bestandteile **meistens genügen**:

1. **Einzelkosten sind immer variabel.**
2. **Gemeinkosten sind überwiegend fix.**
3. **Bei einem halben Dutzend Gemeinkostenarten darf mit folgenden Reagibilitätsgraden gerechnet werden:**

Gemeinkostenart	mögliche Reagibilitätsgrade			
	Einzel-handel	Groß-handel	Dienstl.-Gewerbe	Erzeugng., Produkt.
• Hilfs- und Betriebsstoffe	-	-	1	1
• Verpackungsmaterial	1	1	1	1
• Personalkosten im Fertigungsbereich	-	-	1	0
• Strom	0	0	0,1	0,2
• Instandhaltung Maschinen	0	0	0,5	0,7
• Kundenskonto	-	1	1	1

4. **Alle übrigen Gemeinkostenarten sind meistens fix.**

❍ Bei kniffligen Fällen: statistische Kostenauflösung

Es gibt eine Reihe teilvariabler Kostenarten, bei denen die Bestimmung des Reagibilitätsgrades nicht mehr gefühlsmäßig, sondern nur durch statistische Kostenauflösung bestimmt werden kann, z.B. Energiekosten in einer Flaschenglasfabrik, Personalkosten in einer Weberei, Instandhaltungskosten in der Fertigung usw.

Zur statistischen Kostenteilung verwendet man die Methode der kleinsten Quadrate, die - wenn zusätzliche Informationen gewünscht werden - um eine Korrelationsrechnung erweitert werden kann.

FB

Statistische Kostenauflösung

FB 9.2.

❍ Ausgangssituation

Für eine Maschinengruppe soll der Reagibilitätsgrad für die Kostenart "Hilfs- und Betriebsstoffe" ermittelt werden.

Zunächst werden aus den letzten sechs abgelaufenen Monaten (es können auch mehr sein) die angefallenen Maschinenstunden (Bezugsgröße dieser Maschinengruppe) und die teilbewegliche Kostenart (Hilfs- und Betriebsstoffe) herangezogen und wie folgt gegenübergestellt:

Monat	Perioden-leistung (Masch. Std.)	teilbe-wegliche Kosten in GE
1	100	2.500
2	80	2.000
3	130	2.600
4	115	2.600
5	80	2.100
6	95	2.300
Σ	**600**	**14.100**
Ø	**100**	**2.350**

FB 9.2.

❍ Lösung durch statistische Kostenauflösung

Mit der Methode der kleinsten Quadrate wird die sogenannte Regressionsgerade errechnet. Dieses Verfahren benützt die Gleichung einer Geraden: y = a + b (x), wobei a das fixe Element und b den Grad der Proportionalität darstellt. Die Anwendung der Methode der kleinsten Quadrate wird folgendermaßen durchgeführt:

Monat	Monatsleistung in Masch. Std.	teilbewegliche Hi- u. Betr. St. in GE	Abweichung d. Leistung vom Monats-Ø	Abweichung d. Hi- u. Betr. St. vom Monats-Ø	Abweichung der Masch. Std. quadriert	GE
n	x	y	A	B	C=(AxA)	D=(AxB)
1	100	2.500		+ 150		
2	80	2.000	– 20	– 350	+ 400	+ 7.000
3	130	2.600	+ 30	+ 250	+ 900	+ 7.500
4	115	2.600	+ 15	+ 250	+ 225	+ 3.750
5	80	2.100	– 20	– 250	+ 400	+ 5.000
6	95	2.300	– 5	– 50	+ 25	+ 250
Σ	**600**	**14.100**	**+ 0**	**+ 0**	**+ 1.950**	**+ 23.500**
Ø	**100**	**2.350**				

$$\frac{23.500}{1.950} = \text{GE } 12{,}05$$

variable Hilfs- u. Betr. St. je Masch. Std.

Der proportionale Anteil der Hilfs- und Betriebsstoffe je Maschinenstunde wird durch folgende Rechnung bestimmt:

$$\frac{\begin{array}{c}\Sigma \text{ Spalte D} = \\ \Sigma(\text{Maschinenstd.-Abweichung} \times \Sigma \text{ Hilfs - u. Betr. St.-Abweichung})\end{array}}{\begin{array}{c}\Sigma \text{ Spalte C} = \\ = \Sigma \text{ quadrierte Maschinenstunden - Abweichung}\end{array}}$$

Setzt man in die Gleichung ein, dann ergibt sich ein variabler Kostenanteil bei Hilfs- und Betriebsstoffen von 12,05 GE/Maschinenstunde.

Die monatlichen Durchschnittskosten bei Hilfs- und Betriebsstoffen lassen sich dann wie folgt darstellen:

	Ø Hilfs- u. Betriebs-stoffe p.m.	**%**
❍ variabler Anteil (100 MaStd * 12,05 GE)	1.205 GE	51
❍ fixer Anteil (Differenz)	1.145 GE	49
= Gesamt p.m.	**2.350 GE**	**100**

Der Reagibilitätsgrad dieser Kostenart beträgt also gerundet 0,5.

❍ Erweiterung durch eine Korrelationsrechnung

Abschließend soll noch gezeigt werden, wie stark der Zusammenhang zwischen Leistung (hier Maschinenstunden) und teilvariabler Kostenart (hier Hilfs- und Betriebsstoffe) ist.

n	x	y	x·y	x·x	y·y
1	100	2.500	250.000	10.000	6,250.000
2	80	2.000	160.000	6.400	4,000.000
3	130	2.600	338.000	16.900	6,760.000
4	115	2.600	299.000	13.225	6,760.000
5	80	2.100	168.000	6.400	4,410.000
6	95	2.300	218.500	9.025	5,290.000
Summe	600	14.100	1,433.500	61.950	33,470.000

Nach folgender Formel ergibt sich der Korrelationskoeffizient (r):

$$r = \frac{n \sum xy - (\sum x)(\sum y)}{\sqrt{\left[n \sum x^2 - (\sum x)^2\right]\left[n \sum y^2 - (\sum y)^2\right]}}$$

Zähler = 141.000
Nenner = 153.352,5
Quotient = 0,91945

Der Korrelationskoeffizient zeigt, daß zwischen Maschinenstunden und Hilfs- und Betriebsstoffen ein **sehr enger Zusammenhang** besteht. **Die Interpretation des Korrelationskoeffizienten erfolgt in der Praxis wie folgt:**

Korrelations-koeffizient	Beurteilung
kleiner als 0,30	geringer Zusammenhang von zweifelhafter Bedeutung
von 0,30 bis 0,50	mäßiger Zusammenhang
von 0,50 bis 0,70	deutlicher Zusammenhang, praktisch verwertbar
von 0,70 bis 0,90	geradezu enger Zusammenhang
0,90 und darüber	sehr enger Zusammenhang und sehr hohe Abhängigkeit der beiden Variablen

9.3. REALISTISCHE INSTANDHALTUNGSVERLÄUFE

Für die Kostenplanung, aber auch für die Investitionsrechnung sind praxisrelevante Kostenverläufe von großer Bedeutung.

Mit zunehmendem Alter steigen erfahrungsgemäß die Reparaturkosten stetig an. Der Instandhaltungsverlauf kann laut empirischen Untersuchungen von Patterson gut durch eine arithmetische Reihe nachgebildet werden. Die Soll-Instandhaltungskosten steigen daher (arithmetisch) Jahr für Jahr um den gleichen Betrag. **Voraussetzung für die Anwendung der Patterson-Formel ist, daß die Gesamtinstandhaltungskosten während der Nutzungsdauer bekannt sind** (=durchschnittliche Instandhaltungskosten p.a. x Nutzungsdauer in Jahren).

Die **durchschnittlichen Jahresinstandhaltungskosten für verschiedene Maschinentypen** können **aus umseitiger Tabelle** abgelesen werden.

Jährlich gleichbleibende Instandhaltungsprozentsätze; bezogen auf den Anschaffungs- bzw. Wiederbeschaffungswert (lt. Staudinger)

Maschinenart	%
Einspindelbohrmaschine	1,5
Mehrspindelbohrmaschine	2,5
Bohrwerk	4,0
Gewindeschneidemaschine	3,0
Gewindewalzmaschine	3,5
Einfache Drehbank	2,5
Leit- und Zugspindeldrehbank	3,0
Vielstahldrehbank	3,5
Revolverdrehbank	4,0
Kleine Presse	2,5
Hydraulische Presse	4,0
Exzenter-, Kurbel- und Säulenpresse	4,0
Einspindelautomat	2,5
Mehrspindel- und Rundtischautomat	4,5
Futterautomat	5,0
Hebelfräsmaschine	2,0
Horizontal-, Vertikal- Universal-Fräsmaschine	3,5
Räummaschine, klein	4,0
Räummaschine, schwer	4,5
Automatische Presse	6,0
Tiefziehpresse	5,5
Friktionsspindelpresse	6,0
Stufenpresse	5,0

❍ Bei Anlagen mit **nur unbeweglichen** Teilen

Für die Berechnung des jeweils ersten Gliedes der arithmetischen Reihe können folgende Formeln verwendet werden:

$$I_f \text{ für das erste Jahr } = \frac{A}{\frac{n}{2}\left(2 + \frac{n-1}{8}\right)}$$

wobei:
- I_f = Instandhaltungsfaktor
- A = Ausgangswert (entweder Anschaffungswerte oder besser Wiederbeschaffungswerte)
- n = Nutzungsdauer in Jahren

Die Folgewerte der arithmetischen Reihe sind jeweils um 12,5% p.a. höher als der Erstjahreswert.

Instandhaltungsfaktoren für Anlagen mit unbeweglichen Teilen, wenn A = 1.000						
Nutzungsjahr	**Nutzungsdauer in Jahren**					
	15	**16**	**17**	**18**	**19**	**20**
1	36	32	29	27	25	23
2	40	36	33	30	28	26
3	44	40	37	34	31	29
4	49	44	40	37	34	31
5	53	48	44	40	37	34
6	58	52	48	44	40	37
7	62	56	51	47	43	40
8	67	60	55	51	46	43
9	71	65	59	54	50	46
10	76	69	63	57	53	49
11	80	73	66	61	56	51
12	84	77	70	64	59	54
13	89	81	74	67	62	57
14	93	85	77	71	65	60
15	98	89	81	74	68	63
16		93	85	77	71	66
17			88	81	74	69
18				84	77	71
19					81	74
20						77
Summe	**1.000**	**1.000**	**1.000**	**1.000**	**1.000**	**1.000**

❍ Bei Anlagen mit **nur beweglichen** Teilen

$$I_f \text{ für das erste Jahr } = \frac{A}{\frac{n}{2}\left(2 + \frac{n-1}{4}\right)}$$

Die Folgewerte der arithmetischen Reihe sind jeweils um 25% p.a. höher als der Erstjahreswert.

Instandhaltungsfaktoren für Anlagen mit beweglichen Teilen, wenn A = 1.000						
Nutzungsjahr	**Nutzungsdauer in Jahren**					
	5	**6**	**7**	**8**	**9**	**10**
1	133	103	82	67	56	47
2	167	128	102	83	69	59
3	200	154	122	100	83	71
4	233	179	143	117	97	82
5	267	205	163	133	111	94
6		231	184	150	125	106
7			204	167	139	118
8				183	153	129
9					167	141
10						153
Summe	**1.000**	**1.000**	**1.000**	**1.000**	**1.000**	**1.000**

FB

Realistische Instandhaltungsverläufe für Plan-Kostenrechnung und Investitionsrechnung

FB 9.3.

❍ **Ausgangssituation**
Die Investitionsausgaben für eine Gewinde-Schneidemaschine belaufen sich auf 100.000 GE. Die Nutzungsdauer dieser Maschine kann mit zehn Jahren angenommen werden.

Gefragt wird nach dem Instandhaltungsverlauf während der gesamten Nutzungsdauer.

❍ **Berechnung**
Instandhaltungskosten bzw. -ausgaben während der gesamten Nutzungsdauer betragen lt. Tabelle Staudinger:

3% p.a. lt. Tab. Seite 346 x 10 Jahre x
x 100.000 GE IA .... 30.000 GE

❍ **Laut Tabelle "Instandhaltungsfaktoren für Anlagen mit beweglichen Teilen" betragen die Plan-Instandhaltungskosten bzw. -ausgaben im**

1. Jahr .... 1.410 GE (30.000 x 0,047)
2. Jahr .... 1.770 GE (30.000 x 0,059)
.
.
10. Jahr .... 4.590 GE (30.000 x 0,153)
Σ **.. 30.000 GE (30.000 x 1,000)**

Merke:
Interessant ist, daß die **Plan-Instandhaltungskosten bzw. -ausgaben im zehnten Jahr mehr als dreimal so hoch** sind **wie im ersten Jahr.**

Achtung:
Sollte der Maschinenhersteller im ersten Jahr volle Garantie gewähren, dann fallen in dieser Periode keine Instandhaltungskosten bzw. -ausgaben an. Die Werte ab dem zweiten Jahr bleiben unverändert, weil die Tatsache der Garantiegewährung nichts daran ändert, daß die Maschine im ersten Jahr ihrem planmäßigen Verschleiß unterliegt.

10. EINFACH ZU REALISIERENDES OPERATIONS RESEARCH (OR)

❍ Was ist OR?

Unter OR versteht man eine große Anzahl verschiedenster, meist quantitativer Methoden, die zur Lösung komplexer (hier: betrieblicher) Probleme bzw. zur Vorbereitung optimaler Entscheidungsgrundlagen in allen wirtschaftlichen Bereichen eingesetzt werden können.

❍ Typische OR-Anwendungen

Die folgende Aufzählung typischer Anwendungsbereiche von OR ist keineswegs vollständig und ließe sich beliebig lang fortsetzen.

- ❍ Gewinnmaximale Produktionsprogramme
- ❍ Kostenminimale Maschinenzuordnung
- ❍ Durchlaufminimale Maschinenbelegung
- ❍ Kostenminimale Transporte
- ❍ Kostenminimale Mischungen
- ❍ Wann wieviel bestellen, daß der Lagerbestand niedrig, die Lieferbereitschaft aber hoch ist.
- ❍ Kostenminimale Disposition von Dienstzeiten und Schalterstunden
- ❍ Berechnung von Unternehmens(ertrags-)werten bei unsicheren Ausgangsdaten (Risikoanalyse)
- ❍ Beurteilung von Investitionsprojekten bei unsicheren Ausgangswerten oder stark verflochtenen Inputs.
- ❍ Warteschlangenprobleme
- ❍ Eigenfertigung oder Fremdbezug bei mehreren Fertigungsengpässen
- ❍ Netzplantechnik

❍ Realisierbarkeit von OR-Anwendungen

Viele Probleme aus den oben aufgezählten Anwendungsbereichen scheinen anfangs oft nur schwer oder gar nicht lösbar. Auf manche trifft das auch zu. Diese wird man den Spezialisten überlassen. Für die meisten Probleme benötigt man aber keine fremde Hilfe, weil der Lösungsweg vorgezeichnet und die Lösungsinstrumente in Form von Programmen vorhanden sind. Der Anwender muß nur wissen, wie er "sein" Problem strukturiert, welches Programm er verwendet und wie er die Computerlösung interpretiert. Kann er das, dann ist das Problem bereits so gut wie gelöst. Genau auf diese, einfach zu realisierende OR-Anwendungen beziehen sich die Fallbeispiele und Lösungsempfehlungen in diesem Kapitel.

❍ **Welche Anwendungsbereiche werden hier vorgestellt?**

❍ Gewinnmaximales Produktionsprogramm (LINOPT)
❍ Deckungsbeitragsmaximale Maschinenzuordnung (LINOPT)
❍ Zusatzprodukt: aufnehmen oder ablehnen? (LINOPT)
❍ Eigenfertigung oder Fremdbezug? (LINOPT)
❍ Mehrperiodenplanung (LINOPT)
❍ Umsatzmaximales Produktionsprogramm (LINOPT)
❍ Kapazitätsmaximales Produktionsprogramm (LINOPT)
❍ Minimierung der Rohstoffkosten (LINOPT)
❍ Kostenminimale Maschinenbelegung (LINOPT)
❍ Durchlaufminimale Maschinenbelegung (LINOPT)
❍ Feasibility-Studie (SIMULATION)
❍ Optimale Anzahl von Kassen im Supermarkt (WARTESCHLANGEN)
❍ Risikoanalyse (SIMULATION)

10.1. OPTIMALE PRODUKTIONSPROGRAMME

10.1.1. Voraussetzungen zur Anwendung der linearen Optimierung in der Praxis

Damit das Verfahren der linearen Optimierung in der Praxis angewendet werden kann, muß eine Reihe von Voraussetzungen erfüllt sein. Die wichtigsten werden stichwortartig aufgezählt:

1. Es muß die Bildung einer Zielfunktion möglich sein. Es muß also ein Vorgang vorliegen, welcher zu maximieren bzw. zu minimieren ist.
2. Die zu optimierende Zielfunktion muß beeinflußbar sein, d.h. es müssen einige Handlungsalternativen zur Verfügung stehen.

3. Das angestrebte Optimum (z.B. Maximierung der Deckungsbeiträge bzw. Minimierung der Kosten) muß unter Einhaltung bestimmter Nebenbedingungen erreicht werden. Bestünden keine Restriktionen, dann müßte nicht optimiert werden.
4. Sowohl die Zielfunktion (Gewinn, Kosten, Mengen) als auch die Restriktionen müssen durch eine lineare Funktion (in Form von linearen Gleichungen bzw. linearen Ungleichungen) ausgedrückt werden können. Etwaige nicht lineare Funktionen sind linear anzunähern.
5. Ferner gilt für alle Variablen die sogenannte **Nichtnegativitätsbedingung**. Diese besagt, daß **keine negativen Mengen** auftreten dürfen.

   Also: $x \geq 0$

Nicht lineare Funktionen können z.B. bei folgenden Problemkreisen auftreten:

a) Die Verkaufspreise/Einheit sind von der Absatzmenge abhängig.
b) Transportkosten müssen nicht mengenabhängig sein, sondern können einer Distanzstaffelung unterliegen.

10.1.2. Ziel und Nutzen

Der **Hauptvorteil der linearen Optimierung im Rahmen der Produktionsplanung** liegt darin, daß **folgende Fragen exakt beantwortet** werden können:

1. Bei welcher Produktmengenkombination ist der Deckungsbeitrag und damit der Gewinn am höchsten?
2. Welche Abteilungen sind Engpässe? In welchen Bereichen sind noch genügend Kapazitäten frei?
3. Wie hoch sind die Opportunitätskosten der Engpaßbereiche? Das Wissen um diese Größen ist für Investitionsrechnung und Fremdbezugsüberlegungen wichtig.
4. Um wieviel müßten die Verkaufspreise bzw. Deckungsbeiträge jener Produkte erhöht werden, die nicht im Produktionsprogramm aufscheinen (Minderdeckungsbeiträge), damit sie doch berücksichtigt werden?
5. Welche Produkte sollen auf welchen Maschinen gefertigt werden, damit der Gesamt-Deckungsbeitrag möglichst hoch bzw. die Gesamtlaufzeit möglichst gering ist?

6. Welche Produkte sollen selbst erzeugt, welche besser fremd bezogen werden?
7. Wie weit können die Deckungsbeiträge der im Programmvorschlag enthaltenen Produkte reduziert werden, ohne daß dadurch die Produktmengenkombination eine Veränderung erfährt? (Sensibilitätsanalyse)
8. Welche Auswirkungen hat eine Veränderung der Right Hand Sides (rechte Seite der Verkaufs- und Fertigungsbeschränkungen ausdrückenden Restriktionen) auf das Gesamtergebnis?

FB

Gewinnmaximales Produktionsprogramm mit zwei Produkten und zwei Fertigungsengpässen, Grundvariante

FB 10.1.

1. Ausgangssituation

Ein Fertigungsbetrieb hat zwei Kostenstellen (1 und 2) und erzeugt zwei Produkte (A und B).

Die Geschäftsleitung will prüfen, ob eine Ergebnisverbesserung durch Änderung der Produktmengenkombination möglich ist. Der Ist-Zustand stellt sich wie folgt dar:

	Produkt A	Produkt B
Zeitverbrauch in der Fertigungskostenstelle 1 je Stk. in Maschinenstunden	1	3
Zeitverbrauch in der Fertigungskostenstelle 2 je Stk. in Maschinenstunden	2	2
Verkaufspreis/Stk. in GE	8	6
- variable Kosten/Stk. in GE	7	2
= Deckungsbeitrag/Stk. in GE	1	4

Derzeit werden

1.625 Stück vom Produkt A und
625 Stück vom Produkt B

im Jahr **erzeugt (Ist-Produktionsprogramm)**.

Es können **jährlich maximal**
2.000 Stück vom Produkt A und
1.000 Stück vom Produkt B
abgesetzt werden (maximale Verkaufsbeschränkung).

In den **beiden Fertigungsbereichen** stehen **folgende Jahreskapazitäten** zur Verfügung (maximale Fertigungskapazitäten):

Kostenstelle 1 3.500 Stunden
Kostenstelle 2 4.500 Stunden

Die Kapazitäten sind im Ist-Zustand in beiden Kostenstellen voll ausgenutzt.

Der gesamte Jahresdeckungsbeitrag beträgt 4.125 GE. Weil sich die Jahresfixkosten auf 4.200 GE belaufen, ergibt sich ein Jahresverlust von 75 GE.

❍ **Kontrollrechnung**

	Produkt		Gesamt
	A	B	
Maschinenstunden in Fertigungskostenstelle 1	1.625	1.875	**3.500**
Maschinenstunden in Fertigungskostenstelle 2	3.250	1.250	**4.500**
Gesamt - DB in GE	1.625	2.500	**4.125**

2. Fragen der Geschäftsleitung

- ❍ **Ist eine Erfolgsverbesserung überhaupt möglich**, wenn beide Kostenstellen im Ist-Zustand zu 100% ausgelastet sind?
- ❍ Welche **Opportunitätskosten** haben die **Engpaßkostenstellen?** Wo sind Kapazitätserweiterungen am wirtschaftlichsten?
- ❍ **Soll ein Zusatzprodukt C in das Produktionsprogramm aufgenommen oder nicht aufgenommen werden?**
- ❍ Wie **ändert sich** die **Produktmengenkombination**, **wenn Fremdbezug** möglich ist?
- ❍ Wie **ändert sich** die **Produktmengenkombination**, **wenn** neben den maximalen Verkaufsbeschränkungen **auch minimale Verkaufsrestriktionen** eingehalten werden müssen?

3. Computereinsatz

Weil in der Praxis die Produktionsprogramme viel größer sind als hier dargestellt, kommt aus Zeitgründen immer nur ein Computereinsatz in Frage. Verwendet man einen PC, haben sich in der Praxis kompilierte BASIC- oder FORTRAN-Programme (z.B. das Programm von ERIKSON/HALL) und Spread-Sheet-Programme (z.B. Solver von EXCEL) gut bewährt. Diese beiden Möglichkeiten zur Beantwortung der anstehenden Fragen werden hier kurz demonstriert.

4. Ausgangsmatrix für Computerlösung

Die Ausgangsmatrix für dieses Problem hat folgendes Aussehen:

Spalte / Zeile	x1	x2	RHS		Zeilenerläuterung
	Produkt				
	A	B			
1	1	0	≤	2.000	Absatzb. für A
2	0	1	≤	1.000	Absatzb. für B
3	1	3	≤	3.500	Fert. B. f. KSt. 1
4	2	2	≤	4.500	Fert. B. f. KSt. 2
DB	**1**	**4**	**=**	**MAX**	**Zielfunktion**

Alle gewinnmaximalen Produktionsprogramme weisen diese typische Ausgangsmatrix auf:

1. Für jedes Produkt ist eine Spalte zu reservieren. In diesem Vektor stehen:
   - in jener Zeile ein Einser, wo in der RHS (Right Hand Side bzw. rechte Seite der Gleichung) die maximal verkaufbare Menge abzulesen ist,
   - in allen Zeilen, wo die Absatzbeschränkungen der übrigen Produkte definiert werden, eine Null,
   - in den Zeilen mit den Fertigungsrestriktionen die Inanspruchnahme der Engpaßkostenstelle je Produkt, ausgedrückt in Kapazitätseinheiten (z.B. Maschinenstunden, Maschinenminuten, usw.),
   - in der Zielfunktionszeile (= letzte Zeile) der Stück-DB je Produkt.

2. Bis auf die Zielfunktionszeile, die eine Gleichung darstellt, sind die Restriktionen durch Ungleichungen, und zwar durch <= gekennzeichnet. Das muß nicht so sein (denkbar wären auch = oder >=-Restriktionen), ist es aber meistens. Würde man z.B. bei einer Fertigungsbeschränkung die Fertigungskapazität in der RHS statt <=...= setzen, dann erhält man gegebenenfalls gar kein deckungsbeitragsmaximales Programm, sondern ein schlechteres, weil beim gewinnmaximalen Programm nicht alle Kapazitäten voll ausgenutzt sein müssen.

5. Exkurs

❍ Dimensionierung der Ausgangsmatrix

Die Dimensionierung der Ausgangsmatrix ist von der Größe des Problems abhängig.

Will ein Produktionsunternehmen z.B. 100 Produkte bei fünf Engpaßkostenstellen optimieren, dann muß die Ausgangsmatrix 100 Spalten (100 Produktvektoren) sowie 106 Zeilen (100 Verkaufsrestriktionszeilen, fünf Fertigungsrestriktionszeilen und eine Zielfunktionszeile) aufweisen.

❍ Stückdeckungsbeiträge

Die Deckungsbeiträge/Produkt ergeben sich normalerweise aus

  Nettoerlös/Produkteinheit
– Grenzkosten/Produkteinheit
= DB zur Deckung der Fixkosten (fixe Gemeinkosten)

Liegt keine Grenz(plan)kostenrechnung vor und sind damit die variablen Gemeinkosten unbekannt, dann kann der Stückdeckungsbeitrag je Produkt ohne Bedenken auch wie folgt definiert werden:

  Nettoerlös
– Einzel- und Sondereinzelkosten
= DB zur Deckung der Gemeinkosten (variable und fixe Gemeinkosten)/Produkteinheit

FB 10.1. Die vorgeschlagene Produktmengenkombination wird bei beiden Zielfunktionen in der Regel vollkommen ident sein, weil die variablen Gemeinkosten nur wenige Prozent der Gemeinkosten betragen und außerdem normalerweise nicht entgegengesetzt proportional zu den Einzelkosten anfallen.

6. Computer-Input (Erikson/Hall-Diskette)

Die Werte der Ausgangsmatrix müssen nun in den Computer eingegeben werden. Verwendet man das lineare Optimierungsprogramm von Erikson/Hall, dann wird

- nach der Anzahl der Variablen (hier: zwei, und zwar Produkt A und B),
- nach der Anzahl der <=-Beschränkungen (hier: vier, und zwar zwei für die Verkaufsbeschränkungen und zwei für die Fertigungsbeschränkungen) und schließlich
- nach der Anzahl der =- und >=-Beschränkungen (hier: jeweils null) gefragt.

Anschließend wird noch gefragt, ob die Zielfunktionswerte (hier Stückdeckungsbeiträge)

- minimiert oder
- maximiert

werden sollen (hier: maximiert). Gleichzeitig werden die Deckungsbeiträge/Stück der beiden Produkte eingegeben. Es handelt sich dabei um die Zielfunktion, die maximiert werden soll. Deckungsbeiträge werden immer maximiert, Kosten und Durchlaufzeiten immer minimiert.

Abschließend werden jetzt

- die maximalen Verkaufsmengen,
- die je Stück benötigten Fertigungsstunden und
- die in den beiden Fertigungskostenstellen maximal zur Verfügung stehende Periodenkapazität

eingegeben.

7. Input-Hardcopy (Erikson/Hall-Diskette)

COMPUTER MODELS FOR MANAGEMENT SCIENCE

LINEAR PROGRAMMING 07-05-1994 - 11:47:15

-=*=- INFORMATION ENTERED -=*=-

NUMBER OF VARIABLES	:	2
NUMBER OF <= CONSTRAINTS	:	4
NUMBER OF = CONSTRAINTS	:	0
NUMBER OF >= CONSTRAINTS	:	0

MAX DB = 1 A + 4 B

SUBJECT TO:

1	A	+	0	B	<=	2000
0	A	+	1	B	<=	1000
1	A	+	3	B	<=	3500
2	A	+	2	B	<=	4500

8. Output-Hardcopy (Erikson/Hall-Diskette)

Nach Bruchteilen einer Sekunde erhält man folgende Ergebnisse ausgedruckt:

-=*=- RESULTS -=*=-

VARIABLE	VARIABLE VALUE	ORIGINAL COEFFICIENT	COEFFICIENT SENSITIVITY
A	500	1	0
B	1000	4	0

CONSTRAINT NUMBER	ORIGINAL RIGHT-HAND VALUE	SLACK OR SURPLUS	SHADOW PRICE
1	2000	1500	0
2	1000	0	1
3	3500	0	1
4	4500	1500	0

FB 10.1.

OBJECTIVE FUNCTION VALUE: 4500

– SENSITIVITY ANALYSIS –

OBJECTIVE FUNCTION COEFFICIENTS

VARIABLE	LOWER LIMIT	ORIGINAL COEFFICIENT	UPPER LIMIT
A	0	1	1.333
B	3	4	NO LIMIT

RIGHT-HAND-SIDE VALUES

CONSTRAINT NUMBER	LOWER LIMIT	ORIGINAL VALUE	UPPER LIMIT
1	500	2000	NO LIMIT
2	625	1000	1166.667
3	3000	3500	4250
4	3000	4500	NO LIMIT

—— END OF ANALYSIS ——

9. Interpretation der Computerlösung (Erikson/Hall-Diskette)

a) Hauptergebnisse (Results)

1. Das **gewinnmaximale Produktionsprogramm** (variable value) setzt sich aus
   ❍ **500 Stück Produkt A** und
   ❍ **1.000 Stück Produkt B** zusammen.
2. Weil alle Produkte im Optimalprogramm aufscheinen (wenn auch teilweise nicht mit der maximal verkaufbaren Menge), finden sich **keine** sogenannten **Minderdeckungsbeiträge** in der Spalte "Coefficient Sensitivity". Solche Minderdeckungsbeiträge werden nur ausgedruckt, wenn ein Artikel überhaupt nicht im Optimaltableau Berücksichtigung findet. Dann ist der Minderdeckungsbeitrag für den Vertrieb eine Information, die besagt, um wieviel der Deckungsbeitrag je Stück mindestens erhöht werden müßte, damit der entsprechende Artikel im Optimaltableau berücksichtigt wird.
3. **Vom Produkt A** wären **noch 1.500 Stück absetzbar** (Slack Or Surplus), können aber infolge ausgelasteter Kapazitäten nicht produziert werden.

4. **Die Kostenstelle 1 ist zu 100% ausgelastet, die Kostenstelle 2 hat noch eine Restkapazität von 1.500 Maschinenstunden**, die zur Produktion des gewinnmaximalen Produktionsprogrammes nicht benötigt werden, aber eventuell für Lohnfertigungen bereitstünden.
   Obwohl beim Ist-Zustand beide Kostenstellen voll belegt waren, konnte trotz einer schlechteren Auslastung durch eine andere Produktmengenkombination ein um 8,4% höherer Gesamtdeckungsbeitrag erzielt werden. Das ist beachtlich, insbesondere wenn man bedenkt, daß die Kostenstelle 2 beim gewinnmaximalen Produktionsprogramm nur zu 66,7% ausgelastet ist und die Gesamtauslastung beider Kostenstellen insgesamt nur 81,25% beträgt.
5. Die **Opportunitätskosten** (Shadow Prices) für eine **Maschinenstunde in der Engpaßkostenstelle 1 beträgt 1 GE, in der Nichtengpaßkostenstelle zwei 0 GE**. Die Opportunitätskosten, auch Grenznutzensätze oder Schattenpreise genannt, geben an, wieviel man sich die Erweiterung der Engpaßkostenstellen je Engpaßstunde kosten lassen dürfte, damit die Erweiterung gerade noch wirtschaftlich ist. Die Opportunitätskosten haben in der Praxis nur innerhalb gewisser Grenzen Gültigkeit. Außerhalb dieser Grenzen ändern sich die Werte. Die Grenzen werden bei der Sensibilitätsanalyse (Sensitivity Analysis) der RHS-Faktoren (Right Hand Side Values) aufgezeigt (siehe Punkt 8).
6. Der **Gesamtdeckungsbeitrag** (Objective Function Value) **des optimalen Programmes** beträgt **4.500 GE**. Es gibt keine andere Produktmengenkombination, die einen höheren Periodendeckungsbeitrag erzielen könnte. Es ist aber denkbar, daß es andere Produktmengen-Zusammensetzungen (eine weitere oder mehrere) gibt, die einen gleich hohen Gesamtdeckungsbeitrag erzielen.

b) Sensibilitätsanalyse (Sensitivity Analysis)

7. Der **Stückdeckungsbeitrag** für das **Produkt A** müßte sich um **0,33 GE auf** einen Stückdeckungsbeitrag von **1,33 GE erhöhen, damit das Produkt A stärker in das Produktionsprogramm** aufgenommen wird. Andererseits bleibt die vorgeschlagene **Produktionsmenge** von **500 Stück** unangetastet erhalten, selbst **wenn** der **Stück-Deckungsbeitrag von 1 GE auf 0 GE absinken sollte**.

Die **Deckungsbeiträge** beim **Produkt B** dürfen zwischen **3 GE und unbegrenzt** hoch (No Limit) schwanken, **ohne daß** sich dabei an der vorgeschlagenen **Produktmengenkombination** etwas **ändert**.

8. Schließlich noch eine **Information über die Sensibilität der maximalen Verkaufsmengen** der zwei Produkte:
In der Sensitivity Analysis der Right Hand Side Values werden die Grenzen, innerhalb derer die Opportunitätskosten (siehe Punkt 5) Gültigkeit haben, aufgezeigt.
Die **Untergrenze** (Lower Limit) bzw. die **Obergrenze** (upper limit) **der ursprünglichen RHS** (Original Value) liegt **beim Produkt A** (Constraint Number 1) **zwischen 500 und unbegrenzt**, sowie beim **Produkt B** (Constraint Number 2) **zwischen 625 und 1.167**.
9. In der Engpaßkostenstelle 1, die eine maximale Periodenkapazität von 3.500 Maschinenstunden hat, liegen die Grenzen zwischen 3.000 Stunden (Lower Limit) und 4.250 Stunden (Upper Limit). In der Kostenstelle 2, die eine maximale Periodenkapazität von 4.500 Stunden aufweist, liegen die Unter- und Obergrenzen zwischen 3.000 Stunden und unbegrenzt hoch (No Limit).

Folgende **Tabelle** zeigt **die wichtigsten Daten vor und nach der Optimierung** auf einen Blick:

Vor der Optimierung	**Nach der Optimierung**
(Ist-Zustand)	**(Soll-Zustand)**
1.625 Stk. Produkt A 625 Stk. Produkt B	500 Stk. Produkt A 1.000 Stk. Produkt B
Restkapazität	**Restkapazität**
Kostenstelle 1: 0 Std. Kostenstelle 2: 0 Std.	Kostenstelle 1: 0 Std. Kostenstelle 2: 1.500 Std.
absetzbar, **aber nicht produzierbar:**	absetzbar, **aber nicht produzierbar:**
375 Stk. Produkt A 375 Stk. Produkt B	1.500 Stk. Produkt A 0 Stk. Produkt B
Gesamt-DB: **4.125 GE**	Gesamt-DB: **4.500 GE**

10. Lösungen durch SOLVER von EXCEL

Das bekannte EXCEL-Spread-Sheet-Programm hat einen sogenannten „SOLVER" integriert. Mit ihm lassen sich unter anderem auch lineare Optimierungsaufgaben lösen.

11. Händische Lösung

Kein Produktionsplaner wird auf die Idee kommen, ein lineares Optimierungsproblem in der Praxis händisch zu lösen. Andererseits sollte man über das Prinzip des Lösungsalgorithmus grob informiert sein, um die Zusammenhänge besser zu verstehen.

Der interessierte Leser wird auf die umfangreiche Literatur im Kapitel 11.10. verwiesen. Eine besonders einfache Darstellung der händischen Lösung findet sich in:

Kralicek, Kennzahlen für Geschäftsführer, 4. Auflage 2001, 1280 Seiten, Ueberreuter

12. Kontrolle des Gesamt-DB über die Opportunitätskosten

Eine Grunderkenntnis der linearen Optimierung ist, daß man jedes Primalprogramm auch dual formulieren kann.

Bezogen auf den Gesamtdeckungsbeitrag heißt das, daß die **Shadow Prices der Ergebnismatrix (RESULTS) mit den korrespondierenden RHS-Werten multipliziert und anschließend addiert werden müssen**. Es ergibt sich folgendes Bild mit dem bereits bekannten Gesamt-DB von 4.500 GE:

Vektor		RHS-Wert	Dualwert		DB GE
2	:	1.000	à GE 1	=	1.000
3	:	3.500	à GE 1	=	3.500
Gesamt-Deckungsbeitrag				=	**4.500**

So kann der Gesamt-Deckungsbeitrag über die Opportunitätskosten (= Shadow Prices) kontrolliert werden. Die Kontrolle zeigt hier, daß die Opportunitätskosten richtig sind.

13. Graphische Lösung für DB-maximales Programm

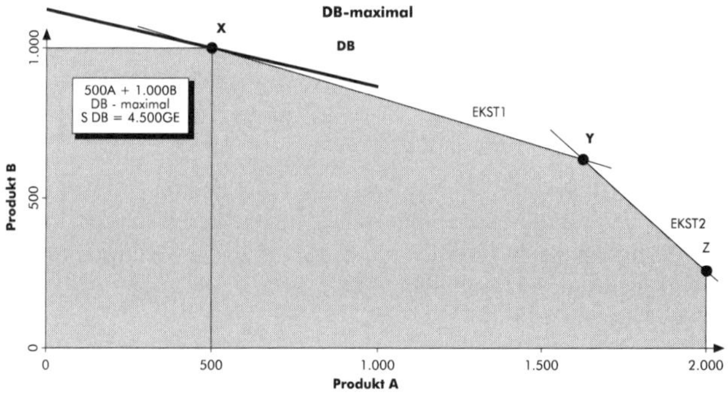

Der **zulässige Lösungsraum** wurde **schraffiert**. Er ist durch die beiden Fertigungsrestriktionen und Absatzrestriktionen der beiden Produkte A und B begrenzt. **Insgesamt hat der Lösungsraum drei Ecken (X, Y, Z).**

Die Neigung der Zielfunktionsgeraden ergibt sich aus dem Verhältnis der beiden Produkt-DB. Jeder Punkt auf der Geraden entspricht einer Produktmengenkombination mit demselben DB. Werden beispielsweise 2.000 Stück vom Produkt A produziert, so wird derselbe DB erzielt (2.000 GE) wie wenn 500 Stück vom Produkt erzeugt werden. Zur Ermittlung des DB-maximalen Programmes muß die Zielfunktionsgerade so lange parallel verschoben werden, bis sie den Lösungsraum nur mehr in einem Punkt berührt. Dann ist nämlich sichergestellt, daß es keine zulässige Produktmengenkombination mit demselben DB gibt. Daher muß der so ermittelte Punkt die optimale Lösung sein.

Von der Neigung der Zielfunktionsgeraden hängt es ab, welcher der drei Eckpunkte des Lösungsraumes (X, Y, Z) DB-maximal ist. Hier ist es der Punkt X.

Das **deckungsbeitragsmaximale Programm** lautet **daher 500 Stück Produkt A und 1.000 Stück Produkt B**.

FB 10.1.

14. Alternative Berechnungen

Die folgenden Ausführungen sollen zeigen, wie **flexibel** man die **lineare Optimierung** in der **Produktionsplanung** anwenden kann. **Insgesamt** werden **sieben Alternativen** gerechnet, **zwei nicht sinnvolle** und **fünf sinnvolle**. Die folgende Tabelle gibt Auskunft über die Unterschiedsmerkmale der sieben Fallbeispiele.

Fallbeispiel	Besonderheiten	Bemerkung
10.2.	❍ Umsatzmaximales Programm	Nicht sinnvolle Zielfunktionen, weil nicht DB-maximal
10.3.	❍ Kapazitätsoptimales Programm	
10.4.	❍ Auch minimale Verkaufsbeschränkungen werden berücksichtigt	Sinnvolle Zielfunktionen, weil wirtschaftlich
10.5.	❍ Zusätzliche Berücksichtigung einer kostenminimalen Maschinenzuordnung	
10.6.	❍ Entscheidungsgrundlage für die Aufnahme oder Ablehnung eines Zusatzproduktes	
10.7.	❍ Berücksichtigung von alternativen Fremdbezugsmöglichkeiten	
10.8.	❍ Unterjährige Planung mit Berücksichtigung der Lagerzinsen	

FB

Umsatzmaximales Programm

10.2.

Es bedarf keiner langen Erläuterung, daß ein umsatzmaximales Programm nicht wirtschaftlich sein muß. **Es ist praktisch unsinnig, den Umsatz zu maximieren**. Aus didaktischen Gründen wird hier trotzdem der Umsatz maximiert.

FB 10.2. Beim umsatzmaximalen Programm sollten 2.000 Stück vom Produkt A und 250 Stück vom Produkt B erzeugt werden. Der gesamte Umsatz für diese Variante beträgt 17.500 GE (maximaler Umsatz), der Deckungsbeitrag aber nur 3.000 GE, das sind um 1.500 GE weniger als beim deckungsbeitragsmaximalen Programm.

FB

Kapazitätsoptimales Programm

FB 10.3. Genauso wie die Maximierung des Umsatzes ist **auch** die **Maximierung der Auslastung (Kapazitätsoptimum) nicht sinnvoll**. Das Hauptziel in einem Produktionsbetrieb wird in der Regel der maximale Deckungsbeitrag sein. Diesem Ziel haben sich andere Ziele unterzuordnen. Wie in diesem Beispiel gezeigt wird, ist es durchaus möglich, mit einem Programm mit schlechter Kapazitätsauslastung einen besseren Gesamt-DB zu erwirtschaften als mit einem Programm, das eine bessere Kapazitätsauslastung aufweist.

Kapazitätsmaximal wäre die Produktion von 1.625 Stück Produkt A und 625 Stück Produkt B. In diesem Fall wären beide Kostenstellen (1 und 2) voll ausgelastet (Engpaßkostenstellen). Der gesamte Deckungsbeitrag des kapazitätsmaximalen Programmes beträgt aber nur 4.125 GE, das sind um 375 GE weniger als beim DB-maximalen Programm.

❍ **Graphische Lösung für das umsatzmaximale und kapazitätsmaximale Programm**

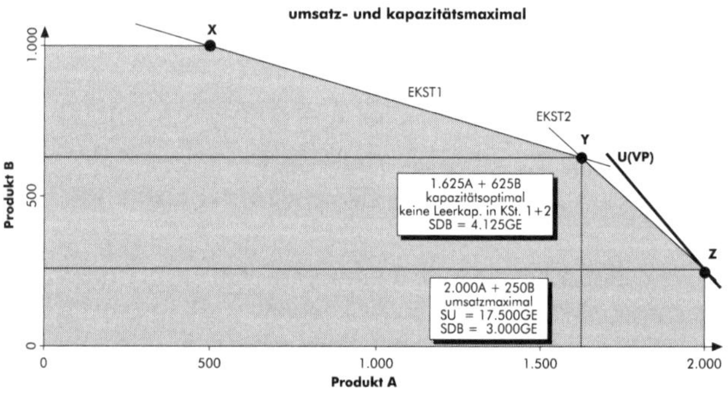

FB 10.3.

Vorseitige Graphik zeigt die nicht sinnvollen Alternativen (kapazitätsoptimal bzw. umsatzmaximal) deutlich auf. Es handelt sich hier um die Schnittpunkte Y bzw. Z, die gegenüber dem deckungsbeitragsmaximalen Schnittpunkt X bedeutend weniger Deckungsbeiträge einspielen.

Der **Schnittpunkt der beiden Restriktionsgeraden** wird mit **Y** benannt. Diese Produktmengenkombination (**1.625 Stück Produkt A und 625 Stück Produkt B**) ist **kapazitätsoptimal**.

Die umsatzmaximale Zielfunktionsgerade ergibt sich aus dem Verhältnis der Verkaufspreise der beiden Produkte. Werden beispielsweise 750 Stück von Produkt A produziert, wird derselbe Umsatz (6.000 GE) erzielt wie wenn 1.000 Stück von Produkt B produziert werden.

❍ Zusammenfassung

Abschließend werden die Ergebnisse der ersten drei Fallbeispiele tabellarisch zusammengefaßt, um die Unterschiede übersichtlich aufzuzeigen:

Fall-beispiel	Ziel	Produkt		DB	Um-satz	Restkapazität	
		A	B			KSt. 1	KSt. 2
10.1.	DB max.	500	1.000	4.500	10.000	0	1.500
10.2.	U(VP) max.	2.000	250	3.000	17.500	850	0
10.3.	KAP opt.	1.625	625	4.125	16.750	0	0

FB

Berücksichtigung minimaler Verkaufsbeschränkungen

FB 10.4.

❍ Ausgangssituation

Neben den maximalen Verkaufsbeschränkungen sind aufgrund von Verträgen auch noch folgende minimalen Absatzverpflichtungen einzuhalten:

	Produkt A	Produkt B
maximale Verkaufsbeschränkungen	2.000 Stk.	1.000 Stk.
minimale Verkaufsbeschränkungen	800 Stk.	500 Stk.

FB 10.4.

❍ Grundsätzliche Lösungsansätze

Dieses Problem kann auf zwei verschiedene Arten gelöst werden:

a) **durch das Ansetzen entsprechender <=- und >=-Bedingungen in der Ausgangsmatrix**

Spalte / Zeile	x1	x2	RHS	
	Produkt			
	A	B		
1	1	0	≤	2.000
2	1	0	≥	800
3	0	1	≤	1.000
4	0	1	≥	500
5	1	3	≤	3.500
6	2	2	≤	4.500
DB	1	4	=	MAX

b) **durch Errechnen des Mindestprogramms und anschließender Optimierung mit den Restgrößen**
Zunächst werden die notwendigen Maschinenstunden für die Mindesterzeugungsmenge und anschließend die Deckungsbeiträge aus der Mindesterzeugungsmenge errechnet.

Produkt	Mindesterzeugungsmenge in Stk.	notwendige Maschinenstunden für Mindesterzeugungsmenge in Kostenstelle		DB in GE aus Mindesterzeugungsmenge
		1	2	
A	800	800	1.600	800
B	500	1.500	1.000	1.500
Summe		2.300	2.600	**2.300**
Restkapazität		**1.200**	**1.900**	
Gesamtkapazität		3.500	4.500	

FB 10.4.

In der Ausgangsmatrix müssen nur mehr die

- **restlichen Verkaufsbeschränkungen** (Differenz zwischen maximalen und minimalen) und die
- **verbleibenden Restkapazitäten** (Differenz zwischen Gesamtkapazität und notwendiger Kapazität für die Mindesterzeugungsmenge)

berücksichtigt werden.

- **Ergebnis**

Werden in der Ausgangsmatrix die <=- und >=- Verkaufsbeschränkungen berücksichtigt, dann erhält man gegenüber der Grundvariante (Fallbeispiel 10.1.) einen um 100 GE geringeren Periodendeckungsbeitrag, nämlich 4.400 GE. Zum selben Ergebnis kommt man mit der zweiten Lösungsvariante. Hier müssen

- die notwendigen Maschinenstunden für die Erzeugung der Mindestmenge und
- der Deckungsbeitrag aus der Mindesterzeugungsmenge

hinzugerechnet werden.

Das deckungsbeitragsmaximale Produktionsprogramm beträgt unter diesen Bedingungen:

800 Stück Produkt A
900 Stück Produkt B

FB

Auf welchen Maschinen laufen beide Produkte am wirtschaftlichsten?

FB 10.5.

- **Ausgangssituation**

Die Grundvariante (Fallbeispiel 10.1.) soll nun etwas verfeinert werden.

In der Kostenstelle 1 gibt es zwei Maschinen (X und Y). Die Bearbeitungszeiten der Produkte A und B auf den beiden Maschinen X und Y in der Kostenstelle 1 sind unterschiedlich. Deshalb sind auch die Stückdeckungsbeiträge der Produkte A und B unterschiedlich, je nachdem, ob sie auf Maschine X

FB 10.5.

bzw. Y gefertigt werden. Der Ist-Zustand stellt sich wie folgt dar:

	Maschine in KSt 1	Produkt A	Produkt B
Zeitverbrauch für 1 Stk. in Maschinenstunden	X	0,5	2
	Y	1,5	4
DB/Stück in GE	X	2	6
	Y	0,5	2

○ **Lösungsansatz**

Spalte / Zeile	x1	x2	x3	x4	RHS	
	Produkt A		Produkt B			
	Maschine		Maschine			
	X	Y	X	Y		
1	1	1	0	0	≤	2.000
2	0	0	1	1	≤	1.000
3	0,5	0	2	0	≤	1.750
4	0	1,5	0	4	≤	1.750
5	2	2	2	2	≤	4.500
DB	2	0,5	6	2	=	MAX

○ **Ergebnis**

Bei der folgenden Produktmengenkombination ergibt sich der höchste Deckungsbeitrag von 6.750 GE. Produkt A soll mit einer Menge von 1.250 Stück nur auf Maschine X gefertigt werden, das Produkt B mit 562 Stück auf Maschine X und mit 438 Stück auf Maschine Y. Alle bereitgestellten Fertigungskapazitäten werden bei diesem Programm zur Gänze benötigt. Die Opportunitätskosten in Kostenstelle 1 bei Maschine X betragen 2,67 GE/Ma.Std., bei Maschine Y 0,33 GE/Ma.Std. und schließlich in der Kostenstelle 2 0,33 GE/Ma.Std.

Produkt	Maschine X	Maschine Y
A	1.250 Stk.	-
B	562 Stk.	438 Stk.

Bei diesem Szenario wird wieder - wie bei der Grundvariante (Fallbeispiel 10.1.) - das Computerprotokoll ausgedruckt.

COMPUTER MODELS FOR MANAGEMENT SCIENCE

LINEAR PROGRAMMING 07-05-1994 - 11:47:15

-=*=- INFORMATION ENTERED -=*=-

NUMBER OF VARIABLES	:	4
NUMBER OF <= CONSTRAINTS	:	5
NUMBER OF = CONSTRAINTS	:	0
NUMBER OF >= CONSTRAINTS	:	0

MAX DB =2 X1 + .5 X2 + 6 X3 + 2 X4

SUBJECT TO:

```
 1  X1 +  1  X2 + 0  X3 + 0  X4  <=  2000
 0  X1 +  0  X2 + 1  X3 + 1  X4  <=  1000
.5  X1 +  0  X2 + 2  X3 + 0  X4  <=  1750
 0  X1 + 1.5X2 + 0  X3 + 4  X4  <=  1750
 2  X1 +  2  X2 + 2  X3 + 2  X4  <=  4500
```

-=*=- RESULTS -=*=-

VARIABLE	VARIABLE VALUE	ORIGINAL COEFFICIENT	COEFFICIENT SENSITIVITY
X1	1250	2	0
X2	0	.5	.667
X3	562.5	6	0
X4	437.5	2	0

CONSTRAINT NUMBER	ORIGINAL RIGHT-HAND VALUE	SLACK OR SURPLUS	SHADOW PRICE
1	2000	750	0
2	1000	0	0
3	1750	0	2.667
4	1750	0	.333
5	4500	0	.333

OBJECTIVE FUNCTION VALUE: 6750

FB 10.5.

– SENSITIVITY ANALYSIS –

OBJECTIVE FUNCTION COEFFICIENTS

VARIABLE	LOWER LIMIT	ORIGINAL COEFFICIENT	UPPER LIMIT
X1	1250	2	3
X2	NO LIMIT	.5	1.167
X3	2	6	8
X4	.667	2	NO LIMIT

RIGHT-HAND-SIDE VALUES

CONSTRAINT NUMBER	LOWER LIMIT	ORIGINAL VALUE	UPPER LIMIT
1	1250	2000	NO LIMIT
2	1000	1000	NO LIMIT
3	906.25	1750	1750
4	0	1750	1750
5	4500	4500	5625

—— END OF ANALYSIS ——

Grundsätzliche Interpretationshinweise zu den Ergebnissen und zur Sensibilitätsanalyse finden sich im Fallbeispiel 10.1.

FB

Soll die Aufnahme eines Zusatzproduktes erwogen werden oder nicht?

FB 10.6.

❍ **Ausgangssituation**

Es gelten wieder die Bedingungen des Fallbeispiels 10.1. Grundvariante. Neben den Produkten A und B soll jetzt über die Aufnahme bzw. Ablehnung eines dritten Produktes C entschieden werden. Dieses neue Produkt bindet in der Kostenstelle 1 und 2 je zwei Maschinenstunden. Der erzielbare Verkaufspreis je Stück schwankt zwischen 5 und 7 GE. Es können maximal 100 Stück abgesetzt werden.

❍ **Lösung**

In der folgenden **Tabelle** wird die **Preisuntergrenze für das Zusatzprodukt C** ermittelt. Dazu werden zu **den Grenz-**

FB 10.6.

stückkosten in der Höhe von 4 GE die **Opportunitätskosten/Stück** von 2 GE **hinzugerechnet**. Die Preisuntergrenze für das Zusatzprodukt C beträgt somit 6 GE. Die Opportunitätskosten ergeben sich, wenn die Zeitinanspruchnahme des Zusatzproduktes C von zwei Stunden in der Kostenstelle 1 mit dem Grenznutzensatz dieser Engpaßkostenstelle in Höhe von 1 GE multipliziert wird. Da die Kostenstelle 2 keine Engpaßkostenstelle ist, gibt es für diese auch keinen Grenznutzensatz.

	Bezugsgrößen	**Opportunitätskosten je Std.**	**Preisuntergrenze für ein Zusatzprodukt C ... ... mit hohem VP/Stk.**	**... mit niedr. VP/Stk.**
Engpaß:				
Kostenstelle 1	2 Ma.Std.	1 GE	2 GE	2 GE
Kostenstelle 2	2 Ma.Std.	0 GE	0 GE	0 GE
Opportunitätskosten/Stk.			2 GE	2 GE
+ Grenzkosten/Stk.			4 GE	4 GE
= Preisuntergrenze/Stk.			**6 GE**	**6 GE**
erzielbarer Verkaufspreis/Stk.			**7 GE**	**5 GE**
Entscheidung über Aufnahme/Ablehnung des Zusatzproduktes			**Aufnahme erwägen!**	**ablehnen!**

Bei einem Verkaufspreis/Stück von 7 GE sollte die Aufnahme des Zusatzproduktes C in das Produktionsprogramm erwogen werden, bei einem erzielbaren Stück-Verkaufspreis von 5 GE wäre das Zusatzprodukt eindeutig nicht in das Produktionsprogramm aufzunehmen, weil sich der Gesamt-DB verschlechtern würde.

Abschließend wird die auf Opportunitätskosten basierende Empfehlung durch ein neues Programm bestätigt. Die Ausgangsmatrix des Fallbeispiels 10.1., Grundvariante, wird um zwei Vektoren für das Zusatzprodukt C erweitert. Diese Zusatzvektoren unterscheiden sich voneinander nur durch die Höhe des Stück-Deckungsbeitrages. Der Stück-Deckungsbeitrag von 3 GE ist relevant, wenn der erzielbare Stück-Verkaufspreis 7 GE beträgt (7 - Grenzkosten 4). Der Stück-Deckungsbeitrag 1 korrespondiert mit einem erzielbaren Verkaufspreis/Stück von 5 GE (5 - 4).

FB 10.6.

Die Ausgangsmatrix für die Empfehlung, ob das Zusatzprodukt C aufgenommen werden soll oder nicht, hat folgendes Aussehen:

Spalte / Zeile	x1	x2	x3	x4	RHS	
	Produkt					
	A	B	C1	C2		
1	1	0	0	0	≤	2.000
2	0	1	0	0	≤	1.000
3	0	0	1	1	≤	100
4	1	3	2	2	≤	3.500
5	2	2	2	2	≤	4.500
DB	1	4	3	1	=	MAX

Das Computerprogramm bestätigt die auf Opportunitätskosten basierende Aufnahmeentscheidung des Zusatzproduktes C. Wird der Zusatzartikel C mit 100 Stück aufgenommen, dann verdrängt er 200 Stück des Produktes A. Der Gesamtdeckungsbeitrag erhöht sich insgesamt von 4.500 GE um 100 GE auf 4.600 GE. Die Kostenstelle 2 ist auch hier nicht voll ausgelastet; die Restkapazität beträgt 1.700 Maschinenstunden.

-=*=- RESULTS -=*=-

VARIABLE	VARIABLE VALUE	ORIGINAL COEFFICIENT	COEFFICIENT SENSITIVITY
X1	300	1	0
X2	1000	4	0
X3	100	3	0
X4	0	1	2

CONSTRAINT NUMBER	ORIGINAL RIGHT-HAND VALUE	SLACK OR SURPLUS	SHADOW PRICE
1	2000	1700	0
2	1000	0	1
3	100	0	1
4	3500	0	1
5	4500	1700	0

OBJECTIVE FUNCTION VALUE: 4600

FB

Auch Fremdbezug möglich

FB 10.7.

❍ Ausgangssituation

Die ursprüngliche Problemstellung laut Fallbeispiel 10.1. wird nun um die Tatsache erweitert, daß beide Produkte (A und B) auch fremd bezogen werden können. Natürlich ist der Dekkungsbeitrag bei Fremdbezug niedriger als bei Eigenerzeugung. Er beträgt 0 GE bei Produkt A und 2 GE bei Produkt B. Dafür werden die eigenen Kostenstellen 1 und 2 nicht in Anspruch genommen.

❍ Lösungsansatz (Ausgangsmatrix)

Spalte	x1	x2	x3	x4	RHS	
	Eigenfertigung		Fremdbezug			
Zeile	A	B	A	B		
1	1	0	1	0	≤	2.000
2	0	1	0	1	≤	1.000
3	1	3	0	0	≤	3.500
4	2	2	0	0	≤	4.500
DB	1	4	0	2	=	MAX

❍ Ergebnis

-=*=- RESULTS -=*=-

VARIABLE	VARIABLE VALUE	ORIGINAL COEFFICIENT	COEFFICIENT SENSITIVITY
X1	1625	1	0
X2	625	4	0
X3	0	0	0
X4	375	2	0

CONSTRAINT NUMBER	ORIGINAL RIGHT-HAND VALUE	SLACK OR SURPLUS	SHADOW PRICE
1	2000	375	0
2	1000	0	2
3	3500	0	.5
4	4500	0	.25

OBJECTIVE FUNCTION VALUE: 4875

FB 10.7.

Naturgemäß ist der Gesamtdeckungsbeitrag gegenüber der Grundvariante (Fallbeispiel 10.1.) höher, weil der Fremdbezug zusätzliche Deckungsbeiträge bringt.

Weil beim Fremdbezug des Produktes A kein Deckungsbeitrag erzielt werden kann, wurden die nicht mehr selbst produzierbaren 375 Stück nicht als Fremdbezugsmenge aufgenommen, da sich dadurch der Gesamtdeckungsbeitrag nicht erhöht hätte. Vergibt man die 375 Stück von Artikel A trotzdem fremd (Variable x3), dann erhält man denselben Zielfunktionswert: maximaler Deckungsbeitrag 4.875 GE.

❍ Ergebnisvergleich der optimalen Lösungen

Untenstehende Tabelle zeigt, daß unter Einbeziehung des Fremdbezuges der Gesamtdeckungsbeitrag um 375 GE erhöht werden kann.

Fremdbezug möglich ?	Fallbeispiel	zu erzeugende bzw. zu beziehende Stück: Eigenfertigung A	Eigenfertigung B	Fremdbezug A	Fremdbezug B	optimaler DB
NEIN	10.1.	500	1.000	-	-	4.500
JA	10.7.	1.625	625	0 x)	375	4.875

x) Hier könnte auch 375 stehen. Gleichgültig, ob 0 oder 375, der Gesamt-DB von 4.875 bleibt davon unberührt.

Wichtiger Hinweis: Gibt es beim Problem "Eigenfertigung - Fremdbezug" nur einen Engpaß, dann benötigt man keine lineare Optimierung, sondern jenes Entscheidungsinstrumentarium, das im Kapitel 9 dargestellt wird.

FB Mehrperioden-Produktionsproblem

10.8.

Beim Mehrperioden-Produktionsproblem wird die Jahresperiode in Quartale oder Monate zerlegt. Dadurch wird die Ausgangsmatrix sehr groß, was aber bei PC-Einsatz unproblematisch ist.

Die Zielfunktion beim Mehrperiodenproblem ist sehr praxisnah und etwas differenzierter als beim Einperiodenproblem. Es gilt jetzt, nicht nur den Deckungsbeitrag zu maximieren, sondern die Funktion "Deckungsbeitrag abzüglich Lagerzinskosten". Der Einbezug der Fremdkapitalzinsen in die Zielfunktionszeile ist deshalb notwendig, weil wenn beispielsweise in der ersten Periode eine größere Menge produziert wird als benötigt, dann der Nutzen (Deckungsbeitrag weniger Fremdkapitalzinsen) nicht so hoch ist, als würde die in der ersten Periode nicht benötigte Mehrmenge in der nächsten oder übernächsten Periode produziert werden.

❍ Ausgangssituation

Grundsätzlich gelten die Angaben des Fallbeispieles 10.1. Die dort unterstellte Jahresperiode wird in diesem Fallbeispiel auf vier Quartale aufgeteilt. Bei den Verkaufsbeschränkungen wird eine diskontinuierliche Nachfrage, bei den Fertigungsbeschränkungen eine kontinuierliche Fertigungsleistung unterstellt.

	Einheit	**Quartal**				**Summe**
		1	**2**	**3**	**4**	
Nachfrage Produkt A	Stk.	400	400	600	600	2.000
Nachfrage Produkt B	Stk.	200	200	300	300	1.000
Fertigungskap. KSt 1	Ma.Std.	875	875	875	875	3.500
Fertigungskap. KSt 2	Ma.Std.	1.125	1.125	1.125	1.125	4.500

❍ Ausgangsmatrix Mehrperioden-Produktionsproblem

Die Lagerung von Produkt A über ein Quartal kostet 0,25 GE, von Produkt B 0,2 GE. Diese relevanten Lagerhaltungs(grenzzins)kosten werden in der Zielfunktionszeile mit negativen Vorzeichen eingetragen.

FB 10.8.

Die gegenüber der Grundvariante (Fallbeispiel 10.1.) erweiterte Zielfunktion lautet nun:

Wieviel Stück der Produkte A und B sollten bei vorgegebenen Quartalsabsatz- und -fertigungsbeschränkungen in den einzelnen Quartalen gefertigt werden, damit Deckungsbeitrag abzüglich relevanter Lagerhaltungszinskosten zusammen optimal (= möglichst hoch) sind?

Bei umseitiger Ausgangsmatrix wird vereinfachend unterstellt, daß zu Beginn des ersten Quartals und am Ende des vierten Quartals kein Lagerbestand vorrätig ist.

Die Zeilen- und Spaltenanzahl der Mehrperiodenmatrix vervierfacht sich gegenüber der Jahresmatrix. Außerdem weist das Mehrperiodentableau eine ganz typische Struktur auf: Die einzelnen Perioden (hier: Quartale) bilden produktspezifische Blöcke, die über die Lagerbestände miteinander verbunden sind.

Merke:
Beim Mehrperiodenmodell wird immer etwas weniger Deckungsbeitrag erzielt als beim Einperiodenmodell, weil es mehr Restriktionen gibt. Das Mehrperiodenmodell ist realistischer als das Einperiodenmodell. In der Praxis müßten noch mehr Beschränkungen (z.B. beim qualifizierten Personal, bei den Rüstbedingungen usw.) berücksichtigt werden. Bei sehr vielen Restriktionen und Fertigungs- bzw. Absatzbedingungen wird die optimale Produktionsplanung nicht mit einem linearen Modell, sondern einem Simulationsmodell gelöst.

FB 10.8.

Ausgangsmatrix Mehrperioden-Produktionsproblem

	Spalte	1. Quartal				2. Quartal				3. Quartal				4. Quartal			
		x1	x2	x3	x4	x5	x6	x7	x8	x9	x10	x11	x12	x13	x14		RHS
		Fertigung		Lager		Fertigung		Lager		Fertigung		Lager		Fertigung			
	Zeile	A	B	A	B	A	B	A	B	A	B	A	B	A	B		
1.Quartal	1	1		-1												≤	400
	2		1		-1											≤	200
	3	1	3													≤	875
	4	2	2													≤	1.125
2.Quartal	5			1		1		-1								≤	400
	6				1		1		-1							≤	200
	7					1	3									≤	875
	8					2	2									≤	1.125
3.Quartal	9							1		1		-1				≤	600
	10								1		1		-1			≤	300
	11									1	3					≤	875
	12									2	2					≤	1.125
4.Quartal	13											1		1		≤	600
	14												1		1	≤	300
	15													1	3	≤	875
	16													2	2	≤	1.125
	DB – FKZ	1	4	-0,25	-0,2	1	4	-0,25	-0,2	1	4	-0,25	-0,2	1	4	=	MAX

Die "ungewöhnlichen" Zeilen 5 und 6 sind wie folgt zu interpretieren:

- Die 1 im Spaltenvektor x5 signalisiert, daß im zweiten Quartal von Produkt A maximal 400 Stück abgesetzt werden können.

- Die 1 im Spaltenvektor x3 ist Platzhalter für einen etwaigen Restlagerbestand des Produktes A vom ersten Quartal.
- Ist die Summe der Spaltenvektoren x3 und x5 größer als die RHS-Menge 400 Stück Produkt A, dann muß die Differenz als "– 1" im Spaltenvektor x7 aufscheinen.

In Zeile 6 gilt sinngemäß das gleiche für das Produkt B.

Die Zeilen 9 und 10 sind genauso zu interpretieren wie die Zeilen 5 und 6.

Bei den Zeilen 1 und 2 gibt es wegen des fehlenden Anfangslagerbestandes keine vorgelagerten Lagervektoren (1).

Bei den Zeilen 13 und 14 gibt es wegen des fehlenden Endlagerbestandes keine nachgelagerten Lagervektoren (-1).

- **Ergebnis**

Das Ergebnis des Mehrperioden-Produktionsprogrammes kann wie folgt dargestellt werden:

Zunächst die Computer-RESULTS

-=*=- RESULTS -=*=-

VARIABLE	VARIABLE VALUE	ORIGINAL COEFFICIENT	COEFFICIENT SENSITIVITY
X1	275	1	0
X2	200	4	0
X3	0	-.25	.25
X4	0	-.2	.2
X5	225	1	0
X6	216.667	4	0
X7	0	-.25	.25
X8	16.667	-.2	0
X9	0	1	.067
X10	291.667	4	0
X11	0	-.25	.25
X12	8.333	-.2	0
X13	0	1	.133

X14	291.667	4	0
CONSTRAINT NUMBER	ORIGINAL RIGHT-HAND VALUE	SLACK OR SURPLUS	SHADOW PRICE
1	400	125	0
2	200	0	1
3	875	0	1
4	1125	175	0
5	400	175	0
6	200	0	1
7	875	0	1
8	1125	241.667	0
9	600	600	0
10	300	0	.8
11	875	0	1.067
12	1125	541.667	0
13	600	600	0
14	300	0	.6
15	875	0	1.133
16	1125	541.667	0

OBJECTIVE FUNCTION VALUE: 4495

——— END OF ANALYSIS ———

Dann die Interpretation der RESULTS

Quartal	Fertigung		Absatz		Lager	
	A	B	A	B	A	B
1	275	200	275	200	0	0
2	225	216,67	225	200	0	16,67
3	0	291,67	0	300	0	8,33
4	0	291,67	0	300	0	0
$\sum$ Stk.	500	1.000	500	1.000	0	25
	$\sum$ DB 4.500 GE				– $\sum$ FKZ 5 GE =	
	= $\sum$ Optimaler Gewinn 4.495 GE					

An der optimalen Produktmengenkombination des ursprünglichen Einperioden-Programmes

500 Stück Produkt A und

1.000 Stück Produkt B

hat sich nichts geändert. Dadurch ist auch der gesamte Deckungsbeitrag mit 4.500 GE unverändert. Allerdings fallen für eine Zwischenlagerung des Produktes B in den Perioden 2 und 3 Zinskosten in der Höhe von 5 GE (25 Stück x 0,2 GE)

FB 10.8.

an, weshalb sich der Jahresnutzen auf 4.495 GE reduziert.

Im ersten Quartal stimmen Absatz und Fertigung voll überein; deshalb ergibt sich am Ende des ersten Quartals kein Lagerbestand.

Im zweiten Quartal werden um 16,67 Stück bzw. aufgerundet 17 Stück mehr gefertigt als abgesetzt werden können. Diese Menge wird gelagert und in den Quartalen 3 und 4 zu gleichen Teilen abgesetzt. In den Quartalen 3 und 4 kann nämlich vom Produkt B weniger gefertigt als abgesetzt werden.

10.2. MINIMIERUNG DER ROHSTOFFKOSTEN

10.2.1. Ziel und Anwendungsgebiete

In vielen Produktionsbetrieben beträgt die Materialintensität 50% und mehr. Es empfiehlt sich daher immer, bei dieser größten Kostenposition Analysen in bezug auf mögliche Kostensenkungen anzustellen.

10.2.2. Wie senkt bzw. minimiert man Rohstoffkosten?

Die Höhe der Rohstoffkosten kann vor allem durch vier Faktoren verändert (gesenkt) werden:

1. Umsichtige und konsequente Einkaufspolitik
2. Wertanalytische Ansätze
3. Verschnittabfälle minimieren
4. Mischungen so durchführen, daß sie kostenminimal sind.

Eine umsichtige und konsequente Einkaufspolitik sollten alle Unternehmen durchführen. Dazu gehört, daß man regelmäßig Angebote von mehreren Lieferanten einholt und prüft, ob die Ausnutzung von Rabatten wirtschaftlich ist bzw. mit welcher Menge man sich vor Preiserhöhungen eindecken soll, damit Lagerhaltungskosten und Einsparungen zum alten Preis zusammen minimal sind.

Auch durch Wertanalyse lassen sich manchmal Materialkosten senken.

Typische Anwender für die dritte Gruppe sind die Papierindustrie sowie Blech- und Metallverarbeitungsbetriebe (Zuschnitt-, Abläng- und Stanzprobleme usw.).

Die Anwender für die vierte Gruppe sind z.B.

- Glasfabriken (für die Ermittlung des optimalen Glasgemenges),
- Futtermittelwerke (zur Ermittlung der optimalen Futtermittelmischung),
- Textilfabriken (zur Ermittlung der optimalen Baumwollmischungen),
- Getreidemühlen (zur Ermittlung des optimalen Malters),
- chemische Industrie u.v.a.m.

In diesem Kapitel wird nur die Mischungsoptimierung behandelt. Das Ziel bei den Mischungsproblemen ist immer das gleiche: Es soll die kostengünstigste Zusammensetzung gefunden werden, ohne daß auch nur eine der meist zahlreichen Nebenbedingungen verletzt wird.

FB Kostenminimale Baumwollmischungen

FB 10.9.

Ausgangssituation

Vor dem Hintergrund steigender oder stark schwankender Baumwollpreise gewinnen Maßnahmen zur optimalen Planung des Rohstoffeinsatzes in jenen Textilfabriken zunehmend an Bedeutung, die mit diesem Rohstoff arbeiten (z.B. Baumwollspinnereien). Je größer der Anteil der Baumwollkosten an den Herstellkosten ist, desto stärker rückt dieser Problemkreis bei der betrieblichen Planung in den Vordergrund.

Das wirtschaftliche Ziel bei der Baumwollmischung ist, ein Endprodukt von einer gewissen Faserlänge, Faserfeinheit und Faserfestigkeit zu erhalten, wobei die Gesamtkosten der Mischung minimal sein sollen.

Dieses Problem kann relativ einfach mit Hilfe der linearen Planungsrechnung gelöst werden. **Bei geschickter Durchführung können die Baumwollkosten gegenüber einer händischen Probier-Lösung um mindestens 1% bis 3% reduziert werden. Das Einsparungspotential ist also sehr hoch.**

FB 10.9.

Beim folgenden Fallbeispiel soll aus vier verschiedenen Baumwollarten mit Einstandspreisen zwischen 30 und 70 c/lb eine kostenminimale Baumwollmischung zusammengestellt werden, die folgende Eigenschaften haben muß:

Faserlänge: mindestens 0,9, höchstens 1
Faserfeinheit: mindestens 4, höchstens 5
Faserfestigkeit: mindestens 65, höchstens 75

Die vier Baumwollarten, die für die Mischungsoptimierung zur Verfügung stehen, weisen folgende Einstandspreise, Faserlängen, Faserfeinheiten und Faserfestigkeiten auf:

Baum-woll-art	**Ein-stands-preis in cents/lb**	**Faser-**		
		Länge	**Fein-heit**	**Festig-keit**
1	30	0,8	6	60
2	50	1	3	70
3	60	1,2	4	90
4	70	1,5	5	80

❍ **Ausgangsmatrix**

Die Ausgangsmatrix für dieses Problem ist nachstehend abgebildet:

		Baumwollarten					**RHS**
		1	**2**	**3**	**4**		
Faserlänge (FL)	mindestens	0,8	1	1,2	1,5	>=	0,9
	höchstens	0,8	1	1,2	1,5	<=	1
Faserfeinheit (FFEI)	mindestens	6	3	4	5	>=	4
	höchstens	6	3	4	5	<=	5
Faserfestigkeit (FFES)	mindestens	60	70	90	80	>=	65
	höchstens	60	70	90	80	<=	75
Prozentanteil		1	1	1	1	=	1
Einstandspreis in cents/lb		30	50	60	70	=	MIN

Die Variablenwerte geben den Prozentanteil der jeweiligen Baumwollart in der Gesamtmischung an. Die Summe der vier Prozentanteile muß eins (=100%) ergeben. Diese Nebenbedingung entspricht der Zeile 7 (Prozentanteil) der Ausgangsmatrix.

Die Ausgangsmatrix wird nun in den PC eingegeben. Bei Verwendung des Erikson/Hall-Programmes hat der Computer-Input folgendes Aussehen:

```
COMPUTER MODELS FOR MANAGEMENT SCIENCE

 LINEAR PROGRAMMING          07-05-1994 - 11:47:15

          -=*=- INFORMATION ENTERED -=*=-

  NUMBER OF VARIABLES                    :   4
  NUMBER OF <=  CONSTRAINTS              :   3
  NUMBER OF  =  CONSTRAINTS              :   1
  NUMBER OF >=  CONSTRAINTS              :   3

 MAX DB =30   X1 +  50 X2 +  60 X3 +  70 X4
 SUBJECT TO:

   .8 X1 + 1  X2 + 1.2X3 + 1.5X4   <=     1 (FL)
   6  X1 + 3  X2 + 4  X3 + 5  X4   <=     5 (FFEI)
   60 X1 + 70 X2 + 90 X3 + 80 X4   <=    75 (FFES)
   1  X1 + 1  X2 + 1  X3 + 1  X4    =     1
   .8 X1 + 1  X2 + 1.2X3 + 1.5X4   >=    .9 (FL)
   6  X1 + 3  X2 + 4  X3 + 5  X4   >=     4 (FFEI)
   60 X1 + 70 X2 + 90 X3 + 80 X4   >=    65 (FFES)
```

❍ **Ergebnis**

Nach knapp einer Sekunde erhält man folgenden Ausdruck, der zunächst die Hauptergebnisse (Mischungsanteile, minimale Kosten der Mischung) und anschließend die Sensibilitätsanalyse zeigt.

-=*=- RESULTS -=*=-

VARIABLE	VARIABLE VALUE	ORIGINAL COEFFICIENT	COEFFICIENT SENSITIVITY
X1	.629	30	0
X2	.29	50	0
X3	.048	60	0
X4	.032	70	0

FB 10.9.

CONSTRAINT NUMBER	ORIGINAL RIGHT-HAND VALUE	SLACK OR SURPLUS	SHADOW PRICE
1	1	.1	0
2	5	0	2.903
3	75	10	0
4	1	0	.968
5	.9	0	48.387
6	4	1	0
7	65	0	.161

OBJECTIVE FUNCTION VALUE: 38.548

– SENSITIVITY ANALYSIS –

OBJECTIVE FUNCTION COEFFICIENTS

VARIABLE	LOWER LIMIT	ORIGINAL COEFFICIENT	UPPER LIMIT
X1	NO LIMIT	30	41.25
X2	43.077	50	55
X3	57.368	60	90
X4	48.571	70	76.25

RIGHT-HAND-SIDE VALUES

CONSTRAINT NUMBER	LOWER LIMIT	ORIGINAL VALUE	UPPER LIMIT
1	.9	1	NO LIMIT
2	4.5	5	5.962
3	64	75	NO LIMIT
4	.931	1	1.016
5	.886	.9	.93
6	NO LIMIT	4	5
7	64.211	65	66.25

—— END OF ANALYSIS ——

❍ **Interpretation der Computerlösung**
❍ **Hauptergebnisse der Mischungsoptimierung**

Die Interpretation der Computerlösung erfolgt in umseitiger Tabelle. Hier wird auch gezeigt, daß sich die optimalen Mischungskosten bereits bei kleinsten Veränderungen im Mischungsverhältnis um 1,2% bis 3,3% erhöhen; die optimale Mischung ist also sehr sensibel.

FB 10.9.

Rohstoffart	Restriktionen	Optimale Mischung durch lineares Optimieren	Händischer Alternativversuch 1	2
1		0,629	0,6	0,58
2		0,290	0,3	0,32
3		0,048	0,1	0,06
4		0,032	-	0,04
Gesamtgewicht	x = 1	1	1	1
Faserlänge	0,9 <= x <= 1	0,900	0,900	0,916
Faserfeinheit	4 <= x <= 5	5,000	4,900	4,880
Faserfestigkeit	65 <= x <= 75	65,000	66,000	65,800
Kosten	**minimal**	**38,548**	39,000	39,800
Mehrkosten gegenüber optimaler Lösung		**in c/lb**	**0,452**	**1,252**
		in %	**1,17**	**3,25**

Bei kritischer Analyse des optimalen Ergebnisses wird man erfreut feststellen, daß keine der Minimal- und Maximalbegrenzungen verletzt worden sind, daß sich der Lösungsvorschlag also innerhalb der vorgegebenen Grenzen bewegt und somit akzeptabel ist. Unter diesen Bedingungen gibt es keine Baumwollmischung, die geringere Kosten als 38,55 c/lb verursacht.

❍ **Weitere Informationen**

- **Welche Beschränkung ist die Schlüsselrestriktion?** Diese Frage kann mit umseitiger Tabelle, in der die Restriktionen mit ihren Shadow Prices (Opportunitätskosten) übersichtlich dargestellt sind, beantwortet werden.

  Um die Shadow Prices aller drei Restriktionen vergleichen zu können, muß man die Werte in Klammer, bei denen die unterschiedlichen Restriktionsgrößen auf einen gemeinsamen Bezugswert gebracht wurden, heranziehen.

  Die **Schlüsselrestriktion** ist bei der hier vorliegenden Konstellation die **Faserlänge,** da sie den größten in Klammer gesetzten Shadow Price aufweist.

	Restriktionsbandbreite	Shadow Prices min	Shadow Prices max
Faser-länge	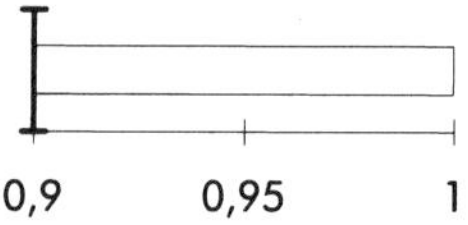	48 GE (0,48 GE)	
Faser-feinheit	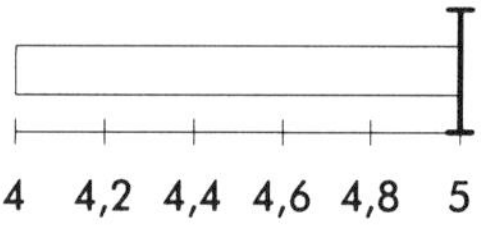		2,9 GE (0,29 GE)
Faser-festig-keit	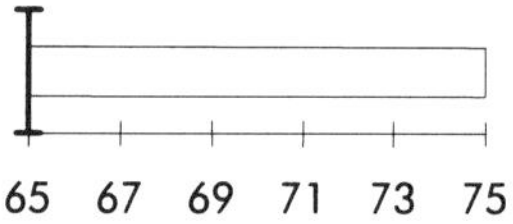	0,16 GE (0,16 GE)	

- **Sensibilitätsanalyse**

a) Sensibilität der Rohstoffkosten (Objective Function Coefficients)

Die Rohstoffart B (x2) darf nicht weniger als 43,077 und nicht mehr als 55 c/lb kosten, um das Mischungsverhältnis unverändert zu belassen. Für die anderen drei Rohstoffe (A, C, D) gilt sinngemäß die gleiche Interpretationsregel.

b) Sensibilität der RHS-Werte

Die RHS der zweiten Gleichung (Restriktion der Faserfeinheit) sagt aus, daß der sich bei der optimalen Mischung ergebende Faktor 5 zwischen 4,5 und 5,962 liegen könnte, ohne daß die optimale Mischungszusammensetzung eine Veränderung erfahren würde. Die zweite Restriktion (Faserfeinheit ≤ 5) stellt für die Lösung eine Schranke dar, weil das Ergebnis der Faserfeinheit in der Lösungsmatrix genau 5 ist. Dies erkennt man daran, daß in der Spalte "Slack Or Surplus" der

FB 10.9.

Wert 0 aufscheint. Der Shadow Price (siehe Results) zeigt an, daß der Zielfunktionswert um 2,903 c/lb fallen (bei Herabsetzung der RHS) bzw. steigen (bei Erhöhung der RHS) wird. Würde man also z.B. die RHS der Faserfeinheitsrestriktion auf 4,9 senken, verteuert sich die Mischung um 0,29 c/lb (weil 1/10 Sprung).

In der Sensibilitätsanalyse der RHS-Werte werden die Grenzen, innerhalb derer die Shadow Prices gültig sind, angegeben. Der Shadow Price der zweiten Gleichung gilt für RHS-Werte zwischen 4,5 und 5,962. Für die übrigen Restriktionsgleichungen gelten sinngemäß die gleichen Interpretationsregeln.

10.3. KOSTENMINIMALE, DECKUNGSBEITRAGS-MAXIMALE UND DURCHLAUFMINIMALE MASCHINENBELEGUNG

❍ Kosten- und durchlaufminimale Maschinenbelegung bei Auftragsfertigung

Eine kostenminimale aber auch durchlaufminimale Zuordnung von Aufträgen oder Produkten auf die verschiedenen Maschinen kann sehr effizient mit heuristischen Methoden (= Näherungsmethoden) durchgeführt werden, wie z.B.

- **Ungarische Methode (Flood'sches Zurechnungsverfahren)**
- **Frequenzverfahren nach Habr**
- **Vogel's Approximation Method**

Aus platztechnischen Gründen können diese Methoden hier nicht behandelt werden. Der interessierte Leser wird auf die umfangreiche Literatur im Kapitel 11.10. verwiesen. Eine besonders einfache Darstellung der heuristischen Methoden für händische Anwendung findet sich in:

Kralicek, Kennzahlen für Geschäftsführer, 4. Auflage 2001, 1280 Seiten, Ueberreuter

FB

Deckungsbeitragsmaximale Maschinenbelegung bei Serienfertigung

❍ Ausgangssituation

In einer Flaschenglasfabrik soll das gewinnmaximale Produktionsprogramm ermittelt werden. Sämtliche drei Flaschenarten (Wein-, Bier- bzw. Milchflaschen) können auf den zwei vorhandenen Maschinenstraßen gefertigt werden. Bekannt sind folgende Ausgangsdaten:

	Maschinen-straße	Flaschenart		
		Wein	Bier	Milch
Zeitverbrauch für 1.000 Flaschen in Maschinenstunden	1 2	2 2	1 2	4 3
Deckungsbeitrag für 1.000 Flaschen in GE	1 2	1.200 600	700 1.200	1.600 1.700

Die maximale Periodenkapazität der Maschinenstraße 1 beträgt 8.000 Stunden, die der Maschinenstraße 2 7.500 Stunden. Die maximale Absatzmenge beträgt 7000 Bier-, 2000 Wein- und 3000 Milchflaschen.

❍ Ausgangsmatrix

	x1	x2	x3	x4	x5	x6	
SP	Bier		Wein		Milch		RHS
Z1	Ma1	Ma2	Ma1	Ma2	Ma1	Ma2	
1	1	1	0	0	0	0	≤ 7.000
2	0	0	1	1	0	0	≤ 2.000
3	0	0	0	0	1	1	≤ 3.000
4	1	0	2	0	4	0	≤ 8.000
5	0	2	0	2	0	3	≤ 7.500
DB	**700**	**600**	**1.200**	**1.200**	**1.600**	**1.700**	**= MAX**

Zeilenlegende zur Ausgangsmatrix:

Zeile
1 Maximale Verkaufsbeschränkung für Bierflasche
2 Maximale Verkaufsbeschränkung für Weinflasche
3 Maximale Verkaufsbeschränkung für Milchflasche
4 Maximale Kapazitätsbeschränkung für Maschinenstraße 1
5 Maximale Kapazitätsbeschränkung für Maschinenstraße 2

❍ Ausgangsmatrix bei Verwendung der Erikson/Hall-Diskette

Die folgende Computer-Ausgangsmatrix ist inhaltlich ident mit der vorstehenden Ausgangsmatrix.

COMPUTER MODELS FOR MANAGEMENT SCIENCE

LINEAR PROGRAMMING fb1011.LPO 03-06-1996 - 16:47:07

-=*=- INFORMATION ENTERED -=*=-

NUMBER OF VARIABLES	:	6
NUMBER OF <= CONSTRAINTS	:	5
NUMBER OF = CONSTRAINTS	:	0
NUMBER OF >= CONSTRAINTS	:	0

MAX DB = 700 X1 + 600 X2 + 1200 X3 + 1200 X4 + 1600 X5 +
+ 1700 X6

SUBJECT TO:

1 X1 + 1 X2 + 0 X3 + 0 X4 + 0 X5 + 0 X6 <= 7000
0 X1 + 0 X2 + 1 X3 + 1 X4 + 0 X5 + 0 X6 <= 2000
0 X1 + 0 X2 + 0 X3 + 0 X4 + 1 X5 + 1 X6 <= 3000
1 X1 + 0 X2 + 2 X3 + 0 X4 + 4 X5 + 0 X6 <= 8000
0 X1 + 2 X2 + 0 X3 + 2 X4 + 0 X5 + 3 X6 <= 7500

❍ Hauptergebnisse der Flaschenfabrik

Bei Verwendung des Erikson/Hall-Programmes erhält man nach zirka einer Sekunde folgende Lösung ausgedruckt:

-=*=- RESULTS -=*=-

VARIABLE	VARIABLE VALUE	ORIGINAL COEFFICIENT	COEFFICIENT SENSITIVITY
X1	7000	700	0
X2	0	600	666.667
X3	500	1200	0
X4	1500	1200	0
X5	0	1600	666.667
X6	1500	1700	0

FB 10.10.

CONSTRAINT NUMBER	ORIGINAL RIGHT-HAND VALUE	SLACK OR SURPLUS	SHADOW PRICE
1	7000	0	133.333
2	2000	0	66.667
3	3000	1500	0
4	8000	0	566.667
5	7500	0	566.667

OBJECTIVE FUNCTION VALUE: 9850000

Das Ergebnis läßt sich in bezug auf Maschinenbelegung wie folgt interpretieren:

1. Das gewinnmaximale Produktionsprogramm setzt sich aus
   - 7,0 Mio Bierflaschen
   - 2,0 Mio Weinflaschen
   - 1,5 Mio Milchflaschen

   zusammen. Die Bierflaschen sollen zur Gänze auf Maschinenstraße 1, die Milchflaschen zur Gänze auf Maschinenstraße 2 gefertigt werden. 0,5 Mio Weinflaschen sollen auf die Maschinenstraße 1 gelegt werden, die restlichen 1,5 Mio Weinflaschen auf die Maschinenstraße 2.

2. Beide Maschinenstraßen sind zu 100% ausgelastet (Slack Or Surplus = 0). Die Opportunitätskosten (Shadow Prices) sind in beiden Engpaß-Maschinenstraßen mit 566,67 GE je Stunde gleich hoch.

❍ **Sensibilitätsanalyse**

– SENSITIVITY ANALYSIS –

OBJECTIVE FUNCTION COEFFICIENTS

VARIABLE	LOWER LIMIT	ORIGINAL COEFFICIENT	UPPER LIMIT
X1	566.667	700	NO LIMIT
X2	NO LIMIT	600	1266.667
X3	866.667	1200	1466.667
X4	1133.333	1200	1533.333
X5	NO LIMIT	1600	2266.667
X6	1200	1700	1800

FB 10.10.

RIGHT-HAND-SIDE VALUES

CONSTRAINT NUMBER	LOWER LIMIT	ORIGINAL VALUE	UPPER LIMIT
1	4000	7000	8000
2	500	2000	4250
3	1500	3000	NO LIMIT
4	7000	8000	11000
5	3000	7500	12000

—— END OF ANALYSIS ——

Die Sensibilitätsanalyse gibt in bezug auf die Maschinenbelegung folgende Information:

1. Die Periodenkapazität der Maschinenstraße 1 kann von ursprünglich 8.000 Stunden zwischen 7.000 und 11.000 Stunden schwanken, ohne daß sich an den Opportunitätskosten etwas ändert.
2. Bei der Maschinenstraße 2 kann die ursprüngliche Periodenkapazität von 7.500 Maschinenstunden zwischen 3.000 und 12.000 Stunden schwanken, ohne daß sich an den Opportunitätskosten etwas ändert.

10.4. KOSTENMINIMALE MISCHUNGEN: EIGENERZEUGUNG VERSUS FREMDBEZUG

FB

Kostenminimale Mischungen mit verschiedenen Beschränkungen und Fremdbezugsmöglichkeit

FB 10.11.

❍ **Ausgangssituation**

Eine Mühle erzeugt drei Mehlsorten, und zwar:

❍ R500,
❍ R960 und
❍ R2500.

Die Bezeichnungen der Mehlsorten entsprechen ihrem Aschengehalt (= Maß für die Feinheit des Mehls). Aus mahltechnischen Gründen muß der Gesamtaschengehalt des Mahlgutes 1.100 betragen. Der Gesamtaschengehalt ist ein gewogenes Mittel der einzelnen Aschengehalte. Wenn also z.B.

- 80,5 t R500-Mehl,
- 350,0 t R960-Mehl und
- 69,5 t R2500-Mehl

gemahlen werden, beträgt der **Aschengehalt**:

$$\frac{(80{,}5 \times 500)+(350 \times 960)+(69{,}5 \times 2500)}{80{,}5+350+69{,}5}=\frac{550000}{500}=\mathbf{1100}$$

Diese Mühlenbelegung wäre zulässig. Es ist aber z.B. nicht möglich, nur R500-Mehl zu erzeugen, da der Gesamtaschengehalt dann nur 500 betragen würde.

Es ist bekannt, daß aus einer Tonne Roggen 800 kg Mehl gewonnen werden können. Zur Herstellung einer Tonne Mehl benötigt man also 1,25 t Roggen.

Aufgrund von gesetzlichen Bestimmungen darf die Mühle nicht mehr als 500 t Roggen im Monat vermahlen. Diese gesetzliche Obergrenze darf zwar überschritten werden, es muß aber eine Übermahlungsabgabe (Strafgebühr) bezahlt werden. Diese beträgt bei einer Übermahlung von bis zu 2% (=10 t) 1.200 GE je Tonne und bei einer Übermahlung von bis zu 4% (= 20 t) bereits 2.000 GE je Tonne, wobei diese erhöhte Abgabe dann für die gesamte Übermahlungsmenge gezahlt werden muß.

Weitere Kosten fallen an:

Einstandspreis je Tonne Roggen .... 4.000 GE
variable Gemeinkosten je Tonne Mehl .... 350 GE

Der Monatsbedarf der einzelnen Mehlsorten beträgt:

R500 ..... 70 t
R960 ... 360 t
R2500 ... 60 t

Die einzelnen Mehlsorten können auch zugekauft werden. Der Bedarf muß aufgrund von Verträgen genau abgedeckt werden. Kann die Mühle also nicht den gesamten Bedarf einer Mehlsorte selbst herstellen, so muß der Rest zugekauft werden.

Ausgehend von diesen bekannten Informationen soll eine DB-maximale Mühlenbelegung erstellt werden.

Für jede Mehlsorte wird ein Vektor für die Eigenmahlung, Übermahlung bis 2 bzw. 4% und den Fremdbezug benötigt, da verschiedene Deckungsbeiträge je Tonne Mehl anfallen. Die Ermittlung dieser Deckungsbeiträge wird in der folgenden Tabelle veranschaulicht.

Mehlsorte	Verkaufspreis	abzüglich		DB 1	abzüglich Übermahlungsabgabe bis		DB 2	DB 3
		EP Roggen	variable Gemeinkosten		2%	4%		
R500	10.000	5.000	350	4.650	1.500	2.500	3.150	2.150
R960	8.500	5.000	350	3.150	1.500	2.500	1.650	650
R2500	8.000	5.000	350	2.650	1.500	2.500	1.150	150

❍ Ausgangsmatrix

Die Ausgangsmatrix für das Mühlenoptimierungsprogramm ist nebenstehend abgebildet. Die Erläuterungen zu den einzelnen Zeilen werden auf der übernächsten Seite gegeben.

FB 10.11.

Ausgangsmatrix für Mühlenoptimierung

Spalte / Zeile	x1	x2	x3	x4	x5	x6	x7	x8	x9		RHS	
	Eigenmahlung			Übermahlung 2%/4%			Fremdbezug				bei Übermahlung	
	R500	R960	R2500	R500	R960	R2500	R500	R960	R2500		2%	4%
1	1,25	1,25	1,25							≤	500	500
2				1,25	1,25	1,25				≤	10	20
3	1			1			1			=	70	70
4		1			1			1		=	360	360
5			1			1			1	=	60	60
6	500	960	2.500	500	960	2.500	1.100	1.100	1.100	=	539.000	539.000
DB: 2%	4.650	3.150	2.650	3.150	1.650	1.150	3.200	1.660	100	=	Maximum	
DB: 4%	4.650	3.150	2.650	2.150	650	150	3.200	1.660	100	=		Maximum

❍ **Erklärung der Zeilen:**

Zeile 1 stellt sicher, daß die gesetzliche Vermahlungsobergrenze von 500 t nicht überschritten wird. Die erzeugten Mehlmengen müssen mit 1,25 multipliziert werden, um auf die zur Herstellung notwendige Roggenmenge zu kommen.

Zeile 2 regelt die Übermahlungsabgaben. Die Optimierung wird sowohl für die Übermahlung von bis zu 2% (=10 t) als auch für eine Übermahlung von bis zu 4% (=20 t) durchgeführt. Anschließend vergleicht man die beiden Gesamtdeckungsbeiträge, und erhält so die optimale Übermahlungsmenge. Die optimale Übermahlungsmenge ist jene, bei welcher der Gesamtdeckungsbeitrag am höchsten ist.

Die Zeilen 3 bis 5 sind die Bedarfsgleichungen für die einzelnen Mehlsorten. Die Gesamtmenge aus Eigenmahlung, Übermahlung und Fremdbezug muß gleich dem jeweiligen Bedarf sein.

Zeile 6 gewährleistet, daß der Gesamtaschengehalt des Mahlgutes 1.100 beträgt. Man erhält sie aus der zuvor beschriebenen Formel zur Ermittlung des Gesamtaschengehaltes. Die entsprechende Gleichung ist auf der nächsten Seite abgebildet.

$$\frac{\overbrace{(x1 + x4)}^{\text{insgesamt von R500-Sorte gemahlene Menge}} \times 500 + \overbrace{(x2 + x5)}^{\text{insgesamt von R960-Sorte gemahlene Menge}} \times 960 + \overbrace{(x3 + x6)}^{\text{insgesamt von R2500-Sorte gemahlene Menge}} \times 2.500}{\underbrace{(x1 + x4) + (x2 + x5) + (x3 + x6)}_{\text{Gesamtmenge des gemahlenen Mehls}}} = 1.100$$

Obige Gleichung kann für die lineare Optimierung nicht verwendet werden, da die Gesamtmenge des Mahlgutes von vornherein nicht bekannt ist. Es ist daher notwendig die Gesamtmenge des fremdbezogenen Mehls (x7+x8+x9) in die Gleichung mit einzubeziehen. Das fremdbezogene Mehl soll aber das gewogene Mittel der einzelnen Aschengehalte nicht verändern, man ordnet ihm daher den gewünschten Mittelwert 1.100 zu. Die entsprechende Gleichung ist auf der nächsten Seite abgebildet.

FB 10.11.

$$\frac{(x1+x4)\times 500+(x2+x5)\times 960+(x3+x6)\times 2.500+\overbrace{(x7+x8+x9)}^{\text{fremd-bezogenes Mehl}}\times 1.100}{\underbrace{\underbrace{(x1+x4)+(x2+x5)+(x3+x6)}_{\text{selbstgemahlenes Mehl}}+\underbrace{(x7+x8+x9)}_{\text{fremdbezogenes Mehl}}}_{\text{Gesamtbedarf}}}=1.100$$

Der Gesamtbedarf ist aber bekannt:

70 t R500 + 360 t R960 + 60 t R2500 = 490 t
Die Gleichung wird also mit 490 multipliziert.

$$(x1+x4)\times 500+(x2+x5)\times 960+(x3+x6)\times 2.500+(x7+x8+x9)\times 1.100 =$$
$$= 1.100\times 490 = 539.000$$

Obige Gleichung entspricht jetzt der Zeile 6 der Ausgangsmatrix der linearen Optimierung.

❍ Lösungsmatrix und Interpretation bei zweiprozentiger Übermahlung

Lösungsmatrix (Erikson/Hall)

-=*=- RESULTS -=*=-

VARIABLE	VARIABLE VALUE	ORIGINAL COEFFICIENT	COEFFICIENT SENSITIVITY
X1	62	4650	0
X2	280	3150	0
X3	58	2650	0
X4	8	3150	0
X5	0	1650	0
X6	0	1150	0
X7	0	3200	276.624
X8	80	1660	0
X9	2	100	0

CONSTRAINT NUMBER	ORIGINAL RIGHT-HAND VALUE	SLACK OR SURPLUS	SHADOW PRICE
1	500	0	1269.091
2	10	0	69.091
3	70	0	2719.481
4	360	0	902.857
5	60	0	657.143
6	539000	0	.688

OBJECTIVE FUNCTION VALUE: 1482200

Läßt man eine **zweiprozentige Übermahlung** zu, so ergibt sich eine vorläufig **optimale** Mühlenbelegung:

Mehl-sorte	**Mengen in Tonnen Mehl**		
	Eigen-mahlung	**Über-mahlung (2%)**	**Fremd-bezug**
R500	62	8	0
R960	280	0	80
R2500	58	0	2

Der Gesamt-DB beträgt 1.482.200 GE.

Obwohl fremdbezogenes R500-Mehl einen um 50 GE höheren DB hat als das durch Übermahlung hergestellte, scheint es im Optimierungsprogramm nicht auf. In der Zeile x7 (R500, Fremdbezug) der Results wird der Minder-DB (Coefficient Sensitivity) ausgewiesen. Das R500-Mehl aus Fremdbezug müßte einen um 276,62 GE höheren DB/t erzielen, um im optimalen Programmvorschlag berücksichtigt zu werden.

In der Zeile 3 (R500-Monatsbedarf) werden die Opportunitätskosten (Shadow Price) ausgewiesen. Ein Mehrbedarf von einer Tonne R500-Mehl würde den Gesamtdeckungsbeitrag um 2.719,48 GE erhöhen.

❍ Lösungsmatrix und Interpretation bei vierprozentiger Übermahlung

Abschließend wird überprüft, ob durch eine vierprozentige Übermahlung ein besseres Ergebnis erzielt werden kann. Die relevante Zielfunktionszeile ist jetzt DB: 4%, in der Zeile 2 wird die RHS von 10 auf 20 geändert. Mit diesen Änderun-

FB 10.11.

gen **ergibt sich wieder eine vorläufig optimale Mühlenbelegung:**

Mehlsorte	Mengen in Tonnen Mehl		
	Eigenmahlung	Übermahlung (4%)	Fremdbezug
R500	54,0	16,0	0,0
R960	287,3	0,0	72,7
R2500	58,7	0,0	1,3

Der Gesamt-DB beträgt nur mehr 1.481.509 GE, ist also um 691 GE geringer als bei einer zweiprozentigen Übermahlung.

Eine Übermahlung zahlt sich jetzt nicht mehr aus, obwohl übermahltes R2500-Mehl einen um 50 GE höheren DB als fremdbezogenes hat.

Daher ist die Mühlenbelegung mit einer zweiprozentigen Übermahlung endgültig optimal.

10.5. ANGEWANDTE SIMULATION

Durch die Simulation von Betriebsabläufen können manche Rationalisierungsmaßnahmen gefunden und in ihrer Auswirkung überprüft werden. Dadurch lassen sich Flops vermeiden, weil man praktisch ohne geringsten Geldeinsatz im Sandkasten probiert. Man vergleicht in Ruhe die Ergebnisse der verschiedenen Simulationsvarianten und realisiert dann jene, die der Zielvorstellung am nächsten kommt. Manchmal gilt es mehrere Ziele, die sich gegenseitig konkurrenzieren, zu optimieren. Solche Zielkonflikte gibt es z.B. im Lagerbereich aber auch in vielen anderen Bereichen wie Produktionsplanung, Investitionsrechnung, Eigenfertigung versus Fremdbezug usw. Im Lagerbereich sind folgende Zielkonflikte vorgegeben:

- Die Verkäufer wünschen ein möglichst hohes Lager, um jederzeit liefern zu können.
- Der Finanzchef strebt einen niedrigen Lagerbestand an, um möglichst liquide zu sein.
- Der Controller möchte einerseits wegen der Kapitalbindung und der damit verbundenen Fremdkapitalzinsen niedrige Lagerbestände, andererseits will er aber auch Rabatte ausnutzen, was die Lagerhaltung wieder erhöht.

Ein berühmter deutscher Mathematiker sagte einmal:

"Wenn ich nicht mehr weiter kann, fang' ich zu simulieren an."

Er meint damit, daß man schon bei der Lösung kleiner und mittelgroßer Probleme mit Formeln rasch an die Grenzen des Machbaren stößt.

Die Simulationstechnik als Instrument zur Lösung komplexer Probleme erfreut sich immer größerer Beliebtheit und setzt sich daher in der Praxis in den verschiedensten Facetten durch. In diesem Kapitel wird die Simulationstechnik in folgenden Anwendungsbereichen vorgestellt:

- Feasibility Study
- Warteschlangenproblem
- Lagerhaltungs-Simulation
- Risikoanalyse für Investition

10.5.1. Feasibility Study

Unter Feasibility Study wird eine Durchführbarkeitsstudie verstanden. Sie wird in der Regel nur bei Großprojekten (z.B. große Investitionsvorhaben, Einführung einer neuen Produktreihe usw.) angewendet, weil die Kosten einer solchen Studie sehr hoch sind.

Die Feasibility Study führt Lösungsversuche durch, wobei mehrere Varianten eines Vorentwurfes erarbeitet und deren Vor- und Nachteile aufgezeigt werden.

Durch eine Grobplanung erfolgt die Festlegung der technischen Ausstattung, die Ermittlung des Material,- Energie- und Personalbedarfes, unter Berücksichtigung behördlicher Auflagen und sonstiger Restriktionen bzw. Rahmenbedingungen (Umwelt, Strom, Gesetze usw.) in der Weise, daß die wirtschaftlichen Aussichten des Vorhabens beurteilt werden können.

Durch eine Feasibility Study wird also festgestellt,

- ob die gestellte Aufgabe durchführbar ist,
- welche alternativen Möglichkeiten sich anbieten,

- wie hoch der Kapitalbedarf sein wird,
- welche Rendite des eingesetzten Kapitals erwartet werden darf
- usw.

Ein hoher Detaillierungsgrad wird nur in jenen Analysebereichen vorgenommen, die für die Entscheidungsfindung (durchführen oder nicht) notwendig erscheinen.

FB

Feasibility Study über die Umsatzerwartung eines neu zu gründenden Fahrradverleihes

FB 10.12.

❍ Ausgangssituation

Ein Investor überlegt, einen automatisierten Fahrradverleih aufzubauen.

Geplant sind fünf Stationen à 36 Räder, die innerhalb einer größeren Stadt aufgestellt werden sollen. Die Räder werden mittels Bankomat- oder Kreditkarte aus der personallos betriebenen Station geholt und können an derselben oder einer der vier anderen Stationen zurückgegeben werden.

Die einzelnen Stationen sind über Telefonleitung mit der Zentrale verbunden und steuern so die Verrechnung über die jeweilige Kreditkarte.

Für die Wirtschaftlichkeitsrechnung ist ein realistischer (= tatsächlich möglicher) Umsatz notwendig. Durch Simulation soll ein realistischer Umsatz ermittelt und dieser jenem Umsatz gegenübergestellt werden, der sich rechnerisch ohne Verwendung der Simulationstechnik ergeben würde.

❍ Strukturierung für Berechnung der Umsatz-Forecasts

Um eine **Umsatzerwartung** zu berechnen, wurden **folgende Annahmen** getroffen:

1. Es gibt vier "Radlertypen", nämlich den W-, X-, Y- und Z-Radlertyp. Sie unterscheiden sich einerseits durch die Entlehndauer, und damit durch den Erlös, und andererseits dadurch, ob sie ihr Fahrrad an derselben Station oder an

einer anderen zurückgeben. Wie sich die Radlertypen genau voneinander unterscheiden, wird in der folgenden Tabelle veranschaulicht.

Radlertyp	Entlehn-dauer	Rückgabe beim selben Entlehnungsort	Rückgabe beim anderen Entlehnungsort
W	4 Tg.	100%	0%
X	1 h	20%	80%
Y	4 h	100%	0%
Z	1 Tg.	100%	0%

2. Die Verteilung der einzelnen Radlertypen auf das unterstellte Tagespotential kann für alle sechs Szenarien aus folgender Tabelle entnommen werden.

Verteilungstabelle

Szenarien	Radlertyp W 4 Tg.	X 1 Std.	Y 4 Std.	Z 1 Tg.	unterstellte Tages-potentiale
1	20%	20%	45%	15%	180
2	20%	20%	45%	15%	270
3	10%	20%	55%	15%	180
4	10%	20%	55%	15%	270
5	5%	20%	60%	15%	180
6	5%	20%	60%	15%	270

3. Es kann mit folgenden Erlösen je Entlehnakt gerechnet werden:

Radler-typ	Entlehn-dauer	Erlös je Entlehnung
Typ W:	4 Tage	400 GE je Entlehnung
Typ X:	1 h	20 GE je Entlehnung
Typ Y:	4 h	50 GE je Entlehnung
Typ Z:	12 h	100 GE je Entlehnung

4. Der **Wetterfaktor**, also jener Faktor, mit dem das Ergebnis der Umsatzerwartung multipliziert werden muß, um zu einem realistischen Ergebnis zu gelangen, wurde mit **68%** gemäß umseitiger drei Tabellen errechnet.

FB 10.12.

Die **erste Tabelle** ist eine **Klimadatenanalyse der Zentralanstalt für Meteorologie und Geodynamik**. Im Kopf der Tabellen stehen die Temperaturen in Grad Celsius, in den einzelnen Zeilen der ersten Spalte die Niederschlagsdauer in Stunden. Die Matrixelemente sind Promillesätze.

Die **zweite Tabelle** zeigt auf, **mit wieviel Prozent des optimalen Potentials** an den einzelnen Tagen - abhängig von Temperatur und Niederschlag - **erfahrungsgemäß gerechnet werden kann**.

Die **dritte Tabelle zeigt das Ergebnis aus der Verknüpfung der Tabellen 1 und 2 auf**.

Tab1: Klimadatenanalyse (Durchschnitt der letzten zehn Jahre)

	-2	0	2	5	10	15	20	25	30	35	
kein	57	30	31	82	116	114	138	138	55	2	**763**
1	2	1	4	7	11	15	21	6	2	1	**70**
2	3	0	3	6	9	8	11	6	0	0	**46**
3	2	1	3	4	9	7	11	2	0	0	**39**
4	0	0	2	3	6	5	8	2	0	0	**26**
5	1	1	2	4	4	3	3	1	0	0	**19**
>5	3	3	5	5	7	10	4	0	0	0	**37**
	68	**36**	**50**	**111**	**162**	**162**	**196**	**155**	**57**	**3**	**1.000**

Tab2: Mit diesen Prozentsätzen des optimalen Potentials (Radinteressenten) kann erfahrungsgemäß gerechnet werden

	-2	0	2	5	10	15	20	25	30	35
kein	0%	10%	30%	50%	95%	100%	100%	95%	90%	10%
1	0%	8%	15%	30%	75%	80%	80%	75%	65%	0%
2	0%	5%	8%	10%	55%	60%	60%	55%	45%	0%
3	0%	2%	4%	5%	35%	40%	40%	35%	15%	0%
4	0%	0%	2%	2%	15%	20%	20%	15%	5%	0%
5	0%	0%	0%	0%	50%	10%	10%	5%	0%	0%
>5	0%	0%	0%	0%	0%	0%	0%	0%	0%	0%

Tab3: Ergebnistabelle (Tab1 * Tab2)

	-2	0	2	5	10	15	20	25	30	35	
kein	0	3	9,3	41	110,2	114	138	131,1	49,5	0,2	**596**
1	0	0,08	0,6	2,1	8,25	12	16,8	4,5	1,3	0	**46**
2	0	0	0,24	0,6	4,95	4,8	6,6	3,3	0	0	**20**
3	0	0,02	0,12	0,2	3,15	2,8	4,4	0,7	0	0	**11**
4	0	0	0,04	0,06	0,9	1	1,6	0,3	0	0	**4**
5	0	0	0	0	2	0,3	0,3	0,05	0	0	**3**
>5	0	0	0	0	0	0	0	0	0	0	**0**
	0,0	**3,1**	**10,3**	**44,0**	**129,5**	**134,9**	**167,7**	**140,0**	**50,8**	**0,2**	**680**

68%

Die Ergebnistabelle zeigt auf, daß wetterbedingt nur in 68% der möglichen Fälle tatsächlich Radentlehnungen vorgenommen werden.

5. **Alle relevanten Planprämissen auf einen Blick:**

	Szenarien	
	1	**2**
Simulationstage/Woche	7	7
Anzahl der Stationen	5	5
Räder/Station	36	36
Stellplätze/Station	24	24
tägl. Potential	180	270
Radlertypen	W / X / Y / Z	W / X / Y / Z
Verteilung in %	20/20/45/15	20/20/45/15
Rückgabe am selben Ort	100/20/100/100	100/20/100/100
Wetterfaktor	68%	68%
Betriebszeiten	7h - 18h	7h - 18h

	Szenarien	
	3	**4**
Simulationstage/Woche	7	7
Anzahl der Stationen	5	5
Räder/Station	36	36
Stellplätze/Station	24	24
tägl. Potential	180	270
Radlertypen	W / X / Y / Z	W / X / Y / Z
Verteilung in %	10/20/55/15	10/20/55/15
Rückgabe am selben Ort	100/20/100/100	100/20/100/100
Wetterfaktor	68%	68%
Betriebszeiten	7h - 18h	7h - 18h

FB 10.12.

	Szenarien	
	5	6
Simulationstage/Woche	7	7
Anzahl der Stationen	5	5
Räder/Station	36	36
Stellplätze/Station	24	24
tägl. Potential	180	270
Radlertypen	W / X / Y / Z	W / X / Y / Z
Verteilung in %	5/20/60/15	5/20/60/15
Rückgabe am selben Ort	100/20/100/100	100/20/100/100
Wetterfaktor	68%	68%
Betriebszeiten	7h - 18h	7h - 18h

❍ **Berechnung der Entlehnungsakte und Wochenerlöse**

Die Errechnung der Entlehnungsakte und Wochenerlöse wird auf zwei verschiedene Arten durchgeführt, und zwar

- **ohne** Simulation
- **mit** Simulation

❍ **Entlehnungsakte und Wochenerlöse ohne Simulation**

Bei der Berechnung der Entlehnungsakte ohne Simulation wird das unterstellte Tagespotential gemäß der Soll-Verteilung des jeweiligen Szenarios auf die einzelnen Radlertypen verteilt, und anschließend mit dem dazugehörigen Erlös/Entlehnakt multipliziert.

Dieser Vorgang wird in nachstehender Rechnung am Beispiel von Szenario 1 demonstriert:

unterstelltes Tagespotential: 180
Verteilung der Radlertypen (W/X/Y/Z): 20%/20%/45%/15%

Daraus ergibt sich folgende Absolutverteilung der einzelnen Radlertypen:

Radlertyp W: 20% von 180: 36
Radlertyp X: 20% von 180: 36
Radlertyp Y: 45% von 180: 81
Radlertyp Z: 15% von 180: 27
Gesamtes Potential: **180**

Anschließend werden die einzelnen Entlehnungsvorgänge mit dem jeweiligen Verkaufspreis multipliziert:

Radlertyp W:	36	*	400GE	=	14.400GE
Radlertyp X:	36	*	20GE	=	720GE
Radlertyp Y:	81	*	50GE	=	4.050GE
Radlertyp Z:	27	*	100GE	=	2.700GE
Gesamter Tageserlös:					21.870GE
hochgerechnet auf eine Woche					153.090GE
multipliziert mit dem Wetterfaktor von 68%					**104.101GE**

Der Gesamtwochenerlös für Szenario 1 ohne Simulation beträgt also 104.101GE.

In nachstehender Tabelle sind die (zu hohen) Erlöse aller sechs Szenarien zusammengefaßt, wie sie ohne Simulationstechnik errechnet würden:

	Szenarien		
Werte in GE	**1**	**2**	**3**
Erlös Radler Typ W	100.800	151.200	50.400
Erlös Radler Typ X	5.040	7.560	5.040
Erlös Radler Typ Y	28.350	42.525	34.650
Erlös Radler Typ Z	18.900	28.350	18.900
Σ Erlös ohne Wetterfaktor	153.090	229.635	108.990
Σ Erlös mit Wetterfaktor	**104.101**	**156.152**	**74.113**
Anzahl der Entlehnvorgänge	1.260	1.890	1.260

	Szenarien		
Werte in GE	**4**	**5**	**6**
Erlös Radler Typ W	75.600	25.200	37.800
Erlös Radler Typ X	7.560	5.040	7.560
Erlös Radler Typ Y	51.975	37.800	56.700
Erlös Radler Typ Z	28.350	18.900	28.350
Σ Erlös ohne Wetterfaktor	163.485	86.940	130.410
Σ Erlös mit Wetterfaktor	**111.170**	**59.119**	**88.679**
Anzahl der Entlehnvorgänge	1.890	1.260	1.890

Bei Verzicht auf die Simulationstechnik wird nicht berücksichtigt, ob überhaupt genug Räder zu Verfügung stehen, um das gesamte Nachfrage-Potential ausnützen zu können. Dadurch bedingt kommt man zu einem unrealistisch hohen Gesamtumsatz. Das Unreale ist auch daran erkennbar, daß die Ergebnisse bei gleicher Soll-Verteilung der einzelnen Radlertypen bei unterschiedlichen Tagespotentialen linear hochgerechnet werden können (z.B. Szenarien 5 und 6, 3 und 4 bzw. 1 und 2).

❍ **Entlehnungsakte und Wochenerlöse mit Simulation**

• **Der Simulationsablauf**

Nach der Eingabe der entsprechenden Funktionsparameter bestimmt das Programm durch Zufallszahlen die tatsächliche Verteilung gemäß der Soll-Verteilung für den jeweiligen Durchlauf.
Anschließend wird für jeden Entlehnungsakt der Entlehnungszeitpunkt, unter Berücksichtigung des jeweiligen Radlertypes bestimmt (Ein Y-Radler zum Beispiel, der sich ein Rad für vier Stunden leiht, muß sein Rad vor 14 Uhr ausborgen, da er es sonst nicht mehr zurückgeben kann).

Nachdem das Potential für alle Simulationstage auf die einzelnen Radlertypen verteilt und einem Entlehnungszeitpunkt zugewiesen worden ist, überprüft das Programm, ob dieser Entlehnungsakt überhaupt realisierbar ist. Wenn kein Rad mehr in der jeweiligen Station vorhanden ist, storniert das Programm den Auftrag.

Anschließend fragt das Simulationsprogramm, ob Anfangsbestände und Aufträge für die Simulation geladen werden sollen. Dies ist deshalb nötig, da sonst die Simulation mit z.B. 36 Rädern in allen Stationen beginnt. Es wird daher jede Simulation zweimal durchgeführt. Einmal, um zu einer realistischen Ausgangsposition zu gelangen, und ein zweites Mal, wobei die Endbestände der ersten Simulation die Ausgangsposition für den ersten Tag der Simulation bilden.

Anschließend werden die Ergebnisse der Simulation entweder auf dem Drucker oder dem Bildschirm ausgegeben.

Ablaufdiagramm auf der nächsten Seite!

FB 10.12.

❍ Ablaufdiagramm zur Fahrradverleih-Simulation

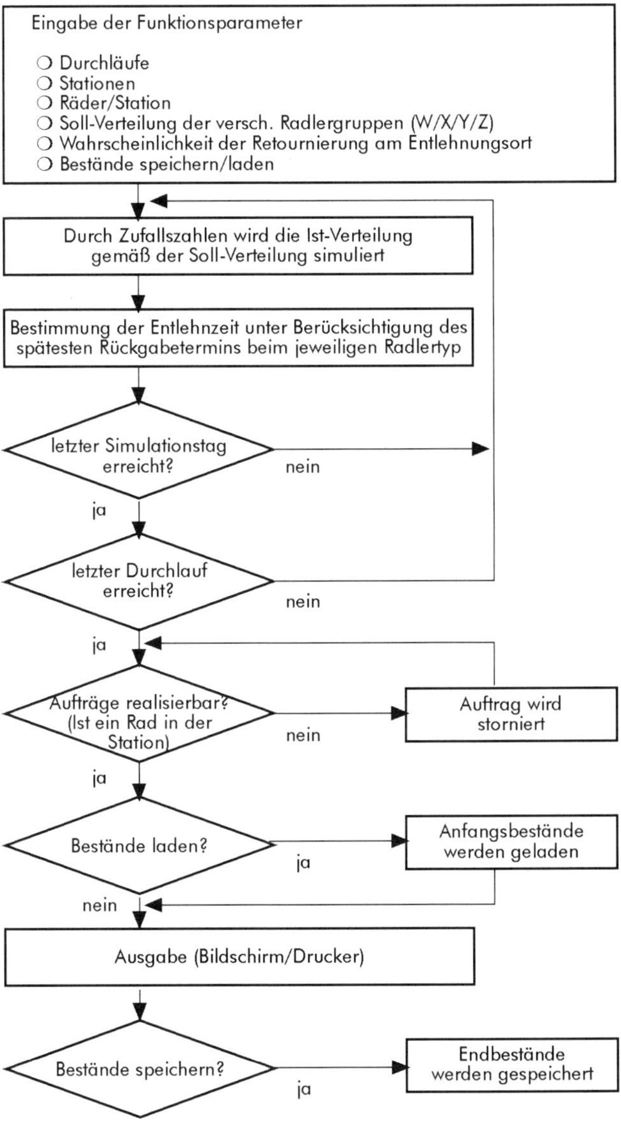

FB 10.12. Hier ist als Beispiel ein Simulationsausdruck von Szenario 6 für die erste Station.

❍ Simulationsprotokoll für Szenario 6

Stationen: 5

Räder/Station: 36

Anzahl der Entlehnvorg./Tag: 270

Durchläufe: 1.000

Station 1:

Tag 1:

	A	B	C
7 h :	6	6	0
8 h :	0	1	1
9 h :	0	0	0
10 h :	0	0	0
11 h :	0	4	4
12 h :	0	1	1
13 h :	0	1	1
14 h :	0	0	0
15 h :	0	1	7
16 h :	6	1	2
17 h :	7	1	3
18 h :	9	0	12

Tag 2:

	A	B	C
7 h :	21	13	0
8 h :	8	5	0
9 h :	3	4	1
10 h :	0	1	1
11 h :	0	4	4
12 h :	0	7	7
13 h :	0	3	3
14 h :	0	1	1
15 h :	0	1	4
16 h :	3	1	5
17 h :	7	1	4
18 h :	10	0	9

Tag 3:

	A	B	C
7 h :	19	12	1
8 h :	8	5	1
9 h :	4	4	0
10 h :	0	1	1
11 h :	0	4	4
12 h :	0	4	4
13 h :	0	3	3
14 h :	0	1	1
15 h :	0	1	4
16 h :	3	2	3
17 h :	4	1	4
18 h :	7	0	8

Tag 4:

	A	B	C
7 h :	15	13	0
8 h :	2	2	0
9 h :	0	0	0
10 h :	0	0	0
11 h :	0	4	4
12 h :	0	2	2
13 h :	0	1	1
14 h :	0	0	0
15 h :	0	1	4
16 h :	3	0	1
17 h :	4	1	0
18 h :	3	0	9

Tag 5:

	A	B	C
7 h :	12	12	0
8 h :	0	0	0
9 h :	0	0	0
10 h :	0	0	0
11 h :	0	4	4
12 h :	0	1	1
13 h :	0	0	0
14 h :	0	0	0
15 h :	0	1	2
16 h :	1	1	1
17 h :	1	1	1
18 h :	1	0	8

Tag 6:

	A	B	C
7 h :	9	9	0
8 h :	0	0	0
9 h :	0	0	0
10 h :	0	0	0
11 h :	0	3	3
12 h :	0	2	2
13 h :	0	0	0
14 h :	0	0	0
15 h :	0	1	3
16 h :	2	3	2
17 h :	1	0	1
18 h :	2	0	6

FB 10.12.

(Fortsetzung des Simulationsprotokolls)

Tag 7:

	A	B	C
7 h :	8	8	0
8 h :	0	0	0
9 h :	0	0	0
10 h :	0	0	0
11 h :	0	4	4
12 h :	0	1	1
13 h :	0	0	0
14 h :	0	0	0
15 h :	0	1	3
16 h :	2	1	1
17 h :	2	1	0
18 h :	1	0	4

A = Räder in der Station
B = Entlehnungen
C = Retournierungen

❍ Wochenerlöse bei Simulation

Hier sind die Wochenerlöse sämtlicher fünf Stationen des Simulationsprogrammes für alle sechs Szenarien zusammengefaßt. **In der untersten Zeile werden zum Vergleich die Erlöse der Umsatzberechnung ohne Simulation aufgezeigt.**

	Szenarien		
Werte in GE	**1**	**2**	**3**
Erlös Radler Typ W	87.200	94.400	48.800
Erlös Radler Typ X	4.060	3.960	4.740
Erlös Radler Typ Y	23.150	20.450	32.000
Erlös Radler Typ Z	18.900	21.700	18.600
Σ Erlös ohne Wetterfaktor	133.310	140.510	104.140
Σ Erlös mit Wetterfaktor	**90.651**	**95.547**	**70.815**
Anzahl der Entlehnvorgänge	1.073	1.060	1.185
Σ Erlös mit Simulation	**104.101**	**156.152**	**74.113**

Die Wochenerlöse der Szenarien 4 bis 6 sind auf der nächsten Seite abgebildet.

FB 10.12.

Werte in GE	Szenarien		
	4	5	6
Erlös Radler Typ W	55.200	22.000	28.800
Erlös Radler Typ X	5.480	4.240	5.880
Erlös Radler Typ Y	36.850	33.900	41.600
Erlös Radler Typ Z	26.400	18.800	26.800
Σ Erlös ohne Wetterfaktor	123.930	78.940	103.080
Σ Erlös mit Wetterfaktor	**84.272**	**53.679**	**70.094**
Anzahl der Entlehnvorgänge	1.413	1.133	1.466
Σ Erlös ohne Simulation	**111.170**	**59.119**	**88.679**

Es zeigt sich, daß die Umsatzerlöse, die durch das Simulationsprogramm errechnet werden, deutlich unter jenen liegen, die ohne Simulation berechnet worden sind.

Deutlich wird das, wenn man die erfüllten Aufträge der einzelnen Szenarien - mit und ohne Simulation - vergleicht.

Erfüllte (realisierte) Aufträge	**Szenarien**					
	1		**2**		**3**	
Entlehnungen	**mit Sim.**	**ohne Sim.**	**mit Sim.**	**ohne Sim.**	**mit Sim.**	**ohne Sim.**
Radler Typ W	218	252	236	378	122	126
Radler Typ X	203	252	198	378	237	252
Radler Typ Y	463	567	409	851	640	693
Radler Typ Z	189	189	217	284	186	189
Gesamt	**1.073**	**1.260**	**1.060**	**1.890**	**1.185**	**1.260**

Erfüllte (realisierte) Aufträge	**Szenarien**					
	4		**5**		**6**	
Entlehnungen	**mit Sim.**	**ohne Sim.**	**mit Sim.**	**ohne Sim.**	**mit Sim.**	**ohne Sim.**
Radler Typ W	138	189	55	63	72	95
Radler Typ X	274	378	212	252	294	378
Radler Typ Y	737	1.040	678	756	832	1.134
Radler Typ Z	264	284	188	189	268	284
Gesamt	**1.413**	**1.890**	**1.133**	**1.260**	**1.466**	**1.890**

FB 10.12.

❍ **Interessante Zusatzinformationen bei Simulation**

Wird ein Simulationsprogramm verwendet, gibt es noch einige interessante Zusatzinformationen über den Realbetrieb eines automatisierten Fahrradverleihes.

	Szenarien					
	1	2	3	4	5	6
Anzahl der nicht erfüllbaren Entlehnungen	187	830	75	477	127	424
Probleme bei der Radrückgabe (Station voll!)	12	28	143	32	666	573
Rückgabe nicht am Entlehnungsort	124	130	138	189	133	179

Man sieht also, daß es nicht nur Stationen gibt, die leer sind und an denen man daher manchmal kein Rad borgen kann, sondern daß es auch öfters vorkommt, daß man zu einer Station kommt, sein Rad zurückgeben will, diese aber voll ist.

Besonders bei den Szenarien 5 und 6 taucht dieses Problem verhältnismäßig oft auf. Dies hängt damit zusammen, daß der W-Radlertyp, also derjenige, der sein Rad für vier ganze Tage ausborgt, in diesen Szenarien nur zu fünf Prozent vertreten ist und daher weniger Räder für längere Zeit ausgeborgt sind.

Außerdem bewirken diejenigen Räder, die nicht am Ort ihrer Entlehnung (also in allen Szenarien ca. 80% der X-Radler) zurückgegeben werden, eine schlechte Verteilung der Räder auf die Stationen.

10.5.2. Warteschlangenprobleme

Stauungen und Warteschlangen treten in der betrieblichen Praxis sehr häufig auf.

❍ **Typische Warteschlangen-Anwendungen**

- Bedienung von Kunden an Bankschaltern, Postschaltern oder Supermarktkassen.
- Stauungen von Fahrzeugen vor Baustellen oder Verkehrsampeln.

- Warten von Engpaß-Produktionsmaschinen auf dringend notwendige Instandhaltungsarbeiten.
- Warten von Arbeitern vor Material- und Werkzeugausgabestellen oder vor Bauaufzügen usw.

Immer dann, wenn Personen oder Güter darauf warten, bedient oder abgefertigt zu werden, spricht man von Warteschlangen oder Stauungen.

Die Warteschlangenprobleme sind in der betrieblichen Praxis aus folgenden zwei Gründen wichtig:

1. Gibt es zu wenige Servicestellen (z.B. Kassen), dann werden die Schlangen zu lang, die Kunden werden unzufrieden und suchen teilweise beim nächsten Einkauf einen anderen Supermarkt auf.
2. Sind zu viele Servicestellen vorhanden, entstehen unnötige Kosten, die das Gesamtergebnis der Unternehmung verschlechtern.

Beide Situationen sind unwirtschaftlich und daher unerwünscht. Auf ein gesundes Mittelmaß kommt es an. Das festzustellen ist Aufgabe der Warteschlangenoptimierung.

Warteschlangenprobleme werden nach den verschiedenen Kriterien **untergliedert**, z.B.:

- **Einkanalsysteme** (Eine Schlange nach jeder Servicestelle)
- **Mehrkanalsysteme** (Eine Schlange wird von zwei oder mehreren Servicestellen bedient) usw.

Wenn der Charakter der Schlange bekannt ist, kann das Problem mathematisch analysiert werden. Der Charakter der Schlange wird durch folgende Parameter bestimmt:

- Zugangs-Charakteristik
- Abgangs-Charakteristik
- Anzahl der Bedienstellen (z.B. Kassen)
- Schlangendisziplin

Bei ganz einfach gelagerten Problemen kann die Lösung durch die analytische Methode erzielt werden.

FB

Warteschlangen vor Supermarktkassen

❍ Ausgangssituation

Ein Supermarkt hat derzeit fünf Kassen geöffnet. Die Kunden sind teilweise ungeduldig und glauben, zu lange warten zu müssen. Seitens der Geschäftsleitung wird daher die Öffnung einer sechsten Kassa erwogen. Über die Wirtschaftlichkeit einer solchen Maßnahme ist man sich noch nicht einig. Es soll daher nachvollziehbar errechnet werden, ob die Öffnung einer sechsten Kassa wirtschaftlich ist oder nicht.

❍ Lösung durch analytischen Ansatz

- **Zugangscharakteristik**

Zunächst muß eine **Analyse über die Ankunftsraten der Kunden vor den Kassen** durchgeführt werden (Zugangs-Charakteristik). Dies geschieht durch entsprechende Erhebungen über einen gewissen Zeitraum hinweg.

Ergebniszusammenfassung der Erhebung vor den Kassen (Zugangs-Charakteristik)

Zeitspanne in Sekunden, bis sich der nächste Kunde an einer der Kassen anstellt	Durchschnittszeitspanne in Sek. (t_i)	Anzahl der Kunden, die sich in der jeweiligen Zeitspanne anstellen	relative Häufigkeit (h_i)	t_i x h_i
0 - 20	10	218	0,482	4,82
21 - 40	30	156	0,345	10,35
41 - 60	50	59	0,131	6,53
61 - 80	70	12	0,027	1,86
81 - 100	90	6	0,013	1,19
101 - 120	110	1	0,002	0,24
Summe		**452**	**1,000**	**25,00**

Es stellt sich durchschnittlich alle 25 Sekunden ein Kunde an einer der fünf Kassen an. Pro Minute treffen also durchschnitt-

FB 10.13.

lich 2,4 (= 60/25) Kunden ein. Diesen Quotienten bezeichnet man als mittlere Ankunftsrate (a).

Soll das Problem mit den nachfolgenden Formeln und Tabellen gelöst werden, muß die tatsächliche Verteilung durch eine geeignete Exponentialverteilung angenähert werden. Man wählt die Exponentialverteilung so, daß ihr Mittelwert gleich der mittleren Ankunftsrate a ist (hier: 2,4). Die folgende Graphik stellt die Exponentialverteilung der tatsächlichen Verteilung gegenüber. Die Annäherung kann als mittelgut bezeichnet werden.

Gegenüberstellung: Exponentialverteilung - tatsächliche Verteilung bei Zugangs-Charakteristik

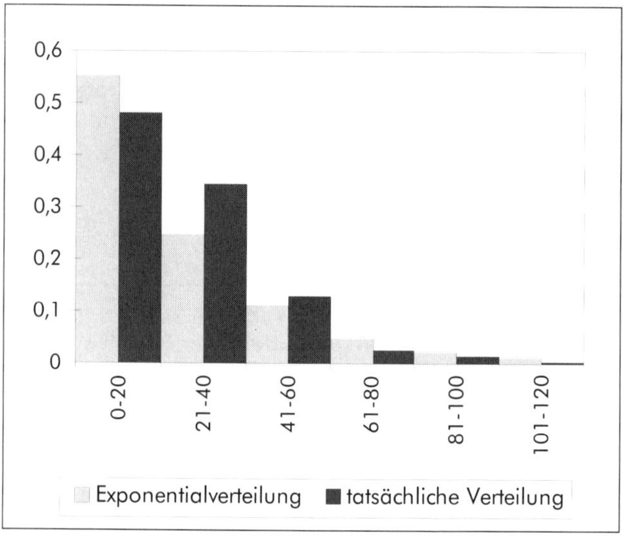

- **Abgangs-Charakteristik**

Anschließend ist auch die Dauer des Kassiervorganges (Servicerate) zu erheben und zu analysieren. Diesen Vorgang nennt man Abgangs-Charakteristik.

FB 10.13.

Ergebniszusammenfassung der Erhebung über die Dauer des Kassiervorganges (Abgangs-Charakteristik)

Dauer des Kassiervorganges in Minuten	Durchschnittsdauer in Min. (t_i)	Anzahl der Kunden, bei denen der Kassiervorgang die jeweilige Länge hat	relative Häufigkeit (h_i)	$t_i \times h_i$
0 - 1	0,5	101	0,337	0,17
1 - 2	1,5	89	0,297	0,45
2 - 3	2,5	46	0,153	0,38
3 - 4	3,5	31	0,103	0,36
4 - 5	4,5	18	0,060	0,27
5 - 10	7,5	15	0,050	0,38
Summe		**300**	**1,000**	**2,00**

Ein Kassiervorgang dauert im Durchschnitt zwei Minuten. **Pro Minute werden also durchschnittlich 0,5 (=1/2) Kunden bedient. Diesen Quotienten bezeichnet man als mittlere Servicerate (s).**

Gegenüberstellung: Exponentialverteilung - tatsächliche Verteilung bei Abgangs-Charakteristik

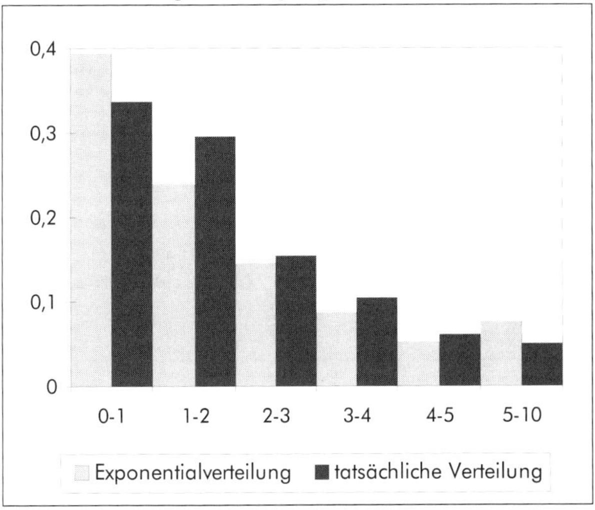

Auch hier kann die Annäherung der Exponentialverteilung als mittelgut klassifiziert werden.

❍ **Graphische Darstellung des Ist-Zustandes**

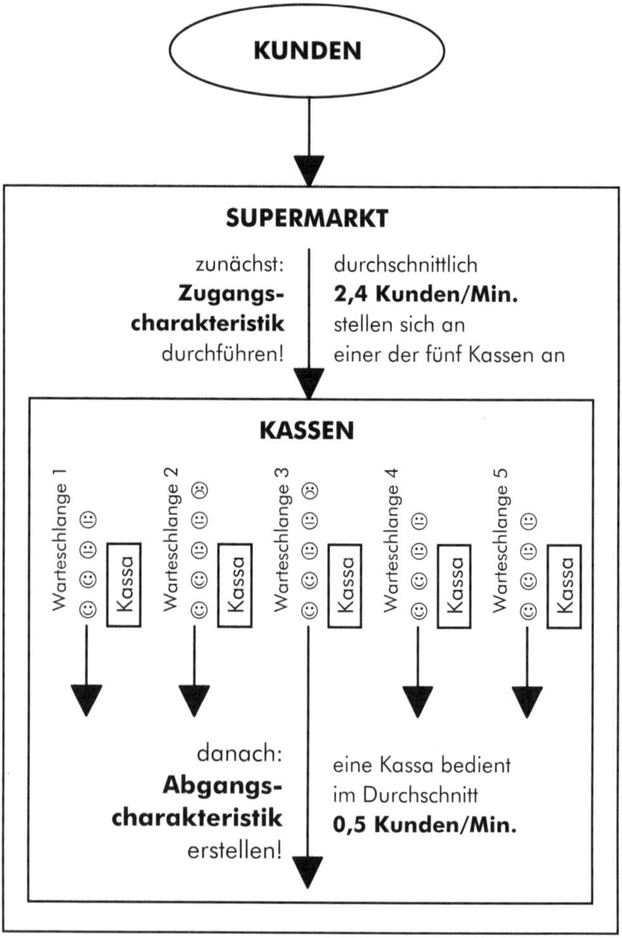

FB 10.13.

❍ Berechnung der durchschnittlichen Warteschlangenlänge bei Unterstellung einer Exponentialverteilung

Läßt sich die tatsächliche Ankunfts- bzw. Serviceverteilung einigermaßen gut durch eine Exponentialverteilung annähern, dann kann die durchschnittliche Warteschlangenlänge mit Hilfe von Formeln berechnet werden.

Man benötigt dazu den **Quotienten aus der mittleren Ankunftsrate (a) und der mittleren Servicerate (s).**

$$\frac{a}{s} = \frac{2{,}4}{0{,}5} = \mathbf{4{,}8}$$

Die nächstgrößere ganze Zahl dieses Quotienten gibt an, wieviele Kassen (allgemein: Servicestellen) mindestens benötigt werden, damit die Warteschlange nicht unentwegt wächst. Die Kassen müssen im Durchschnitt mehr Kunden bedienen, als sich an den Kassen anstellen, sonst wird die Schlange immer länger.

Außerdem benötigt man den **Auslastungsgrad (g) der Kassen**, der sich wie folgt ergibt.

$$g = \frac{a}{s \times \text{Anzahl der Servicestellen (= Kassen)}}$$

Bei fünf geöffneten Kassen beträgt der Auslastungsgrad 0,96 (= 96%), bei sechs Kassen nur mehr 0,8 (= 80%).

Die Formeln zur Berechnung der durchschnittlichen Warteschlangenlänge lauten:

$$H_1 = \sum_{i=0}^{n-1} \frac{1}{i!} \left(\frac{a}{s}\right)^i \qquad H_2 = \frac{1}{n!} \left(\frac{a}{s}\right)^n \frac{1}{1 - g}$$

$$L = \frac{H_1}{H_1 + H_2} \times \frac{g}{1 - g}$$

wobei:

- n Anzahl der Servicestellen (hier: Kassen)
- H_1, H_2 Hilfsfaktoren
- L durchschnittliche Warteschlangenlänge

FB 10.13.

Bei fünf geöffneten Kassen (n=5) ergibt sich also durch Einsetzen in obige Formeln:

$$H_1 = \sum_{i=0}^{4} \left(\frac{2,4}{0,5}\right)^i =$$

Nach Berechnung des Quotienten und Auflösung der Summe ergibt sich:

$$= \frac{1}{0!} \cdot 4,8^0 + \frac{1}{1!} \cdot 4,8^1 + \frac{1}{2!} \cdot 4,8^2 + \frac{1}{3!} \cdot 4,8^3 + \frac{1}{4!} \cdot 4,8^4 =$$

Nach Berechnung der Fakultäten (Achtung: 0! = 1) und Potenzen ergibt sich:

$$= \frac{1}{1} + \frac{4,8}{1} + \frac{23,04}{2} + \frac{110,592}{6} + \frac{530,8416}{24} = \mathbf{57,8704}$$

$$\mathbf{H_2} = \frac{1}{5!}\left(\frac{2,4}{0,5}\right)^5 \frac{1}{1-0,96} = \frac{1}{120} \cdot 4,8^5 \cdot \frac{1}{0,04} = \mathbf{530,8416}$$

$$\mathbf{L} = \frac{530,8416}{57,8704 + 530,8416} \cdot \frac{0,96}{1-0,96} = 21,641 \approx \mathbf{22\ Kunden}$$

❍ **Wichtiger Hinweis:**

Die berechnete Warteschlangenlänge ist die durchschnittliche Gesamtlänge aller fünf Warteschlangen. Im Durchschnitt warten 22 Kunden auf fünf Kassen verteilt. Vor jeder einzelnen Kassa warten also im Schnitt zirka vier bis fünf Kunden.

❍ **Tabellen für durchschnittliche Warteschlangenlänge bei verschiedenen Quotienten "a/s" und Servicestellen**

Die folgenden Tabellen beinhalten die durchschnittlichen Warteschlangenlängen für verschiedene Quotienten (a/s) aus mittlerer Ankunftsrate (a) und mittlerer Servicerate (s) sowie Servicestellen.

FB 10.13.

❍ Tabellen für durchschnittliche Warteschlangenlänge auf Basis "Exponentialverteilung"

a/s	Anzahl der Servicestellen	
	1	2
0,05	0,003	0,000
0,10	0,011	0,000
0,15	0,026	0,001
0,20	0,050	0,002
0,25	0,083	0,004
0,30	0,129	0,007
0,35	0,188	0,011
0,40	0,267	0,017
0,45	0,368	0,024
0,50	0,500	0,033
0,55	0,672	0,045
0,60	0,900	0,059
0,65	1,207	0,077
0,70	1,633	0,098
0,75	2,250	0,123
0,80	3,200	0,152
0,85	4,817	0,187
0,90	8,100	0,229
0,95	18,050	0,277
1,00	-	0,333

a/s	Anzahl der Servicestellen (hier: Kassen)			
	2	3	4	5
1,0	0,333	0,045	0,007	0,001
1,1	0,477	0,066	0,011	0,002
1,2	0,675	0,094	0,016	0,003
1,3	0,951	0,130	0,023	0,004
1,4	1,345	0,177	0,032	0,006
1,5	1,929	0,237	0,045	0,009
1,6	2,844	0,313	0,060	0,012
1,7	4,426	0,409	0,080	0,017
1,8	7,674	0,532	0,105	0,023
1,9	17,587	0,688	0,136	0,030
2,0	-	0,889	0,174	0,040
2,1	-	1,149	0,220	0,052
2,2	-	1,491	0,277	0,066
2,3	-	1,951	0,346	0,084
2,4	-	2,589	0,431	0,105
2,5	-	3,511	0,533	0,130
2,6	-	4,933	0,658	0,161
2,7	-	7,354	0,811	0,198
2,8	-	12,273	1,000	0,241
2,9	-	27,193	1,234	0,293

a/s	Anzahl der Servicestellen (hier: Kassen)						
	4	5	6	7	8	9	10
3,0	1,528	0,354	0,099	0,028	0,008	0,002	0,000
3,2	2,386	0,513	0,145	0,043	0,012	0,003	0,001
3,4	3,906	0,737	0,209	0,063	0,019	0,005	0,001
3,6	7,090	1,055	0,295	0,091	0,028	0,008	0,002
3,8	16,937	1,519	0,412	0,129	0,041	0,013	0,004
4,0	-	2,216	0,570	0,180	0,059	0,019	0,006
4,2	-	3,327	0,784	0,248	0,083	0,027	0,009
4,4	-	5,268	1,078	0,337	0,114	0,039	0,013
4,6	-	9,289	1,487	0,453	0,156	0,054	0,018
4,8	-	**21,641**	**2,071**	0,607	0,209	0,074	0,026
5,0	-	-	2,938	0,810	0,279	0,101	0,036
5,2	-	-	4,301	1,081	0,368	0,135	0,049
5,4	-	-	6,661	1,444	0,483	0,178	0,066
5,6	-	-	11,519	1,944	0,631	0,233	0,088
5,8	-	-	26,373	2,648	0,823	0,303	0,116
6,0	-	-	-	3,683	1,071	0,392	0,152
6,2	-	-	-	5,298	1,397	0,504	0,197
6,4	-	-	-	8,077	1,831	0,645	0,253
6,6	-	-	-	13,770	2,420	0,825	0,322
6,8	-	-	-	31,127	3,245	1,054	0,409

❍ Interpretation der Tabellenwerte

Der Warteschlangenwert 21,641 wurde auf der vorangegangenen Seite durch eine relativ anspruchsvolle Formel berechnet; deshalb ist er in nebenstehender Tabelle fett gedruckt. Er bedeutet, daß bei Öffnung von fünf Kassen die Warteschlange durchschnittlich 22 Kunden beträgt. Entschließt man sich zur Öffnung einer sechsten Kassa, reduziert sich die Warteschlange um beachtliche 20 Kunden auf durchschnittlich zwei Kunden.

❍ Durchschnittliche Wartezeit eines Kunden

Mit Hilfe der durchschnittlichen Warteschlangenlänge (L) und der mittleren Ankunftsrate (a) läßt sich auf einfache Weise die durchschnittliche Wartezeit eines Kunden (W) berechnen. Es gilt allgemein und daher auch für dieses Fallbeispiel:

$$\mathbf{W} = \frac{L}{a} = \frac{21{,}641}{2{,}4} = \mathbf{9\ Minuten}$$

Diese Formel scheint auf den ersten Blick unplausibel. Formt man sie jedoch um (L=W x a), wird sie verständlich: Ein Kunde wartet durchschnittlich W Minuten in der Schlange, pro Minute stellen sich aber a Kunden an den Kassen an. Die durchschnittliche Warteschlangenlänge ergibt sich daher aus der Multiplikation von W mit a.

❍ Wirtschaftlichkeitsrechnung unter Berücksichtigung der Warteschlangenerkenntnisse

Die Warteschlangenberechnungen haben nur dann einen praktischen Sinn, wenn die Ergebnisse in Wirtschaftlichkeitsberechnungen einfließen. Das soll jetzt geschehen.

Mit Hilfe der eingangs ermittelten Faktoren des Ist-Zustands

- mittlere Ankunftsrate a,
- mittlere Servicerate s,
- durchschnittliche Warteschlangenlänge L und
- durchschnittliche Wartezeit eines Kunden W

lassen sich Wirtschaftlichkeitsrechnungen für folgende Varianten durchführen:

1. **Ist die Eröffnung einer sechsten Kassa wirtschaftlich?**
2. **Ist das Einstellen eines qualifizierteren Kassenpersonals zu erwägen, das den Kassiervorgang um 10% verkürzt, aber 30% mehr Gehalt verlangt, wirtschaftlich?**

Folgende Daten sind bekannt:

Ø Umsatz/Verkaufsakt	in GE	100
Ø DBU-Faktor x)		0,3
Ø Deckungsbeitrag/Verkaufsakt (= relevanter Nutzenentgang/Verkaufsakt)	in GE	30
Öffnungstage im Jahr		300
Öffnungsstunden je Öffnungstag		10
Jahresfixkosten/Kassa:		
❍ Personalkosten	in 1.000 GE	400
❍ Sachkosten	in 1.000 GE	100
❍ Σ Fixkosten/Kassa p.a.	in 1.000 GE	500

x) DBU heißt Deckungsbeitrag in Prozent vom Umsatz. Ein DBU-Faktor von 0,3 bedeutet, daß je GE Umsatz ein Dekkungsbeitrag von 0,3 GE erwirtschaftet wird.

Die folgende Tabelle zeigt, wie viele Kunden wegen zu langer Wartezeiten ausbleiben und welche Deckungsbeiträge dem Supermarkt dadurch entgehen

❍ **DB-Entgang/Verkaufsakt bei verschiedenen Wartezeiten.**

Warte-zeit in Min.	**geschätztes Kundenverhalten**	**DB-Entgang**	
		in Prozent	**in GE pro Verkaufsakt**
<2	alle kommen wieder	0%	0,3
2-4	jeder 25. kommt halb so oft	2%	0,6
4-6	jeder 10. kommt halb so oft	5%	1,5
6-8	jeder 5. kommt halb so oft	10%	3,0
8-10	jeder 3. kommt halb so oft	16,67%	5,0
10-15	jeder 2. kommt halb so oft	25%	7,5
>15	jeder kommt halb so oft	50%	15,0

Für die Berechnung des jährlichen DB-Entgangs wird die durchschnittliche Wartezeit herangezogen. Bei einer angenommenen durchschnittlichen Wartezeit von einer Minute beträgt der DB-Entgang aber nicht 0 GE pro Verkaufsakt, da es sehr wohl einige Kunden geben wird, die länger als zwei Minuten warten müssen. Der DB-Entgang wird daher linear angenähert. Bei einer Durchschnittswartezeit von beispielsweise einer Minute erhält man daher einen Entgang von Deckungsbeiträgen in der Höhe von 0,3 GE pro Verkaufsakt.

❍ **Gegenüberstellung DB-Entgang/Verkaufsakt "errechnet versus linear angenähert"**

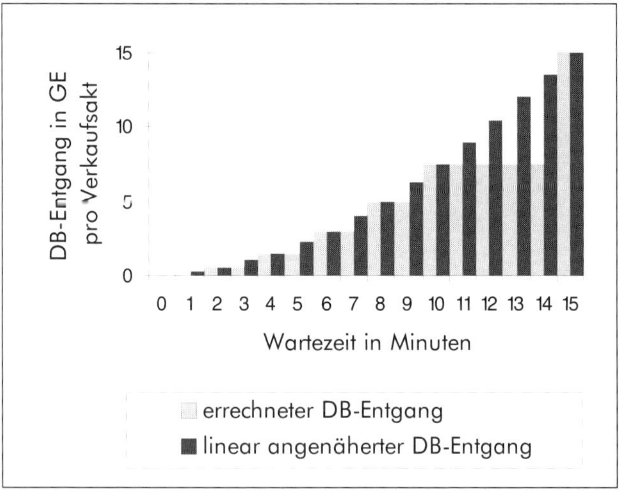

❍ **Berechnung der Verkaufsakte/Jahr**

Die Anzahl der getätigten Kundeneinkäufe bzw. Verkaufsakte pro Jahr lassen sich mit Hilfe der mittleren Ankunftsrate a (= 2,4 Kunden/Min.) berechnen.

(10 x 300) x (2,4 x 60) = **432.000 Verkaufsakte/Jahr**

In der folgenden Tabelle sind **die für die Durchführung der Wirtschaftlichkeitsberechnung notwendigen Daten zusammengefaßt.**

FB 10.13.

❍ **Alle relevanten Daten für die Wirtschaftlichkeitsberechnung auf einen Blick**

	Ausgangssituation (Ist-Zustand)	Variante 1 Eröffnen einer 6. Kassa	Variante 2 Flinkeres Kassenpersonal
Anzahl der geöffneten Kassen	5	6	5
mittlere Ankunftsrate a	2,4	2,4	2,4
Ø Dauer des Kassiervorganges	2	2	1,8
mittlere Servicerate s (s = 1/Ø Dauer des Kassiervorganges)	$\frac{1}{2} = 0{,}5$	$\frac{1}{2} = 0{,}5$	$\frac{1}{1{,}8} = 0{,}56$
Quotient a/s	$\frac{2{,}4}{0{,}5} = 4{,}8$	$\frac{2{,}4}{0{,}5} = 4{,}8$	$\frac{2{,}4}{0{,}56} = 4{,}32$
Ø Warteschlangenlänge L	21,64	2,07	4,3
Ø Wartezeit W eines Kunden in Min. (W = L/a)	$\frac{21{,}64}{2{,}4} = 9$	$\frac{2{,}07}{2{,}4} = 0{,}86$	$\frac{4{,}3}{2{,}4} = 1{,}8$
relevanter DB-Entgang in GE pro Verkaufsakt	**6,25**	**0,27**	**0,54**

Die Ergebnisse der beiden Varianten

❍ **Variante 1: Eröffnen einer 6. Kassa**

❍ **Variante 2: Keine 6. Kassa eröffnen, dafür flinkeres Kassenpersonal einstellen**

werden nebenstehend in Wirtschaftlichkeitsberechnungen verarbeitet.

❍ **Wirtschaftlichkeitsberechnung auf analytischer Basis**

FB 10.13.

❍ Variante 1: Eröffnen einer 6. Kassa

		Wirtschaftlichkeits-berechnung	Ist-Zustand Ausgangs-situation (fünf Kassen)	Variante 1 Eröffnen einer sechsten Kassa
		Relevanter DB-Entgang in GE		
		(= 6,25 * 432.000)	2.700.000	
		(= 0,27 * 432.000)		117.000
+		Sprungfixkosten für 6. Kassa p.a.	-	500.000
=		Gesamt in GE	2.700.000	617.000
			-617.000	◄
		Nettojahresnutzen bei Eröffnung einer sechsten Kassa	**2.083.000**	

Durch die Öffnung einer sechsten Kassa kann ein Zusatznutzen von 2,083 Mio GE p.a. erzielt werden. Variante 1 ist daher grundsätzlich wirtschaftlich. Eine endgültige Entscheidung kann erst getroffen werden, wenn auch die Variante 2 durchgerechnet worden ist.

❍ Variante 2: Keine 6. Kassa eröffnen, dafür flinkeres und teureres Kassenpersonal einstellen

	Wirtschaftlichkeits-berechnung	Ist-Zustand Ausgangs-situation (fünf Kassen)	Variante 2 Flinkeres Kassen-personal (fünf Kassen)
	Relevanter DB-Entgang in GE		
	(= 6,25 * 432.000)	2.700.000	
	(= 0,54 * 432.000)		233.000
+	30% höhere Kassenpersonal-kosten (400.000 GE*5)*0,3	-	600.000
=	Gesamt in GE	2.700.000	833.000
		-833.000	◄
	Nettojahresnutzen bei Benutzung der bestehenden fünf Kassen mit flinkerem Personal in GE	**1.867.000**	

Durch die Einstellung von flinkerem Kassenpersonal kann ein jährlicher Zusatznutzen von 1,867 Mio erzielt werden. Variante 2 ist daher grundsätzlich ebenfalls wirtschaftlich. Weil aber der gesamte relevante Jahresnutzen bei Variante 1 um 216.000 GE höher ist, sollte Variante 1 realisiert werden.

❍ Lösung durch Computersimulation

Der in Punkt a) behandelte **analytische Ansatz hat zwei Nachteile**:

1. **Das Zu- und Abgangsverhalten der Kunden muß durch eine Exponentialverteilung angenähert werden**, da es für andere Verteilungen keine einfachen Lösungsformeln gibt. **Eine genaue Annäherung** ist aber erfahrungsgemäß **fast nie möglich**.
2. **Die Berechnung des DB-Entgangs erfolgt mit der durchschnittlichen Wartezeit eines Kunden in der Schlange**. **Das ist** deshalb **problematisch**, da der DB-Entgang meistens nicht linear mit der Wartezeit ansteigt, sondern nach anderen Kriterien.

Bei der Simulation eines Warteschlangenproblems treten diese zwei Nachteile nicht auf. Es können beliebige Verteilungen, insbesonders die statistisch ermittelten tatsächlichen Verteilungen für das Zu- und Abgangsverhalten der Kunden gewählt werden. **Die Berechnung des DB-Entgangs erfolgt mit der tatsächlichen Wartezeit der einzelnen Kunden.**

❍ Kleines BASIC-Simulations-Programm

Der interessierte Leser kann beim Autor über den Verlag **kostenlos** jenes BASIC-Programm (Diskette) anfordern, das speziell für dieses Fallbeispiel geschrieben worden ist und das durch Adaptierung auch für andere Warteschlangenprobleme verwendet werden kann. Es gliedert sich in drei Teile und zwei Unterprogramme.

- In Programmteil 1 werden Konstante und Variable gesetzt und die Simulationsdauer festgelegt.
- In Programmteil 2 erfolgt die eigentliche Simulation. Der Programmablauf dieses Teils wird in dem nachfolgenden Flußdiagramm dargestellt.
- In Programmteil 3 erfolgt dann die Ergebnisausgabe.
- In den Unterprogrammen A und B wird das Zu- und Abgangsverhalten der Kunden festgelegt, im Unterprogramm C werden die Wartekosten ermittelt.

Programm-Ablauf

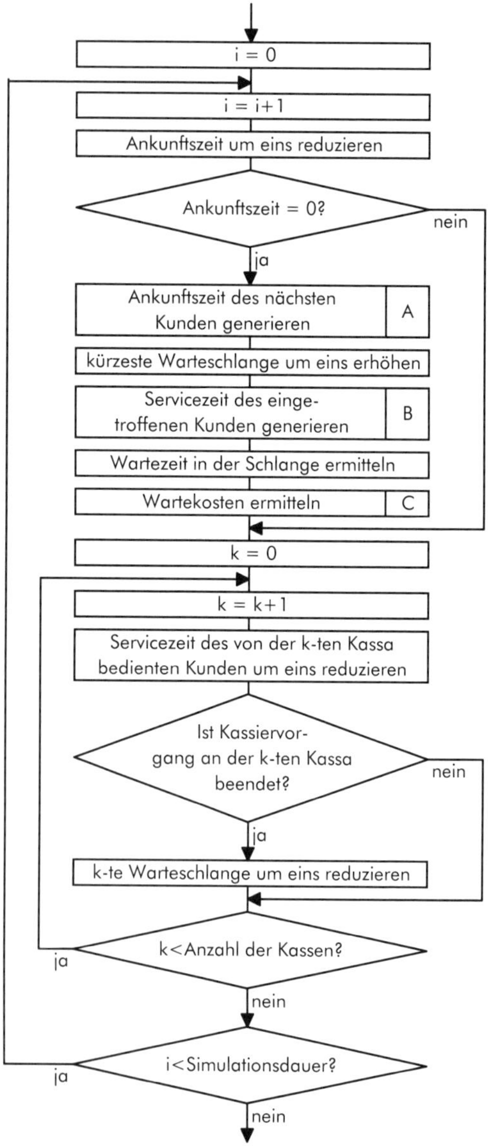

Die folgende Tabelle zeigt die Simulationsergebnisse der Ausgangssituation (fünf geöffnete Kassen) bei unterschiedlicher Simulationsdauer.

PC-Rechenzeit bei unterschiedlicher Simulationsdauer

Simulationsdauer in Monaten	∅ Warteschlangenlänge	∅ Wartezeit in Min.	∅ Wartekosten in GE pro Verkaufsakt	Rechenzeit in Sekunden eines 486-PCs
1	13,421	5,609	3,082	22
1	11,714	4,922	2,597	22
1	17,593	7,362	4,015	22
∅	**14,243**	**5,964**	**3,231**	**22**
3	14,848	6,204	3,316	66
3	14,328	5,968	3,259	66
3	12,680	5,305	2,854	66
∅	**13,952**	**5,826**	**3,143**	**66**
12	14,505	6,057	3,367	264
12	14,063	5,867	3,149	264
12	15,301	6,382	3,464	264
∅	**14,623**	**6,102**	**3,327**	**264**

Es wurden jeweils drei Simulationen durchgeführt, um beurteilen zu können, wie lange simuliert werden muß, damit die Ergebnisse nicht zu sehr schwanken. Die Ergebnisse zeigen, daß zwölf Monate (= ein Jahr) eine geeignete Simulationsdauer sind.

Die Rechenzeit verläuft völlig linear zur Simulationsdauer.

❍ Wirtschaftlichkeitsrechnung auf simulativer Basis

Die Simulationsergebnisse der Ausgangssituation und der beiden Varianten werden in umseitiger Tabelle zusammengefaßt.

FB 10.13.

Zusammenfassung der Simulationsergebnisse

	Ausgangs-situation	Variante 1	Variante 2
Ø Warteschlangenlänge (Kunden)	14,62	1,66	3,32
Ø Wartezeit eines Kunden in Min.	6,1	0,7	1,39
relevanter DB-Entgang in GE pro Verkaufsakt	**3,33**	**0,17**	**0,4**

Wirtschaftlichkeitsrechnung: Variante 1 (Eröffnen einer sechsten Kassa)

		Ist-Zustand Ausgangs-situation (fünf Kassen)	Variante 1 Eröffnen einer sechsten Kassa
	Relevanter DB-Entgang in GE		
	(= 3,33 * 432.000)	1.439.000	
	(= 0,17 * 432.000)		73.000
+	Sprungfixkosten für 6. Kassa p.a.	-	500.000
=	Gesamt in GE	1.439.000	573.000
		-573.000 ◄	
	Nettojahresnutzen bei Eröffnung einer sechsten Kassa	**866.000**	

Durch die Öffnung einer sechsten Kassa kann ein Zusatznutzen von 866.000 p.a. erzielt werden. Variante 1 ist daher grundsätzlich wirtschaftlich. Eine endgültige Entscheidung kann erst getroffen werden, wenn auch die Variante 2 durchgerechnet worden ist.

FB 10.13.

Wirtschaftlichkeitsrechnung: Variante 2 (Keine sechste Kassa eröffnen, dafür flinkeres Kassenpersonal)

		Ist-Zustand Ausgangs-situation (fünf Kassen)	Variante 2 Flinkeres Kassen-personal (fünf Kassen)
	Relevanter DB-Entgang in GE		
	(= 3,33 * 432.000)	1.439.000	
	(= 0,40 * 432.000)		173.000
+	30% höhere Kassenpersonal-kosten (400.000 GE*5)*0,3	-	600.000
=	Gesamt in GE	1.439.000	773.000
		-773.000	◄
	Nettojahresnutzen bei Benutzung der bestehenden fünf Kassen aber mit flinkerem Personal in GE	**666.000**	

Durch die Einstellung eines flinkeren Kassenpersonals kann gegenüber dem Ist-Zustand ein Zusatznutzen von 666.000 GE erzielt werden. Variante 2 ist daher grundsätzlich ebenfalls wirtschaftlich. Weil aber der gesamte Jahresnutzen bei Variante 1 um 200.000 GE höher ist als bei Variante 2, sollte Variante 1 realisiert werden.

❍ **Ergebnisvergleich: analytischer Ansatz – Simulation**

Die folgende Tabelle beinhaltet einen Ergebnisvergleich zwischen

❍ analytischem Ansatz

und

❍ Simulation.

FB 10.13.

❍ **Ergebnisvergleich:**

		analytischer Ansatz	**Simulation**
Ausgangs-situation	Ø Warteschlangenlänge	21,64	14,62
	Ø Wartezeit eines Kunden in Minuten	9	6,1
	relevanter DB-Entgang in GE pro Verkaufsakt	6,25	3,33
Variante 1	Ø Warteschlangenlänge	2,07	1,66
	Ø Wartezeit eines Kunden in Minuten	0,86	0,7
	relevanter DB-Entgang in GE pro Verkaufsakt	0,27	0,17
	Zusatznutzen p.a. gegenüber Ausgangssituation	2,083 Mio GE	0,866 Mio GE
Variante 2	Ø Warteschlangenlänge	4,3	3,32
	Ø Wartezeit eines Kunden in Minuten	1,8	1,39
	relevanter DB-Entgang in GE pro Verkaufsakt	0,54	0,4
	Zusatznutzen p.a. gegenüber Ausgangssituation	1,867 Mio GE	0,666 Mio GE

Die **großen Ergebnisunterschiede** werden durch die grobe Annäherung der Zu- und Abgangscharakteristik **bei der Exponentialverteilung** verursacht. **Trotzdem erweist sich die Variante 1 auch bei der analytischen Berechnungsmethode als die wirtschaftlichste**.

❍ **Erkenntnisse**

Der **analytische Ansatz** ist ein **hilfreiches Werkzeug** für eine **grobe Abschätzung der Rentabilität** von "Was-wäre-wenn"-Szenarien. Durch Schätzen der Parameter a (= mittlere Ankunftsrate) und s (= mittlere Servicerate) können auch ohne relativ aufwendige Statistiken über das Zu- und Abgangsverhalten der Kunden, Aussagen über die durchschnittliche Warteschlangenlänge und Wartezeit getroffen werden. **Ab einem Auslastungsgrad von 85% wird die Anwendung des analytischen Ansatzes problematisch**, da die Exponentialverteilung das tatsächliche Zu- und Abgangsverhalten der Kunden meist nur grob annähert. Die Ergebnisse sind aber bei solch hohen Auslastungsgraden sehr empfindlich gegenüber kleinen Änderungen der Ausgangsparameter.

Möchte man **genauere Aussagen über die Entwicklung der durchschnittlichen Warteschlangenlänge und Wartezeit** treffen, so muß das Problem mit **Computersimulation** gelöst werden. Die Zu- und Abgangs-Charakteristik sollte mit Hilfe von Statistiken genau erhoben und modelliert werden, um den Ist-Zustand des Systems möglichst gut anzunähern.

Warteschlangenprobleme mit Auslastungsgraden von mehr als 85% sollten unbedingt durch Simulation gelöst werden.

10.5.3. Risikoanalyse durch Simulation

❍ Anwendungsgebiete der Risikoanalyse

Die **beiden Hauptanwendungsbereiche** der Risikoanalyse sind

- ❍ die **Investitionsrechnung**
- ❍ die **Unternehmensbewertung auf Basis von Zukunftserfolgen**.

Manchmal läßt sich die Risikoanalyse auch **bei der Umsatzprognose** einsetzen, insbesondere dann, wenn Verkaufsmengen und Verkaufspreise je Mengeneinheit getrennt geplant werden.

❍ Warum Risikoanalyse?

Naturgemäß gibt es bei den einzelnen Planprämissen jeder Investitionsrechnung und Unternehmensbewertung auf Basis von Zukunftserfolgen immer gewisse Unsicherheiten, was die Erwartung dieser Werte betrifft. Hier kann die Risikoanalyse, die mittels Computersimulation durchgeführt wird, helfen, das Risiko transparent zu machen.

Der Harvard-Professor David Hertz hat sie entwickelt und im Jahre 1965 vorgestellt.

❍ Zielsetzung und Erläuterung

Prinzipiell untersucht die Risikoanalyse die einzelnen relevanten Erfolgskomponenten der Investition bzw. der Unternehmensbewertung, wie Investitionsausgaben (bzw. zu zahlender Unternehmenswert), Umsatz im ersten Jahr, Marktsteigerungsrate, Liquidationswert (bzw. Fortführungswert) am Ende der Betrachtungsdauer, variable Kosten/GE Umsatz, ausgabenwirksame Jahresfixkosten und wirtschaftliche Nutzungs- bzw. Betrachtungsdauer (eventuell auch Nachhaltigkeitsdauer der Gewinnerzielung). **Von allen Faktoren wird eine Wahrscheinlichkeitsverteilung verlangt. Aus jeder Verteilung greift der Computer mittels Zufallszahl einen beliebigen Wert heraus. Die Kombination dieser Werte ergibt eine bestimmte Kennzahl für die Vorteilskriterien der Investition bzw. des Unternehmenswertes (z.B. interner Zinsfuß, Kapitalwert usw.).** Der gleiche Vorgang wird sehr oft (z.B. 1.000 bis 4.000x) wiederholt und die Häufigkeit des Eintretens eines bestimmten internen Zinsfußes oder Kapitalwertes für das Vorteilskriterium gezählt. **Schließlich ergibt sich ein Risikoprofil, das bei richtiger Interpretation eine gute Entscheidungsgrundlage sein kann**.

FB

Risikoanalyse für Investitionsbeurteilung

FB 10.14.

❍ Ausgangssituation

Ein Investitionsprojekt wurde mit der klassischen internen Zinsfußmethode durchgerechnet. Es ergibt sich ein interner Zinsfuß vor Ertragsteuern von 32%. Weil die einzelnen Planprämissen unsichere Erwartungswerte haben, soll durch eine Risikoanalyse geprüft werden, ob das geplante Investitionsprojekt für eine Durchführung sicher genug ist.

❍ Berechnung

In der folgenden Tabelle werden die Planprämissen des Investitionsprojektes festgehalten. Für jeden der acht Eingabeparameter gibt es zwei Zeilen. In der ersten Zeile steht der jeweilige Wert in Geldeinheiten, in der zweiten (in Klammer) die geschätzte Eintrittswahrscheinlichkeit in Prozent. Die Summe der Eintrittswahrscheinlichkeiten muß immer 100% sein.

❍ Eingabeprotokoll

	pessimistisch	**wahrscheinlich**	**optimistisch**
Investitionsausgaben AV	5.000,00 (100%)		
Investitionsausgaben UV	0,00 (100%)		
Umsatz im 1. Jahr	9.682,00 (20%)	10.000,00 (60%)	10.412,00 (20%)
Marktsteigerungsrate % p.a.	4,00 (20%)	5,00 (60%)	6,00 (20%)
Liquidationswert der Investition	635,00 (20%)	1.000,00 (60%)	1.365,00 (20%)
Variable Kosten/ GE Umsatz	0,61 (20%)	0,60 (60%)	0,59 (20%)
Fixe Ausgaben (ohne FKZ) p.a.	3.020,00 (20%)	3.000,00 (60%)	2.980,00 (20%)
Nutzungsdauer in Jahren	5,00 (100%)		

Die Höhe der Investitionsausgaben für das Anlagevermögen (AV) und die Nutzungsdauer in Jahren sind sichere Größen. Deshalb gibt es hier nur einen Wert mit einer hundertprozentigen Eintrittswahrscheinlichkeit.

Investitionsausgaben für das Umlaufvermögen (UV) sind hier nicht relevant; daher Eingabewert null. Bei den übrigen fünf Eingabeparametern sind je drei verschiedene Werte nämlich ein pessimistischer, ein wahrscheinlicher und ein optimistischer Wert festgelegt worden. Die Eintrittswahrscheinlichkeiten wurden für sämtliche fünf Parameter gleichförmig mit 20% (pess.), 60% (wahrsch.) und 20% (opt.) festgelegt. Selbstverständlich hätte man - wenn notwendig - für jeden Eingabewert unterschiedliche Wahrscheinlichkeitsverteilungen wählen können.

FB 10.14.

❍ Zufallszahlen

Das Risikoanalyse-Programm ermittelt während eines Simulationsdurchlaufes acht Zufallszahlen (für jeden Eingabeparameter eine) zwischen 1 und 100. Je nach Größe der Zufallszahl ergibt sich jener Wert, der für diese eine Simulation herangezogen wird. Die folgende Tabelle veranschaulicht diesen Vorgang:

Variable	Werte und ihre Gewichtung 10% 20% 30% 40% 50% 60% 70% 80% 90%		
Investitionsausg. AV	5.000 (Zufallszahlen 1 - 100)		
Investitionsausg. UV	0 (ZZ 1-100)		
Umsatz im 1. Jahr in GE	**9.682** (ZZ 1-20)	**10.000** (ZZ 21-80)	**10.412** (ZZ 81-100)
Marktsteigerungsrate in % p.a.	**4%** (ZZ 1-20)	**5%** (ZZ 21-80)	**6%** (ZZ 81-100)
Liquidationswert	**635** (ZZ 1-20)	**1.000** (ZZ 21-80)	**1.365** (ZZ 81-100)
Variable Kosten / GE Umsatz	**0,61** (ZZ 1-20)	**0,60** (ZZ 21-80)	**0,59** (ZZ 81-100)
Fixe Ausgaben (ohne FKZ) p.a.	**3.020** (ZZ 1-20)	**3.000** (ZZ 21-80)	**2.980** (ZZ 81-100)
Nutzungsdauer in Jahren	**5** (ZZ 1-100)		

Die vom Programm erstellten acht Zufallszahlen lauten: 13, 66, 87, 73, 80, 8, 50, 46. Die dritte Zufallszahl (87) für den dritten Eingabeparamter (Umsatz im ersten Jahr in GE) liegt im Bereich zwischen 81 und 100. Deshalb nimmt das Programm hier den optimistischen Wert von 10.412 GE an.

Insgesamt stellen sich die simulierten Werte dieser einen Simulation, die als Berechnungsgrundlage herangezogen werden, wie folgt dar:

Variable	vom Programm ermittelte Zufallszahl	entsprechender Wert
Investitionsausg. AV	13	5.000
Investitionsausg. UV	66	0
Umsatz im 1. J. in GE	87	10.412
MSR in % p.a.	73	5%
Liquidationswert	80	1.000
Variable Ko./GE Ums.	8	0,61
Fixe Ausg. (o.FKZ) p.a.	50	3.000
Nutzungsdauer	46	5 Jahre

❍ Ermittlung des Cash-Flow und des internen Zinsfußes.

Mit den acht Eingabewerten wird zunächst der Deckungsbeitrag, dann nach Abzug der ausgabenwirksamen Fixkosten, der Cash-Flow und schließlich der interne Zinsfuß errechnet.

Die Cash-Flow-Berechnung erfolgt nach folgender Formel:

$$cf = \left(\text{Umsatz im 1. Jahr} \times \left(\frac{100 + \text{MSR in \%}}{100} \right)^{n-1} \times \left(1 - \text{Var. Kosten je GE Umsatz} \right) \right)$$

- Fixe Kosten (+ Liquidationserlös)
[nur im letzten Jahr]

Die internen Zinsfüße der einzelnen Simulationen (1.000 – 4.000) werden gespeichert und in ein Risikoprofil umgewandelt.

❍ Rechendauer, Anzahl der Simulationen und Genauigkeitsgrad

Ein 486-Rechner mit einer Taktfrequenz von 33 MHz (Arithmetik-Co-Prozessor ist hier integriert) benötigt folgende Rechenzeiten:

100 Simulationen .... 3 Sekunden
500 Simulationen ..... 20 - 30 Sekunden
1.000 Simulationen .... 1 Minute

FB 10.14.

Die Zeitdauer verläuft nicht linear zur Anzahl der gerechneten Simulationen, weil das Programm nach jeder Simulation das Ergebnis reiht. Diese Reihung dauert mit jeder zusätzlichen Simulation etwas länger. Durch die Reihung aller gerechneten internen Zinsfüße entsteht ein Risikoprofil, aus dem sich das Risiko der Investition ableiten läßt. Je mehr Simulationen durchgerechnet werden, desto realistischer ist das Ergebnis, was aber nicht heißen soll, daß stets 4.000 Durchläufe notwendig sind, um ein aussagefähiges Endergebnis zu erhalten. Dieses ist wohl schon nach rund 300 Simulationen zu erwarten. Zusätzliche Simulationen glätten aber den Ergebnisverlauf besser.

Merke:
Entscheidend für aussagefähige Ergebnisse ist die sorgfältige Berechnung bzw. Einschätzung der acht Eingabeparamter und ihre Gewichtung.

- **Ergebnisse nach 1.000 Simulationsdurchläufen**
- **Mit 70%, 80%, 90% bzw. 95% zu erwartender Kapitalrückfluß und interner Zinsfuß**

E R G E B N I S S E (nach 1.000 Iterationen)

Bei Eintrittswahrscheinlichkeit	70%	80%	90%	95%
Cash-Flow Jahr 1	1.000,00	852,80	852,80	872,80
Cash-Flow Jahr 2	1.200,00	1.046,44	1.046,44	1.066,44
Cash-Flow Jahr 3	1.410,00	1.249,76	1.249,76	1.269,76
Cash-Flow Jahr 4	1.630,50	1.463,25	1.463,25	1.483,25
Cash-Flow Jahr 5	2.497,03	3.052,41	2.687,41	2.342,41
Investitionsausgaben AV+UV	5.000,00	5.000,00	5.000,00	5.000,00
Kapitalrückfluß statisch (in Jahren)	3 - 4	4 - 5	4 - 5	4 - 5
Kapitalrückfluß dynamisch (15,4%)	> 5	> 5	> 5	> 5
Interner Zinsfuß in %	14,11	12,96	11,6	10,65

❍ Risikoprofil des internen Zinsfußes

Interner Zinsfuß von %	bis %	Wahrscheinlichkeit einzeln	kumuliert	Interpretation nach Professor KRELLE
<	4	0,00	**100,00**	völlig sicher
4	5	0,00	**100,00**	völlig sicher
5	6	0,10	**100,00**	völlig sicher
6	7	0,00	**99,90**	außerordentlich wahrscheinlich
7	8	0,60	**99,90**	außerordentlich wahrscheinlich
8	9	0,80	**99,30**	außerordentlich wahrscheinlich
9	10	2,20	**98,50**	außerordentlich wahrscheinlich
10	**11**	**3,30**	**96,30**	**außerordentlich wahrscheinlich**
11	**12**	**3,80**	**93,00**	**außerordentlich wahrscheinlich**
12	**13**	**9,70**	**89,20**	**sehr wahrscheinlich**
13	**14**	**8,30**	**79,50**	**recht wahrscheinlich**
14	**15**	**13,40**	**71,20**	**wahrscheinlich**
15	16	14,50	**57,80**	sehr möglich
16	17	11,70	**43,30**	immerhin möglich
17	18	11,60	**31,60**	unwahrscheinlich
18	19	5,00	**20,00**	recht unwahrscheinlich
19	20	6,80	**15,00**	sehr unwahrscheinlich
20	21	4,00	**8,20**	sehr unwahrscheinlich
21	22	2,10	**4,20**	außerordentlich unwahrscheinlich
22	23	1,10	**2,10**	außerordentlich unwahrscheinlich
23	24	0,90	**1,00**	außerordentlich unwahrscheinlich
24	25	0,00	**0,10**	außerordentlich unwahrscheinlich
25	26	0,10	**0,10**	außerordentlich unwahrscheinlich
26	27	0,00	**0,00**	völlig unmöglich
>	27	0,00	**0,00**	völlig unmöglich

FB 10.14.

Das Ergebnisblatt enthält folgende Informationen:

1. **Wie wird der investitionsrelevante Cash-Flow während der Nutzungsdauer** mit 70%, 80%, 90% bzw. 95% Wahrscheinlichkeit **fließen**?

2. **Wie hoch sind die Investitionsausgaben** für Anlage- und Umlaufvermögen?

3. **Nach wie vielen Jahren erfolgt der Kapitalrückfluß?** In der ersten Zeile wird die statische pay off period, in der zweiten Zeile die dynamische (hier mit 15,4% Verzinsung) Kapitalrückflußzeit angedruckt.

4. **Der interne Zinsfuß**, der mit 70%, 80%, 90% bzw. 95% erwartet werden darf, **wird ebenfalls errechnet**.

5. **Im unteren Teil des Ergebnisblattes sind die Simulationsergebnisse tabellarisch zusammengefaßt**:

- **Die Bandbreite ist hier mit 4% bis 27% mit einer Intervallbreite von jeweils einem Prozentpunkt festgelegt worden**. Man erkennt deutlich, daß bei keinem der 1.000 Simulationsläufe ein interner Zinsfuß von weniger als 5% bzw. von mehr als 26% erzielt worden ist.
- Die Einzelwahrscheinlichkeiten zeigen auf, wie häufig die Simulationsergebnisse aufgetreten sind. So ist zum Beispiel einmal ein interner Zinsfuß zwischen 5% und 6% erzielt worden, sechsmal ein solcher zwischen 7% und 8% usw. Zählt man die Einzelwahrscheinlichkeiten zusammen, dann ergeben sich 100%.
- Weil die Einzelwahrscheinlichkeiten nicht signifikant interpretiert werden können, müssen sie kumuliert werden. **Die kumulierte Summenwahrscheinlichkeit ergibt eine eindeutige Aussage. Zum Beispiel darf mit einer Wahrscheinlichkeit von mindestens 93% eine Rendite zwischen 11% und 12% erwartet werden, mit 80% Wahrscheinlichkeit eine Rendite zwischen 13% und 14% usw.**
- Die relevanten internen Zinsfüße im Wahrscheinlichkeitsbereich zwischen 70 und 95% sind invers dargestellt.

Merke:
In der Praxis wird häufig ein Wahrscheinlichkeitsbereich zwischen 70% und 95% als relevant angesehen. Zur einfachen Interpretation der Summenwahrscheinlichkeiten sind zu jedem kumulierten Wahrscheinlichkeitsprozentsatz die Interpretationsempfehlungen von Prof. Krelle angeführt worden.

11. LITERATURVERZEICHNIS

11.1. AD KAPITEL 1: KENNZAHLEN, FRÜHWARN-INDIKATOREN, BALANCED SCORECARD

❍ Kennzahlen

Titel	Autor	Verlag	Auf-lage	Sei-ten
Bilanzanalyse	Baetge	IDW-Verlag	1/98	750
Aufsichtsrat-Informationssystem	Chini	Manz	1/86	214
Bilanz- und Erfolgsanalyse	Helbling	Haupt	9/94	583
Bilanzanalyse	Leffson	Poeschl	1/84	214
Bilanzanalyse und Bilanzpolitik	Baetge	IWD-Verlag	1/89	394
Bilanzen lesen - Einführung	Kralicek	Ueberreuter	2/99	100
Bilanzierung nach HGB, US-GAAP und IAS im Vergleich	Eggloff	Gabler	1/99	140
Die Umstellung der Rechnungslegung auf IAS/US-GAAP	Auer	Ueberreuter	1/98	331
Der Jahresabschluß nach US-GAAP	Grünberger	Orac	99	107
Die Bilanzanalyse - Lehrbuch zur Beurteilung von Einzel- und Konzernabschlüssen	Küting, Weber	Schäffer Poeschl	5/00	552
Finanzierungshandbuch	Christians	Gabler	2/88	856
Finanzwirtschaft der Unternehmung	Perridon, Steiner	Vahlen	6/91	620
Grundlagen der Finanzwirtschaft	Kralicek	Ueberreuter	1/91	111
Kennzahlen für Geschäftsführer	Kralicek	Ueberreuter	4/01	1280
Grundzüge der Finanzanalyse	Buchner	Vahlen	1/81	426
Jahresabschluß und Jahresabschlußanalyse	Coenenberg	Moderne Industrie	1/88	883
Konzernabschlüsse	Prachner, Coopers & Lybrand	Ueberreuter	1/98	352
Krisendiagnose durch Bilanzanalyse	Hauschildt (Hrsg.)	Dr. Otto Schmidt KG	1/88	266
Lexikon der Wirtschaftsformeln und Kennzahlen	Fischbach	Moderne Industrie	1/99	314
ZVEI-Kennzahlensystem	ZVEI-Arbeitskreis	Schriftenreihe ZVEI	1/89	229

Das Lieblingsbuch des Autors zu diesem Themenkreis wurde invers dargestellt!

❍ Frühwarnindikatoren

Titel	Autor	Verlag	Auflage	Seiten
Bilanzanalyse	Baetge	IDW	1/98	750
Bilanzanalyse und Bilanzpolitik	Baetge	IDW	1/89	394
Fraktionierende Frühdiagnose von Unternehmenskrisen	Leker	Dr. Schmidt	1/93	379
Handbuch der Kreditprüfung	Wiesinger	Service Fachverlag WU Wien	1/87	278
Kreditwürdigkeitsprognosen	Weinrich	Gabler	1/78 vergriff.	211
Krisendiagnose durch Bilanzanalyse	Hauschildt u.a.	Dr. Schmidt	1/88	266
Prognosemöglichkeit von Kapitalverlusten mit Hilfe von Jahresabschlüssen	Beermann	IDW	1/76	149
Unternehmensanalyse aus dem Jahresabschluß	Bleier	Service Fachverlag WU Wien	1/89	215
Wissensbasierte Unternehmensanalyse	Leins	Gabler	1/93	317
Kennzahlen für Geschäftsführer	Kralicek	Ueberreuter	4/01	

Das Lieblingsbuch des Autors zu diesem Themenkreis wurde invers dargestellt!

❍ Aufsätze zu Neuronalen Netzen (neuere Ansätze zur Insolvenzfrüherkennung)

Titel	Autor	Wo?	Wann?
Beurteilung der wirtschaftlichen Lage von Unternehmen mit Hilfe von modernen Verfahren der Jahresabschlußanalyse-Bilanzbonitäts-Rating von Unternehmen mit künstlichen Neuronalen Netzen	Baetge, Jerschensky	Der Betrieb	49. Jg. (1996) H. 32
Klassifikation von Unternehmen (Ein Vergleich von Neuronalen Netzen und Diskriminanzanalyse)	Erxleben, Baetge, Feidicker, Koch, Krause, Mertens	ZfB	62. Jg. (1992) H. 11
Künstliche Neuronale Netze als Analyseinstrument der betriebswirtschaftlichen Forschung	Schwanenburg, Helm	WiSt	H. 7/99
Zur Klassifikation von Unternehmen mit neuronalen Netzen und Diskriminanzanalysen	Burger	ZfB	64. Jg. (1994) H. 9

❍ Balanced Scorecard

Titel	Autor	Verlag	Auf-lage	Sei-ten
Performance Drivers (a practical guide to using the balanced scorecard)	**Olve, Roy, Wetter**	**John Wiley & Sons**	**97**	**347**
Balanced Scorecard	Kaplan, Norton	Harvard Business School Press	1/96	322
Balanced Scorecard	Friedag, Schmidt	Haufe	1/99	262
Balanced Scorecard & Controlling	Weber, Schäffer	Gabler	1/99	280
Die Balanced Scorecard im Handel	Eschenbach, Haddad	Service Fachverlag	1/99	234
Performance Management	Jetter	Schaeffer Poeschel	1/00	304

Das Lieblingsbuch des Autors zu diesem Themenkreis wurde invers dargestellt!

❍ Aufsätze zur Balanced Scorecard

Titel	Autor	Wo?	Wann?
Balanced Scorecard, ein Werkzeug zur Umsetzung von Strategien	Horvath, Kaufmann	Harvard Business Manager	5/98
Führung im Konzern mit der Balanced Scorecard	Weber, Schäffer	KRP	43. Jg. 1999 H. 3
Entwicklung einer Balanced Scorecard, untersucht am Beispiel des Retailgeschäfts einer Bank	Harengel, Hess	KRP	43. Jg. 1999 H. 4
Performance Management und Balanced Scorecard	Brunner, Sprich	i o Management	1998 Nr. 6
Balanced Scorecard und Economic Value Added	Matheis, Schalch	i o Management	1999 Nr. 4

❍ Aufsätze zu Benchmarking

Titel	Autor	Wo?	Wann?
Benchmarking im Handel allzu selten	Schröder	Harvard Business Manager	1998 H. 2
Benchmarking bei industriellen Dienstleistungen	Buttler, Fries, Lambusch, Link	KRP	43. Jg. 1999 H. 1
Mit Benchmarking zur Spitze im Maschinenbau	Brokemper, Gleich	i o Management	1997 Nr. 12

11.2. AD KAPITEL 2: MODERNE UNTERNEHMENSBEWERTUNG

Titel	Autor	Verlag	Auflage	Seiten
Due Diligence bei Unternehmensakquisitionen	**Berens, Brauner (Hrsg.)**	**Schäffer Poeschel**		**415**
Unternehmensbewertung	**Mandl, Rabl**	**Ueberreuter**		**455**
Unternehmensbewertung und Steuern	**Helbling**	**IdW**	**9/98**	**842**
Unternehmensbewertung - quo vadis?	**Egger (Hrsg.) Ballwieser, Brogyani, Mandl, Pichler, Wagner**	**Linde**		**128**
Arbeitsmappe: Unternehmensanalyse und Unternehmensbewertung (Checkliste)	Born	Schäffer	1/91	120
Creating Shareholder Value	Rappaport	Free Press	1/86	270
Erfolgreicher Unternehmensverkauf	Friedrich	Gabler	1/98	171
Erhebungsbogen zur Unternehmensbewertung	Arbeitskreis Unternehmens-bewertung (AKU)	IdW	1/88	24
Kauf und Verkauf von Unternehmungen	Bertl, Mandl, Ruppe	Orac	1/93	196
Mergers & Acquisitions im Mittelstand	Gösche	Gabler Praxis	1/91	199
Mergers and Acquisitions	Johnson	Prentice Hall	1/99	213
Risk Analysis & Modeling (Simulation Add-In for Microsoft Excel)		Palisade	93	200
Simulation in der Investitionsrechnung	Kersten	Gabler	1/96	207
Unternehmensbewertung der Mittel- und Kleinbetriebe	Behringer	ESV	1/99	231
Unternehmensbewertung in Theorie und Praxis	Bellinger, Vahl	Gabler	2/92	484
Unternehmensbewertung: Praxisfälle mit Lösungsskizzen	Henselmann, Kniest	nwb	1/99	307

Titel	Autor	Verlag	Auf-lage	Sei-ten
Kennzahlen für Geschäftsführer	Kralicek	Ueberreuter	4/01	1280
Unternehmenswert	Copeland, Koller, Murrin	Campus	1/93	439
Unternehmenswertorientierte Entlohnungssysteme	Pellens (Hrsg.)	Schäffer Poeschel	1/98	191
Valuation - Measuring and Managing the value of Companies	Copeland, Koller, Murrin	John Wiley & Sons	1/90	428

Die Lieblingsbücher des Autors zu diesem Themenkreis wurden invers dargestellt!

11.3. AD KAPITEL 3: FINANZ- UND CASH-MANAGEMENT, SONDERFINANZIERUNGS-FORMEN

❍ Finanz- und Cash-Management

Titel	Autor	Verlag	Auflage	Seiten
Finanzwirtschaft der Unternehmung	Perridon, Steiner	Vahlen	6/91	620
Fundamentals of financial management	Van Horne	Prentice-Hall	6/86	670
Von der Bilanz zur Kapitalflußrechnung	Röhrenbacher, Fleischer	Ueberreuter	1/89	352
Betriebliche Finanzwirtschaft	Eilenberger	Oldenbourg	5/94	336
Cash-Management, Instrumente zur Planung, Disposition und Kontrolle der liquiden Mittel	Frotzler	Ueberreuter	1/91	244
Cash-Flow - Cash-Management	Hohenstein	Gabler	2/90	231
Cash-Flow, Gewinn und Eigenkapital	Schwarzecker	Ueberreuter	1/92	264
Finanzierung	Vollmuth	Hanser	1/94	324
Finanzierung der Betriebe	Vormbaum	Gabler	8/90	641
Finanzierungshandbuch	Christians	Gabler	2/88	856
Finanzmanagement	Süchting	Gabler	5/89	566
Finanzwirtschaft	Hahn	Moderne Industrie	2/83	440
Finanzwirtschaft	Amann	Kohlhammer	1/93	208
Grundzüge der Finanzanalyse	Buchner	Vahlen	1/81	426
Liquidität aus Debitoren	Kandlbinder, Popp	Knapp	1/80	138
Managerial Finance	Weston, Copeland	The Dryden Press	9/92	
Multinational Financial Management	Shapiro	Allyn and Bacon	4/92	729
Optimale Aufbereitung von Finanzinformationen	Batty	Ueberreuter	1/91	304
Praktische Finanzierungstips	Schröder, Kellner	Wirtschaft, Recht und Steuern	2/87	160
Sanierungen	Baur	Gabler	1/78	261
The Vest Pocket Entrepreneur	Rye	Prentice-Hall	1/95	432
Unternehmungs-Finanzierung	Boemle	skv	10/93	639

Die Lieblingsbücher des Autors zu diesem Themenkreis wurden invers dargestellt!

❍ Leasing versus Kreditkauf

Titel	Autor	Verlag	Auf-lage	Sei-ten
Leasing versus Kredit - eine umfassende betriebswirtschaftliche Analyse	Röhrenbacher, Fleischer	Ueberreuter	2/95	334
Das Leasinggeschäft	Egger, Krejci	Orac	3/00	732
Die Leasingentscheidung bei beweglichen Anlagegütern	Degener	Knapp	1/86	359
Factoring	Schwarz	Deutscher Sparkassen-Verlag	11/89	192
Immobilien-Leasing	Gabele, Kroll, Dannenberger	Gabler	1/91	224
Kauf oder Leasing	Gabele, Weber	Stollfuß	1/85	156
Kaufen oder Leasen	Lettmayer, Ramsauer	Orac	3/00	104
Leasing - Steuerrechtliche, wirtschaftliche und zivilrechtliche Aspekte	Nidetzky, Quantschnigg, Riedl	Ueberreuter	1/89	160
Leasing in Österreich (Information des Verbandes österr. Leasing-Gesellschaften)		Eigenverlag	3/00	30
Leasing oder Kreditfinanzierung?	Krumbholz, Streitferdt	Hanstein	1/75	110

Das Lieblingsbuch des Autors zu diesem Themenkreis wurde invers dargestellt!

❍ Lieferantenskonto versus Bankkredit

Titel	Autor	Verlag	Auf-lage	Sei-ten
Finanzierungskosten	Hielscher, Laubscher	Knapp	1/76	113
Finanzwirtschaft	Hahn	Moderne Industrie	2/83	440

11.4. AD KAPITEL 4: PLANBILANZEN

Titel	Autor	Verlag	Auflage	Seiten
Finanzorganisation	Kraehe	westdt. Verlag	1/64	112
Kennzahlen für Geschäftsführer	Kralicek	Ueberreuter	4/01	1280
Kurzfristige Unternehmensplanung	Egger, Winterkeller	Linde	1/89	303
Hager Universitätstexte Finanzplanung	Hauschildt, Sachs, Witte	Vahlen	1/81	190

11.5. AD KAPITEL 5: INVESTITIONSENTSCHEIDUNGEN VORBEREITEN UND TREFFEN

❍ Investitionsrechnung

Titel	Autor	Verlag	Auflage	Seiten
Investition	**Blohm, Lüder**	**Vahlen**	**7/91**	**356**
Fall- und Projektstudien zur Investitionsrechnung	Adelberger, Günther	Vahlen	1/82	324
Finanzwirtschaft der Unternehmung	Perridon, Steiner	Vahlen	6/91	620
Fundamentals of Financial Management	Van Horne	Prentice Hall	6/86	670
Grundlagen der Investitions- und Wirtschaftlichkeitsrechnung	Däumler	Neue Wirtschaftsbriefe	3/82	277
Investition und Finanzierung	Seicht	Linde	8/95	542
Investition und Finanzierung	Swoboda	UTB für Wissenschaft	4/92	238
Investitionslexikon	Lücke	Vahlen	2/90	431
Investitionsplanung	Lüder	Vahlen	1/77	348
Investitionsrechnung	Walther	WRW	1/96	66
Leitfaden zur Investitionsrechnung	Däumler	Neue Wirtschaftsbriefe	1/90	173
Lexikon Wirtschaftlichkeitsrechnung	Oppitz	Gabler	1/95	629
Optimale Investitionspolitik	Michel	Sauer	1/79	320
Sonderprobleme der Investitions- und Wirtschaftlichkeitsrechnung	Däumler	Neue Wirtschaftsbriefe	1/81	222

Das Lieblingsbuch des Autors zu diesem Themenkreis wurde invers dargestellt!

❍ Gebäudewert

Titel	Autor	Verlag	Auf-lage	Sei-ten
Die Bewertung von Unternehmungen und Unternehmungsanteilen	Viel, Bredt, Renard	Verlag des Schweizerischen Kaufmänn. Vereins	5/75	152
Ermittlung des Bauwertes von Gebäuden und des Verkehrswertes von Grundstücken	Ross, Brachmann	Th. Oppermann	25.	596
Verkehrswert von Grundstücken gemäß Bundesbaugesetz	Just, Brückner	Werner	4.	216

❍ Risikoanalyse

Titel	Autor	Verlag	Auf-lage	Sei-ten
Operations Research II Methoden der Entscheidungsbewertung bei Risiko	Runzheimer	Gabler	2/88	250
Risk Analysis & Modeling (Simulation Add-In for Microsoft Excel)		Palisade	93	200
Simulation in der Investitionsrechnung	Kersten	Gabler	1/96	207

11.6. AD KAPITEL 6: WIRTSCHAFTLICH DISPONIEREN IN EINKAUF, PRODUKTION UND LAGERUNG

Titel	Autor	Verlag	Auflage	Seiten
Bildschirmeinsatz im Einkauf	Grupp	Forkel	2/85	316
La pratique de la gestion des stock	Zermati	Dunod	3/79	146
Lieferantenbewertung - aber wie?	Hartmann	DBV	1/92	151
Materialwirtschaft	Hartmann	DBV	6/93	657
Materialwirtschaft mit EDV	Grupp	Forkel	3/86	206
Aktive Materialwirtschaft in mittelständischen Unternehmen	Grochla, Fieten, Puhlmann	Instituts-Verlag	1/84	131
Audit et gestion des stocks	Beaulieu	unbekannt	-	246
Beschaffung und Materialwirtschaft	Wissebach	NWB	1/77	270
Beschaffungs- und Lagerwirtschaft	Bichler	Gabler	5/90	242
Beschaffungsmarketing	Koppelmann	Springer	1/93	396
Die Materialwirtschaft der Unternehmung	Steinbrüchel	Haupt	1/71	223
Erfolgreicher einkaufen und disponieren	Grunwald	Rudolf Haufe	1/86	226
Erfolgsorientierte Materialwirtschaft durch Kennzahlen	Grochla, Vahle, Fieten, Puhlmann	FBO	1/83	227
Erfolgspotential Materialwirtschaft	Eschenbach	Manz, Beck	1/90	335
Lieferanten-Wertanalyse	Harting	Schäffer Poeschel	2/94	252
Materialwirtschaft	Melzer-Ridinger	Oldenbourg	1/89	215
Materialwirtschaft mit Bildschirmeinsatz	Grupp	Forkel	1/83	248
Materialwirtschaft und Einkauf	Arnolds, Heege, Tussing	Gabler	5/86	356

Titel	Autor	Verlag	Auf-lage	Sei-ten
MBA - Betriebswirtschaft immer dabei	Kralicek	Ueberreuter	3/95	816
Optimale Bestandsplanung im Handel	Bichler, Lörsch	Kohlhammer	1/85	127
Optimale Lagerbewirtschaftung in Industrie, Gewerbe und Handel	Soom	Haupt	1/76	131
Praxis der Materialwirtschaft	Hartmann	VWP	1/90	234
Stücklisten- und Arbeitsplanorganisation mit Bildschirmeinsatz	Grupp	Forkel	3/85	320

Die Lieblingsbücher des Autors zu diesem Themenkreis wurden invers dargestellt!

❍ Warenwirtschaftssysteme

Titel	Autor	Verlag	Auf-lage	Sei-ten
Integrierte Warenwirtschaftssysteme und Handelscontrolling	**Ahlert, Olbrich (Hrsg.)**	**Schäffer Poeschl**	**1/94**	**449**
Handelsbetriebslehre	Lerchenmüller	Kiehl	1/92	620

Das Lieblingsbuch des Autors zu diesem Themenkreis wurde invers dargestellt!

11.7. AD KAPITEL 7: STATISTISCHE METHODEN FÜR NOCH BESSERE ENTSCHEIDUNGEN

Titel	Autor	Verlag	Auflage	Seiten
Statistische Formeln und Tabellen	Bleymüller, Gehlert	Vahlen	1/79	147
Statistik	Rönz, Strohe	Gabler	1/94	424
Statistik für Nichtstatistiker	Bosch	Oldenbourg	1/90	236
Statistische Methoden und ihre Anwendungen	Kreyszig	Vandenhoeck & Ruprecht	3/70	422
Statistik oder der Umgang mit Daten	Ehrenberg	VCH	1/86	344
Statistische Verfahren	Bruhn	Vieweg	1/86	240
Grundlagen der statistischen Methodenlehre	Ziegler	Deutscher Betriebswirte-Verlag	1/93	170
Multivariate Verfahren	Marinell	Oldenbourg	1/77	155
Faktorenanalyse	Überla	Springer	2/77	399
Multivariate Analysemethoden	Schuchard-Fischer u.a.	Springer	1/80	346
Forecasting Methods for Management	Makridakis, Wheelwright	John Wiley & Son	5/89	470
Elementary Business Statistics	Freund, Williams, Perles	Prentice - Hall	6/93	953
Statistical Handbook for Non-Statisticians	Meddis	Mc Graw-Hill	1/75	162

11.8. AD KAPITEL 8: ZINSTABELLEN, TILGUNGSPLÄNE, LEIBRENTENTABELLEN, INDEXTABELLEN

Titel	Autor	Verlag	Auf-lage	Seit-ten
Finanzmathematisches Tabellenwerk für Praktiker und Studierende mit Anwendungsbeispielen	Däumler	Neue Wirt-schafts-Briefe	3/89	191
Finanzmathematisches Tabellenwerk	Däumler	Neue Wirt-schafts-Briefe	3/89	191
Finanzmathematik	Kruschwitz	Vahlen	1/89	242
Praxis und Probleme der Rentenbesteuerung	Koban, Bartholner	Linde	2/90	305
Verrentung von Kaufpreisen-Kapitalisierung von Renten	Vogels	Bauverlag	2/92	154
Kapitalisierungs-Tabellen	Nehls	Erich Schmidt	1/77	289
Leibrententabellen nach der Sterbetafel 1980/82 für Österreich	Lindmayer, Musger	Selbstverlag der Verfasser	-	42
Leibrententabellen nach der Sterbetafel 1990/92 für Österreich	Lindmayer, Musger	Selbstverlag der Verfasser	-	54

11.9. AD KAPITEL 9: AUSGEWÄHLTE CONTROLLINGMODULE

Titel	Autor	Verlag	Auf-lage	Seit-ten
Kostenplanung und Kostenkontrolle im Industriebetrieb	Klaus Agathe	Verlag für Unternehmens-führung	01/63	204
Kennzahlen für Geschäftsführer	Kralicek	Ueberreuter	4/01	1280

11.10. AD KAPITEL 10: EINFACH ZU REALISIERENDES OPERATIONS RESEARCH (OR)

Titel	Autor	Verlag	Auflage	Seiten
Operations Management	**Monks**	**McGraw-Hill**	**3/87**	**800**
Analytical Decision Making	Targett	PITMAN	1/96	376
Angewandte Matrizenrechnung	Herrmann	Vieweg	1/85	188
Ausgewählte OR-Software in FORTRAN	Späht	Oldenburg	1/79	163
BASIC Software Library Volume 3 Advanced Business	Brown	Scientific Research Institute Ashland, USA	2/76	893
Betriebswirtschaftliches Entscheiden mit dem Computer	Geyer	Springer	1/90	158
Computer Models for Management Science	Erikson, Hall	Addison-Wesley	1/86	303
Entscheidungen der Produktionsplanung	Wissebach	Birkhäuser	1/78	310
Industriebetriebslehre	Jacob	Gabler	1/83	852
Introduction to OR: A Computer Oriented Algoritmic Approach	Gillett	McGraw-Hill	1/80	617
Introductory Management Science	Eppen, Gould, Schmidt	Prentice-Hall	4/93	810
Lineare und ganzzahlige Optimierung mit Impac	Brink, Damhorst, Kramer, Zwehl	Vahlen	1/91	202
Matrix-Operationen	Busch	Franzis'	1/84	128
Operations Research	Kastner	Gabler	1/84	161
Operations Research	Stahlknecht	Vieweg	2/70	357
Operations Research	Müller-Merbach	Vahlen	3/73	565
Operations Research	Hiller-Liebermann	Oldenbourg	4/88	854
Operations Research - An Introduction	Handy A. Taha	McMillan	4/89	876
Operations Research Lineare Modelle und ihre Anwendungen	Dürr, Kleibohm	Hanser	2/88	332

Titel	Autor	Verlag	Auflage	Seiten
Operations Research Revised Edition	Jensen	Holdenday Microsolve	1/85	87
Operations Research II Methoden der Entscheidungs-vorbereitung bei Risiko	Runzheimer	Gabler	2/88	250
Operations Research Quantitative Methoden zur Entscheidungsvorbereitung	Zimmermann	Oldenburg	3/86	444
Operations Research-Fibel für Manager	Müller-Merbach	Moderne Industrie	2/71	108
OR on the Micro	Whitaker	Whiley & Sons	1/84	197
Planen und Entscheiden mit BASIC	BUI	Seybex	1/83	200
Praktische BASIC-Programme	Verschiedene	McGraw-Hill	1/83	172
Risk Analysis & Modeling (Simulation Add-In for Microsoft Excel)		Palisade	93	200
Simulation in der Investitionsrechnung	Kersten	Gabler	1/96	207
Simulationen in BASIC	Mittelbach	Teubner	1/84	182
Statistik im Betrieb	Scharnbacher, Kastner	Gabler	1/84	236
Statistische Verfahren	Bruhn	Vieweg	1/86	240
Wahrscheinlichkeitsrechnung und Statistik	Herrmann	Vieweg	2/84	70

Das Lieblingsbuch des Autors zu diesem Themenkreis wurde invers dargestellt!

12. STICHWORTVERZEICHNIS

J

K

L

Q

R

S